रंगमंच की कहानी

रंगमंच की कहानी

देवेन्द्र राज अंकुर

वाणी प्रकाशन

वाणी प्रकाशन
4695, 21-ए, दरियागंज, नयी दिल्ली 110 002

फ़ोन : +91 11 23273167 फ़ैक्स : +91 11 23275710

शाखाएँ

अशोक राजपथ, पटना 800 004, बिहार

कॉफ़ी हाउस कैम्पस, महात्मा गांधी मार्ग, इलाहाबाद 211 001, उत्तर प्रदेश

महात्मा गांधी अन्तरराष्ट्रीय हिन्दी विश्वविद्यालय, वर्धा 442 001, महाराष्ट्र

सुल्तानिया रोड, मोतिया पार्क, भोपाल 462 001, मध्य प्रदेश

www.vaniprakashan.com
marketing@vaniprakashan.in
sales@vaniprakashan.in

RANGMANCH KI KAHANI
by Devendra Raj Ankur

ISBN : 978-93-90678-19-8
Criticism

प्रथम संस्करण 2021

मूल्य : ₹ 695

आर. टेक ऑफ़सेट प्रिंटर्स, शाहदरा, दिल्ली-110032

वाणी प्रकाशन का लोगो मक़बूल फ़िदा हुसेन की कूची से

बेटी अस्मिता और दामाद अवनीत के लिए
जिनके पास दिसम्बर 2019 से फ़रवरी 2020 के बीच
अमेरिका प्रवास के दौरान पुस्तक का आधा भाग लिखा गया।

कहानी सुनाने से पहले

1975 में कहानियों की मंच प्रस्तुति की शुरुआत की थी अर्थात कहानियों को बिना किसी नाट्य रूपान्तरण के उनके अपने मूल रूप में मंच पर एक दृश्य संसार की रचना करना। इस काम को मैंने एक नाम दिया था *कहानी का रंगमंच*। मुझे खुशी है कि अपने यहाँ की लगभग सभी भाषाओं के अलावा धीवेही (मालदीव), सिंहली (श्रीलंका), रूसी, चीनी आदि में आज तक 500 से ऊपर कहानियाँ मंचित करने का अवसर मिला है।

इस बार सोचा कि *कहानी का रंगमंच* इतना कर लिया तो क्यों ना एक बार *रंगमंच की कहानी* प्रस्तुत की जाये। हम सभी जानते हैं कि रंगमंच का जन्म जब भी हुआ उसकी पहली शुरुआत कहानी सुनाने के रूप में हुई जो बाद में

दिखायी जाने लगी। मैंने उस कहानी को लिखने की कोशिश की है—उसके पहले बिन्दु से लेकर आज तक अलग-अलग देशों, भाषाओं और मुख्य-मुख्य प्रस्थान बिन्दुओं के साथ।

हमने इस कहानी को अपने गुरुजनों आदरणीय इब्राहिम अल्काज़ी, नेमिचन्द्र जैन, शान्ता गाँधी, गोवर्धन पांचाल और देव महापात्र से आज से 50 साल से भी पहले सुना था और फिर अपने छात्रों को सुनाते-सुनाते भी 40 वर्ष से ऊपर हो गये। ज़ाहिर है कि इस प्रक्रिया में बहुत कुछ हमारा अपना भी जुड़ता चला गया। आज जिस रूप में *रंगमंच की कहानी* आपके सामने प्रस्तुत है, उसमें कम-से-कम तीन पड़ाव हैं—गुरुजनों द्वारा दिया गया ज्ञान, उनके द्वारा सुझाई गयी पुस्तकों से मिली जानकारियाँ और पढ़ाते-पढ़ाते मेरी अपनी खोज और लगातार बदलती विकसित होती अपनी सोच।

इस कहानी को लिखते समय अनिल शर्मा ने मेरी बहुत मदद की। सामग्री के टंकण के दौरान उसने न सिर्फ प्रूफ़ पढ़े, साथ-साथ तीन-चार कहानियों को लिखने में भी मदद की। इसके लिए उसका आभार।

हमेशा की तरह हर तरह की तकनीकी मदद के लिए प्रकाश झा मेरे साथ रहे। मेरी सारी हस्तलिखित सामग्री को टंकण के लिए देना, फिर उसे ईमेल से जहाँ-तहाँ भेजना और फिर व्हाट्सएप के माध्यम से भेजना हो तो वह भी। मेरे लिए वह 'मैन फॉर ऑल सीज़न्स' या प्रचलित मुहावरे में कहें तो पीर बावर्ची भिश्ती खर हैं। उन्हें ढेर सारी शुभकामनाएँ।

ज़ाहिर है कि यह कहानी अपने आप में पूरी नहीं है। समय और स्थान की सीमा तो अपनी जगह है ही, उससे भी ज़्यादा चयन का प्रश्न था। फिर भी जितना हो पाया है, उससे मुझे लगता है कि रंगमंच के छात्र-छात्राओं, अध्येताओं और स्वयं रंगकर्मियों को काफ़ी मदद मिलेगी।

बहुत से मित्रों का सुझाव था कि इसमें चित्र भी दिये जायें। बहुत सोच-विचार के बाद चित्रों को देने के लोभ का संवरण कर लिया मैंने। इसे मैंने एक चुनौती के रूप में लिया कि बिना किसी चित्र के मात्र शब्दों के भीतर से अतीत और वर्तमान के रंगमंच की कहानी को साकार किया जाये। यदि इसे पढ़ते समय पाठक के अपने भीतर एक दृश्य संसार की रचना होती है तो मैं अपने प्रयास को सार्थक समझूँगा।

पुस्तक जिस रूप में आपके सामने है, उसके लिए मैं वाणी प्रकाशन के सम्पादकीय विभाग से सम्बद्ध शेष प्रकाश शुक्ल को अलग से धन्यवाद देना चाहूँगा।

और अन्त में वाणी प्रकाशन के प्रबन्ध निदेशक अरुण माहेश्वरी की जितनी तारीफ़ की जाये कम है। मेरी पिछली पुस्तक *दूसरे नाट्यशास्त्र की खोज* वाणी प्रकाशन से ही 2010 में प्रकाशित हुई थी। पूरे 11 साल तक उन्होंने इस पुस्तक की पाण्डुलिपि की प्रतीक्षा की। शायद यह पुस्तक पिछले साल ही आ गयी होती लेकिन लॉकडाउन के कारण नहीं सम्भव हो सका। फिर भी देर आयद, दुरुस्त आयद।

बस, अभी इतना ही।

21.04.2021

–देवेन्द्र राज अंकुर

अनुक्रम

प्रागैतिहास का रंगमंच

पूर्व का रंगमंच

पश्चिम का रंगमंच

नेपथ्य का रंगमंच

प्रागैतिहास का रंगमंच

आदिम काल

आदिम रंगमंच

हम जब भी कोई नाटक देखने जाते हैं तो प्रायः हमारे मन में एक सवाल पैदा होता है कि हम आज अपनी आँखों के सामने मंच पर जो कुछ घटित होता हुआ देख रहे हैं, उसकी शुरुआत कब, कहाँ और कैसे हुई होगी? बेशक यह सवाल किसी आम आदमी के मन में उठे न उठे; अथवा यह नितान्त सम्भव है कि उसके सामने भी यह सवाल खड़ा होता ही होगा लेकिन हम स्वयं जो रंगकर्मी हैं, रंगमंच के छात्र अथवा अध्येता हैं अथवा पाठक/दर्शक हैं, उन्हें तो इस जिज्ञासा से प्रतिदिन दो-चार होना पड़ता है कि आज हम जो रंगमंच कर रहे हैं, जब कभी उसका जन्म हुआ होगा तो उस पहले नाटक का स्वरूप, आकार और प्रकार क्या रहा होगा? ऐसे कौन-से ऐतिहासिक, सांस्कृतिक और मनोवैज्ञानिक कारण और दबाव

रहे होंगे कि मनुष्य के भीतर इस कला की अभिव्यक्ति को बाहर लाने की इच्छा उत्पन्न हुई? स्पष्ट है कि रंगमंच की कहानी को गहराई से समझने के लिए ऐतिहासिक घटनाओं, तारीख़ों और दस्तावेज़ों से ज़्यादा तत्कालीन स्थितियों और परिस्थितियों की छानबीन करनी होगी जिनके भीतर से रंगमंच जैसी कला का आविर्भाव हुआ होगा।

इसमें कोई दो राय नहीं है कि रंगमंच एक मानवीय कला है। अतः उसके जन्म की कहानी को स्वयं मनुष्य के जन्म की कहानी से जोड़कर देखना होगा। इतिहासकारों और समाजशास्त्रियों ने मानवीय सभ्यता और संस्कृति का जो भी अनुमानित और लिखित इतिहास प्रस्तुत किया है, उसके हिसाब से मानव के जन्म, विकास और अस्तित्व को चार युगों में विभाजित किया गया है।

शिकार युग—कम-से-कम दो लाख से तीन लाख वर्ष पूर्व तक।

पाषाण युग—पचास हज़ार से एक लाख वर्ष पूर्व तक।

कृषि युग—दस हज़ार वर्ष से लेकर आज तक।

औद्योगिक युग—लगभग पाँच सौ वर्षों से लेकर आज तक।

उपर्युक्त चार युगों में से कम-से-कम पहले दो युग प्रागैतिहासिक काल से सम्बद्ध हैं अर्थात इनका कोई लिखित इतिहास मौजूद नहीं है। साक्ष्य अथवा प्रमाण के रूप में अब तक अलग-अलग स्थानों पर की गयी खुदाई में मिले मानव अवशेष, उसके रोज़मर्रा के इस्तेमाल की चीज़ें अथवा पत्थरों और चट्टानों पर अंकित एवं चित्रित स्मृति-चिह्न ही मिले हैं। आज तक उन्हीं के अध्ययन, निरीक्षण एवं जाँच-पड़ताल से आज से लगभग दो लाख साल पहले के आदिम समाज का जो चित्र हमारे सामने उभरकर आता है, उसे कुछ इस प्रकार लिपिबद्ध किया जा सकता है।

लगभग पैंतीस-छत्तीस वर्ष पूर्व सुप्रसिद्ध फ़िल्म निर्देशक श्याम बेनेगल ने भारतीय दूरदर्शन के लिए एक सीरियल बनाया था—भारत : एक खोज। उसका आरम्भ जिस गीत से होता था, उसका भावार्थ कुछ यों था—सृष्टि के आरम्भ में मात्र जल-ही-जल था। फिर वनस्पतियों ने जन्म लिया। उसके बाद जीव-जन्तुओं का आविर्भाव हुआ। वैज्ञानिक अथवा इतिहासकार इस गीत की जो भी व्याख्या अथवा स्पष्टीकरण दें, इस तथ्य से इनकार नहीं किया जा सकता कि इस धरती पर सबसे अन्त में आने वाला मनुष्य नामक प्राणी है। उसकी भी सृष्टि अचानक से एक दिन में अपने आप नहीं हो गयी, बल्कि वह एक क्रमिक विकास प्रक्रिया का परिणाम है। आज बेशक चार्ल्स डार्विन के उपर्युक्त निष्कर्ष या सिद्धान्त पर प्रश्नचिह्न लगा दिया गया है लेकिन हम स्वयं अपने समय में दूसरे क्षेत्रों में

विकास की इस सहज क्रमिक प्रक्रिया को देखें तो हम आदिम मनुष्य के जन्म और विकास को सही परिप्रेक्ष्य में समझ पायेंगे। एक बहुत ही स्थूल उदाहरण के रूप में प्रस्तुत है फ़िल्म, टेलीविज़न, कम्प्यूटर और मोबाइल तक पहुँचने की प्रक्रिया। यदि हम फ़िल्म से पहले रंगमंच को भी जोड़ लें तो हमारे सामने स्पष्ट हो जाता है कि रंगमंच से फ़िल्म तक आने की प्रक्रिया में कितने लाख वर्ष का समय लगा होगा।

जीव-जन्तुओं के बाद जिस मनुष्य नामक प्राणी का आगमन हुआ, उसे *होमो सेपियन* नाम दिया गया है। इस शब्द का शाब्दिक अर्थ है बुद्धिमान अथवा दिमाग़ वाला प्राणी। इसका अर्थ यह है कि जिस समय सृष्टि पर जीव-जन्तुओं का आगमन हुआ, उस समय कुछ ऐसे प्राणी भी थे जिनके पास दिमाग़ था, जो सोच सकते थे। बेशक शुरू में वे भी और जन्तुओं की तरह चौपाये अर्थात चार पैरों पर ही चलते थे। लेकिन अपने सोचने के गुण के कारण उन्होंने दो पैरों के सहारे चलना सीख लिया और अपने बाक़ी दो पैरों को हाथों के रूप में इस्तेमाल करना शुरू कर दिया अर्थात अब वह चलने का काम सिर्फ़ दो पैरों से कर सकता था और शेष दो पैरों को चलने की बजाय किसी भी रूप में इस्तेमाल कर सकता था। उदाहरण के लिए, हथियार बनाना, खाना, सामान को इधर-उधर उठाकर ले जाना इत्यादि। इसी के साथ उसके जीवन में और भी बहुत से परिवर्तन आये। वह अकेला-अकेला न रहकर जंगलों और पर्वतों की गुफाओं में क़बीले के बीच रहने लगा। अब क़बीले के लिए रहने के साथ-साथ दूसरी व्यवस्थाएँ भी करनी थीं। उसकी सबसे बड़ी ज़रूरत थी खाना। इससे पहले अकेले रहकर वह दूसरे जीव-जन्तुओं के साथ इस ज़रूरत को जैसे-तैसे पूरा कर लेता होगा, लेकिन अब एक भरे-पूरे समुदाय, टोले और क़बीले के लिए भोजन जुटाने की समस्या थी। इसके लिए वे छोटे बच्चों और शायद औरतों (विशेषकर बूढ़ी औरतों) को क़बीले में ही छोड़कर समूह में शिकार करने के लिए निकलते थे। दिन ढले वे लोग अपने ठिकाने की ओर लौटते। जो कुछ भी शिकार में लाया जाता उसे अपने ठिकाने के सामने खुले मैदान में बीचों-बीच रखकर उसके चारों तरफ़ एक घेरा बनाकर बैठ जाते। आसपास से घासफूँस, लकड़ियाँ इकट्ठी करके, लाये गये जानवरों को पकाने-भूनने के लिए आग जला देते। यह बताने की ज़रूरत नहीं कि बहुत पहले ही कभी पत्थरों को आपस में टकराने के क्षण में उसने आग की खोज कर ली थी।

आज से लगभग डेढ़-दो लाख साल पहले के इस दृश्य की कल्पना कीजिए—रात का समय, खुले मैदान में बीचों-बीच जलती आग और एक घेरे में बैठे लोग।

अचानक एक आदमी अपने दिन भर के शिकार के अनुभव से जुड़ी कोई घटना सुनाना शुरू कर देता है। ज़ाहिर है यह घटना किसी ऐसे अनुभव से जुड़ी है जिसमें किसी 'क्राइसिस' का सामना करना पड़ा होगा उसे। सब लोग एकाग्रचित्त होकर उसकी कहानी सुन रहे हैं। बीच-बीच में अपनी प्रतिक्रिया भी देते चलते हैं—कभी हुंकारे के रूप में, कभी एक साथ आश्चर्यचकित ध्वनि या उच्छ्वास के रूप में। ध्यान रहे उस आदिम मनुष्य के पास अभी तक शब्दों वाली कोई भाषा नहीं थी, जैसी कि आज हम लोग बोलने के अभ्यस्त हैं। वे गूँगे भी नहीं थे। उनकी अपनी एक भाषा थी—ध्वनियों की, मुद्राओं की, चेहरे के क्षण-क्षण बदलते हाव-भाव की। जब एक आदमी की कहानी ख़त्म हो जाती, तो घेरे में बैठा कोई दूसरा आदमी कहानी शुरू कर देता। कहानी सुनने-सुनाने की यह प्रक्रिया तब तक चलती रहती जब तक उनका भोजन पक न गया होता और फिर उनका सामूहिक महाभोज शुरू होता। उसके बाद नाचना-गाना और अपने-अपने क़बीले में सोने की तैयारी क्योंकि सुबह फिर से शिकार के लिए निकलना होगा।

दो पैरों पर चलने, क़बीले में रहने, शिकार करने के बाद यह पहली घटना थी, जो उसके जीवन में अनायास ही प्रवेश कर गयी, जिसे रंगमंच की शुरुआत के रूप में विश्लेषित किया जा सकता है। हम सहज ही इस निष्कर्ष पर पहुँच सकते हैं कि बेशक हर नाटक में एक कहानी होती है लेकिन नाटक या रंगमंच की पहली शुरुआत कहानी सुनाने से हुई। कहानी भी ऐसी जिसमें कोई संकट, कोई संघर्ष, कोई रहस्य, कोई तनाव और कुछ अप्रत्याशित घटित होता हो। क्या आज भी हम किसी ऐसी ही कहानी की तलाश में नहीं रहते जिसमें उपर्युक्त सभी गुण हों? यदि कहानी में ये सभी गुण होंगे तो वह श्रोताओं को अपने वश में कर सकेगी।

बहुत दिनों तक घेरे में बैठे कहानी सुनाने और सुनने की प्रक्रिया में अचानक एक दिन बहुत बड़ा परिवर्तन घटित हो गया। हुआ यों कि जो आदमी कहानी सुना रहा था, वह एक क्षण विशेष में उठकर खड़ा हो गया और घेरे में घूम-घूम कर कहानी को सुनाने और उससे ज़्यादा दिखाने लगा। आख़िर उसके साथ ऐसा क्या हुआ होगा कि वह अपनी जगह पर बैठा नहीं रह सका और वह तुरन्त उठकर खड़ा हो गया। क्या अपने उस दिन के शिकार के अनुभव से वह भीतर से बहुत ज़्यादा उद्वेलित था? क्या उसे अपने भीतर एक अन्तःस्फूर्ति अथवा इंट्यूशन महसूस हुआ कि वह स्थिर होकर बैठा न रह सका? शायद उसका अपना अनुभव इतना ज़बरदस्त, ख़तरनाक और हृदय-विदारक रहा होगा कि उसे लगा कि इस अनुभव की दास्तान बैठे-बैठे की बजाय,

कर के दिखाने से ही अपने पूरे प्रभाव के साथ साकार होगी। जो भी हो, उस दिन उस आदिम मनुष्य ने अपने अनजाने एक ऐसी मानवीय कला को जन्म दे डाला था, जिसे आज हम रंगमंच के नाम से जानते हैं। अभी भी उसमें कहानी को सुनने का अनुभव शामिल था लेकिन अब उसमें सुनने के साथ-साथ देखने का तत्त्व भी जुड़ गया था। यही वह पड़ाव था जहाँ से रंगमंच एक दृश्य काव्य के रूप में परिवर्तित हो गया। इससे पहले वह मात्र काव्य था जिसे सुनते हुए, श्रोता स्वयं अपने मन की आँखों के सामने उसकी छवियों को घटित होता हुआ देख रहे थे। बेशक वे सब एक साथ एक समूह में बैठे हुए थे, सब लोग एक क्षण विशेष में एक ही कहानी को सुन रहे थे। लेकिन तब भी उस कहानी के सारे अनुभव उनकी अपनी दिनचर्या से जुड़े होने के कारण बहुत ही परिचित होने के बावजूद उनके अपने मन में उनकी छवि नितान्त, अपनी निजी छवि हो सकती थी। इस दूसरी अवस्था में, जहाँ से कहानी को दिखाने की शुरुआत हुई, अब उनके सामने सुनाने वाले द्वारा तैयार किया जाता एक चित्र भी उपस्थित था। यह अलग बात है कि उस चित्र के समानान्तर, उनके अपने मन में कोई और चित्र भी बन रहा होगा। लेकिन यह तथ्य महत्त्वपूर्ण है कि कहानी-वाचन, वर्णन, श्रवण से अलग एक प्रदर्शन में परिवर्तित होती चली गयी। यह सही है कि अभी उस प्रदर्शन में मात्र एक आदमी ही शामिल था, लेकिन तब भी रंगमंच एक प्रदर्शनकारी कला है, यह बात उस आदमी के घेरे में उठकर खड़े होने से उस दिन स्वतः प्रमाणित हो गयी।

जब पहली बार किसी आदमी ने कहानी सुनाना शुरू किया था और उसे देखकर बाक़ी लोगों ने भी इस प्रक्रिया में हिस्सा लेना शुरू कर दिया था तो इस बार भी ठीक वैसा ही हुआ। जैसे ही वह पहला आदमी अपने स्थान पर जाकर बैठा तो तुरन्त दूसरा आदमी ठीक उसी अन्दाज़ में उठकर खड़ा हो गया और घूम-घूमकर अपनी कहानी सुनाने लगा। इस पूरे घटनाक्रम से एक तथ्य और प्रमाणित होता है कि जब भी रंगमंच की शुरुआत हुई, वह मात्र एक आदमी के द्वारा ही हुई—चाहे पहले कहानी सुनाने के रूप में और फिर कहानी दिखाने के रूप में। यहाँ इस सच्चाई को भी रेखांकित करना ज़रूरी है कि जब उस एक आदमी के मन में कहानी सुनाने और फिर दिखाने की इच्छा पैदा हुई थी तो वह बिल्कुल सहज, अनायास प्रक्रिया के तहत हो गया था। उसके बाद जितने भी लोगों ने उसमें शिरकत की, ज़रूरी नहीं कि उनकी प्रक्रिया भी उतनी ही सहज रही हो। क्या हम आज भी लगभग इसी प्रक्रिया से नहीं गुज़रते? जब हम पहली बार कोई प्रस्तुति तैयार करते हैं, तो आलेख के चुनाव से लेकर उसके अन्तिम

प्रारूप तक काफ़ी कुछ अन्तःप्रेरणा से स्फुरित होता है लेकिन एक बार हो जाने के बाद अगले प्रदर्शनों में वह अन्तःस्फूर्ति किस सीमा तक रह पाती है?

बेशक रंगमंच की शुरुआत एक आदमी से हुई, लेकिन उसे एक सामूहिक कला बनने में देर न लगी। किसी एक दिन जब एक आदमी घेरे में घूम-घूमकर शिकारी के अनुभवों को साझा कर रहा था तो उसी क्षण एक दूसरा आदमी शिकार अथवा जानवर के रूप में उस अनुभव में कूद पड़ा। ज़ाहिर है कि पहली बार किसी के अनुभव-क्षेत्र में कूदने की शुरुआत उसी अन्तःप्रेरणा से सम्भव हुई होगी, जिसके विषय में हम पहले भी उल्लेख कर चुके हैं। जब एक बार शुरुआत हो गयी तो फिर हर बार एक के साथ दो और अन्ततः बहुत से शिकारी और बहुत से जानवर—आदिम मनुष्य की ज़िन्दगी में यही वह पड़ाव था जब वह शिकार को वास्तविक जीवन में भी एक समूह की तरह से ले रहा था और शिकार से लौटकर उसके प्रस्तुतिकरण की प्रक्रिया में भी सामूहिक योगदान शामिल था। इस प्रकार आदिम युग के मनुष्य द्वारा अपनी दिनचर्या के अनुभवों को सबके साथ साझा करने में एक आदमी से पूरे समूह तक पहुँचने की प्रक्रिया में न जाने कितने हज़ार साल लगे होंगे।

अभी तक हमने आदिम समाज में रंगमंच को लेकर जितनी भी चर्चा की है, उस पर आगे बढ़ने से पहले दो-तीन महत्त्वपूर्ण बातों की ओर ध्यान दिलाया जाना ज़रूरी है। चौथी शताब्दी ई. पू. में ग्रीक दार्शनिक अरस्तू ने अभिनय की परिभाषा देते हुए लिखा था—Art is an imitation of life अर्थात 'कला जीवन का अनुकरण है' या छाया है या प्रतिबिम्ब है। क्या आदि मानव ने अपनी उपर्युक्त गतिविधियों से अरस्तू की इस परिभाषा के लिए डेढ़-दो लाख वर्ष पहले ही एक भूमिका और पृष्ठभूमि तैयार नहीं कर दी थी? वे लोग भी, जो दिन भर में करते थे, संध्या के समय उसी की प्रस्तुति नहीं करते थे? कहा भी गया है कि साहित्य, कला एवं स्थापत्य जीवन से ही अपनी स्रोत-सामग्री ग्रहण करते हैं और अन्ततः जीवन को ही वह सामग्री लौटा देते हैं। दूसरी बात यह कि जीवन से सामग्री लेने के बावजूद क्या वह अपने मूल रूप में ही कला में आती है या आ पाती है? उदाहरण के लिए जब आदिम मनुष्य शिकार की घटना को प्रस्तुत कर रहा था तो वहाँ सचमुच का शिकार तो नहीं हो रहा था। एक आदमी जानवर की भूमिका में था तो दूसरा उसी क्षण सचमुच का शिकारी न होकर महज़ उसका अभिनय करने की कोशिश कर रहा था। दूसरे अर्थों में कहा जाये तो कला जीवन की हू-ब-हू अनुकृति न होकर उसकी पुनर्रचना हुआ करती है। हम आज जिसे लेकर इतना विवेचन-विश्लेषण करते हैं,

आदिम मनुष्य ने कला के इस रहस्य को अपने अनजाने में अपनी रोज़मर्रा की दिनचर्या में ही खोज लिया था।

जब रंगमंच एक सामूहिक गतिविधि में बदल गया तो उसकी प्रक्रिया में एक और महत्त्वपूर्ण पड़ाव आया। रोज़ाना सुबह शिकार पर जाने और लौटने पर पूरे क़बीले की सामूहिक हिस्सेदारी—सब लोग देर रात तक इन गतिविधियों में फँसे रहते। नतीजा ये होता कि कई बार सुबह आँख जल्दी न खुलती अथवा शिकार पर जाने का मन नहीं होता। जब बार-बार ऐसा होने लगा तो क़बीले के बड़े-बूढ़े लोगों ने एक रास्ता सुझाया—बजाय इसके कि शिकार से लौटने के बाद सारे लोग नाटकों के मंचन में भाग लें, क्यों न नाटकों की तैयारी और उनके मंचन की ज़िम्मेदारी कुछ लोगों को सौंप दी जाये। वे शिकार पर नहीं जायेंगे और पीछे रहकर शिकार की कहानियों पर आधारित नाटकों का अभ्यास करेंगे और शाम को जब बाक़ी लोग शिकार से लौटेंगे तो उनके मनोरंजन के लिए उन नाटकों का मंचन किया जायेगा। यहाँ से क़बीला दो हिस्सों में बँट गया—करने वाले और देखने वाले। इससे पहले जब सब लोग एक घेरे में बैठे होते थे तो इस तरह का भेद कभी नहीं था। सभी लोग करने वाले थे, सभी लोग देखने वाले थे। लेकिन इस नयी व्यवस्था ने एक बड़े समूह को स्पष्टतः दो भागों में बाँट दिया—एक प्रदर्शन करने वाला अर्थात अभिनेता और दूसरा उस प्रदर्शन को देखने वाला अर्थात दर्शक या प्रेक्षक। क्या यह तथ्य अपने आप में काफ़ी दिलचस्प नहीं कि हमारी मानव-सभ्यता के शैशव काल में ही (जिसे हम आदिम युग के नाम से जानते हैं) अभिनेता नाम के वर्ग का जन्म हो चुका था। पढ़ाई-लिखाई या शिक्षा-दीक्षा के मामले में वह भले ही बहुत पिछड़ा हुआ हो, लेकिन अभिनय के तीन गुणों के मामले में वह आज के किसी भी प्रशिक्षित अभिनेता से कम नहीं था। वे गुण हैं—पर्यवेक्षण, कल्पना शक्ति; और इन दोनों के समन्वय से किसी भी काम को एकदम सफलता के साथ प्रस्तुत कर देना। शिकार के नाटक में जानवर की चाल, स्वभाव, आक्रमण करने की मुद्रा के साथ-साथ शिकारी की भूमिका में शरीर का फुर्तीलापन, चौकन्नी दृष्टि, बलिष्ठ सौष्ठव—इन सबका उसके पास कोई अभाव नहीं था। इससे भी ज़्यादा महत्त्व इस बात का था कि एक बड़े दर्शक-समुदाय के सामने एक सफल और मनोरंजक नाटक प्रस्तुत करने की चुनौती भी मौजूद थी। कला का पहला उद्देश्य मनोरंजन है और उसके बहाने से शिक्षा देना भी ज़रूरी है—जिस तथ्य और सत्य की तरफ़ आज से ढाई-तीन हज़ार वर्ष पहले भरत, अरस्तू और पिछली शताब्दी में ब्रेष्ट ने संकेत किया था,

हमारा आदिम समाज उसे अपनी दिन-प्रतिदिन की गतिविधियों से न जाने कितना पहले प्रमाणित कर चुका था।

गतिविधि की प्रक्रिया में बदलाव तो आया ही, उसने प्रस्तुतिकरण के स्वरूप में भी काफ़ी कुछ बदलकर रख दिया–विशेष रूप से स्पेस के इस्तेमाल के रूप में। पहले जहाँ सारी क्रियाएँ एक गोल घेरे के भीतर होती थीं, वे अब ऐसी स्पेस में होने लगीं जो दो भागों में बँट गया–घेरे का एक हिस्सा अभिनेताओं के काम में आने लगा और बाक़ी तीन हिस्से दर्शकों के लिए छोड़ दिये गये। अभी भी अभिनेता और दर्शक एक-दूसरे के आस-पास हैं लेकिन उनमें स्पष्ट विभाजन हो चुका है। इस तरह की स्पेस को बाद में थ्रस्ट स्पेस, प्रोजेक्टेड स्पेस अथवा थ्री साइडेड स्पेस के नाम से पुकारा गया। लेकिन इसकी नींव आदिम काल में ही पड़ चुकी थी।

कालान्तर में शिकार के साथ-साथ युद्ध और लड़ाई जैसी कहानियाँ भी इन आदिम नाटकों का हिस्सा बनने लगीं। जैसा कि पहले ही कहा जा चुका है कि आदिम समाज क़बीलों के रूप में रहने की शुरुआत कर चुका था, अतः यह स्वाभाविक था कि भूमि, सम्पत्ति, स्त्री को लेकर उनमें प्रायः लड़ाई-झगड़े होते रहते थे। इसलिए इनसे जुड़े कथ्यों को भी उनके नाटकों में आने में देर न लगी। क्योंकि इनके माध्यम से वे लोग अपने महानायकों का गुणगान कर सकते थे।

बेशक यह पूरी गतिविधि उनकी दिन-प्रतिदिन की दिनचर्या का एक सहज, स्वाभाविक हिस्सा थी, जिसमें समय-समय पर अपने हिसाब से बदलाव होता गया। यह भी सही है कि वे लोग इस तथ्य से बिल्कुल अपरिचित और अनभिज्ञ थे कि वे जो कुछ कर रहे हैं वह नाटक और रंगमंच जैसी कोई बड़ी महान कला है, लेकिन हम स्वयं तनिक निस्संग और तटस्थ होकर सोचें तो पायेंगे कि इसमें वह सब कुछ है जो आज हम नाटक में तलाश करते रहते हैं–एक सशक्त और जीवन्त कहानी, उस कहानी को आगे लेकर चलने वाले श्रेष्ठ अभिनेता, एक प्रदर्शन-स्थल जो पहले एक घेरे के रूप में आया और फिर घेरा टूटकर दो भागों में बँट गया, जैसा कि हम बाद में ग्रीक, रोमन, यहाँ तक कि शेक्सपियर के रंगमंच में भी देखते हैं। प्रस्तुति के तकनीकी पक्ष से जुड़े तमाम तत्त्व–घेरे के बीचों-बीच जलती आग और ऊपर आसमान में चाँद–रौशनी के नाम पर इससे ज़्यादा नाटकीय और क्या हो सकता है। वेशभूषा के नाम पर पेड़ों की छाल, जानवरों की खाल, फूल, पत्ते, घास आदि। रूपसज्जा के नाम पर चूना, मिट्टी से रंगे चेहरे, और शायद जानवरों के सर मुखौटों के रूप में–और इन सबको

देखने के लिए दिन भर के शिकार की थकान मिटाने और अपना मनोरंजन करने आया एक दर्शक-वर्ग।

यदि हम शाम को होने वाली इस नाट्य-गतिविधि को मात्र मनोरंजन के रूप में देखेंगे तो हम उसकी सम्पूर्णता को नहीं समझ पायेंगे। इसमें कोई सन्देह नहीं कि मनोरंजन इस गतिविधि का पहला और सबसे बड़ा उद्देश्य था, लेकिन उससे भी ज़्यादा इन नाटकों का मंचन उन बच्चों और युवाओं को शिकार की कला और उसकी बारीकियों को सिखाना भी था जो अभी शिकार पर नहीं जा सकते थे। दूसरे रूप में आदिम युग की इस गतिविधि को आज रंगमंच की दुनिया में देश-विदेश में प्रचलित 'थिएटर इन एजुकेशन' की अवधारणा का एक प्रारम्भिक (चाहे कितना ही झीना-सा ही क्यों न हो) प्रारूप कहा जा सकता है जहाँ रंगमंच जैसे माध्यम का इस्तेमाल अनिवार्य रूप से शिक्षा देने के लिए किया जाता है।

इससे भी ज़्यादा स्वयं उस दर्शक-वर्ग के लिए भी यह प्रक्रिया कम महत्त्वपूर्ण नहीं थी, जो अभी कुछ देर पहले शिकार से लौटे थे और पूरी तरह से नाटक देखने की मनोभूमि के लिए तैयार होकर आते थे। उनका विश्वास था कि नाटकों में दिखायी गयी कहानियों से प्रेरित और उत्साहित होकर जब हम अगली सुबह शिकार के लिए जायेंगे तो शाम को अपने साथ बहुत-सा शिकार लेकर लौटेंगे। नाटक को देखने के इस प्रभाव को समाज-शास्त्रियों ने उस आदिम मानव के सन्दर्भ में इस प्रक्रिया को सिम्पैथेटिक मैजिक का नाम दिया है अर्थात नाटक एक ऐसे जादू-टोने का प्रतीक माना जाता था जो उनके पक्ष में काम करेगा। क्या आज भी हम जादू-टोने को इसी अर्थ में नहीं लेते?

बेशक ट्रैजिडी का औपचारिक आविर्भाव कुल जमा ढाई-तीन हज़ार साल पहले ग्रीक रंगमंच में हुआ हो लेकिन उसके स्पष्ट संकेत आदिम युग के इन्हीं नाटकों में मिलने लगते हैं। कभी तो ऐसा नाटक भी प्रस्तुत किया गया होगा जिसमें शिकार के दौरान मुख्य शिकारी मारा गया हो? अब इससे ज़्यादा ट्रैजिक या त्रासद क्षण और क्या हो सकता है कि जानवर के हाथों नायक की मृत्यु हो गयी हो? हम सहज ही कल्पना कर सकते हैं कि जब ऐसी घटनाएँ मंच पर प्रस्तुत की जाती होंगी तो देखने वाले शिकारी समुदाय पर उसका क्या प्रभाव पड़ता होगा—एक तरफ़ यदि वे गहरे शोक और विषाद में डूब जाते होंगे तो दूसरी तरफ़ दूसरी सुबह शिकार में जीतकर आने की इच्छा और भी बलवती हो उठती होगी। ऐसा ही कुछ उन नाटकों के मंचन के समय भी होता होगा, जो दो क़बीलों की लड़ाई पर आधारित हों।

त्रासदी के साथ-साथ कॉमेडी या हास्य को आने में भी देर नहीं लगी। यदि ट्रैजिडी उनकी दिनचर्या में घटी घटनाओं की सहज परिणति थी तो कॉमेडी बेशक संयोग से ही सही, लेकिन आये बिना नहीं रही। एक दिन बहुत ज़ोरों से बारिश हुई और सारे मैदान में कीचड़ ही कीचड़ हो गया। लेकिन शाम के समय नाटक को तो हर सूरत में प्रस्तुत किया जाना था। अब जैसे ही नाटक आरम्भ हुआ तो जानवर की भूमिका करने वाला अभिनेता तेज़ी से भागता हुआ आया और अचानक उसका पैर फिसल गया और वह धड़ाम से कीचड़ में जा धँसा। फिर क्या था—दर्शकों में इस अप्रत्याशित घटना पर ज़बरदस्त अट्टहास हुआ। घटना तो एक बार होकर समाप्त हो गयी लेकिन जानवर की भूमिका करने वाला अभिनेता तुरन्त समझ गया कि ऐसी अप्रत्याशित हरकतों पर दर्शक ख़ूब हँसते हैं, तो उसने जान-बूझकर ऐसी हरकतें अपने चरित्र-चित्रण में डालनी शुरू कर दीं। यह स्वयं सिद्ध है कि बेमेल क्रियाएँ दर्शकों में सहज ही हास्य की सृष्टि करती हैं। यदि ऐसा न होता तो आज सर्कस में जोकर की कलाबाज़ियाँ, स्लैप स्टिक कॉमेडी की क्या सार्थकता रह जाती? यों भी आदिम युग में ट्रैजिडी के साथ-साथ कॉमेडी का छौंक उन नाटकों की एक अनिवार्य प्रक्रिया थी क्योंकि एक जैसे नाटक देखते-देखते कितनी एकरसता हो जाती होगी। अपनी ही जीत का नाटक कितनी बार देखा जा सकता है? एक सीमा के बाद वह सपाट, बनावटी और एकरस लगने लगेगा। इसीलिए जब अपनी हार या मृत्यु का नाटक सामने आता है तो वह एकदम से झकझोर कर रख देता है। यही तर्क नाटकों में कॉमेडी को लेकर भी दिया जा सकता है। बाद में आने वाले नाटकों में विदूषक, फ़ूल या ऐसे ही किसी हास्य चरित्र की उपस्थिति के पीछे भी शायद यही अवधारणा काम कर रही होगी कि नाटक को जीवन के सभी पक्षों को अपने साथ लेकर चलना चाहिए।

यह निष्कर्ष निकाल लेना मात्र अर्द्धसत्य ही होगा कि आदि मानव के जीवन में सुबह से शाम तक शिकार और उसके बाद उस पर आधारित नाटकों का मंचन ही होता रहता होगा। यह तो मात्र एक पक्ष है जो सीधे-सीधे रंगमंच की कहानी से सम्बद्ध है, इसलिए सबसे पहले उसी की ओर ध्यान जाता है। इसके अलावा भी बहुत कुछ ऐसा था जो उसके साथ घटित हो रहा था लेकिन उसकी समझ से परे था। मसलन कभी भी अँधेरा छा जाता, कभी सूरज निकल आता, कभी आँधी आ जाती तो कभी तूफ़ान, कभी भूचाल और ऐसी ही न जाने कितनी प्राकृतिक आपदायें—ये सब ऐसी घटनाएँ थीं जिन पर उसका कोई वश नहीं था। वह इन्हें दैवी शक्तियों के रूप में देखता था, जो उससे कहीं बड़ी और

अधिक शक्तिशाली थीं। फिर भी उसके मन में यह इच्छा बलवती होती चली गयी कि मुझे इन शक्तियों को जीतना है, अपने वश में करना है ताकि मैं जब चाहूँ तो वर्षा हो, अँधेरा हो, अथवा आँधी आये। वश में करना है तो पहले इन शक्तियों को प्रसन्न करना होगा और प्रसन्न करने का सबसे आसान उपाय यही है कि उनकी पूजा की जाये। इस प्रकार आदिम युग में ही मनुष्य के अन्दर पूजा का भाव जाग्रत हुआ। अभी कोई धर्म नहीं था, कोई सम्प्रदाय नहीं था, कोई देवी नहीं, कोई देवता नहीं—बस, एक अमूर्त शक्ति के प्रति श्रद्धा का भाव, पूजा का भाव; और इसी के साथ सामूहिक अनुष्ठान अथवा रिचुअल अथवा संस्कारों की शुरुआत हुई। अलग-अलग क़बीलों में सामूहिक पूजा-पाठ की शुरुआत हुई—बेशक वे एक समूह में रहते थे लेकिन तब भी पूरी तरह से सुरक्षित नहीं थे। जंगली जानवरों का डर तो था ही, इससे भी ज़्यादा उन प्राकृतिक घटनाओं का, जिन्हें वे दैवी शक्तियों का प्रतीक मानते थे। यदि एक तरफ़ उनका भय था तो दूसरी तरफ़ यह विश्वास भी था कि यही शक्तियाँ हमारी रक्षा भी करेंगी। यह विश्वास ही वह तत्त्व था जिसने आदिम मानव के मन में अपने से अलग, अपने से बड़ी किसी शक्ति के अस्तित्व का संकेत दिया और उसने उसकी पूजा करना शुरू की। क्या आज भी हम पूजा-पाठ की ओर इसलिए अग्रसर नहीं होते कि हम किसी ऐसी शक्ति के सामने नतमस्तक हैं, जो कहीं हमसे परे है, हमसे बड़ी है और उसी के कारण हमारा अपना अस्तित्व मायने रखता है। आज से दो लाख साल पहले उस नितान्त अबोध, भोले-भाले, अनपढ़, गँवार आदि मानव के मन में यदि ऐसा भाव उदय हुआ होगा तो कोई आश्चर्य नहीं!

तो, कुल मिलाकर कुछ ऐसी बनती है तस्वीर—आज से लगभग डेढ़-दो लाख साल पहले के आदि मानव की दिनचर्या की, जिसमें रंगमंच एक मुख्य गतिविधि के रूप में शामिल था। यह ध्यान रहे कि वह यह सब कुछ इसलिए नहीं कर रहा था कि वह रंगमंच जैसी किसी नयी कला, विधा या माध्यम को जन्म दे रहा था—एक दिन एक आदमी ने अपने अनुभवों को कहानी के रूप में सुनाना शुरू किया, फिर एक दिन कोई उस अनुभव को दिखाने लगा, और उसमें बहुत से लोग शामिल होते गये। बहुत ही सहज, सरल और अनायास प्रक्रिया के तहत सब कुछ होता चला गया। बहुत बाद में जाकर उन लोगों ने बाक़ायदा नाटकों के मंचन की शुरुआत की। यह देखकर आश्चर्य होता है कि उनकी इस शुरुआती दिनचर्या में भी नाटक अथवा रंगमंच के सभी ज़रूरी तत्त्व मौजूद हैं—एक कहानी, कुछ अभिनेता, एक स्पेस, कुछ तकनीकी आवश्यकताएँ और अन्ततः दर्शक। भले ही रंगमंच की सही तस्वीर कुल जमा तीन से पाँच हज़ार

साल पहले हमारे सामने आती है, लेकिन पूछा जा सकता है कि आदिम युग की यह रंगमंचीय गतिविधि इस तस्वीर से कहाँ अलग है? हम चाहे उसे रंगमंच का नाम न देना चाहें, लेकिन इतना निश्चित है कि इस दिनचर्या ने कुछ बातों को उसी समय निश्चित कर दिया था—रंगमंच जीवन की अनुकृति है। वह स्वयं में जीवन तो नहीं हो सकता। अनुकृति भी कभी हू-ब-हू नहीं हो सकती। अपने प्रस्तुति रूप में वह जीवन से प्रेरित होते हुए भी हू-ब-हू वही नहीं है। इस अर्थ में आदिम युग का नाटक भी खरा उतरता है—शिकार का नाटक है लेकिन सचमुच का शिकार नहीं है, शिकारी और शिकार भी सचमुच के नहीं हैं। वे जीवन की एक घटना का अनुकरण कर रहे हैं। यहाँ हम एक और सत्य से साक्षात्कार करते हैं कि मनुष्य में अनुकरण करने की प्रवृत्ति सहज होती है और यही रंगमंच जैसी कला का मूल तत्त्व है। आदि मानव के लिए यह सब कुछ कितना भी सहज संयोग या अचानक रहा हो लेकिन इसमें कोई दो राय नहीं कि उसने आने वाली भावी पीढ़ियों के लिए एक ऐसी कला का आविष्कार कर दिया था, जिसे आज हम रंगमंच के नाम से जानते हैं और जो तब से लेकर आज तक जीवित है।

क्या यह अजीब नहीं लगता कि आदिम युग में जिस रंगमंच का जन्म हुआ आज से डेढ़-दो लाख वर्ष पूर्व, उसका कोई लिखित इतिहास अथवा परम्परा आज से पाँच हज़ार साल पहले तक कहीं दिखायी नहीं पड़ती। क्या वह आदिम रंग-परम्परा कालान्तर में स्वयं समाप्त हो गयी अथवा उसका किसी और रूप में कायान्तरण हो गया? हम यह तो जानते हैं कि शिकार युग के बाद आदि मानव की जीवन-पद्धति में निश्चित रूप से परिवर्तन आया—उसने पत्थरों से हथियार बनाने शुरू किये और साथ-साथ अपने उपयोग की दूसरी वस्तुएँ भी। अब जंगली जानवरों से लड़ाई की अपेक्षा आपसी लड़ाइयों का दौर आया—अधिक-से-अधिक भू-भाग पर अपना स्वामित्व और आधिपत्य जमाने की इच्छा जाग्रत हुई। पहले वे लोग एक साथ क़बीले में रहकर शिकार जैसी दिनचर्या में मिले भोजन से ही सन्तुष्ट थे, लेकिन आगे चलकर उनकी इच्छाओं, आवश्यकताओं और अपेक्षाओं में बढ़ोतरी होने लगी। इन परिवर्तनों के चलते उनके द्वारा की जाने वाली रंगमंचीय गतिविधियों में भी अन्तर आने लगे। जब तक वे एक सीमित दायरे के भीतर रहते हुए सुखी थे तो वह उनकी रंगमंचीय गतिविधियों का भी स्वर्णिम दौर था। लेकिन जैसे ही उनकी दिनचर्या और नवीन पद्धति में बदलाव आया, तो रंगमंच उनके लिए वह प्राथमिकता नहीं रही।

आदिम युग में ही सामूहिक अनुष्ठान, रिचुअल, गायन, पूजा, यज्ञ इत्यादि का आरम्भ हो चुका था। आपस में लड़ते-झगड़ते, दौड़ते-भागते उस रंगमंच के लिए न तो स्थान ही बचा था और न अवकाश—नतीजा यह हुआ कि रंगमंच मात्र गाने-नाचने तक सीमित होकर रह गया। पहले ये गीत उनके अपने महानायकों की याद में गाये जाते थे, बाद में उनमें देवी-देवताओं की याद में गाये जाने वाले गीत भी जुड़ते चले गये। यदि हम रंगमंच के इस क्रमिक विकास की गहराई में जायें तो हम पाते हैं कि आदिम युग में रंगमंच की शुरुआत गीत-संगीत के बिना पूरी तरह से शुद्ध रंगमंच के रूप में हुई थी। जब गीत, संगीत उनके अनुष्ठानों से जुड़कर रंगमंच में भी आया तो उसने रंगमंच के आदिम स्वरूप को काफ़ी दूर तक प्रभावित किया। प्रभावित इस रूप में कि जो गीत-संगीत आदिम रंगमंच में कहीं दूर-दूर तक नहीं था, वह कालान्तर में रंगमंच का सबसे प्रमुख तत्त्व हो गया और शायद आज तक है। उसकी प्रमुखता का आलम यह है कि लगभग हर देश, हर सभ्यता और हर संस्कृति में जब लगभग तीन हज़ार वर्ष पूर्व विधिवत रंगमंच से साक्षात्कार होता है तो उसकी पृष्ठभूमि इसी गीत, संगीत और नृत्य जैसी गतिविधियों से तैयार होती है, चाहे वह भारतीय रंगमंच हो, पाश्चात्य रंगमंच हो, और एशियाई रंगमंच हो।

यह सही है कि पिछले तीन हज़ार से पाँच हज़ार वर्षों के बीच अलग-अलग देशों में जिस रंगमंच की परम्परा का जन्म, आरम्भ और विकास हुआ, वह कई मायनों में यदि एक समानता लिए हुए है तो अपनी-अपनी विशिष्ट भौगोलिक व ऐतिहासिक परिस्थितियों के कारण उसमें एक-दूसरे से बहुत से अलगाव भी दिखायी पड़ते हैं। ऐसे में प्रश्न यह उठता है कि रंगमंच के इस इतिहास की कहानी को कैसे प्रस्तुत किया जाये। एक विकल्प तो यह हो सकता है कि अलग-अलग देशों में जिस तरह भी रंगमंच की शुरुआत हुई, उसे अलग-अलग अध्यायों में आरम्भ से लेकर आज तक अध्ययन के दायरे में लाया जाये। उदाहरण के लिए भारत का रंगमंच, यूनान का रंगमंच, रोमन रंगमंच, चीन का रंगमंच, जापान का रंगमंच, पश्चिम का मध्यकालीन रंगमंच, इंग्लैंड का एलिज़ाबेथकालीन रंगमंच, फ्रांस का रंगमंच, रूस का रंगमंच इत्यादि। दूसरा विकल्प यह हो सकता है कि आज तक मुख्य रूप से जितने प्रकार के रंगमंच से हम रू-ब-रू होते रहे हैं एक-एक शीर्षक के अन्तर्गत सभी देशों के उससे मिलते-जुलते रंगमंच को एक साथ समेट लिया जाये। यदि हम शास्त्रीय रंगमंच जैसा एक शीर्षक चुन लें तो उसके अन्तर्गत उप-शीर्षकों के रूप में भारत, जापान, चीन, यूनान, रोम के रंगमंच की कहानी को ले लिया जाये।

यही बात लोक या परम्पराशील रंगमंच, ऑपेरा रंगमंच, यथार्थवादी रंगमंच के साथ भी जुड़ती है। इतना ही नहीं, कुछ रंगमंच के प्रकार ऐसे भी हैं जो अपनी निजी विशिष्टताओं के कारण एक क्षेत्र विशेष से ही सम्बद्ध हैं—हमारे देश में *पारसी रंगमंच* और पश्चिम में मध्यकाल में विकसित *कामेदिया देल आर्ते* को इस श्रेणी में रखा जा सकता है। यहाँ तक कि सोलहवीं शती में इंग्लैंड में शेक्सपियर के नाटकों के मंचन की भी अपनी एक विशेष शैली रही है। पिछले दो सौ वर्षों, विशेषतः उन्नीसवीं-बीसवीं शताब्दी में तो रंगमंच में इतने बदलाव आये हैं कि एक-एक अभिनेता, नाटककार, अभिकल्पक अथवा निर्देशक ने अपनी विशेष शैली को जन्म दिया—मेयर होल्ड का *बायो मेकेनिक्स रंगमंच,* आर्तो का *थिएटर ऑफ़ क्रुएलटी,* ब्रेष्ट का *महाकाव्यात्मक रंगमंच,* ग्रोतोव्स्की का *पूअर थिएटर* और आगस्तो बोल का *थिएटर ऑफ़ दि ऑपरेस्ड* यदि पश्चिम में दिखायी पड़ते हैं तो हमारे यहाँ भी बादल सरकार के *तीसरा रंगमंच* का नाम लिया जा सकता है। चाहें तो हम इसमें *कहानी का रंगमंच* को भी जोड़ सकते हैं। द्वितीय विश्वयुद्ध के बाद सामूहिक रूप से नाट्य-लेखन और उसके प्रस्तुतिकरण की जिस धारा ने जन्म लिया और बाद में जिसे *थिएटर ऑफ़ दि ऐबसर्ड* की संज्ञा से अभिहित किया गया, उसे क्या छोड़ा जा सकता है? इस प्रकार हमारे सामने रंगमंच की कहानी सुनाने के लिए एक साथ इतने सारे विकल्प मौजूद हैं। हमारे विचार में उपर्युक्त सभी विकल्पों को अलग-अलग न रखते हुए यदि हम एक समन्वित शुरुआत करें तो शायद वह रास्ता ज़्यादा सहज और स्वाभाविक लगेगा। हम कहना यह चाहते हैं कि हम अलग-अलग आलेखों में एक-एक देश की रंगयात्रा को शुरू से लेकर आज तक पूरा करने की कोशिश करें और उसी में जहाँ ज़रूरत हो, किसी व्यक्ति विशेष अथवा धारा विशेष को अलग से रेखांकित किया जाये। ऐसे में अच्छा यही होगा कि हम सबसे पहले अपने देश से ही आरम्भ करें—एक तो यहाँ के रंगमंच की यात्रा हमारे अपने अनुभव का सीधा और साक्षात् हिस्सा है, दूसरे एक बार इसमें से गुज़रने के बाद जब-जब हम दूसरे देशों के रंगमंच के विषय में बात करेंगे तो हमारे सामने समानान्तर और तुलनात्मक अध्ययन के लिए पहले से एक पृष्ठभूमि तैयार होगी। यह इसलिए भी ज़रूरी है क्योंकि अब तो यह ऐतिहासिक रूप से प्रमाणित हो चुका है कि आदिम युग के बाद यदि रंगमंच की कोई स्पष्ट परम्परा दिखायी पड़ती है तो निश्चित रूप से उसके पहले चिह्न भारत में ही दिखायी पड़ते हैं। आइए, देखने की कोशिश करें कि हमारे अपने देश में रंगमंच का जन्म कब और कैसे हुआ, और उसके बाद उसकी आज तक की विकास-यात्रा क्या रही है।

पूर्व का रंगमंच

भारत

चीन

जापान

भारतीय शास्त्रीय रंगमंच

हमारे देश की प्राचीनतम सभ्यताओं में सिन्धु घाटी की सभ्यता और मोहनजोदाड़ो का नाम लिया जाता है। बीसवीं शती के पूर्वार्द्ध में इन सभ्यताओं की खुदाई में जो भग्नावशेष मिले, उनमें कई–संगीतशालाओं, मुखौटों और मंच-उपकरणों की याद दिलाते हैं। ये अवशेष इस तथ्य की पुष्टि करते हैं कि हमारे यहाँ संगीत, नृत्य और नाटक की परम्परा और उससे जुड़ी गतिविधियाँ इन सभ्यताओं का अनिवार्य अंग रही हैं। ये सभ्यताएँ जब अपने उत्कर्ष पर थीं, उस समय के अवशेषों से हम अनुमान लगा सकते हैं कि नाटक, रंगमंच जैसी कलाओं का हमारे पूर्वजों के जीवन में बहुत पहले ही प्रवेश हो चुका होगा, तभी तो उनके विधिवत कार्यकलापों के लिए संगीतशालाओं और नाट्यशालाओं का निर्माण हुआ होगा।

इतना ही नहीं, दो प्राचीन महाकाव्यों—रामायण और महाभारत में भी राजदरबारों में नाटकों के मंचन के बारे में सूचनाएँ मिलती हैं। ऐसे में इस जिज्ञासा का उठना स्वाभाविक है कि भारत में नाट्यकला का जन्म कब हुआ होगा? इस विषय में आज तक जितना भी चिन्तन-मनन हुआ है उसके अनुसार नाटक के जन्म को लेकर कम-से-कम पाँच अवधारणाएँ हमारे यहाँ प्रचलित हैं।

सबसे पहली और सबसे पुष्ट अवधारणा नाटक और रंगमंच को वैदिक उत्पत्ति से जोड़ने को लेकर मानी जाती है। माना जाता है कि वेद हमारे यहाँ के ज्ञान, कला और सभ्यता के पहले स्रोत हैं, तो कोई कारण नहीं कि उन्हें रंगमंच के जन्म का स्रोत क्यों न माना जाये? इसी के साथ ऋग्वेद में कुछ प्रसंगों में उपस्थित संवादों को लेकर भी इस धारणा की पुष्टि होती है। हम जानते हैं कि संवाद के बिना नाटक या रंगमंच के अस्तित्व की कल्पना भी नहीं की जा सकती। यदि संवादों से मिलते-जुलते प्रसंग स्वयं ऋग्वेद में ही उपस्थित हैं तो वेदों को नाटक के जन्म का पहला स्रोत माना जा सकता है। यों तो विद्वान लोग दस-पन्द्रह ऐसे प्रसंगों का उल्लेख करते हैं लेकिन इनमें भी तीन की चर्चा बार-बार होती है—पहला है यम और यमी संवाद। यम मृत्यु का देवता है और यमी उसकी बहन है। इस संवाद-अंश में यमी अपने भाई यम को अपने साथ शारीरिक संसर्ग के लिए आमंत्रित करती है। इसी क्रम में उर्वशी और पुरुरवा के संवाद-अंश का भी उल्लेख किया जाता है। उर्वशी स्वर्ग की अप्सरा है और उसे धरती पर रहने का अभिशाप मिला है, जहाँ उसकी मुलाक़ात पुरुरवा से होती है और दोनों में प्रेम हो जाता है। उसी दौरान का संवाद है यह। तीसरा संवाद सोमरस विक्रेता के सन्दर्भ में आता है, जब वह बाज़ार में घूम रहे लोगों से सोमरस अर्थात आसव ख़रीदने का आग्रह करता है।

इस प्रकार ये तीनों, और इनसे मिलते-जुलते दूसरे संवाद नाटक जैसी विधा के जन्म की भूमिका तैयार करते हैं।

एक दूसरा मत इस बात के पक्ष में है कि हमारे यहाँ पहले नृत्य का जन्म हुआ और बाद में उसी का नाटक या नाट्य के रूप में विकास हो गया। लेकिन कई कारणों से इस मत का बहुत ज़्यादा समर्थन नहीं किया जाता। एक तो नृत्य ऐकान्तिक कला है, जबकि नाटक या रंगमंच एक सामूहिक कला है। दूसरे, नृत्य में नृत्यकार के पास कोई बोला जाने वाला आलेख नहीं होता। उसका काम—जो भी संगीत-मण्डली में बैठे लोगों द्वारा गाया या बोला जाता है मात्र उसकी भावाभिव्यक्ति करना होता है। नाटक को नृत्य से उत्पन्न विधा मानने का कारण नाट्यशास्त्र में नृत्त, नृत्य और नाट्य—इन तीन शब्दों की इसी क्रम में

उपलब्ध उपस्थिति को माना जाता है। इसके अनुसार पहले नृत्त का जन्म हुआ जो शुद्ध मूवमेंट के रूप में लिया जाता है अर्थात अपने भीतर की अन्तःस्फूर्ति से उत्पन्न कोई शारीरिक हरकत, नृत्य वह कला जिसे विधिवत सीखा जाये और अन्ततः नाट्य। इसके विपरीत भरत ने जिस अर्थ में इन तीनों शब्दों का प्रयोग किया है, उसके अनुसार नाट्य एक ऐसी कला है जिसमें नृत्त, नृत्य अर्थात बाक़ी सारी कलाएँ शामिल हैं। मात्र यही नहीं, वह बार-बार कहते हैं कि ऐसा कोई ज्ञान, शिल्प, कला, विधा और योग नहीं है जो नाट्य में न हो। अर्थात रंगमंच अपनी बनावट में ऐसी संश्लिष्ट कला है कि उसमें स्वयमेव शेष सारी कलाएँ समाहित हो जाती हैं।

कुछ विद्वान कठपुतली की कला से रंगमंच के आविर्भाव को जोड़ते हैं। यह मत तर्क से परे जान पड़ता है। जहाँ तक स्वाभाविक विकास की बात है, पहले मनुष्य का जन्म हुआ, फिर उसके द्वारा शिकार से लौटकर नाटकों का मंचन शुरू हुआ, और बहुत बाद में जाकर उसने कठपुतली-कला का विकास किया होगा। इस कला का जन्म मात्र दो-ढाई हज़ार वर्ष पूर्व का माना जाता है। इसका पहले-पहल हमारे देश में चलन आरम्भ हुआ और बाद में यह कला चीन और जापान जैसे देशों में पहुँची। मनुष्य ने कठपुतली का आविष्कार क्यों किया होगा, इसके पीछे सामाजिक और भौगोलिक कारण खोजे जा सकते हैं। कभी बहुत बारिश के दिनों में जब घर से बाहर आना-जाना सम्भव नहीं हो पाता था तो उसने घर की सीमा के अन्दर ही सीमित संसाधनों के साथ कठपुतली जैसी कला की खोज कर ली। कर्नाटक में यक्षगान जैसी लोकनाट्य शैली के साथ भी कुछ ऐसा ही घटित हुआ था। बारिश के दिनों में जब नाट्य मण्डलियाँ यहाँ से वहाँ यात्रा नहीं कर पाती थीं और खुले में उनके नाटकों का मंचन भी नहीं हो पाता था तो उन्होंने एक बन्द कमरे में बैठे-बैठे यक्षगान प्रस्तुत करने की विधा का आविष्कार कर लिया।

भरत अपने नाट्यशास्त्र के पहले अध्याय में (जिसका शीर्षक नाट्योत्पत्ति दिया गया है) नाटक के जन्म की जो कहानी प्रस्तुत करते हैं, उसके अनुसार नाटक के जन्म को एक मिथक से भी जोड़ दिया गया है। भरत के अनुसार स्वायंभुव मनु के मन्वंतर में सत्ययुग बीत जाने पर वैवस्वत मनु का त्रेतायुग प्रारम्भ हुआ। लोग ग्राम्य धर्म में प्रवृत्त तथा काम और लोभ के वश में होकर ईर्ष्या, क्रोध आदि से दिग्भ्रान्त और सुखी-दुखी रहने लगे। तब इन्द्रादि देवताओं ने पितामह ब्रह्मा से कहा—हम मनोविनोद का ऐसा साधन चाहते हैं, जो दृश्य भी हो और श्रव्य भी। ये वेद-व्यवहार शूद्र जाति के लोगों को तो सुनाया नहीं जा सकता,

इसलिए आप एक अन्य पाँचवाँ वेद रचिए, जो सभी वर्णों के लोगों के लिए हो। ब्रह्मा ने चारों वेदों का स्मरण कर संकल्प किया—मैं नाट्य नामक पाँचवें वेद की इतिहास सहित रचना करता हूँ जो धर्म, अर्थ, तथा यज्ञ की प्राप्ति कराने वाला (धर्म आदि पुरुषार्थों की प्राप्ति का) उपदेश देने वाला और उस उपदेश का अच्छी तरह से ग्रहण कराने वाला, आने वाले संसार के सभी कर्मों का अनुदर्शन कराने वाला, सभी (कला विषयक) शास्त्रों के (नृत्त, गीत, वादन आदि) तत्त्वों से सम्पन्न तथा समस्त शिल्पों का प्रवर्तक होगा। ऐसा संकल्प करके भगवान ब्रह्मा ने सारे वेदों का अनुस्मरण करते हुए चारों वेदों के अंगों से उत्पन्न नाट्य-वेद का निर्माण किया। उन्होंने पाठ्य ऋग्वेद से, गीत सामवेद से, अभिनय यजुर्वेद से तथा रसों को अथर्ववेद से लिया। उस नाट्यवेद का ज्ञान मैंने पितामह से प्राप्त किया और फिर उन्हीं की आज्ञा से उसे अपने पुत्रों को पढ़ाया तथा तत्त्वपूर्वक उसका प्रयोग भी उन पुत्रों को बताया। इस प्रकार मैंने भारती, सात्वती तथा आरभटी वृत्तियों से समाश्रित प्रयोग अमृतमन्थन (समुद्रमन्थन) प्रदर्शित किया।

भरत द्वारा प्रस्तुत नाटक के जन्म की इस कहानी के अनुसार इसका पूरा श्रेय ब्रह्मा को दिया जाना चाहिए। आज हम भरत की इस मिथकीय उत्पत्ति को सहज ही स्वीकार नहीं कर पाते। इस कथा का निहितार्थ यही है कि अपने समय में नाटक और रंगमंच जैसी कला या विधा का एक शास्त्र तैयार करने के लिए उसकी सामाजिक स्वीकृति बहुत आवश्यक थी। एक तो बिल्कुल नया काम और वह भी ऐसी कला से सम्बन्धित जो अभी अपनी शैशवावस्था में हो, उसके लिए यदि भरत ने सारा श्रेय ब्रह्मा को दे दिया तो कोई आश्चर्य नहीं। क्या आज भी हम जीवन के किसी भी क्षेत्र में मिली बड़ी उपलब्धि अथवा सफलता का श्रेय किसी अदृश्य शक्ति यानि कि ईश्वर को नहीं देते?

हमें लगता है कि नाटक और रंगमंच के जन्म को लेकर जो पाँचवीं मान्यता चली आ रही है उसके साथ भी भरत की यह मिथकीय कहानी अपने आप जुड़ जाती है। इस मान्यता के अनुसार हमारे यहाँ सबसे पहले महाकाव्यों को गा-गाकर सुनाने की परम्परा का जन्म हुआ और यही परम्परा कालान्तर में एक सम्पूर्ण दृश्य-कला अर्थात रंगमंच में परिवर्तित हो गयी। हम सभी जानते हैं कि हमारे यहाँ के दो महाकाव्य रामायण और महाभारत की रचना आज से लगभग सात हज़ार से पाँच हज़ार वर्ष पूर्व के आसपास हुई। तब तक लेखन-कला अथवा लिपि का आविष्कार नहीं हुआ था। इतिहासकारों ने लिपि के आविष्कार का समय आज से 3700 वर्ष पूर्व अर्थात लगभग चार हज़ार वर्ष पूर्व का निश्चित किया है। ऐसे में यह सहज स्वाभाविक है कि इससे पहले जो भी महाकाव्य

रचे या लिखे गये वे मौखिक अथवा श्रुति परम्परा के माध्यम से पीढ़ी-दर-पीढ़ी निरन्तर गाये जाते रहे और उनका पाठ्य सुरक्षित रहा। बाद में जब लेखन कला का आगमन हुआ तो उनके पाठ्य का एक लिखित रूप तैयार होता गया। बेशक इस लिखित रूप में बहुत से प्रक्षेपित अंश भी जुड़ते चले गये। रामायण के विषय में तो यह जनश्रुति प्रचलित ही है कि इसके रचयिता महर्षि वाल्मीकि ने इसे पहले राम के दोनों बेटों—लव और कुश को कण्ठस्थ करवा दिया और उन्होंने नगर-नगर घूमकर रामायण जैसे महाकाव्य को गा-गाकर सुनाने की परम्परा का सूत्रपात किया। इसीलिए लव और कुश महाकाव्यों को गा-गाकर सुनाने की परम्परा के सबसे पहले गायक और वाचक माने जाते हैं। पाणिनि की पुस्तक *अष्टाध्यायी* में नट या अभिनेता के लिए कुशीलव शब्द का उल्लेख मिलता है। स्पष्ट है कि इस शब्द की परिकल्पना लव और कुश के संयोग से ही की गयी है।

लव और कुश ने महाकाव्यों को गाकर सुनाने की जो शुरुआत की वह उनके बाद भी ज्यों की त्यों प्रचलित रही। फिर ऐसा भी हुआ कि जो गाने वाले सूत्रधार थे कभी उनके मन में यह विचार आया कि हम जो महाकाव्यों को गाकर सुनाते हैं, क्यों न उसमें गाने के साथ-साथ कुछ दृश्यों को भी जोड़ा जाये। इसमें कोई सन्देह नहीं कि वे दो या तीन सूत्रधार महाकाव्यों को बहुत ही प्रभावशाली ढंग से गाते थे और सुनने वाले मन्त्रमुग्ध हो सुनते रहते। लेकिन इस प्रक्रिया में देखे जाने जैसा कुछ नहीं था। इसीलिए उनका यह सोचना ग़लत नहीं था कि यदि गाने के साथ-साथ हम एक दृश्य संसार को भी तैयार कर लें तो निश्चित रूप से हमारी प्रस्तुति का प्रभाव दोगुना हो जायेगा। बस फिर क्या था, अपने परिचय क्षेत्र में से उन्होंने कुछ लोगों को अपने साथ जोड़ लिया। अब इस समूह का काम यह था कि जो कुछ गायकों द्वारा मंच पर एक कोने में खड़े होकर गाया जा रहा है, उसी में वर्णित दृश्यों को मंच पर दृश्यों के रूप में साकार करें। निश्चित रूप से एक नयी पहल थी—अब श्रोताओं के सामने गायन के साथ-साथ एक दृश्य भी सम्मिलित हो गया था। जैसे कभी लाख-दो लाख साल पहले आदिम मनुष्य कहानी सुनाते-सुनाते उसे दिखाने लगे थे और एक आदमी की कला एक पूरे समूह में बदल गयी थी, ऐसा ही कुछ इस बार भी हुआ। नाटक या रंगमंच सचमुच में एक दृश्य-श्रव्य कला है, एक बार फिर से प्रमाणित हुआ। बहुत दिनों तक प्रस्तुति का यह नया रूप करने वालों को भी और उससे भी ज़्यादा देखने वालों को अपनी ओर आकर्षित करता रहा।

लेकिन यह स्थिति बहुत दिनों तक बनी नहीं रह सकी। हुआ यह कि प्रस्तुतिकरण में बहुत-सी विकृतियाँ आनी आरम्भ हो गयीं। इसका सबसे बड़ा

कारण तो यही था कि जो समूह गायकों के साथ आकर जुड़ा, वे कोई कला या रंगमंच की किसी पृष्ठभूमि के साथ नहीं आये थे। गायक बेशक पीढ़ी-दर-पीढ़ी इस परम्परा से जुड़े होने के कारण अपनी कला में सिद्धहस्त हो गये थे और काफ़ी हद तक इस कला को समर्पित भी थे। लेकिन यही स्थिति उनके साथ जुड़ने वाले लोगों की नहीं थी। परिणाम यह हुआ कि मंच पर प्रदर्शन के दौरान उन्होंने अपनी मनचाही हरकतें जोड़ना आरम्भ कर दिया, जिसके कारण प्रस्तुति के प्रभाव में कमी आने लगी। एक प्रकार से पूरा प्रदर्शन हास्यास्पद होकर रहने लगा। हम आज भी अपने समकालीन रंगमंच में इस तरह की प्रवृत्ति की उपस्थिति देखते रहते हैं—जब भी मंच पर कोई बहुत बड़ा समूह किसी दृश्य में उपस्थित रहता है तो उसे सँभालना और नियन्त्रण में रखना, निर्देशक अथवा व्यवस्थापक के लिए बहुत ही कठिन हो जाता है। कुछ-कुछ ऐसा ही तत्कालीन रंगमंच के साथ भी हुआ। एक नये रंगमंच की अभी पहल ही हुई थी और उसमें बहुत ही आगे जा सकने की सम्भावनाएँ थीं कि बीच में ही व्यवधान उपस्थित हो गया।

एक क्षण के लिए यदि हम भरत द्वारा प्रस्तुत मिथक कथा और उपर्युक्त स्थिति का मिलान करें तो हम सहज ही इस निष्कर्ष पर पहुँच सकते हैं कि कहीं भरत लोगों के जिस ग्राम्य धर्म में प्रवृत्त होने का उल्लेख कर रहे हैं, वह यही स्थिति तो नहीं है? इसीलिए भरत को उस विकृत रंगमंच में निखार लाने, इसका एक शास्त्र बनाने की ज़रूरत पड़ी? इस रूप में देखा जाये तो भारत में नाटक और रंगमंच के जन्म को लेकर जितनी भी धारणाओं या मान्यताओं का उल्लेख किया जाता है, वे सब आपस में एक-दूसरे से जुड़ जाती हैं, जिसे संक्षेप में इस प्रकार विश्लेषित किया जा सकता है—महाकाव्यों को गाकर सुनाने की परम्परा में गीत-संगीत के साथ संवाद, अभिनय एवं रसानुभव के साथ एक दृश्य-श्रव्य कला का आरम्भ हुआ जो काफ़ी दिनों तक एक निश्चित रास्ते पर चलने के बाद अवनति की ओर बढ़ने लगी तो भरत ने नाट्यशास्त्र की रचना के माध्यम से उसका एक स्वरूप निश्चित किया और साथ ही उसका एक सौन्दर्यशास्त्र भी तैयार किया।

भारतीय रंगमंच की जिस पहली धारा से हमारा खुलकर साक्षात्कार होता है, उसका समय विद्वानों और इतिहासकारों ने लगभग पहली शताब्दी से दसवीं शताब्दी तक निश्चित किया है—एक हज़ार अथवा उससे भी एक-आध हज़ार वर्ष पूर्व तक और निरन्तर प्रवाहमान रहने वाली रंग-परम्परा। इस परम्परा को शास्त्रीय रंग-परम्परा का नाम दिया गया है। शास्त्रीय इसलिए कि यह परम्परा

भरत के नाट्यशास्त्र पर आधारित है—चाहे वह नाट्य लेखन हो, नाटकों का प्रस्तुतिकरण हो, या नाटकों का देखा जाना हो, भरत ने हर दृष्टि से एक ऐसे रंगमंच की परिकल्पना को साकार किया है जो नियमों से बँधा है, उसकी निश्चित रूढ़ियाँ हैं और उसका एक अपना व्याकरण है, जिसका विवेचन हम आगे करने की कोशिश करेंगे। लेकिन पहले कई प्रश्नों से आमना-सामना करना आवश्यक है।

पहली जिज्ञासा तो यही उत्पन्न होती है कि जब आज तक हम भरत का समय ही निश्चित नहीं कर सके हैं तो इस रंग-परम्परा का समय कैसे निश्चित किया जा सकता है? दूसरे यह तथ्य भी ध्यान में लाया जाना ज़रूरी है कि नाट्यशास्त्र जैसे ग्रन्थ की रचना से पहले हमारे यहाँ की क्या रंग-परम्परा रही होगी? क्या नाट्यशास्त्र से पहले हमारे यहाँ कोई रंग-परम्परा नहीं थी? और इसीलिए भरत को उस परम्परा के आरम्भ और उसका शास्त्र रचने का श्रेय दिया जाना चाहिए? यह पूरी तरह से निश्चित है कि लम्बी रंग-परम्परा के पश्चात ही उसके शास्त्र का निर्माण हुआ करता है। दूसरे शब्दों में यह भी कहा जा सकता है कि पहले लोक का प्रारम्भ हुआ करता है। वही लोक आगे चलकर शास्त्र में परिवर्तित हो जाता है। यदि ऐसा है तो भरत ने उस लोक नाट्य या रंग-परम्परा का उल्लेख क्यों नहीं किया? शास्त्र की रचना के समय उसके सामने कौन-से प्रमाण और आदर्श उपस्थित रहे होंगे? यह सही है कि नाट्यशास्त्र में स्थान-स्थान पर लोकानुकीर्तन, लोकधर्मी, भाण, वीथि और उपरूपक जैसे शब्दों का उल्लेख पाया जाता है लेकिन इनसे उस पूर्व-परम्परा का पूरा परिचय नहीं मिलता। विद्वानों ने भरत का समय 400 ई. पू. से 400 वर्ष ईसा के बाद अनुमानित किया है। यदि भरत ईसा के सौ-दो सौ बरस बाद भी पैदा हुए हों तो उनके सामने कम-से-कम पाँच सौ बरसों की नाट्य-परम्परा अध्ययन और विश्लेषण के लिए उपस्थित रही होगी। उदाहरण के लिए भरत द्वारा विवेचित नाट्य लेखन की परम्परा दशरूपक को ही लें। भरत ने नाट्यशास्त्र में स्वयं द्वारा रचित अमृतमन्थन (समुद्रमन्थन) और त्रिपुरदाह रूपकों का उल्लेख किया है, जिन्हें वह क्रमशः समवकार और डिम रूपकों के अन्तर्गत रखते हैं। इसके अतिरिक्त पूरे नाट्यशास्त्र में बाक़ी आठ रूपकों का कोई उदाहरण नहीं मिलता। तो, सम्भवतः भरत के सामने कुछ दूसरे नाटककारों की रचनाएँ अवश्य रही होंगी, जिनका उन्होंने नाम भले ही नहीं लिया हो लेकिन उनके नाटकों को पढ़ने अथवा देखने का अवसर उन्हें अवश्य मिला होगा। अन्यथा वह नाटक, प्रकरण, अंक, प्रहसन, व्यायोग, ईहामृग, भाण और वीथि जैसे रूपकों के लक्षण कैसे निर्धारित करते?

भारतीय शास्त्रीय नाट्य-परम्परा में जिन नाटककारों का नाम बार-बार लिया जाता है, वे हैं अश्वघोष, भास, शूद्रक, कालिदास, विशाखदत्त, भवभूति, और श्रीहर्ष। इनके अतिरिक्त वररुचि, बोधायन, महेन्द्र विक्रम वर्मन, वत्सराज इत्यादि का नाम और लिया जा सकता है। इनमें अश्वघोष की कोई पूर्ण रचना उपलब्ध नहीं है। शूद्रक, कालिदास, विशाखदत्त, भवभूति, श्रीहर्ष, वररुचि, बोधायन, महेन्द्र विक्रम वर्मन और वत्सराज निश्चित रूप से भरत के परवर्ती नाटककार हैं। बचे रह जाते हैं अकेले भास, जिनका समय एक शती ई. पू. से पहली शती के बीच माना जाता है। इस दृष्टि से वह भरत के निकटतम समकालीन जान पड़ते हैं। भास के यहाँ स्वप्नवासवदत्ता जैसा नाटक, चारुदत्त जैसा प्रकरण, उरुभंग जैसा अंक, मध्यम व्यायोग जैसा व्यायोग रूपक मिलता है तो यह अनुमान सहज ही लगाया जा सकता है कि भरत के सामने निश्चित रूप से भास के नाटक उदाहरण के रूप में मौजूद रहे होंगे। यदि पश्चिम में ग्रीक नाट्य-परम्परा का शास्त्र लिखने के लिए अरस्तू के सामने इस्कलिस, सोफोक्लीस और यूरिपिडीज जैसे नाटककारों की रचनाएँ थीं तो इस सम्भावना को क्यों न स्वीकार कर लिया जाये कि भास और भरत का भी लगभग यही परस्पर का सम्बन्ध रहा होगा। लेकिन भास का नाम इतिहास में इसलिए नहीं आता कि दूसरे नाटककारों की तरह वह किसी राजा के आश्रित कवि नहीं थे।

भरत से पूर्व यदि कोई लोकनाट्य-परम्परा रही भी होगी तो तत्कालीन राजनैतिक व्यवस्था में उसे कोई राज्याश्रय नहीं मिला होगा, इसीलिए उसका भी कोई लिखित इतिहास नहीं मिलता। बहरहाल, भरत का समय कुछ भी निश्चित किया जाये, उनसे पहले किस प्रकार की लोकनाट्य-परम्परा से उन्होंने प्रेरणा ग्रहण की, अथवा कौन-से पूर्ववर्ती नाटककारों की रचनाओं ने उनके शास्त्र के निर्माण में स्रोत-सामग्री का काम किया, इन सारी शंकाओं, दुविधाओं और प्रश्नों को थोड़ी देर के लिए छोड़ भी दिया जाये तो भी हम इस तथ्य से इनकार नहीं कर सकते कि नाट्यशास्त्र के रूप में हमारे सामने एक ऐसा दस्तावेज़ प्रस्तुत है जो एक हज़ार वर्ष लम्बी नाट्य-परम्परा को उसकी पूरी सम्पूर्णता में चित्रित करता है, जिसे शास्त्रीय की संज्ञा से अभिहित किया जाता है। आइए इस लम्बी नाट्य-परम्परा में नाट्य-लेखन, उनके प्रदर्शन की रूढ़ियों और कुछ दूसरे सौन्दर्यमूलक तत्त्वों के माध्यम से उस शास्त्रीयता को जाँचने-परखने और रेखांकित करने का प्रत्यत्न करें।

यदि शास्त्रीय नाट्य-परम्परा में सबसे पहले नाट्य-लेखन को लिया जाये तो इस विषय में पहले ही उल्लेख किया जा चुका है कि भरत ने दशरूपक के

अन्तर्गत दस प्रकार के अलग-अलग रूपकों के लेखन का प्रावधान किया है। इन दस रूपकों के नाम पहले भी हमारे विवेचन में आ चुके हैं तो उन्हें दोहराने की कोई आवश्यकता नहीं है। हमारे लिए यह जानना ज़रूरी है कि ये दस रूपक तीन-चार बातों में एक-दूसरे से भिन्न जान पड़ते हैं। ये तत्त्व हैं—रूपक की अवधि, रूपक की वस्तु अथवा कथानक, नायक की विशेषता और मुख्य रस। उदाहरण के लिए यदि अवधि को लिया जाये तो एक अंक से लेकर तीन, चार, पाँच और अधिक से अधिक दस अंक तक हो सकते हैं एक रूपक में। जहाँ तक वस्तु के प्रयोग का प्रश्न है तो भरत ने रचनाकार को वस्तु-चयन के लिए तीन स्रोतों का प्रावधान किया है। ये तीन स्रोत हैं, क्रमशः प्रख्यात, उत्पाद्य और मिश्र। प्रख्यात कथानक वह है जो चिर-परिचित हो जैसे कि रामायण और महाभारत जैसे महाकाव्य, इतिहास, पुराण और लोककथा आदि। उत्पाद्य कथानक वह है जो रचनाकार की अपनी कल्पना की उपज हुआ करता है, इसीलिए इसे कवि-कल्पित भी कहा जाता है। मिश्र कथानक प्रख्यात और उत्पाद्य का मिश्रण हो सकता है अर्थात मूल कथा किसी प्रख्यात स्रोत से ली जाये और रचनाकार अपनी कल्पना से भी उसमें बहुत कुछ नया जोड़ दे। कालिदास का नाटक अभिज्ञान शाकुन्तल इसका सबसे अच्छा उदाहरण है। वस्तु के चयन की दृष्टि से नाटक, अंक, व्यायोग, ईहामृग, समवकार और डिम, मुख्यतः प्रख्यात स्रोत पर आधारित होते हैं और प्रकरण, प्रहसन, भाण व वीथि पूरी तरह से उत्पाद्य वस्तु की श्रेणी में आते हैं। इसी प्रकार नाटक और प्रकरण कम-से-कम पाँच अंक, सात अंक और अधिकतम दस अंक के हो सकते हैं। जबकि अंक, प्रहसन, व्यायोग, भाण और वीथि मात्र एक अंक तक सीमित, और समवकार, डिम और ईहामृग क्रमशः तीन और चार अंकों की समय सीमा में बँधे रहते हैं।

एक रूपक में एक साथ कई कथाएँ-उपकथाएँ रह सकती हैं लेकिन उनमें से एक मुख्य कथा होगी और शेष सब अवान्तर कथाएँ—मुख्य कथा को आधिकारिक और अवान्तर कथाओं को प्रासंगिक शीर्षक के अन्तर्गत रखा गया है। प्रासंगिक कथाएँ दो प्रकार की हो सकती हैं—पताका और प्रकरी। पताका वह कथा है जो कहीं बीच में मुख्य कथा से मिलती है और अन्त तक साथ-साथ चलती है। प्रकरी कोई कथा न होकर वे घटनाएँ होती हैं जो एक बार कथा में अपना उद्देश्य पूरा करके नेपथ्य में चली जाती हैं। यदि पुनः अभिज्ञानशाकुन्तल से ही उदाहरण प्रस्तुत करना हो तो दुर्वासा द्वारा शकुन्तला को शाप दिया जाना पताका है क्योंकि उस शाप का प्रभाव अन्त तक रहता है और मछुआरे का प्रसंग प्रकरी की कोटि में आता है।

वस्तु का आरम्भ से लेकर अन्त तक एक नाटक (रूपक) में किस प्रकार विकास होता है, उसका भरत ने त्रिआयामी विभाजन किया है अर्थात अर्थ-प्रकृति, कार्यावस्था और सन्धि। अर्थ-प्रकृतियाँ पाँच हैं और वे नाटक में कथानक की पहली घटना से लेकर अन्तिम घटना तक क्रियाशील रहती हैं। वे हैं—बीज, बिन्दु, पताका, प्रकरी और कार्य। मृग के शिकार में उसका पीछा करते-करते दुष्यन्त का कण्व ऋषि के आश्रम के सामने आ पहुँचना कथा की पहली घटना है। इसी क्रम में बिन्दु—कथा का विस्तार, पताका—मुख्य उपकथा, प्रकरी—एक महत्त्वपूर्ण घटना और अन्त में, कार्य के रूप में दुष्यत और शकुन्तला का मिलन ये पाँचों अर्थ—प्रकृतियाँ कथा की उन बाहरी घटनाओं को रेखांकित करती हैं जिनके सहारे नाटक आरम्भ से लेकर अन्त तक आगे बढ़ता है। इसी के समानान्तर कार्यावस्था की परिकल्पना की गयी है। वे भी पाँच हैं—प्रारम्भ, प्रयत्न, प्राप्त्याशा, नियताप्ति और फलागम। कार्यावस्था अर्थात कोई कार्य करने, कोई निर्णय लेने की अवस्था जो नायक सम्पन्न करता है जब वह अर्थ-प्रकृतियों के अलग-अलग पड़ावों का सामना करता है। उदाहरणार्थ बीज अर्थ-प्रकृति के साथ नायक की प्रारम्भ कार्यावस्था को रखा गया है। यदि हम दोनों के पारस्परिक सम्बन्ध की व्याख्या करें तो कण्व ऋषि के आश्रम के सामने आ पहुँचना कथा की घटना है लेकिन इस सूचना के बाद कि यह आश्रम महर्षि कण्व का है तो दुष्यन्त का उनके दर्शन करने की इच्छा व्यक्त करना प्रारम्भ कार्यावस्था है। जहाँ-जहाँ अर्थ-प्रकृति और कार्यावस्था एक साथ घटित होते हैं उस क्षण को सन्धि के नाम से जाना जाता है। इस प्रकार सन्धियाँ भी पाँच हैं—मुख सन्धि, प्रतिमुख सन्धि, गर्भ सन्धि, विमर्श सन्धि और निर्वहण सन्धि। यदि हम तीनों वर्गों को मिलाकर उन पर विचार करें तो समझ जायेंगे कि भरत ने कथानक के विकास को कितनी गहराई में जाकर विश्लेषित किया है।

यहाँ इस तथ्य का उल्लेख करना अप्रासंगिक न होगा कि जहाँ पश्चिम में अरस्तू के यहाँ कथानक की मात्र तीन स्थितियों की चर्चा की गयी है, वहीं भरत ने सबसे पहले पाँच स्थितियों का उल्लेख किया है। अरस्तू की तीन स्थितियाँ—आरम्भ, मध्य और अन्त को पाँच स्थितियों तक पहुँचने में कम-से-कम लगभग ढाई हज़ार साल लग गये पश्चिम के आलोचकों-नाटककारों को। अंग्रेज़ी के पाँच शीर्षक—इंट्रोडक्शन, एक्सोजीशन, क्लाइमैक्स, ऐण्टीक्लाइमैक्स और रिज़ोल्यूशन—क्या भरत के पाँच संस्कृत शब्दों—बीज, बिन्दु, पताका, प्रकरी और कार्य के शाब्दिक अनुवाद नहीं जान पड़ते?

वस्तु के साथ-साथ नाटक का नायक कैसा होना चाहिए, यह आधार भी एक दूसरे रूपक की अलग पहचान स्थापित करता है। नायक का स्वभाव अथवा प्रकृति कैसी है, इस दृष्टि से भरत ने नायकों को भी चार भागों में बाँटा है—धीरोदात्त, धीरोद्धत, धीरललित और धीरप्रशान्त। नायक को ही इतना महत्त्व क्यों दिया गया है तो तत्कालीन राज्य-व्यवस्था में राजा की उपस्थिति, पुरुष-प्रधान समाज और कलाओं के पोषण एवं संरक्षण के लिए यदि भरत ने नायक अर्थात राजा को वरीयता दी तो उसका कारण समझ में आता है।

वस्तु, नेता के बाद अन्तिम कड़ी के रूप में भरत ने जिस रस-तत्त्व की चर्चा की है, वह शास्त्रीय नाट्य-परम्परा की सबसे बड़ी खोज मानी जा सकती है। यदि पश्चिम में अरस्तू को ग्रीक नाट्य-परम्परा के सन्दर्भ में कैथारसिस की खोज के लिए याद किया जाता है, तो उसी के समानान्तर रस की अवधारणा को रखा जाता है। भरत ने नाट्यशास्त्र के छठे अध्याय में इस पर कई दृष्टियों से विचार-विमर्श किया है। सबसे पहले रस क्या है—इसकी व्याख्या करते हैं और फिर एक प्रस्तुति के दौरान अथवा रचना में इसकी उत्पत्ति कैसे होती है, और अन्ततः पाठक या प्रेक्षक किस प्रकार उसे अनुभूत करता है—इस पूरी प्रक्रिया को हमारे सामने प्रस्तुत करते हैं। नाट्य के ग्यारह तत्त्वों यथा रस, भाव, अभिनय, धर्मी, वृत्ति, प्रवृत्ति, सिद्धि, स्वर, आतोद्य, गान तथा रंग यानि नाट्यशाला में भरत ने रस को पहले स्थान पर रखा है। उन्होंने नाट्य में आठ रसों की चर्चा की है—शृंगार, हास्य, करुण, रौद्र, वीर, भयानक, वीभत्स और अद्‌भुत। इन आठ रसों के आठ स्थायी भाव हैं—रति, हास, शोक, क्रोध, उत्साह, भय, जुगुप्सा और विस्मय। नाट्य में रस के बिना कोई भी वस्तु प्रवृत्त नहीं होती। विभाव, अनुभाव और व्यभिचारी भावों के संयोग से रस की निष्पत्ति होती है। जिस प्रकार संसार में कई प्रकार के व्यंजनों और मसालों के संयोग से रस पैदा होता है, उसी प्रकार विभिन्न भावों के संयोग से रस की निष्पत्ति होती है। जिस प्रकार गुड़ आदि द्रव्यों, व्यंजनों और मसालों से षाडव आदि रस बनते हैं, उसी प्रकार भिन्न-भिन्न प्रकार के भावों से युक्त स्थायी भाव रसत्व को प्राप्त करते हैं। यहाँ प्रश्न उठता है कि यह रस किस प्रकार का पदार्थ है? इसका उत्तर है—रस आस्वाद्य पदार्थ है। इसका आस्वाद कैसे होता है—जिस प्रकार अनेक प्रकार के व्यंजनों से समाहित भोजन को खाते हुए सहृदय लोग रस का आस्वादन करते हैं और हर्ष आदि को प्राप्त करते हैं, उसी प्रकार अनेक भावों से अभिव्यंजित तथा वाचिक, आंगिक और सात्विक अभिनय से युक्त स्थायी भावों को सहृदय प्रेक्षक आस्वादित करते हैं तथा हर्ष आदि को प्राप्त करते हैं। इसीलिए नाट्य में आस्वादित होने वाले पदार्थ को नाट्य-रस कहते हैं।

उपर्युक्त विवेचन से स्पष्ट है कि जब हम नाटक देखने जाते हैं तो उसका रसास्वादन करते हैं अर्थात हर्षादि आनन्द प्राप्त करते हैं। प्रत्येक रूपक में कोई एक रस मुख्य रस होगा और बाक़ी उसके सहायक हो सकते हैं। अभिनेता से दर्शक तक पहुँचने की रसास्वादन की प्रक्रिया के तीन सोपान हैं—विभाव, अनुभाव और व्यभिचारी भाव—इनके संयोग से रस-निष्पत्ति होती है। विभाव अर्थात वह विशेष कारण या स्रोत जहाँ से रस की शुरुआत होगी। शृंगार रस के सन्दर्भ में विभाव होंगे—नायक और नायिका। विभाव भी दो प्रकार का होता है—आलम्बन विभाव यानि कि नायक और नायिका जो उस रस का आलम्बन करेंगे; और उद्दीपन विभाव यानि कि बाहरी स्थितियाँ-परिस्थितियाँ जो उस रस या भाव को और उद्दीप्त करेंगी। यदि रस शृंगार है तो उद्दीपन विभाव होंगे उद्यान, मन्द-मन्द समीर, फूलों की ख़ुशबू और रिमझिम होती वर्षा आदि। अनुभाव में वे शारीरिक चेष्टाएँ आती हैं जो हृदय में स्थित भावानुसार व्यवहार के स्तर पर दिखायी देती हैं। अन्ततः व्यभिचारी या संचारी भाव जो कभी बीच-बीच में हस्तक्षेप कर मुख्य भाव को उद्वेलित करने के बहाने उसे और पुष्ट कर देते हैं।

इस प्रकार वस्तु, नेता और रस—मुख्य रूप में वे तीन तत्त्व हैं जो हर रूपक की अपनी विशिष्ट पहचान बनाते हैं। यों, हम रूपक की अवधि वाले तत्त्व को अलग कर दें तो सभी रूपकों में बहुत-सी बातें एक समान दिखायी देती हैं। प्रत्येक रूपक का आरम्भ नान्दीपाठ से होता है। यह नान्दीपाठ उस देवता या देवी की प्रशंसा में होता है जिसमें नाटककार की भी आस्था है। इसके पश्चात प्रस्तावना हर रूपक का अनिवार्य अंग है। इसके माध्यम से हमें नाटक का नाम, नाटककार का परिचय, नाटक कहाँ खेला जा रहा है और संक्षेप में नाटक की कथावस्तु की जानकारी मिल जाती है। नान्दीपाठ और प्रस्तावना में नाटक के मुख्य पात्र नहीं आते। नान्दीपाठ का गायन अथवा वाचन मंच पर बैठी संगीत-मण्डली करती है और प्रस्तावना में सूत्रधार और नटी या पारिपार्श्विक या कभी-कभी विदूषक भाग लेते हैं। नाटक बेशक एक अंक, तीन अंक, चार अंक, पाँच अंक, सात अंक अथवा दस अंकों तक भी हो सकता है लेकिन उसमें गद्य और पद्य—साहित्य की दोनों विधाओं का प्रयोग होता है। हमारे यहाँ का शास्त्रीय नाटक पश्चिम की तरह मात्र काव्य में नहीं लिखा जाता। यहाँ आपसी संवाद के लिए गद्य और जब-जब किसी पात्र को अपने हृदय के मनोभाव या उद्‌गार प्रकट करने होते हैं तो वह पद्य का सहारा लेता है। कहने के लिए शास्त्रीय नाटकों को संस्कृत भाषा में लिखा माना जाता है लेकिन वास्तविकता यह है कि उनमें अनेक

बोलियों-भाषाओं का मिश्रण है। मात्र नाटक का नायक और कुछ दूसरे उच्च वर्गीय पात्र संस्कृत में वार्तालाप करेंगे और शेष सभी पात्र प्राकृत या अपभ्रंश में संवाद करेंगे। यहाँ तक कि नाटक की नायिका भी (चाहे वह कितने ही उच्च कुल की क्यों न हो) प्राकृत का ही प्रयोग करेगी। यह प्रावधान शास्त्रीयता के तहत तो किया ही गया था, इसके पीछे दिन-प्रतिदिन का तर्क यह भी दिया जा सकता है कि नाटक के पुरुष पात्र प्रायः औपचारिक स्थितियों में दिखायी देते हैं, अतः उनसे अपेक्षा है कि वे संस्कृत या कि सुंस्कृत या कि औपचारिक भाषा में संवाद करें और स्त्रियाँ जो प्रायः घरों के अन्तरंग में रहती हैं, वे अपनी सहज एवं प्राकृत भाषा में ही बात करती हैं।

ये नाटक चाहे एक अंक के ही हों, ज़रूरी नहीं कि वे एक ही स्थान पर घटित होते हों। स्थान ही क्यों, इन नाटकों में तो समय और कार्य-व्यापार की एकता भी नहीं दिखायी देती। यह सही है कि एक अंक में एक ही दिन की घटनाओं का समावेश किया जायेगा लेकिन एक अंक से दूसरे अंक के बीच समय के अन्तराल की कोई सीमा नहीं है। यही बात कार्य-व्यापार के बारे में कही जा सकती है। एक नाटक में बहुत-सी कथाएँ-उपकथाएँ एक साथ एक-दूसरे के समानान्तर चलती रह सकती हैं और अन्त में जाकर ही ये सब एक-दूसरे में समाएँगी। ऐसे में एक अंक से दूसरे अंक के बीच क्या घटित हो गया अथवा ऐसा कुछ जो मंच पर दिखाया नहीं गया या दिखाया नहीं जा सकता, उसकी सूचना देने के लिए सूच्य दृश्यों की परिकल्पना कर ली गयी, जिन्हें भरत ने अर्थोपक्षेपक का नाम दिया है। ये भी पाँच प्रकार के हैं—विषकम्भक, प्रवेशक, चूलिका, अंकास्य और अंकावतार। विषकम्भक वे सूच्य दृश्य हैं जो नाटक में कहीं भी आ सकते हैं। यहाँ तक कि मुख्य नाटक के आरम्भ में भी। यह सबसे अच्छी श्रेणी का सूच्य दृश्य है, इसलिए इसमें उच्चवर्ग के पात्र रहते हैं। यदि सभी पात्र उच्चवर्ग के हैं तो वह शुद्ध विषकम्भक कहलाता है और यदि कुछ पात्र उच्च और कुछ निम्न वर्ग के हों तो वह संकीर्ण विषकम्भक कहा जायेगा। इसकी तुलना में प्रवेशक सदैव दो अंकों के बीच में ही आ सकता है। इसमें निम्न वर्ग के पात्र संवाद करते हैं। चूलिका कोई स्वतन्त्र दृश्य न होकर नेपथ्य से दी गयी सूचना मात्र है। अंकास्य वह सूच्य दृश्य है जिसमें किसी अंक के प्रारम्भ में मात्र एक पात्र कोई सूचना देकर प्रस्थान कर जाता है। अंकावतार इस तरह का सूच्य दृश्य है जो अपने से पहले अंक के ठीक बाद बिना किसी अन्तराल के अवतरित हो जाता है। मानो उस अंक का ही आगे अवतार हो गया हो। इसीलिए इसे अंकावतार कहा गया है।

अपने लिखित रूप में आज जितने भी रूपक या नाटक हमारे सामने उपलब्ध हैं, वे शास्त्रीयता के साँचे और ढाँचे में किस प्रकार से बँधे हुए हैं—दशरूपक और वस्तु, नेता और रस के बहाने से हमने उसका आकलन करने की कोशिश की है। जिज्ञासा होती है कि अपने समय में जब इनका मंचन हुआ होगा तो उसका रूपविधान क्या रहा होगा। मंच-स्थल कैसा रहा होगा और उसमें आरम्भ से लेकर अन्त तक एक नाटक की प्रस्तुति का कैसा चित्र उभरता होगा—इन सारी जिज्ञासाओं और उत्सुकताओं के समाधान के लिए अब हम इन नाटकों के प्रदर्शन पक्ष की ओर बढ़ सकते हैं।

सबसे पहले हम भरत द्वारा निर्दिष्ट नाट्य-मण्डप के विषय में चर्चा करेंगे। भरत ने नाट्यशास्त्र के पहले अध्याय में उल्लेख किया है कि उन्होंने अपनी पहली प्रस्तुति 'अमृतमन्थन' का मंचन खुले मंच पर किया था। प्रदर्शन के दौरान दर्शकों के बीच बैठे दानवों ने प्रस्तुति के कथ्य को अपने विरुद्ध समझकर हंगामा खड़ा कर दिया था। इस अनुभव से सबक लेकर भरत ने तुरन्त यह निर्णय लिया कि नाटकों के मंचन के लिए बन्द प्रेक्षागृह का निर्माण किया जाना चाहिए। दर्शकों का उपद्रव तो अपनी जगह है ही, इसके अतिरिक्त भी कुछ और व्यावहारिक कारण हैं कि नाटक को सदैव बन्द प्रेक्षागृह में किया जाना चाहिए। सबसे बड़ा व्यावहारिक कारण तो हमारे देश का हमेशा बदलते रहने वाला मौसम है। कभी अत्यधिक गर्मी, कभी अत्यधिक जाड़ा और कभी धारासार वर्षा। बड़ी मुश्किल से मार्च से मई के बीच दो-तीन महीने खुले में नाटकों का मंचन किया जा सकता है। यही नहीं, खुले में अभिनेताओं को अनावश्यक रूप से चीखना-चिल्लाना पड़ता है और दर्शकों को नियन्त्रण में रखना कठिन हो जाता है। इस दृष्टि से भरत ने नाट्यशास्त्र के दूसरे अध्याय में ही एक विधिवत बन्द प्रेक्षागृह अथवा नाट्य-मण्डप की परिकल्पना का सम्पूर्ण लेखा-जोखा प्रस्तुत किया है। इस क्रम में आकार के हिसाब से उसने तीन प्रकार के नाट्य-मण्डपों पर विचार किया है। ये हैं विकृष्ट अर्थात आयताकार, चतुरस्र अर्थात वर्गाकार और त्र्यस्र अर्थात त्रिभुजाकार। फिर उसने नाप को ध्यान में रखते हुए हरेक नाट्य-मण्डप के तीन-तीन भेद किये हैं—ज्येष्ठ, मध्यम, अवर अथवा कनिष्ठ यानि सबसे बड़ा, मध्यम और सबसे छोटा नाट्य-मण्डप। इस प्रकार कुल मिलाकर आकार के लिहाज़ से नौ हो जाते हैं। इनका नाप क्या होना चाहिए उसकी भी एक तालिका प्रस्तुत की है—ज्येष्ठ विकृष्ट नाप 108X64 हस्त, मध्यम विकृष्ट 64X32 हस्त और कनिष्ठ विकृष्ट की 32X16 हस्त निश्चित किया है। इसी प्रकार ज्येष्ठ चतुरस्र 108X108, मध्यम चतुरस्र 64X64 और कनिष्ठ चतुरस्र 32X32 हस्त

रखा गया है तो ज्येष्ठ त्र्यस्र 108X108X108, मध्यम त्र्यस्र 64X64X64 और कनिष्ठ त्र्यस्र 32X32X32 हस्त माना जायेगा।

अन्त में भरत इन सभी मण्डपों के आकार एवं नाप से गुज़रने के पश्चात विकृष्ट मध्यम नाट्य-मण्डप का आदर्श प्रदर्शन स्थल के रूप में चयन करते हैं। उनके अनुसार विकृष्ट मध्यम न तो बहुत बड़ा है और न बहुत छोटा। उसमें अभिनेता के चेहरे के हाव-भाव दर्शकों को अच्छे से दिखायी पड़ते हैं और उसकी आवाज़ भी ठीक से सुनायी पड़ती है, चाहे वह कितने ही धीमे स्वरों में क्यों न बोल रहा हो। इसके पश्चात वह विकृष्ट मध्यम नाट्य-मण्डप के सही आकार-प्रकार पर आते हैं। उन्होंने स्पष्ट निर्देश दिये हैं कि जब भी नाटकों के मंचन के लिए इस नाट्य-मण्डप का निर्माण किया जाये तो सबसे पहले 64X32 हस्त नाप का एक भू-भाग निश्चित किया जाये। यहाँ यह भी स्पष्ट करना ज़रूरी है कि हस्त प्राचीन काल का एक नाप है जिसे कोहनी से लेकर सबसे बड़ी तर्जनी के सिरे तक माना जाता है। आज की भाषा में एक हस्त अठारह इंच या डेढ़ फ़ीट के बराबर माना जाता है। बहरहाल, हम नाट्य-मण्डप के नाप के सन्दर्भ में हस्त का ही प्रयोग करेंगे क्योंकि यह ज़्यादा सुविधाजनक है। 64X32 हस्त का भू-भाग चुनने के बाद उसे अच्छी तरह से साफ़-सफ़ाई करके समतल कर दिया जाये। फिर उसे 32X32 हस्त के दो बराबर भागों में बाँट दिया जाये। जिस भाग पर सूरज की किरणें सीधे सामने से पड़ती हैं, वह अभिनय क्षेत्र के लिए होगा और उसके सामने वाले 32X32 हस्त के भाग में दर्शक बैठेंगे। दर्शकों के बैठने की व्यवस्था सोपानाकृति अर्थात नीचे से ऊपर जाती सीढ़ियों के रूप में की जायेगी ताकि सभी दर्शकों को नाटक देखने में सुविधा हो। नाट्य-मण्डप में प्रवेश के लिए दर्शकों के लिए तीन प्रवेश-द्वार हैं। एक मुख्य द्वार दर्शकों की अन्तिम पंक्ति के पीछे की दीवार के मध्य में तो दूसरे दो द्वार बायें-दायें की दीवारों में दर्शकों की पहली पंक्ति और मंच के बीच की दूरी में रहते थे। इनका प्रयोग प्रायः मुख्य अतिथि के लिए किया जाता था। दर्शक-दीर्घा वाली दीवारों में यथास्थान हवा और रोशनी के लिए गवाक्ष और खिड़कियाँ बने रहते थे। दर्शकों की पंक्तियों के बीच आने-जाने के लिए रास्ते बने रहते थे।

इस वाले हिस्से के ठीक सामने मंच वाला हिस्सा है जिसमें तीन धरातल दिखायी पड़ते हैं—पहला धरातल रंगपीठ, जिसकी ऊँचाई ज़मीन से डेढ़ हस्त है, दूसरा धरातल रंगशीर्ष जो रंगपीठ से आधा हस्त ऊँचा है और तीसरा धरातल कुतप या वेदिका जो रंगशीर्ष पर बीचों-बीच 8X8 हस्त के क्षेत्र को घेरे हुए है। रंगशीर्ष की पिछली दीवार में कुतप के बायें और दायें दो द्वार हैं जिनका प्रयोग

नेपथ्य से मंच पर आने-जाने के लिए किया जाता है। इन दोनों द्वारों पर परदे पड़े हुए हैं, जिन्हें बायें से दायें खिसकाया जा सकता था। पहले धरातल रंगपीठ के बायें और दायें किनारों पर 8X8 हस्त क्षेत्र में चार-चार स्तम्भों से आच्छादित दो विशेष क्षेत्रों की कल्पना की गयी है जिन्हें मत्तवारिणि नाम दिया गया है। इस प्रकार दर्शक-दीर्घा में बैठने पर मंच का यह सम्पूर्ण आकार हमारे सामने उभरता है। यहाँ यह बात ध्यान में रखी जानी चाहिए कि अभिनय के लिए इधर के 32X32 हस्त का मात्र अगला भाग अर्थात 16X32 हस्त निश्चित किया गया है। इस दृष्टि से रंगपीठ के सबसे आगे वाले कोने से रंगशीर्ष की दीवार तक मंच की गहराई मात्र 16 हस्त अथवा आज की भाषा में कहें तो 24 फ़ीट है। इसके पीछे का 16X32 हस्त का भाग नेपथ्य के लिए प्रयोग में लाया जाता था, जहाँ पुरुषों और स्त्रियों के लिए प्रसाधन हेतु कम-से-कम दो कमरों का प्रावधान तो रहता ही होगा। मंच की पिछली दीवार में एक अन्य प्रवेश-द्वार रहता था जिसे अभिनेता की निजी आवाजाही के लिए रखा जाता था। आशय यह कि दर्शकों से अलग वह बाहर से ही सीधे नेपथ्य में पहुँच सकें।

इस नाट्य-मण्डप में अभिनेता और दर्शक का सम्बन्ध ठीक आमने-सामने का है। यह वैसा ही है जैसा कि हमें आज के प्रोसीनियम थिएटर में दिखायी देता है। यह साम्यता बस यहीं तक है, क्योंकि विकृष्ट नाट्य-मण्डप के मंच पर कोई विंग्स और बार्डर नहीं हैं। न ही कोई पिक्चर फ्रेम है जिसके भीतर अभिनय के कार्य-व्यापार को प्रदर्शित किया जाना है। न ही कोई मुख्य परदा है। यदि परदे के नाम पर कुछ है भी तो मात्र मंच पर बने हुए दोनों द्वारों पर पड़े दो परदे हैं जिनका अभिनय के दौरान इस्तेमाल किया जाता है। हाँ, एक तीसरा चलायमान परदा ज़रूर है जिसे रंगपटी के नाम से जाना जाता है। दो लोग उसे लेकर चलते थे और नाटक के कार्य-व्यापार के बीच उसका कई तरह से प्रयोग किया जा सकता था।

बाहर से देखने पर यह नाट्य-मण्डप शैलगुहाकार अर्थात पर्वत में गुफा के आकार जैसा लगता था। इससे भरत कहीं नाट्य-मण्डप के भीतर आवाज़ की ध्वनिता की ओर संकेत देते लगते हैं। सबसे ज़्यादा विवाद मण्डप में मत्तवारिणियों के उपयोग को लेकर है। विद्वानों का एक बड़ा वर्ग यह मानता है कि मंचन के बीच जब कोई पात्र खाली होता था तो वह यदि इन क्षेत्रों में आकर खड़ा हो जाये तो दर्शक समझ जाते थे कि वह अभी कार्य-व्यापार का हिस्सा नहीं है। ज़रा कल्पना कीजिए कि ठीक दर्शकों के बिल्कुल सामने मंच के दोनों कोनों पर अभिनेता आराम की मुद्रा में खड़े या बैठे होंगे तो दर्शकों की

सौन्दर्यानुभूति में कितना व्यवधान पड़ेगा—बार-बार मुख्य कार्य-व्यापार से ध्यान हटकर उधर जायेगा ही। हमारे विचार में भरत ने इन क्षेत्रों की परिकल्पना बहुत ही विशेष दृश्यों के लिए की है। चार-चार स्तम्भों से घिरे दो अन्तरंग क्षेत्र, जो नायक-नायिका के मिलन के लिए एक आदर्श स्थान का विकल्प हो सकते थे, जब-जब कोई अभिनेता स्वगत करता होता तो वह इन क्षेत्रों में चला जाता होगा। क्या सभी शास्त्रीय नाट्य-परम्पराओं में ऐसी रूढ़ियों का चलन नहीं है? इन सबसे भी अलग एक वैज्ञानिक और व्यावहारिक कारण भी है कि इन क्षेत्रों को विंग-स्पेस के रूप में इस्तेमाल नहीं किया जाता होगा। हम बायें से दायें देखते हैं अर्थात हमारी दृष्टि किसी भी चित्र, वस्तु या स्थापत्य को देखने के लिए सदैव बायें से दायें की ओर यात्रा करती है। इस कारण मंच के ये दोनों भाग सबसे ज़्यादा महत्त्वपूर्ण हो जाते हैं। हर निर्देशक अपनी प्रस्तुति के सबसे सशक्त दृश्यों को इन्हीं क्षेत्रों में परिकल्पित करता है। क्या हम भरत से ऐसी अपेक्षा नहीं कर सकते? रही इन क्षेत्रों का नाम मत्तवारिणि रखे जाने की बात तो इसका बहुत ही सहज सा उत्तर है—रंगपीठ की ऊँचाई पर दोनों कोनों पर मत्त हाथियों की मूर्तियों को उत्कीर्ण किया जाता होगा अथवा चार-चार स्तम्भ ऊपर जाकर हाथी की सूँड़ की तरह से आपस में मिल जाते होंगे।

कुल मिलाकर सामने से देखने पर यही चित्र बनता है विकृष्ट मध्यम नाट्य-मण्डप में अभिनय मंच का। भरत के अनुसार एक दिन में अलग-अलग छः समयों पर नाटकों का मंचन किया जा सकता था। सबसे पहले भोर अथवा ब्रह्म मुहूर्त में शान्त या भक्ति रस का नाटक, पूर्वाह्न में सुबह के नाश्ते के बाद वीर रस का नाटक, अपराह्न में हास्य रस का नाटक, संध्या में श्रृंगार रस का नाटक, रात्रि में रौद्र, करुण या भयानक रस का नाटक और मध्य रात्रि में अद्‌भुत रस का नाटक प्रस्तुत किया जा सकता था। समय और परिवेश के अनुसार जैसे हमारे मनोभाव रहते हैं, उन्हीं के अनुसार मिलते-जुलते रसों के नाटकों की प्रस्तुति को आधार बनाया गया है। दिन के प्रदर्शनों में तो सूर्य की किरणों का प्रकाश रहता होगा, रात्रि अथवा अन्धकार की दशा में मंच पर और दर्शक-दीर्घा में बने स्तम्भों पर दीपक और मशालें लगाकर उचित प्रकाश की व्यवस्था कर ली जाती होगी।

नाट्य-मण्डप की इतनी विस्तार में चर्चा करने के बाद एक नाट्य-प्रस्तुति पर जमकर बात की जा सकती है। हम आरम्भ में ही बता दें कि जब भरत ने विकृष्ट मध्यम नाट्य-मण्डप को सबसे आदर्श मण्डप माना था तो उसके सामने व्यावहारिक पक्ष तो था ही, उससे भी ज़्यादा एक मनोवैज्ञानिक पक्ष भी था। उनके अनुसार ज्येष्ठ मण्डपों में ऐसे नाटकों का मंचन किया जाये जिनके पात्र

देवी हों—यानि कि देवी-देवता और दानव आदि। क्योंकि ऐसे पात्रों को लार्जर देन लाइफ अभिनय और प्रस्तुतिकरण के लिए ज़्यादा स्पेस की ज़रूरत होगी, कनिष्ठ मण्डप ऐसे रूपकों के लिए होगा जिनमें एक या दो अथवा निम्न वर्ग के पात्र होंगे। मात्र विकृष्ट मध्यम में ऐसे नाटक किये जायेंगे जिनके पात्र पूरी तरह से मनुष्य होंगे। यह तथ्य कम महत्त्वपूर्ण नहीं कि नाटक अन्ततः मनुष्य का ही होता है, उसी के जीवन को प्रस्तुत करता है और पूरी तरह से उसी के लिए होता है। इस दृष्टिकोण से भी देखा जाये तो विकृष्ट मध्यम नाट्य-मण्डप की महत्ता, निजता और विशिष्टता स्वयं सिद्ध है। यहाँ यह प्रश्न पूछा जाना स्वाभाविक है कि अन्ततः विकृष्ट मध्यम नाट्य-मण्डप में कौन-से नाटक मंचित किये गये होंगे। स्वयं भरत की मानें, तो उनका दूसरा नाटक त्रिपुरदाह जो कि एक डिम है, उसमें खेला गया था। भरत ने दशरूपकों में नाटक और उसके बाद प्रकरण को सबसे अच्छे रूपकों की श्रेणी में स्थान दिया है। अतः यह स्वीकार करने में कोई हर्ज नहीं कि मुख्य रूप से नाटक और प्रकरण वर्ग के रूपकों के मंचन के लिए ही इस नाट्य-मण्डप का प्रावधान किया गया था। भास, शूद्रक, कालिदास, विशाखदत्त और भवभूति इन सबके नाटकों को इस मण्डप में मंचित होने के अवसर मिले हैं। आइए, देखने की कोशिश करते हैं कि जब पहली बार ये नाटक मंचित किये गये होंगे तो इनका रूपाकार क्या और कैसा रहा होगा?

नाट्यशास्त्र में नाट्य-प्रस्तुति के दो अंगों का उल्लेख किया गया है—पूर्वरंग और प्रयोग। पूर्वरंग अर्थात मुख्य नाटक की प्रस्तुति से पहले मंच पर की जाने वाली गतिविधियाँ और उसके बाद प्रयोग यानि कि मुख्य नाटक। इस अंश को प्रयोग शीर्षक दिया गया है। आज हम कला में किसी विशेष दिशा में किये गये कार्य को प्रयोग कहते हैं, लेकिन शास्त्रीय परम्परा में हर प्रस्तुति प्रयोग कहलाती थी। नाट्य एक जीवन्त कला है। इस रूप में वह सदैव एक प्रयोग ही रहेगी क्योंकि जब तक वह सम्पन्न नहीं हो जाती, तब तक उसका क्या होगा या क्या प्रभाव पड़ेगा, कुछ नहीं कहा जा सकता। जैसे एक रसायनशाला में किये जा रहे प्रयोग के विषय में निश्चित रूप से कुछ नहीं कहा जा सकता कि वह सफल होगा कि असफल, लगभग ऐसा ही हाल एक नाट्य-प्रस्तुति का भी रहता है। इस अर्थ में भरत द्वारा नाट्य-प्रस्तुति के लिए प्रयोग शब्द बहुत सार्थक जान पड़ता है।

पहले पूर्वरंग को लें। भरत ने इसमें उन्नीस गतिविधियों का उल्लेख किया है। किसी भी नाटक के आलेख में इनके बारे में कुछ नहीं लिखा गया है। ये गतिविधियाँ नाट्य-मण्डलियों के अपने अभ्यास का हिस्सा थीं और बहुत पहले नेपथ्य में ही सम्पन्न हो जाया करती थीं। भास के नाटक इसके सबसे बड़े प्रमाण हैं,

जहाँ नान्दीपाठ भी नेपथ्य में ही कर दिया जाता है। लेकिन बाद में भरत ने पूर्वरंग को मंच पर ही करने का निर्देश दे दिया। इसके कई मनोवैज्ञानिक कारण भी ढूँढ़े जा सकते हैं। एक तो यही कि जो प्रेक्षक समय से पहले आ चुके हैं, उनके आनन्द के लिए कुछ गीत-संगीत चलता रहे। दूसरे, पूर्वरंग उनको धीरे-धीरे मुख्य नाटक की मनोभूमि की ओर जाने के लिए प्रेरित करता है। इनमें से पहली नौ गतिविधियों को यवनिका के पीछे किया जाता है। यह यवनिका वही चलायमान रंगपटी है जिसे आरम्भ में ही दो लोग लाकर कुतप के आगे खड़े हो जाते हैं। ये नौ अंग इस प्रकार हैं–(1) प्रत्याहार : कुतप पर संगीत वाद्यों को लाकर रखा जाना। (2) अवतरण : गायिकाओं को निर्धारित स्थान पर बिठाना। (3) आरम्भ : गायन के लिए किया जाने वाला आलाप। (4) आश्रावणा : वाद्यों को मिलाने के लिए बजाया जाना। (5) वक्त्रपाणि : वाद्यों का उनकी अपनी स्थिति के अनुसार अलग-अलग बजाया जाना। (6) परिघटना : वीणा आदि तन्त्रीवाद्यों में ओज लाने के लिए उनमें शुष्काक्षर का प्रयोग। (7) संघोटना : मृदंग, आदि चमड़े से मढ़े वाद्यों में हाथ जमाने के लिए पाँच-पाँच बार प्रहार करना। (8) मार्गासारित : तन्त्री और भाँड दोनों को एक साथ मिलाकर बजाना। (9) आसारित : कला और पात के विभाजन की दृष्टि से इन वाद्यों को बजाया जाना।

हम देखते हैं कि ये सभी कार्यकलाप गायन से रहित हैं। मात्र तरह-तरह के वाद्यों को आपस में एक सुर पर लाये जाने का अभ्यास मात्र हैं, इसीलिए इन्हें यवनिका अथवा परदे यानि कि रंगपटी के भीतर रखा गया है क्योंकि इन सभी गतिविधियों में दृश्य के नाम पर कुछ नहीं है।

अब अगले नौ कार्यकलाप पूरी तरह से दृश्यमूलक हैं। वे दर्शकों के सामने होते हैं। इनमें पहला देवताओं का नाम, संकीर्तन या स्तुतिगान गतिविधि है। नान्दीपाठ जिसके द्वारा प्रयोग को पहले पहल उठाते हैं, वह उत्थान है। प्रयोक्तागण चारों दिशाओं में परिक्रमा करके लोकपालों की वन्दना करते हैं तो यह परिवर्तन है। आशीर्वाद से युक्त, प्रत्येक प्रयोग में प्रतिदिन प्रयुक्त होने वाली देवता, द्विज, राजा आदि की स्तुति नान्दी है। शुष्काक्षरों से अवकृष्टा ध्रुवा का गाया जाना शुष्कावकृष्टा है जो जर्जर की स्तुति के श्लोक के साथ गायी जाती है। अगली गतिविधि रंगद्वार कहलाती है क्योंकि यहाँ से पहली बार पाठ्य के साथ आंगिक आदि अभिनय की अवतारणा की जाती है। इसके पश्चात सूत्रधार पहले चारी अर्थात लास्य पद-संचालन और फिर महाचारी अर्थात ताण्डव पद-संचालन का प्रदर्शन करता है। विदूषक, सूत्रधार और पारिपार्श्विक अथवा

नटी की आपस में बातचीत को त्रिक या त्रिगत माना गया है। अन्त में प्रेक्षकों को आमन्त्रित करते हुए प्रस्तुत किये जाने वाले रूपक के विषय की पूर्वसूचना देना प्ररोचना है। इस प्रकार ये उन्नीस कार्यकलाप पूर्वरंग का अंग बनते हैं। इन्हीं में यदि रचनाकारों द्वारा लिखित नाटक के आरम्भ में नान्दीपाठ और प्रस्तावना को भी जोड़ लिया जाये तो कुल मिलाकर पूर्वरंग की इक्कीस गतिविधियाँ हो जाती हैं। लगता है कि यह पूर्वरंग काफ़ी समय लेता होगा, जैसा कि आज हम कुछ लोक नाट्य-परम्पराओं में देखते भी हैं। लेकिन भरत ने प्रस्तुति के प्रयोग से पहले इस बात का पूरा ध्यान रखा है कि यह पूर्वरंग न तो इतना लम्बा हो जाये कि प्रेक्षकों के लिए एकरस हो जाये और न ही इतना छोटा हो कि उसका इस दृष्टि से कोई प्रभाव ही ना पड़े कि प्रेक्षक नाटक की भावभूमि के लिए तैयार हो जायें। लगभग हर देश की रंग-परम्परा में पूर्वरंग की उपस्थिति अपरिहार्य है। क्या आज हम अपने समकालीन रंगमंच में पूर्वरंग के अनुभव से नहीं गुज़रते? नाटक आरम्भ होने से पहले प्रेक्षागृह में धीरे-धीरे संगीत बज रहा है। नाटक की स्मारिका दर्शकों में वितरित की जा चुकी है। एक के बाद, एक तीन घण्टियाँ बजायी जाती हैं। प्रेक्षागृह में अन्धकार और नाटक के नाम एवं दूसरी सूचनाओं की नेपथ्य से उद्घोषणा। यह दोहराने की आवश्यकता नहीं कि इसी के साथ नेपथ्य में सभी पात्र पूजा-पाठ पूरा कर चुके हैं, एक-दूसरे को बेस्ट ऑफ़ लक कहते हुए शुभकामनाएँ दे चुके हैं और अपने प्रवेश की प्रतीक्षा कर रहे हैं। एक प्रकार से पूर्वरंग, जहाँ दर्शकों की मानसिक तैयारी से जुड़ा है तो अभिनेता की तैयारी से भी उसका उतना ही अभिन्न सम्बन्ध है।

अब वह क्षण आ गया है जब हम नाटक के प्रयोग, अर्थात उसकी प्रस्तुति या प्रदर्शन से जुड़ी रूढ़ियों, नियमों और युक्तियों की चर्चा करें। भरत ने नाटक की प्रस्तुति के लिए दो शैलियों के विकल्प सुझाये हैं—लोकधर्मी और नाट्यधर्मी। लोकधर्मी वह शैली है जो लोक के दिन-प्रतिदिन के व्यवहार पर आधारित है और नाट्यधर्मी वह शैली है जो हमारे दिन-प्रतिदिन के व्यवहार से अलग अपनी एक निजी शैलीबद्धता तैयार करती है। दूसरे अर्थों में यदि लोकधर्मी को यथार्थवादी शैली से जोड़ा जा सकता है तो नाट्यधर्मी को यथार्थवाद से प्रस्थान के रूप में परिभाषित किया जा सकता है। एक तीसरा रास्ता इन दोनों शैलियों का मिश्रण भी हो सकता है। हमें यह जानकर आश्चर्य होता है कि जिस यथार्थवादी शैली से पश्चिम का परिचय उन्नीसवीं शताब्दी के उत्तरार्द्ध में हुआ, वह भरत के यहाँ लोकधर्मी के रूप में न जाने कब से विद्यमान है।

सबसे पहले हम रंगशीर्ष की पिछली दीवार में नेपथ्य से मंच पर आने वाले दोनों प्रवेश-द्वारों के प्रयोग की बात करें। शास्त्रीय नाट्य-परम्परा में इन द्वारों का दो-तीन प्रकार से इस्तेमाल हो सकता था। एक द्वार प्रवेश के लिए और दूसरा प्रस्थान के लिए। अथवा एक द्वार उच्च वर्ग के पात्रों के प्रवेश और प्रस्थान के लिए और दूसरा निम्न वर्ग के पात्रों द्वारा प्रयोग में लाया जा सकता था। एक तीसरा विकल्प यह भी हो सकता था कि जो पात्र जिस द्वार से प्रवेश करेगा वह उसी से प्रस्थान करेगा। हमने नाट्य-मण्डप के स्थापत्य के सन्दर्भ में दरवाज़ों पर पड़े परदों का उल्लेख किया था। ये परदे नेपथ्य को छुपाने का काम तो करते ही थे, उससे भी ज़्यादा ये अभिनेता के प्रवेश और प्रस्थान में ज़बरदस्त भूमिका निभाते थे। उदाहरण के लिए यदि राम जैसा पात्र मंच पर प्रवेश करेगा तो परदा धीरे-धीरे एक ओर को खिसकाया जायेगा। परदे की यह मन्थर गति तुरन्त आने वाले पात्र के सभ्य, गम्भीर, विनम्र स्वभाव और व्यक्तित्व का परिचय दे देती है। इसके विपरीत यदि दुर्योधन जैसा पात्र प्रवेश कर रहा है तो परदा झटके से एक तरफ़ उछाल दिया जायेगा। कहने की ज़रूरत नहीं कि परदे को झटके के साथ हटाये जाने की क्रिया दुर्योधन जैसे उद्दण्ड पात्र के प्रवेश को रेखांकित कर देती है। यही बात उनके प्रस्थान के विषय में भी कही जा सकती है। आज हम आधुनिक रंगमंच में पात्र के प्रवेश और प्रस्थान को लेकर बहुत विचार करते हैं। क्या शास्त्रीय रंगमंच में ये पहले से स्थापित नहीं हैं? इतना ही नहीं वहाँ पात्र के प्रवेश और प्रस्थान को ज़्यादा-से-ज़्यादा रेखांकित करने के लिए एक और युक्ति का प्रयोग भी किया जाता था। जब भी नायक अथवा उतना ही महत्त्वपूर्ण पात्र मंच पर प्रवेश या प्रस्थान करता था तो कुतप पर बैठी गायक-मण्डली उसकी स्तुति में ध्रुवा गीतों का गान करती थी। भरत ने गान-तत्त्व के अन्तर्गत इन गीतों का गाया जाना एक प्रस्तुति के लिए अनिवार्य माना है। प्रवेश और प्रस्थान के अतिरिक्त मंच पर भी कभी ऐसे क्षण आ सकते थे, जब ध्रुवा गीत गाये जाते थे। कुल मिलाकर पाँच प्रकार के ध्रुवा गीतों का प्रावधान किया गया है। ये ध्रुवा गीत नाटककारों ने कभी भी अपने नाटकों में नहीं लिखे। ये हर नाट्य-मण्डली की स्वरचित सामग्री हुआ करती थी। इनके गाये जाने के पीछे एकमात्र उद्देश्य यही था कि नायक के व्यक्तित्व की गरिमा को प्रतिष्ठित किया जाये।

मंच पर यदि किसी पात्र को एक स्थान से दूसरे स्थान पर जाना होता था तो वह सदैव चक्कर लगाकर, यानि परिक्रमा करके जाता था। एक स्थान से दूसरे स्थान तक जाने के लिए कितने चक्कर लेने पड़ेंगे, यह इस बात पर निर्भर करता था कि दोनों क्षेत्रों के बीच की दूरी कितनी है। भारतीय परम्परा में परिक्रमा की

अवधारणा को उनके जीवन-दर्शन से भी जोड़कर देखा जा सकता है। हमारे यहाँ पुनर्जन्म की कल्पना की गयी है अर्थात हमारा जीवन चक्राकार है। वह कभी समाप्त नहीं होता। जीवन का यह चक्र हमारी कलाओं में भी अपनी अभिव्यक्ति पाता है। किसी पूजा-स्थल की भी हम परिक्रमा करते हैं। हमारे मिथकों में गणेश द्वारा शिव और पार्वती की परिक्रमा करने का प्रसंग है कि पिता-माता की एक परिक्रमा के बहाने से ही, गणेश ने मानो पूरी पृथ्वी की परिक्रमा कर ली थी। इसके विपरीत यदि हम पश्चिमी दर्शन की परख़ करें तो वहाँ जीवन के पुनर्जन्म की कोई अवधारणा नहीं है। वहाँ जीवन का क्रम चक्राकार न होकर रैखिक है जो उनकी कलाओं में भी दिखायी देता है। एक और दृष्टि से भी पूर्व और पश्चिम के इस दर्शन की पहचान की जा सकती है। हमारे यहाँ चूँकि जीवन चक्राकार है, इसलिए मृत्यु दुख नहीं वरन एक आनन्दोत्सव है। यही कारण है कि सभी नाटकों का अन्त सुखान्त होता है। पश्चिम में ठीक इसके उलट है। जीवन का अन्त हो जाता है इसलिए वह एक दुखद प्रसंग है। इसलिए उनके यहाँ त्रासदी का प्रभुत्व दिखायी देता है।

परिक्रमा के साथ ही कक्ष अथवा कक्ष्या विभाग की परिकल्पना पर भी विचार कर लिया जाये। नाटकों की प्रस्तुति में दृश्यसज्जा या दृश्यबन्ध के नाम पर लगभग एक शून्य मंच दर्शकों के सामने रहता था, जिस पर पात्र अपने वाचिक और आंगिक अभिनय के माध्यम से अलग-अलग क्षेत्रों की पहचान करता था। उदाहरण के लिए वह जिस कक्ष में पहुँचा है, पहले वह वाचिक के माध्यम से उसका परिचय देगा और फिर उस कक्ष में कैसे प्रवेश किया जाना है, वह अपने आंगिक अभिनय से प्रदर्शित करता था। मंच पर एक साथ कई कक्ष हो सकते थे। जिस कक्ष में कार्य-व्यापार हो रहा है, वह सक्रिय होता था, और दूसरे कक्ष स्थिर हो सकते थे। कभी दोनों अथवा लगभग सभी कक्ष एक साथ सक्रिय हो सकते थे। जो पात्र कक्ष में पहले से उपस्थित है वह कक्ष के भीतर माना जायेगा और जो नया पात्र प्रवेश करेगा वह बाहर से आने वाला होगा। कभी-कभी किसी कक्ष में चलायमान रंगपटी के पीछे कोई एक पात्र या बहुत से पात्र एक साथ उपस्थित रह सकते थे और जब क्षण विशेष में वह रंगपटी हटायी जायेगी, तभी उसके पीछे का चित्र दर्शकों की आँखों के सामने साकार होता होगा। हम सहज ही रंगपटी हटाये जाने से पूर्व दर्शकों की उत्सुकता का अनुमान कर सकते हैं। आज तो हमारे पास रंगमंच में अनेक साधन उपलब्ध हैं जिनके माध्यम से हम मनचाहा प्रभाव क्रिएट कर सकते हैं। उदाहरणार्थ प्रकाश के माध्यम से एक हिस्से में अन्धकार और दूसरे को सक्रिय और जीवन्त दिखा सकते हैं।

लेकिन उस समय के हिसाब से भरत ने यही प्रभाव कक्ष-विभाग के माध्यम से प्राप्त कर लिया था। आज हम जिस फ्रीज़ टैक्नीक का अपने रंगमंच में बढ़-चढ़कर इस्तेमाल करते हैं, भरत ने कक्ष-विभाग के द्वारा उसका संकेत बहुत पहले दे दिया था।

मंच पर कोई मुख्य परदा नहीं था जिसे किसी दृश्य अथवा अंक के अन्त में नीचे गिराया जा सके या कि सामने लाया जा सके। ऐसे में तत्कालीन दर्शकों को यह कैसे पता चलता होगा कि किसी दृश्य का अन्त हो गया है। लगभग सभी संस्कृत नाटकों में प्रायः एक अंक में एक ही दृश्य रहता है, अतः उनके सामने बार-बार दृश्य बदलते रहने का झंझट नहीं था। उन्होंने इसका एक बहुत ही सरल उपाय ढूँढ़ लिया था, जिससे दर्शक समझ जाते थे कि अंक का अन्त हो गया है। होता यह था कि जब भी किसी अंक का अन्त होता था, तो मंच पर उपस्थित सभी पात्र नेपथ्य में प्रस्थान कर जाते थे। एक बार मंच पूरी तरह से ख़ाली होने के बाद जब कोई एक अथवा बहुत से पात्र मंच पर प्रवेश करते थे तो समझ लिया जाता था कि नये अंक की शुरुआत हो रही है। अंक दर अंक यह प्रक्रिया चलती रहती थी। लेकिन नाटक के अन्त का कैसे पता चले? इसके लिए भरत ने हर नाटक के अन्त में भरत वाक्य का प्रावधान दिया है। भरत वाक्य अर्थात अभिनेताओं द्वारा गाया जाने वाला गीत। नाटक में इससे पहले के सभी गीत, वे पात्रों के रूप में गाते हैं और यह अन्तिम गीत वे अभिनेता के रूप में गाते हैं अर्थात अब वे पात्र नहीं वरन फिर से अभिनेता हो गये हैं। भरत का शाब्दिक अर्थ भी अभिनेता होता है जो भाव, राग और ताल—इन तीन शब्दों से मिलकर बना है। अभिनेता के रूप में गाये जाने का अर्थ यही है कि वे नाटक को तुरन्त वर्तमान दर्शक के साथ जोड़ देते हैं, बेशक कथा का सम्बन्ध किसी भी युग से रहा हो। इसी से मिलता-जुलता प्रयोग बीसवीं शताब्दी में सबसे ज़्यादा चर्चित नाटककार-निर्देशक बर्तोल्त ब्रेष्ट ने भी अपने नाटकों में किया था जिसे उन्होंने *ग्रैण्ड फिनाले* शीर्षक दिया था—नाटक के अन्त में अभिनेताओं द्वारा गाया जाने वाला ऐसा गीत जिसमें वे सीधे दर्शकों से अपेक्षा करते हैं कि नाटक से बाहर वे अपनी ज़िन्दगी में परिवर्तन लेकर आयें तभी हमारा नाटक मंचित करना सार्थक होगा। इसमें कोई सन्देह नहीं कि ब्रेष्ट ने भी अपने रंगमंच का एक पूरा शास्त्र तैयार किया था। बेशक हम उसे शास्त्रीय रंगमंच न मानें।

शास्त्रीय रंग-परम्परा के इस प्रस्तुति-पक्ष के भीतर से गुज़रने के बाद जो एक सत्य और एक तथ्य उभर कर सामने आता है, वह है कि भरत ने भले ही लोकधर्मी और नाट्यधर्मी—दो प्रकार की प्रस्तुति-शैलियों का उल्लेख किया है

लेकिन उनके रंगमंच में नाट्यधर्मी का पलड़ा ही ज़्यादा भारी है। यह सही है कि आहार्य अभिनय के अन्तर्गत भरत ने पुस्त विधान अर्थात मंच उपकरणों के निर्माण को लेकर विस्तार में चर्चा की है किन्तु अन्त तक आते-आते उनका निष्कर्ष यही है कि ज़्यादा अच्छा यही होगा कि हम उपकरणों को उनके वास्तविक रूप-आकार में न दिखाकर जहाँ तक सम्भव हो मुद्राओं, गतियों, गीत, संगीत और नृत्य के माध्यम से ही अभिनीत करने की कोशिश करें। हमारा शास्त्रीय रंगमंच पश्चिम के 'जीवन में ऐसा होता है' की बजाय 'जीवन को ऐसा होना चाहिए' पर बल देता है। इसीलिए यहाँ एक आदर्श, एक सौन्दर्यपरक दृष्टिकोण की प्रधानता है जिसके कारण वह शैलीबद्ध, सांकेतिक और अमूर्तता की ओर बढ़ जाता है। नाटकों में एक साथ कई भाषाओं, बोलियों का प्रयोग, गद्य-पद्य की एक साथ उपस्थिति, पात्रों की रूपसज्जा, वस्त्रसज्जा, मुद्राविधान एकदम निश्चित—इसे नाट्यधर्मी नहीं कहा जाये तो और क्या? लेकिन सब कुछ रूढ़ और निश्चित होने के बावजूद शास्त्रीय रंगमंच प्रत्येक प्रदर्शन में अपनी विविधता लेकर आता है क्योंकि अपने मूल चरित्र में वह प्रस्तुतिपरक, प्रस्तुतिधर्मी अथवा प्रेज़ेंटेशनल है। इसका अर्थ यही है कि बेशक दर्शक पहले से नाटक के कथानक से परिचित हैं, और उसके प्रस्तुत की जाने वाली प्रक्रिया से भी, लेकिन फिर भी वे उतने ही उत्साह और उत्सुकता से प्रस्तुति को देखने आते हैं। उसके विषय में पहले से सब कुछ जानने के बाद भी वे यही देखने आते हैं कि इस नाट्य-मण्डली और इसके उस अभिनेता विशेष ने प्रस्तुति में अपना निजी और नया और मौलिक क्या प्रस्तुत किया है। यही वह प्रस्तुतिपरक अवधारणा है जिसके परिप्रेक्ष्य में शास्त्रीय रंगमंच का अध्ययन और आकलन किया जाना ज़रूरी है। क्या हम शास्त्रीय नृत्य में भी इस अनुभव से नहीं गुज़रते जब एक ही नृत्य शैली को हम दो अलग-अलग नृत्यकारों द्वारा प्रस्तुत किये जाने के क्षण में देखते हैं। एक-एक मुद्रा, एक-एक गति, एक-एक भाव-भंगिमा निश्चित है लेकिन तब भी दोनों के नृत्य में कितना अन्तर है। शास्त्रीय रंगमंच की इसी निजता और विशिष्टता ने इस परम्परा को पूरे एक हज़ार वर्ष तक गतिशील बनाये रखा।

इसके पश्चात धीरे-धीरे इस शास्त्रीय नाट्य-परम्परा का अवसान होना आरम्भ होता है। विशेषतः उत्तर भारत में राजनैतिक व्यवस्था के बदलने के बाद। इतिहास साक्षी है कि एक हज़ार ईस्वी के बाद अफ़ग़ानिस्तान के रास्ते बाहर से आक्रमणकर्ताओं के आने और धीरे-धीरे यहाँ शासन करने के साथ एक नयी शासक-व्यवस्था से हमारा साक्षात्कार होता है। ये नये शासक मुख्यतः इस्लाम धर्म के अनुयायी थे और इस्लाम में लीला की कोई अवधारणा नहीं थी अर्थात

अपने देवी-देवताओं को दृश्य रूप में दिखाये जाने पर प्रतिबन्ध था। परिणाम यह हुआ कि इन नये शासकों ने अमूर्त या निराकार कलाओं को तो प्रोत्साहित किया जैसे कि गायन और नृत्य लेकिन रंगमंच को पोषित नहीं किया। हम जानते हैं कि कोई भी शास्त्रीय कला या विधा राज्याश्रय के बिना पनप और फल-फूल नहीं सकती। ऐसी स्थिति में यह स्वाभाविक ही था कि शास्त्रीय नाट्य-परम्परा समाप्त होती चली गयी।

यह सही है कि राजनैतिक बदलाव वह सबसे बड़ा कारण था, जो शास्त्रीय रंगमंच के अवसान के लिए उत्तरदायी था लेकिन कुछ दूसरे कारणों का उल्लेख किया जाना भी ज़रूरी है। इनमें सबसे पहले संस्कृत भाषा का ही हाशिए पर चला जाना है। हम जानते हैं कि संस्कृत भाषा ही वह एकमात्र भाषा थी जो पूरे देश में लिखी, पढ़ी और बोली जाती थी, सम्भवतः तमिल को एक अपवाद के रूप में छोड़ दिया जाये तो। लेकिन एक हज़ार ई. से पन्द्रहवीं ई. के बीच देश के हर जनपद की अपनी-अपनी भाषा-बोली का जन्म और विकास हुआ। नयी-नयी भाषाओं की ओर जनमानस का झुकाव स्वाभाविक था। ऐसे में संस्कृत भाषा, मात्र लिखने की भाषा होकर रह गयी। कोई आश्चर्य नहीं कि जब कोई भाषा बोलने की भाषा नहीं रह जाती तो उसकी मृत्यु हो जाती है। जब भाषा मृतप्राय हो जाती है, तो उसमें किये जा रहे रंगमंच की मृत्यु तो अवश्यम्भावी है। संस्कृत भाषा के अवसान का एक दूसरा बड़ा कारण यह भी था कि इन पाँच सौ वर्षों में जितने भी सन्त-महात्मा हुए, उन्होंने संस्कृत की अपेक्षा नयी-नयी उभर रही लोक भाषाओं को अपनी शिक्षाओं के प्रचार के लिए अपनाया ताकि वे विशाल जन-समुदाय तक पहुँच सकें। चैतन्य महाप्रभु, कबीर, गुरु नानक, तुलसीदास—सभी ने अपने विचारों के प्रचार-प्रसार के लिए स्थानीय भाषा-बोली को अपनाया।

संस्कृत की शास्त्रीय नाट्य-परम्परा के अवसान के लिए एक व्यावहारिक कारण भी दिया जा सकता है। भरत ने जितने विस्तार में प्रेक्षागृह अथवा नाट्य-मण्डप के आकार, प्रकार और नाप का विवरण प्रस्तुत किया है, आज तक कहीं भी उस प्रेक्षागृह का कोई अवशेष नहीं मिला है। क्या कभी कोई स्थायी प्रेक्षागृह बनाया ही नहीं गया? भरत ने भी नाट्यशास्त्र के दूसरे अध्याय में नाट्य-मण्डप बनाने की चर्चा अवश्य की है लेकिन उससे यह प्रमाणित नहीं होता कि कभी सचमुच में कोई स्थायी प्रेक्षागृह बनाया गया होगा? हमारे यहाँ नाट्य-गतिविधियों के जितने भी उल्लेख और सूचनाएँ प्राप्त होती हैं, वे अधिकांशतः स्वयं नाटकों की प्रस्तावनाओं में मिलती हैं। इससे इस सम्भावना

से इनकार नहीं किया जा सकता कि हमारे यहाँ रंगकर्म कभी भी एक नियमित गतिविधि नहीं रहा। जब-जब किसी राजा अथवा किसी धनकुबेर द्वारा किसी उत्सव अथवा आनन्द के अवसर पर नाट्य-मंचन का आयोजन किया जाता होगा तो उसके लिए राजदरबारों अथवा राजभवनों में ही अस्थायी रूप से मण्डपों का निर्माण कर लिया जाता होगा और बाद में उन्हें तोड़ दिया जाता होगा। ज़ाहिर है कि जब नाट्य-मण्डप ही स्थायी नहीं होंगे तो उनसे जुड़ी कला या विधा भी कैसे जीवित रह पायेंगी।

यह भी कहा जाता है कि अपनी तमाम गुणवत्ता, सशक्तता और जीवन्तता के होते हुए भी यह शास्त्रीय नाट्य-परम्परा एक बड़े जनमानस के अनुभव का हिस्सा नहीं बन सकी। अंग्रेज़ी में कहें तो यह 'थिएटर फॉर क्लासेज़' था यानि विशिष्ट जनों के लिए। आज भी हम देखते हैं कि शास्त्रीय नृत्य और संगीत के दर्शक और श्रोता सीमित हैं। इस पर भरत ने अपने प्रेक्षक से जितनी अपेक्षाएँ रखी हैं, उस पर तो उन दिनों भी कितने दर्शक खरे उतरते होंगे? भरत ने विकृष्ट मध्यम नाट्य-मण्डप का जो नाप दिया है, उसमें आज के स्थापत्यकार के हिसाब से अधिक-से-अधिक साढ़े तीन-चार सौ दर्शक बैठ सकते थे। यह संख्या राजा और राज दरबार के दायरे के भीतर तक ही सीमित जान पड़ती है। इस लिहाज़ से इस रंगमंच का आम आदमी से कोई सम्बन्ध नहीं था। ऐसी स्थिति में ऐसे रंगमंच का अवसान हो जाना नितान्त स्वाभाविक है।

भारतीय लोक रंगमंच

यह मान लेना बहुत बड़ी भूल होगी कि हमारे देश में एक हज़ार ईस्वी के बाद नयी शासन व्यवस्था के आने से शास्त्रीय नाट्य-परम्परा के अवसान के बाद रंगमंच लगभग लुप्तप्राय हो गया। ऐतिहासिक प्रमाण और स्थिति ठीक इसके विपरीत हैं क्योंकि एक हज़ार से सत्रहवीं शताब्दी तक हमें रंगमंच की एक बिल्कुल नयी धारा का जन्म और विकास दिखायी पड़ता है, जिसे हम लोक अथवा पारम्परिक नाट्य-परम्परा के नाम से जानते हैं। ऐसा भी नहीं है कि लोक की यह नाट्य-परम्परा हमारे यहाँ पहली बार दिखायी पड़ती है। हम पहले ही इस विषय में विस्तार से चर्चा कर चुके हैं, कि किसी भी शास्त्र अथवा शास्त्रीय नाट्य-परम्परा के आविर्भाव से पूर्व एक लम्बी लोकनाट्य-परम्परा हुआ करती है, तभी उसकी शास्त्रीय में

परिणति एक स्वाभाविक प्रक्रिया होगी। हमारे यहाँ भरत के नाट्यशास्त्र से पहले जो भी लोक-परम्परा रही होगी, उसके कोई लिखित प्रमाण या इतिहास न होने की दशा में उसका वास्तविक स्वरूप क्या रहा होगा, यह तय करना बहुत कठिन है। वह जिस रूप में भी रही हो हम उसके अस्तित्व से इनकार नहीं कर सकते। लेकिन आज जिस रूप में लोक-नाट्य-परम्परा का अध्यापन किया जाता है, वह यही धारा है जिसका समय एक हज़ार से सत्रहवीं शती तक निश्चित किया गया है। इसका अर्थ यह नहीं है कि सत्रहवीं शताब्दी के बाद इस परम्परा का लोप हो गया। वस्तुस्थिति यह है कि यह लोक-परम्परा आज भी जीवित है और किसी-किसी लोक-नाट्य-परम्परा का तो जन्म भी अठारहवीं-उन्नीसवीं शती में हुआ है। उदाहरण के लिए उत्तर भारत में प्रचलित नौटंकी। सत्रहवीं शती को इसलिए एक प्रस्थान बिन्दु के रूप में लिया जाता है क्योंकि यहाँ से हमारे देश का राजनैतिक मानचित्र एक बार फिर से एक नयी दिशा की ओर बढ़ता है, जिस पर हम आगे चर्चा करेंगे।

सबसे पहले हम यह देखने की कोशिश करें कि इसी समय सीमा के भीतर एक नये रंगमंच के उदय के क्या कारण हो सकते थे। सबसे बड़ा कारण तो यही था कि नये शासकों द्वारा प्रश्रय न मिलने के कारण वे कलाकार नगरों से पुनः अपने गाँव की ओर पलायन कर गये क्योंकि जिस शास्त्रीय नाट्य-परम्परा से वे लोग जुड़े हुए थे, वह अपने स्वरूप एवं बनावट में पूरी तरह से आभिजात्य थी, एक सम्पूर्ण प्रशिक्षण एवं अभ्यास की माँग करती थी और उसके लिए वो संसाधन और सुविधाएँ अपेक्षित थीं जो राजाओं की राजधानी में ही सुलभ हो सकती थीं। कम-से-कम उत्तर भारत में वस्तुस्थिति यही थी। प्रायः इस विषय में प्रश्न उठाया जाता है कि नये शासकों के आने के बाद यदि दक्षिण भारत में शास्त्रीय नाटकों के मंचन की परम्परा अनवरत चलती रही तो वैसा ही उत्तर भारत में क्यों नहीं सम्भव हो पाया? हम भूल जाते हैं कि दक्षिण भारत तीन तरफ़ समुद्र से घिरा हुआ है। नये शासक वहाँ तक पहुँच ही नहीं सके और तुग़लक और औरंगज़ेब यदि पहुँचे भी तो वे बहुत दिनों तक वहाँ रुक नहीं सके और उन्हें वापस लौटना पड़ा। ऐसे में दक्षिण के लोगों के लिए यह सम्भव था कि वे नृत्य और नाटक की शास्त्रीय और बाद में विकसित लोक-नाट्य-परम्पराओं का पालन-पोषण किसी बाहरी हस्तक्षेप के बिना निर्विघ्न रूप से सम्पन्न कर सकें। दक्षिण भारत के सन्दर्भ में एक और तथ्य का उल्लेख करना भी बेहद ज़रूरी है और वह यह कि दक्षिण में नृत्य, नाटक और रंगमंच की परम्परा का जन्म, विकास और संरक्षण राजाओं की पहल पर नहीं, वरन मन्दिरों की देख-रेख में हुआ।

आज भी हमें मन्दिर के प्रांगण में ही रंग-स्थली या नाट्य-मण्डप की उपस्थिति दिखायी पड़ती है।

लेकिन उत्तर भारत में ऐसी स्थिति एक हज़ार ईस्वी के बाद कभी नहीं रही। उत्तर भारत लगातार युद्धों में फँसा रहा, ये नये शासक अपने धार्मिक विश्वास के कारण और उससे भी ज़्यादा आपसी लड़ाइयों में व्यस्त रहने के कारण रंगमंच जैसी कला को पर्याप्त समय नहीं दे सके। रंगमंच क्योंकि एक मानवीय कला है और राज्याश्रय मिले न मिले, नयी परिस्थितियों में उसने एक नयी पगडण्डी की तलाश कर ली।

ये नयी स्थितियाँ-परिस्थितियाँ क्या थीं—देश के हर भाग में अपनी-अपनी एक नयी भाषा का जन्म हो रहा था। भाषा नयी थी और अभी उसमें लिखित साहित्य की रचना होने में बहुत समय लगता, अतः हमारे सामने फिर से एक बार मौखिक परम्परा की शुरुआत होती है। फिर से एक बार इसलिए कि वैदिक अथवा महाकाव्यों के युग में भी जब तक लिपि का आविष्कार नहीं हुआ था, तब तक साहित्य मौखिक अथवा श्रुति-परम्परा के माध्यम से ही पीढ़ी-दर-पीढ़ी पहुँचता रहता था। रंगमंच भी इस मौखिक परम्परा का अनिवार्य अंग बना। इस नये रंगमंच का आविर्भाव किसी बाहरी प्रश्रय अथवा प्रोत्साहन के बिना स्वयं लोगों के बीच से हुआ। इसीलिए इसे लोक रंगमंच के नाम से अभिहित किया जाता है क्योंकि इसका जन्म स्वयं लोगों द्वारा लोगों के लिए किया गया और वह शुरुआत निश्चय ही सहज, अनायास और स्वतःस्फूर्त थी। हम बेशक आज एक हज़ार ईस्वी के बाद विकसित लोक रंगमंच की चर्चा कर रहे हैं कि जब भी कभी पहले इस लोक रंगमंच का जन्म हुआ होगा तो उसका आरम्भ इतना ही अप्रत्याशित रहा होगा। किसी परिवार में पहली बार सन्तान के जन्म पर इतनी ख़ुशी हुई होगी कि परिवार के लोग नाचने लगे होंगे। भरी हुई दोपहर में किसान लोग फ़सलें काटते-काटते अपनी थकान मिटाने के लिए क्या आज भी सामूहिक रूप से गीत-नृत्य नहीं करने लगते? मज़दूर लोग भारी-भारी बोझा उठाकर ले जाते समय 'हैया रे हैया' की आवाज़ें लगाना नहीं शुरू कर देते? इन गतिविधियों के लिए किसी आदेश, निर्देश या शास्त्र की आवश्यकता नहीं होती।

लगभग ऐसा ही कुछ मध्यकाल में गाँवों में बसे खेती-बाड़ी करते लोगों के बीच आरम्भ हुआ। दिन भर खेतों में काम करने के बाद संध्या में अपने मनोरंजन के लिए कुछ-कुछ नाटक जैसी विधा के मंचन के लिए कोशिशें होने लगीं। कोई लिखित आलेख उनके सामने नहीं था, इसलिए स्वयं से ही कथा को

रचने-गढ़ने की शुरुआत हुई। ये कथाएँ भी चिर-परिचित स्रोतों पर आधारित थीं—चाहे वह रामायण हो, महाभारत हो, पुराण हो, इतिहास हो, लोक कथाएँ हों क्योंकि यही कुछ उनके अनुभव संसार में लगातार सुरक्षित रहता आया था। हम पहले ही यह स्पष्ट कर चुके हैं कि इस बीच शास्त्रीय नाट्य-परम्परा से जुड़े कलाकार भी अपने-अपने गाँव लौट चुके थे और उन्होंने भी इस नये रंगमंच को परोक्ष-अपरोक्ष रूप से प्रभावित किया होगा। देश के हर हिस्से में विकसित हुई लोक-नाट्य-परम्परा की भाषा अलग है, वेशभूषा अलग है, गीत-संगीत अलग है और बहुत-सी अपनी स्थानीय विशेषताओं को अपने में समेटे हुए हैं, लेकिन इसके बावजूद बहुत-सी बातें एक समान हैं। यदि हम यह कहें कि अन्ततः समानताएँ ज़्यादा हैं और विभिन्नताएँ कम तो कोई अतिशयोक्ति नहीं होगी। अच्छा होगा कि हम किसी भी एक लोक-नाट्य-शैली अथवा सम्पूर्णता में लोक- .नाट्य के पूरे प्रदर्शन को आरम्भ से लेकर अन्त तक देखने की पहल करें ताकि उसका एक सही चित्र हमारे सामने उभर सके। हम देख पायेंगे कि कितना उसने शास्त्रीय परम्परा से लिया है, कितना उसका अपना है और कितना स्वयं अलग-अलग लोक-नाट्य-शैलियों में एक समान अथवा एक-दूसरे से अलग दिखायी पड़ता है।

सबसे पहले तो देश के अलग-अलग भागों में प्रचलित लोक-नाट्य-शैलियों का एक जायज़ा ले लिया जाये। यह सही है कि कुछ हिस्सों में तो एक साथ कई-कई लोक शैलियों की भरमार है बल्कि यह कहना ज़्यादा सही होगा कि हर हिस्से में न जाने कितनी शैलियाँ हैं। हमारे यहाँ कहावत है कि हर चार कोस पर भाषा, खानपान और पहनावा बदल जाता है। उसी तरह से लोक शैलियों के बारे में भी यही कहा जा सकता है। लेकिन हम अपने अध्ययन के लिए हर क्षेत्र से एक मुख्य शैली का ही चयन करेंगे। इस दृष्टि से जम्मू व कश्मीर से भाँड पाथेर, हिमाचल प्रदेश से करियाला, पंजाब से भाँड-मिरासी, हरियाणा से स्वाँग, उत्तर प्रदेश से रामलीला और नौटंकी, मध्य प्रदेश से माच, राजस्थान से ख्याल, छत्तीसगढ़ से पंडवानी, महाराष्ट्र से तमाशा, गुजरात से भवई, बंगाल से जात्रा, उड़ीसा से छऊ, तमिलनाडु से तेरूकुत्तू, कर्नाटक से यक्षगान, केरल से कुडियट्टम, मणिपुर से लाई हरोबा और असम से अंकिया नाट के नाम लिए जा सकते हैं। सम्भव है कुछ प्रदेशों की लोक शैलियों के नाम छूट भी गये हों। हमारा उद्देश्य यहाँ उन शैलियों की सूची बनाना या नाम गिनाना हरगिज़ नहीं है। वह सूची तो किसी भी पुस्तक में मिल जायेगी। ज़रूरी यह है कि उनकी प्रदर्शन पद्धतियों

का एक ऐसा चित्र तैयार किया जाये ताकि उनका गहराई से मनन, चिन्तन और विश्लेषण किया जा सके।

लोक-नाट्य-शैलियों के प्रदर्शन की सबसे पहली पहचान यही है कि वे किसी बन्द प्रेक्षागृह के लिए नहीं बनी हैं। आज भले ही हम इन शैलियों का बन्द प्रेक्षागृह में आयोजन कर लेते हैं लेकिन जब से इनका आरम्भ हुआ तब से इनका प्रदर्शन खुले में होता रहा है। मात्र अपवाद के रूप में असम की अंकिया नाट और केरल की कुडियट्टम शैली को छोड़ा जा सकता है, जिनका मंचन-प्रदर्शन मन्दिर के प्रांगण में बने बन्द सभागार में किया जाता है जिसे क्रमशः भाओना घर और कुतम्बलम कहा जाता है। शास्त्रीय नाट्य-परम्परा भी जिस विकृष्ट मध्यम नाट्य-मण्डप में होती थी, वे भी कभी स्थायी भवनों के रूप में नहीं बने और जब कभी प्रदर्शन के लिए बने भी तो राज्यों की राजधानियों यानि बड़े-बड़े नगरों में बने। यह लोक-नाट्य-परम्परा तो गाँव में उत्पन्न हुई और वहीं की होकर रह गयी। एक ऐसी विधा जिसका अभी जन्म ही हो रहा हो, उसके लिए स्थायी भवन कहाँ से बनेंगे? इस प्रकार रंगमंच लौटकर उसी खुले परिवेश में आ गया जहाँ उसकी शुरुआत आदिम युग में हुई थी और भरत ने भी अपने पहले नाटक का मंचन खुले में ही किया था। यद्यपि पहले के खुले मंचन-स्थल और मध्यकाल के स्थल में ज़मीन-आसमान का अन्तर था। गाँव में किसी खुली जगह की सफ़ाई करके उसके एक हिस्से को मंचन के लिए तैयार कर लिया जाता था। तैयारी भी क्या, ज़्यादा-से-ज़्यादा मिट्टी-ईंटों से थोड़ा ऊँचा धरातल सा बना लिया गया और उसे गोबर से लीप-पोत दिया गया। उसके पीछे पात्रों के तैयार होने के लिए परदे या टैंट लगाकर जगह का इन्तज़ाम कर दिया जाता था। प्रदर्शन अब केवल रात में ही किये जाते थे, इसलिए प्रकाश के लिए दीया, मशालें और बाद में गैस के हण्डे प्रयोग में आने लगे। दर्शकों के बैठने की कोई औपचारिक व्यवस्था नहीं होती थी। वे खड़े होकर देख सकते थे, पेड़ों पर चढ़कर देख सकते थे अथवा अपने साथ बैठने के लिए गद्दी, चादर या ऐसा ही कुछ लेकर आ सकते थे। ज़रूरत पड़ने पर इन्हीं को बिछाकर बीच-बीच में लेटा या सोया भी जा सकता था। दर्शकों को ये व्यवस्थाएँ इसलिए करनी पड़ती थीं क्योंकि प्रदर्शन रात भर चलता था। एक बार देखने के लिए आ गये तो फिर सुबह मुँह अँधेरे ही घर लौटना होगा ताकि रास्ते में शौचादि क्रियाओं से भी मुक्त होकर आ जायें।

सबसे बड़ा परिवर्तन लोक रंगमंच में यह हुआ कि अब इसमें मात्र पुरुष ही प्रदर्शन में हिस्सा लेते थे। नये शासकों के आने के बाद नयी सामाजिक व्यवस्था

ने भी जन्म लिया जिसमें औरतों ने घर की ज़िम्मेदारी सँभालने की पहल की। यों भी यह लोक रंगमंच शास्त्रीय रंगमंच से इस मायने में भी अलग था कि इसे करने वाले लोग नाट्य-कला में प्रशिक्षित लोग नहीं थे। वे दिन भर खेतों में या दूसरे कामों में लगे रहते थे। और शाम में ही इन गतिविधियों में भाग लेते थे। साल भर में लोक नाट्य-मण्डलियों के प्रदर्शन कब होंगे—यह भी लगभग निश्चित रहता था। हमारे देश में इसके लिए अक्तूबर से लेकर मार्च तक के छः महीने रहते थे। यही छः महीने क्यों? इसके भी ठोस सामाजिक कारण थे। सबसे पहला और महत्त्वपूर्ण कारण तो यही था कि अप्रैल में बोयी गयी फ़सल तैयार होकर अक्तूबर तक काटकर भण्डार घरों में सँभाल दी जाती थी। अब अगले छः महीने के लिए खान-पान और धन-धान्य की कोई चिन्ता नहीं रहती थी। दूसरे इन्हीं छः महीनों में हमारे सब तीज-त्यौहारों का आना-जाना रहता है। अतः स्वाभाविक है कि उत्सव के समय में नाटकों के मंचन की गतिविधियों से ज़्यादा-से-ज़्यादा उपस्थिति की सम्भावना रहती है। नाट्य-मण्डलियाँ पूरे छः महीने गाँव-गाँव की यात्रा करतीं। किसी भी गाँव में पहुँचकर वहाँ कई दिनों तक रुक जातीं, प्रतिदिन एक नये नाटक का मंचन करतीं और फिर आगे बढ़ जातीं। मण्डली को ठहराने, उनके खान-पान की व्यवस्था पूरे गाँव के लोगों द्वारा सामूहिक रूप से की जाती थी। उसमें भी गाँव के सबसे बड़े ज़मींदार का हिस्सा सबसे ज़्यादा होता था। शास्त्रीय नाट्य-परम्परा में राजा अथवा संरक्षक की भूमिका एक तरह से गाँव के ज़मींदार के हिस्से में आ गयी थी। जहाँ शास्त्रीय रंगमंच के कलाकार किसी राजा की राजधानी अथवा बड़े नगर में रहते हुए उसी संरक्षक के लिए रंगकर्म करते थे और शायद ही किसी दूसरे राज्य या नगर में जा पाते हों। एक ही राजा या संरक्षक द्वारा पूरी तरह से पोषित रंगमण्डली—जब-जब प्रदर्शन नहीं हैं तो वे कलाकार प्रशिक्षण की प्रक्रिया से संलग्न रहते थे। लेकिन अब स्थिति दूसरी थी। ये कलाकार प्रशिक्षित कलाकार न होकर गाँव के किसान, मज़दूर या सर्वहारा लोग थे जो इन नाटकों में काम करते थे जिसके लिए उन्हें गाँव-गाँव घूमना पड़ता था।

जहाँ तक लोक-नाट्य-शैलियों में स्त्रियों के भाग लेने की बात है तो आज भी स्थिति में कोई विशेष अन्तर नहीं पड़ा है। कहीं प्रयोग के स्तर पर स्त्रियाँ उन लोक शैलियों में दिखायी देने लगी हैं। उदाहरण के लिए हरियाणा की लोक-नाट्य-शैली स्वाँग का नाम लिया जा सकता है। लेकिन ऐसे प्रयोगों को सामाजिक स्वीकृति नहीं मिली है। ऐसी ही एक शैली नौटंकी भी है जिसमें गुलाब बाई, कृष्णा माथुर और शान्ति बाई जैसी स्त्रियों ने अपनी पहचान स्थापित की है।

छत्तीसगढ़ में पंडवानी शैली के लिए तीजन बाई का नाम लिया जा सकता है। ऐसी ही एक पहल केरल की लोक-नाट्य-शैली कुडियट्टम में भी दिखायी दे रही है। काफ़ी पहले तक मात्र चाक्यार समुदाय के पुरुषों द्वारा अभिनीत की जाने वाली शैली में अब उन्हीं परिवारों की लड़कियों ने मंच पर आने की पहल की है। इससे पूर्व इन परिवारों की स्त्रियाँ, जिन्हें नांग्यार कहा जाता है, मंच पर बैठने वाली संगीत-मण्डली का हिस्सा हुआ करती थीं। लोक-नाट्य-शैलियों में स्त्रियों के प्रवेश को लेकर जितने भी प्रसंगों की चर्चा की गयी है, वे सब तो पिछले सौ-पचास या उससे भी कम सालों की बात है, हम जिस समय की बात कर रहे हैं, उस समय तो यह कल्पना करना भी असम्भव था।

यह सही है कि लोक-नाट्य-शैलियों की कहानियाँ जानी-पहचानी हुआ करती थीं लेकिन उन पर कोई लिखित नाट्यालेख नहीं तैयार किया जाता था। जिस किसी प्रसंग को भी प्रस्तुति के लिए चुन लिया, उसकी एक बाहरी रूपरेखा उस नाटक में काम करने वालों को बता दी जाती थी। ऐसे में कई बार यह भी हो सकता था कि वे कलाकार प्रसंग का आगा-पीछा भूल जायें, यही समझ में नहीं आये कि क्या संवाद बोला जाना है अथवा कथा को बढ़ाकर कहीं और ले जायें तो पहले से इसकी सावधानी बरतनी ज़रूरी थी। इन स्थितियों में लोक रंगमंच में एक नये व्यक्ति का आविर्भाव हुआ, जिसे आज हम सूत्रधार के नाम से जानते हैं। यद्यपि यह सूत्रधार हमारी शास्त्रीय नाट्य-परम्परा में भी उपस्थित था लेकिन वहाँ वह पूर्वरंग और प्रस्तावना में नाटक का परिचय देने के बाद मंच से प्रस्थान कर जाता था। इसके बाद वह किसी और भूमिका में बेशक प्रवेश कर ले लेकिन सूत्रधार की भूमिका नाटक के आरम्भ तक ही सीमित रहती थी। वही सूत्रधार लोक-नाट्य-परम्परा में आरम्भ से अन्त तक मंच पर उपस्थित रहता है। वह मुख्य गायक भी है, नैरेटर भी है, यदि कलाकार अपने संवाद या कथा-प्रसंग भूल जायें तो स्थिति को सँभालने वाला निर्देशक जैसा व्यक्तित्व भी है। यह सूत्रधार लगभग हर लोक-नाट्य-शैली में अलग-अलग नामों से दिखायी पड़ता है। कहीं वह नायक, कहीं वह रंगा, कहीं वह भागवत और कहीं हास्यागार के रूप में दिखायी पड़ता है। लोक-रंगमंच में यदि तात्कालिक स्थिति, परिस्थिति और आवश्यकता ने सूत्रधार को इस बहुआयामी भूमिका के लिए तैयार किया तो भावी रंगमंच के लिए एक ऐसी नाटकीय युक्ति की पृष्ठभूमि तैयार की जिसे आज के रंगमंच में भी प्रायः प्रयोग में लाया जाता है, चाहे वे आधुनिक नाटक हों, चाहे लोक तत्त्वों पर आधारित नाटक हों। यहाँ तक कि पश्चिमी नाटकों में भी इसका खुलकर प्रयोग किया जाता है। बीसवीं शती के सुप्रसिद्ध नाटककार

बर्तोल्त ब्रेष्ट ने अपने नाटकों के लिए इस युक्ति का बहुत ही कल्पनाशील प्रयोग किया है।

यदि शास्त्रीय रंगमंच की पहचान एक नाटककार के माध्यम से रहती है तो लोक रंगमंच में अभिनेता की केन्द्रीय भूमिका दिखायी पड़ती है। लिखित आलेख की अनुपस्थिति और किसी शास्त्र के दबाव से मुक्त होकर मध्यकाल के इस अनपढ़, गँवार और किसी भी प्रकार के नाट्य-प्रशिक्षण से वंचित अभिनेता ने लोक रंगमंच की एक अपनी पहचान बनायी। चाहे अभी भी उसमें शास्त्रीय रंगमंच से आयातित गीत हैं, नृत्य हैं, खाली मंच हैं, पूर्वरंग है, चिर-परिचित कथा स्रोत हैं लेकिन इसके बावजूद संवाद को मंच पर ही इम्प्रोवाइज़ करना एक ऐसा गुण है जिसके कारण लोक रंगमंच का अभिनेता शास्त्रीय परम्परा से बहुत आगे निकल जाता है। अपने आशु संवाद और अभिनय से तुरन्त वर्तमान स्थितियों से जुड़ना, उन पर टिप्पणी करना और पुनः नाटक के युग में लौट जाना—यह ऐसी कला है जिसने इस परम्परा को आज तक जीवित रखा है। नाटक में यह प्रक्रिया कैसे कारगर होती है इसका मात्र एक उदाहरण देना ही पर्याप्त होगा। हरियाणा की लोक-नाट्य-शैली है स्वाँग। रात के समय खुले मैदान में उसका मंचन हो रहा है। मंच के लिए कुछ ऊँचा सा एक वर्गाकार धरातल बना लिया गया है। धरातल के बीचों-बीच एक घेरा बनाकर गायक और संगीत-मण्डली बैठी है। बाक़ी खाली मंच को अभिनय के लिए छोड़ दिया गया है। दर्शक मंच के चारों तरफ़ बैठे हुए हैं। जिस दृश्य का हम उल्लेख करना चाहते हैं वह एक राजा और रानी के बीच का दृश्य है। यह कहने की ज़रूरत नहीं कि दोनों पुरुष हैं लेकिन एक स्त्री वेश में है। उसकी आवाज़ अपनी वही मर्दाना आवाज़ है लेकिन दर्शकों के सौन्दर्यानुभव में कोई अन्तर नहीं पड़ता क्योंकि दोनों ही मँजे हुए गायक हैं और अभिनेता हैं। दृश्य में पति युद्ध पर जाने की हठ कर रहा है और पत्नी बार-बार मान-मनुहार करके, रोकर, गाकर उसे युद्ध पर जाने से रोकने की कोशिश कर रही है। बड़ा ही भाव-विह्वल दृश्य है—सभी दर्शकों की आँखों में आँसू हैं। कई तो हिचकी लेकर रो रहे हैं। अचानक दर्शकों में से एक बुज़ुर्ग आदमी उठता है और मंच के पास पहुँच जाता है। अपनी जेब से पाँच सौ रुपये का एक नोट निकालकर स्त्री की भूमिका कर रहे कलाकार की तरफ़ बढ़ाता है। वह अभिनेता तुरन्त दृश्य में से बाहर आ जाता है, बुज़ुर्ग आदमी से नोट हाथ में लेता है और सभी दर्शकों से मुखातिब होता है और कहता है—हम चौधरी के शुक्रगुज़ार हैं कि उन्होंने हमारे अभिनय पर खुश होकर पाँच सौ रुपये इनाम दिया है। कहते ही वह नोट को

संगीत-मण्डली के घेरे में फेंक देता है और तुरन्त पति के साथ दृश्य में शामिल हो जाता है और उसी तीव्रता, एनर्जी और भावावेश के साथ पुनः अपने संवाद बोलने लगता है, जिस अंश पर वह छोड़कर गया था। यह पूरी प्रक्रिया इतनी सहज और अनायास होती है कि लगता ही नहीं कि बीच में कोई अन्तराल आ गया था। यह बार-बार दृश्य में जाना और उससे बाहर आना—ये स्वछन्दता, ये स्वाभाविकता और ये तात्कालिकता लोक रंगमंच के अभिनेता की अपनी निजी और मौलिक खोज है, जो शास्त्रीय रंगमंच में कहीं दूर-दूर तक दिखायी नहीं देती। हमने मात्र एक लोक-नाट्य-शैली के एक दृश्य के माध्यम से लोक रंगमंच की जीवन्तता की एक छवि प्रस्तुत करने की कोशिश की है। यदि देखा जाये तो ऐसा लगभग हर लोक शैली में मिल जायेगा। उत्तर प्रदेश की नौटंकी, छत्तीसगढ़ की पंडवानी, बिहार की बिदेसिया आदि। यहाँ तक कि केरल की कुड्डियट्टम शैली में भी, जो पूरी तरह से लगभग शास्त्रीय परम्परा जैसी जटिल, दुरूह और रूढ़ जान पड़ती है, वहाँ भी हास्यागार जैसा पात्र सीधे दर्शकों से आज की वर्तमान स्थितियों पर संवाद करने लगता है, चाहे वह भास का नाटक हो अथवा किसी और का कोई प्राचीन नाटक।

दर्शकों के साथ ऐसा ही आत्मीय और अन्तरंग सम्बन्ध कर्नाटक की यक्षगान शैली में भी भरपूर देखने को मिलता है। आज भी नाटक-मण्डलियाँ खुले में टैंट लगाकर और एक कोने में लकड़ी का अस्थायी मंच बनाकर यक्षगान का प्रदर्शन करती हैं। मंच से काफ़ी दूरी पर मैदान के एक कोने में नेपथ्य गृह बना रहता है। नाटक के आरम्भ में बहुत देर तक देवी-देवताओं का पूजा-पाठ और पूर्वरंग की दूसरी गतिविधियाँ चलती रहती हैं। दर्शक अपने साथ अपना बोरिया-बिस्तर लेकर नाटक देखने आते हैं। उनकी इन आरम्भ की देर तक चलने वाली धार्मिक गतिविधियों में कोई रुचि नहीं। वे आराम से सोते रहते हैं। उन्हें प्रतीक्षा है राक्षस जैसे पात्र के प्रवेश की। हम सभी के मन में राक्षस जैसे पात्रों को लेकर भीषण उत्सुकता और आकर्षण होता है—वह कैसा दिखता होगा, उसकी आवाज़ कैसी होगी, उसकी चाल-ढाल कैसी होगी? प्रदर्शन में राक्षस आधी रात से पहले कभी नहीं आता। उसका आना भी कितना नाटकीय है—एक फर्लांग दूर बने नेपथ्य से उसकी दहाड़ सुनाई पड़ती है और सोये हुए दर्शकों में खलबली मच जाती है। उन्हें जगाने के लिए अलार्म का काम करती है यह दहाड़। इसी क्षण का तो उन्हें इन्तज़ार था। और राक्षस भी कैसा औघड़ पात्र है। वह तुरन्त ही मंच पर पहुँच गया तो उसका महत्त्व कम नहीं हो जायेगा? इसलिए वह धीरे-धीरे दर्शकों की मानसिक तैयारी करवाता है—उनकी बेचैनी,

अधीरता और व्यग्रता को बढ़ाकर और अन्त में जब वह मंच पर अवतरित होता है तो एक विशाल रंगपटी के पीछे। दर्शकों को मात्र उसके पैर अथवा उसके हाथों की उँगलियाँ दिखायी देती हैं जिनसे वह रंगपटी के निचले और ऊपर वाले सिरे से बाहर कुछ गतियाँ, मुद्राएँ और हरकतें करता रहता है। फिर एक क्षण विशेष में वह रंगपटी को झटककर भयंकर अट्टहास के साथ दर्शकों के सामने होता है। किसी पात्र विशेष को लेकर लोक रंगमंच के दर्शक उसके साथ कैसा सम्बन्ध स्थापित करते हैं—उसकी एक झलक यक्षगान के इस प्रसंग से काफ़ी स्पष्ट रूप में सामने आ गयी होगी।

लगभग प्रत्येक लोक-नाट्य-शैली के प्रदर्शन का आरम्भ एक गीत से होता है। कहीं यह मात्र संगीत-मण्डली में, बैठे गायकों द्वारा गाया जाता है तो कहीं पूरी नाट्य-मण्डली मंच पर प्रवेश करती है और गीत के बाद प्रस्थान कर जाती है। संगीत-मण्डली मंच पर ही बैठती है लेकिन शास्त्रीय रंगमंच की तरह उसका स्थान निश्चित नहीं है। किसी शैली में वह मंच के पिछले भाग में बीचों-बीच बैठती है, कहीं वह मंच के अगले हिस्से में दायें या बायें बैठती है। सूत्रधार, नायक, रंगा या भागवत संगीत-मण्डली के साथ ही बैठता है। बीच-बीच में वह मंच पर अभिनय कर रहे पात्रों के पास आ सकता है, दर्शकों से संवाद कर सकता है अथवा अपनी जगह पर बैठे-बैठे कथा को आगे बढ़ा सकता है। मंच पूरी तरह से खाली रहता है। आवश्यकता पड़ने पर एक-आध चौकी, ब्लॉक या स्टूल आदि लाया जा सकता है जो राजा या ऐसे ही किसी पात्र के लिए बैठने के काम आ सके। पूरे प्रदर्शन में गीत, संगीत, मुद्रा और गतियों का प्रयोग होता रहता है। जब भी एक स्थान से दूसरे स्थान पर जाना होता है तो वही, शास्त्रीय परम्परा वाली परिक्रमा की रूढ़ि को काम में लाया जाता है। जिस प्रकार प्रस्तुति का प्रारम्भ गीत से होता है, उसी प्रकार अन्त भी एक गीत से होता है। गायन का काम मुख्य रूप से संगीत-मण्डली द्वारा सम्पन्न किया जाता है और मंच पर उपस्थित पात्र आंगिक अभिनय के द्वारा गीत के भावों को प्रकट करते हैं। कई बार पात्र स्वयं भी गा सकते हैं।

कुल मिलाकर किसी भी लोक प्रस्तुति में यही सब कुछ समान रूप से दिखायी देता है। अपनी मूल प्रकृति में एक समान होते हुए भी इन लोक-नाट्य-शैलियों की अपनी कुछ निजी विशिष्टताएँ भी हैं जो इन्हें एक-दूसरे से अलग करती हैं। सबसे पहले यह अन्तर उत्तर भारत और दक्षिण भारत की लोक-नाट्य-शैलियों में ही दिखायी पड़ता है। यह अन्तर उत्तर और दक्षिण की भौगोलिक स्थितियों और ऐतिहासिक परिस्थितियों के कारण आया है।

हम पहले ही संकेत कर चुके हैं कि उत्तर भारत लगातार युद्धों को झेलता रहा और दक्षिण भारत लगभग सुरक्षित प्रदेश रहा। परिणाम यह हुआ कि उत्तर भारत के लोगों को लगातार भागना-दौड़ना पड़ा। ऐसी विस्थापितों की-सी ज़िन्दगी जीते हुए उनके लिए यह सम्भव नहीं था कि वे स्थायी रूप से कहीं रुककर कलाओं का विकास कर सकें। अतः यह स्वाभाविक है कि उत्तर भारत की लगभग सभी लोक-नाट्य-शैलियाँ मुख्य रूप से वाचिक हैं। वे संवाद और अधिक-से-अधिक गीत के माध्यम से अपना रास्ता तलाश करती हैं। इनमें न तो भड़कीले भारी भरकम कास्ट्यूम, न आभूषण और न ही रूपसज्जा का चलन है। अभिनय शैली में भी कोई शैलीबद्धता नहीं है। एक-दूसरे के आमने-सामने खड़े या अधिक-से-अधिक मंच के एक सिरे से दूसरे सिरे की ओर आते-जाते संवाद अदायगी—लगभग सपाट होने की हद तक किया जाने वाला अभिनय। ऐसे में इन अभिनेताओं के पास गायन के अलावा कोई ऐसा विशेष तत्त्व नहीं, वे स्वयं गाते हैं और संगीत-मण्डली मात्र उनकी संगत करती है। ज़्यादा-से-ज़्यादा वाचिक पर आश्रित होने के कारण उनसे अपेक्षा की जाती है कि वे सुर और ताल के माहिर हों और अपने गले पर उनका पूरा नियन्त्रण हो। उत्तर भारत की कुछ नाट्य-शैलियों जैसे कि भाँड, मिरासी, स्वाँग में हास्य का पुट अधिक होने के कारण ये अभिनेता कलाबाज़ी, सर्कस, जोकर जैसी शारीरिक हरकतों में भी कुशल होते हैं।

इसके विपरीत दक्षिण भारत की लगभग सभी लोक-नाट्य-शैलियाँ बहुत ही जटिल, गहन एवं निश्चित मुद्रा-विधान पर आधारित हैं। यहाँ मुख्य रूप से आंगिक अभिनय पर ज़ोर है, साथ ही आहार्य भी कम महत्त्वपूर्ण नहीं अर्थात रूपसज्जा एवं वेशभूषा में ही घण्टों लग जाते हैं। कथकली की रूपसज्जा के विषय में कहा जाता है कि अभिनेता ज़मीन पर लेटकर गहरी निद्रा में चला जाता है और उसके पूरे शरीर पर सज्जा की जाती है। जब वह तैयार होकर निद्रा से बाहर आता है तो मानो उसका कायान्तरण हो चुका होता है। यदि हम कथकली के किसी अभिनेता को आम ज़िन्दगी में देख लें तो शायद हम उसे कभी पहचान न पायें। यहाँ की सभी शैलियों में गीत, संगीत, नृत्य एवं मुद्रा-विधान की इतनी बहुलता है कि कभी-कभी इनके शास्त्रीय होने का भ्रम होने लगता है। क्या इसे मात्र एक संयोग कहा जाये कि ओडिसी और कत्थक को छोड़कर जितनी भी शास्त्रीय नृत्य-शैलियाँ हैं, उनका जन्म दक्षिण भारत में ही हुआ है, चाहे वह भरत नाट्यम् हो, कुचीपुड़ी हो या मोहिनीअट्टम् हो? इस सम्भावना से इनकार नहीं किया जा सकता कि कहीं-न-कहीं इन शास्त्रीय

नृत्य-परम्पराओं ने वहाँ की लोक-नाट्य-शैलियों को भी बहुत दूर तक प्रभावित किया होगा।

लोक और पारम्परिक अथवा परम्पराशील—इस पूरे दौर के रंगमंच के लिए इन तीनों शब्दों का प्रयोग किया जाता है। इससे लगता है कि सभी एक-दूसरे के पर्यायवाची हैं। लेकिन वास्तविकता में ऐसा नहीं है। लोक-नाट्य-शैली से तात्पर्य यह है कि ऐसी नाट्य-शैलियाँ जो अपनी मूल प्रकृति एवं स्वरूप में काफ़ी खुली हैं, सार्वजनिक हैं अर्थात् सेक्युलर हैं। कोई भी उनका अनुशीलन कर सकता है जैसे कि उत्तर भारत में रामलीला। ठीक इसी तरह पारम्परिक अथवा परम्पराशील—ऐसी लोक शैलियों के लिए प्रयोग में लाया जाता है जिन्हें परिवार विशेष, समुदाय विशेष के लोग करते आ रहे हैं। दक्षिण भारत की कुडियट्टम शैली शुरू से ही चाक्यार सम्प्रदाय के लोगों द्वारा की जाती रही है। गुजरात की भवई और असम के अंकिया नाट के विषय में भी यही कहा जा सकता है। पीढ़ी-दर-पीढ़ी एक परम्परा के रूप में विकसित होने के कारण इन्हें इस कोटि में रखा जाता है।

लोक-नाट्य-शैलियों की विभिन्नता को इनके क्षेत्रों की भौगोलिक एवं प्राकृतिक स्थितियों से भी जोड़कर देखा जा सकता है। दक्षिण भारत की कलाओं में इसलिए इतने चटख रंगों की भरमार है क्योंकि लगातार वर्षा होने के कारण चारों तरफ़ हरियाली ही हरियाली के बरअक्स ऐसे ही रंग रात में दर्शकों का ध्यान खींचते हैं और दिन की रौशनी में ज़्यादातर श्वेत रंग की ही प्रमुखता रहती है। इसी दृष्टि से राजस्थान का भी अवलोकन किया जा सकता है। चारों तरफ़ रेत ही रेत—उसके विरोध में पहनावे में गहरे चटख, चमकते रंग ही उभरेंगे। हमारे विचार में रोज़मर्रा की ज़िन्दगी की आपसी विभिन्नताएँ कहीं-न-कहीं हमारी कलात्मक अभिव्यक्तियों में भी अन्तर पैदा करती हैं जो कि मध्यकाल की लोक-नाट्य-शैलियों में देखने को मिलता है। हर अंचल की भाषा अलग, खानपान अलग, पहनावा अलग तो स्वाभाविक रूप से उनकी लोक-नाट्य-शैलियाँ भी एक-दूसरे से अलग होती चली गयीं। यहाँ स्वाभाविक रूप से मन में एक जिज्ञासा होती है कि शास्त्रीय नाट्य-परम्परा भी तो देश के अलग-अलग हिस्सों में हो रही थी तो उसका स्वरूप एक जैसा क्यों दिखायी पड़ता है? इसका सीधा-सा उत्तर यही है कि वह परम्परा एक शास्त्र पर आधारित थी, इसलिए उसके स्वरूप को हर क्षेत्र में एक समान होना ही था। इसके साथ ही यह भी याद रखा जाये कि वहाँ एक ही भाषा का प्रयोग हो रहा था।

यह भाषायी समानता भी उनके एक जैसा होने का एक बड़ा कारण बनती है। इसके विपरीत लोक-नाट्य-परम्परा का कोई लिखित शास्त्र नहीं है, यहाँ तक कि कोई लिखित आलेख भी नहीं है तो ऐसे में हर क्षेत्र के लोगों ने अपनी-अपनी समझ के अनुसार अपनी-अपनी शैलियों को विकसित कर लिया और कालान्तर में उनका एक निश्चित रूप बनता चला गया।

इस लोक कला-संसार की समय-सीमा एक हज़ार ईस्वी से सत्रहवीं ईस्वी तक इसलिए मानी गयी है कि यहाँ फिर एक बार देश के राजनैतिक मानचित्र के बदलने की शुरुआत है। इस समय सीमा से यह कदापि न मान लिया जाये कि फिर से नये शासकों के आने के बाद इस परम्परा का वैसे ही अवसान हो गया जैसे कि शास्त्रीय नाट्य-परम्परा के साथ हुआ था। ऐसा इसलिए हुआ क्योंकि यह लोक-नाट्य-परम्परा किसी शासन द्वारा दिये जाने वाले आर्थिक, सामाजिक और राजनैतिक संरक्षण पर आश्रित नहीं थी। यह लोगों के बीच से पैदा हुई थी, शायद इसीलिए आज तक जीवित है, बेशक बहुत बुरी अवस्था में है! इसका सबसे बड़ा कारण तो यही है कि स्वयं गाँव के लोगों के जीवन में ही आमूलचूल परिवर्तन हो गया है। ज़्यादातर लोग खेतीबाड़ी छोड़कर बेहतर ज़िन्दगी की तलाश में शहरों की तरफ़ पलायन कर गये हैं। जो लोग गाँव में रुक गये हैं, उनकी आज की पीढ़ी की इन लोक शैलियों में कोई रुचि नहीं है। सही मायनों में कहा जाये तो अधिकांश लोक शैलियाँ ख़त्म होने के कगार पर हैं अथवा उन्होंने समय के अनुसार अपने आपको बदल लिया है। उदाहरण के लिए नौटंकी में पश्चिमी स्टाइल के कैबरे होने लगे हैं। किसी शैली में नये-नये वाद्य यन्त्र अपने आने की दस्तक दे रहे हैं और ज़्यादातर लोक शैलियों में प्रकाश-योजना तो अत्याधुनिक हो ही गयी है। यहाँ तक कि उनके गीत-संगीत पर भी लोकप्रिय बम्बइया फ़िल्मों का असर दिखायी दे रहा है। इन लोक शैलियों का भविष्य क्या हो सकता है अथवा क्या होना चाहिए—इसे लेकर विद्वानों में दो अलग-अलग मत हैं। विद्वानों का एक वर्ग चाहता है कि लोक-नाट्य-शैलियों के मूल स्वरूप को सुरक्षित रखा जाये। उसमें किसी भी तरह के बाहरी या आधुनिक हस्तक्षेप को न होने दिया जाये। लेकिन यहाँ एक विरोधाभास है। जो विद्वान इस मत की वकालत करते हैं, स्वयं उनके अपने जीवन में तो टेक्नोलाजी पूरी तरह से घुसपैठ कर चुकी है और वे चाहते हैं कि लोक का संसार बिल्कुल वैसा ही रहे, जैसा कि वह कभी शुरुआती दौर में रहा था। एक तरह से वह लोक कलाओं को अजायबघर में रखी जाने वाली मृत वस्तु बनाकर छोड़ देना चाहते हैं। विद्वानों का दूसरा वर्ग लोक कलाओं

में आ रहे परिवर्तनों के पक्ष में है लेकिन यह किस सीमा तक होना चाहिए, उनके सामने स्पष्ट नहीं है।

ऐसे में एक तीसरा रास्ता शायद यही हो सकता है कि उपर्युक्त दोनों छोरों के बीच एक सन्तुलन बनाकर रखा जाये अर्थात लोक कलाओं को समय के साथ-साथ गतिशील अवश्य होना चाहिए लेकिन अपनी मूल प्रकृति को नहीं छोड़ना चाहिए। इक्कीसवीं शताब्दी में लोक-नाट्य-शैलियाँ अन्ततः क्या रूप और आकार ग्रहण करती हैं, इस प्रश्न, जिज्ञासा, उत्सुकता और सम्भावना को अभी यहीं छोड़ना होगा।

भारतीय पारसी रंगमंच

शास्त्रीय और लोक-नाट्य-परम्परा की कड़ी में भारतीय रंगमंच के तीसरे दौर की शुरुआत के संकेत सत्रहवीं शती से मिलने लगते हैं। सन् 1615 में इंग्लैंड की ईस्ट इंडिया कम्पनी का एक प्रतिनिधि टॉमस रो, कम्पनी की तरफ़ से इस आशय का पत्र लेकर तत्कालीन मुग़ल बादशाह जहाँगीर के दरबार में पहुँचता है कि उनकी कम्पनी को हमारे देश में अपनी एक शाखा खोलने की आज्ञा दे दी जाये ताकि वह इधर के पूर्वी देशों से व्यापार करने की पहल कर सके। बादशाह जहाँगीर ईस्ट इंडिया कम्पनी के प्रस्ताव को स्वीकार कर लेते हैं और उसे एक स्वीकृति-पत्र सौंप देते हैं। टॉमस रो इंग्लैंड लौट जाता है और 1660 में कम्पनी का जहाज़ी बेड़ा अपने अधिकारियों एवं साजो-सामान के साथ सूरत की बन्दरगाह पर उतरता है।

सन् 1672 में ईस्ट इंडिया कम्पनी कलकत्ता में अपनी शाखा का एक ऑफ़िस स्थापित करती है और यहाँ से शुरू होती है उसकी दो सौ पचहत्तर साल लम्बी यात्रा, जो एक व्यापार करने वाली कम्पनी के रूप में शुरू होती है और धीरे-धीरे यहाँ की एकछत्र शासक बन बैठती है। यदि इसमें 1615 से 1672 के बीच के 57 वर्ष और जोड़ दिये जायें तो यह यात्रा तीन सौ साल से भी ऊपर की हो जाती है।

व्यापार करने वाली कम्पनी से शासक बनने की प्रक्रिया के तीन पड़ाव हैं–1757 में कम्पनी प्लासी का युद्ध जीतती है, फिर 1764 में बक्सर की लड़ाई में विजयी होती है और अन्ततः 1857 में, जिस लड़ाई को हम प्रथम स्वतन्त्रता संग्राम के नाम से जानते हैं और जिसमें अन्तिम मुग़ल सम्राट बहादुरशाह ज़फर के नेतृत्व में लगभग पूरा देश विशेषतः उत्तर भारत एक तरफ़ था और कम्पनी की सेना दूसरी तरफ़, तो उस युद्ध में हमारी बुरी तरह से हार हुई और पूरे देश पर कम्पनी का अधिकार हो गया और अन्ततः 1858 में इंग्लैंड की महारानी विक्टोरिया ने हिन्दुस्तान की रानी का ताज भी पहन लिया।

हम 1660 से 1858 तक के लगभग 200 वर्ष के ऐतिहासिक ब्यौरों में नहीं जायेंगे। हमारे लिए यह जानना बेहद ज़रूरी है कि उन दिनों जब भी व्यापारिक कम्पनियाँ विदेशी भूमियों पर जाती थीं तो उनके साथ अपनी सुरक्षा और रख-रखाव के लिए एक बड़ी सेना रखने का इन्तज़ाम होता था जिसकी स्वीकृति वहाँ की शासन-व्यवस्था द्वारा दी जाती थी। ईस्ट इंडिया कम्पनी के साथ भी अपनी एक ऐसी सेना थी जो एक के बाद एक रियासत अपने अधिकार में करती गयी। बंगाल से उत्तर की ओर बढ़ते हुए पहले बिहार, फिर उत्तर प्रदेश और अन्त में पूरा भारत–सुनने में अविश्वसनीय लगता है लेकिन एक ऐतिहासिक सच्चाई है जिसे हम भुगत चुके हैं और उसके परिणामों को शायद आज भी झेल रहे हैं।

प्रश्न उठता है कि ईस्ट इंडिया कम्पनी के इस इतिहास का भारतीय रंगमंच से क्या सम्बन्ध है? सम्बन्ध है और बहुत गहरा सम्बन्ध है। हुआ यूँ कि जब सत्रहवीं शती में कम्पनी का काम-काज सँभालने के लिए उनके बड़े-बड़े अधिकारियों और उनके परिवारों का यहाँ आना और देश के बड़े-बड़े नगरों में आवास होना आरम्भ हुआ तो कम्पनी के लिए यह ज़रूरी था कि उनके लिए जीवन की तमाम सुख-सुविधाओं की यहाँ व्यवस्था की जाये। नयी-नयी कम्पनी, नयी-नयी जगह–ऐसे में यह बेहद ज़रूरी था कि ये अधिकारी, उनके परिवार और दूसरे लोग यहाँ टिककर रह सकें। कुछ ऐसा किया जाये कि उनका मन

उचाट न हो कि वे यहाँ से भागने का मन बनाने लगें। इसके लिए कम्पनी ने उनके मनोरंजन के लिए इंग्लैंड से नृत्य, संगीत, सर्कस के साथ-साथ नाटक-मण्डलियों को यहाँ बुलाने की पहल की। उनके जो भी प्रदर्शन बड़े-बड़े नगरों में आयोजित किये जाते, उनमें उपस्थिति मात्र अंग्रेज़ अधिकारियों, उनके परिवार के लोगों और दूसरे ऐसे लोगों की होती जो वहीं से आये हुए होते। इन प्रदर्शनों में भारतीयों के प्रवेश पर प्रतिबन्ध था। यह प्रतिबन्ध यहाँ के लोगों को नागवार गुज़रा। वो भी इसलिए कि ये भारतीय उन्हीं की कम्पनी या सेना में काम करने वाले लोग थे। इस प्रतिबन्ध का कारण यह दिया गया कि शासकों के लिए होने वाले कार्यक्रम में ग़ुलाम लोगों की उपस्थिति को बर्दाश्त नहीं किया जा सकता। दूसरे शब्दों में कहा जाये तो यही होगा कि एक ग़ुलाम अपने मालिक की बराबरी कैसे कर सकता है?

ऐसे बेकार प्रतिबन्ध का विरोध होना अवश्यंभावी था और ऐसा ही हुआ। यह मानव की स्वाभाविक प्रवृत्ति है कि जिस बात के लिए उसे जितना रोका या प्रतिबन्धित किया जाये तो उसे करने का उसका उतना ही मन होता है। भारतीयों के मन में इच्छा जागी कि क्यों न हम स्वयं अपनी तरफ़ से, अपनी तरह का रंगमंच करने की शुरुआत करें। ये वे लोग थे जो ज़्यादातर शहरों में रहते थे, पढ़े-लिखे थे, कम्पनी में अथवा किसी दूसरी जगह काम करते थे। वकील थे, डॉक्टर थे, यूनिवर्सिटी-कॉलेज में पढ़ाते थे या छात्र थे। नहीं तो स्वयं बिज़नेस मैन थे। अंग्रेज़ों के लिए विशेष रूप से होने वाले रंगमंच के विरोध में भारतीयों द्वारा किये जाने वाले रंगकर्म की शुरुआत दो अलग-अलग स्तरों पर हुई, जिन्हें आज हम व्यावसायिक और शौकिया रंगमंच के नाम से जानते हैं। ये दोनों तरह का रंगमंच मुख्य रूप से नगरीय या नागरिक रंगमंच था। ध्यान रहे कि इस रंगमंच का उस लोक या पारम्परिक रंगमंच से कोई सम्बन्ध नहीं था जो अभी भी क्रियाशील था और अपनी प्रकृति में पूरी तरह गाँव से जुड़ा हुआ था।

इन दोनों धाराओं में व्यावसायिक रंगमंच की शुरुआत भारत में एक हज़ार ईस्वी के आसपास आकर बसे पारसी समुदाय के लोगों ने की। इन पारसी लोगों ने पर्शिया से भागकर गुजरात में आकर शरण ली और वहाँ के राजा के दरबार में यहाँ बसने की परमिशन लेने के लिए पहुँचे। इस घटना को लेकर प्रायः एक कहानी सुनाई जाती है। जब पारसियों के सरगना ने यहाँ शरण दिये जाने की प्रार्थना दोहराई तो राजा ने दरबार में दूध से लबालब भरा एक कटोरा मँगाकर उनके नेता से कहा—इस दूध के कटोरे की तरह यहाँ पहले

से ही इतनी घनी आबादी है कि किसी और के लिए जगह ही नहीं बची है। आप बताइए कि आपको कहाँ रखेंगे? पारसियों के नेता ने मुट्ठी भर शक्कर मँगवाया और उसे दूध में मिलाकर कहा कि अब यह उसी दूध का हिस्सा हो गयी है, उसी तरह हम आपके साथ मिल-जुलकर रहेंगे। कहने की ज़रूरत नहीं कि राजा इस उत्तर से बहुत ख़ुश हुआ और पारसी लोगों को वहाँ बसने की अनुमति मिल गयी।

पारसी समुदाय शान्तिपूर्वक गुज़र-बसर करने वाला और मुख्य रूप से व्यवसायी समुदाय है। जब अंग्रेज़ यहाँ आये, तब तक गुजरात और महाराष्ट्र के बड़े-बड़े नगरों में पारसी व्यवसायियों का वर्चस्व स्थापित हो चुका था। सूरत, अहमदाबाद, बम्बई—कोई भी ऐसा बड़ा शहर नहीं था जहाँ इनकी पहुँच न हो। ये पढ़े-लिखे थे, आधुनिक थे, व्यवसायी बुद्धि वाले थे तो उनके दिमाग़ में यह विचार कौंधा कि क्यों न व्यावसायिक नाट्य-मण्डलियाँ बनाकर अपने यहाँ अपनी तरह के रंगमंच की शुरुआत की जाये जो सबके लिए उपलब्ध हो, जिसे देखने के लिए दर्शक से पैसा वसूल किया जाये और इस तरह रंगमंच से भी पैसा कमाया जाये। ज़ाहिर है कि इस तरह की व्यावसायिक मण्डलियाँ बनाने की प्रेरणा उन्हें अंग्रेज़ मण्डलियों के प्रबन्धन से ही मिली होगी जो कम्पनी के निमन्त्रण पर इंग्लैंड से टूर पर निकलती होंगी और भारत के साथ-साथ उन सब देशों की यात्रा करके वापस लौटती होंगी, जहाँ-जहाँ अंग्रेज़ों का राज्य था। अंग्रेज़ी रंगमंच की तर्ज़ पर ही यहाँ भी पहली बार टिकट ख़रीदकर नाटक देखने की परम्परा की शुरुआत हुई। इससे पहले न तो शास्त्रीय और न ही लोक नाट्य-परम्परा में इस तरह से टिकट ख़रीद कर नाटक देखने का कोई उल्लेख या प्रमाण मिलता है। इस नाट्य-परम्परा को पारसी व्यवसायियों ने आरम्भ किया था, इसलिए उनके नाम पर इसे पारसी रंगमंच के नाम से जाना जाता है। इस दौर में जितने भी नाटक लिखे और मंचित किये गये, वे सभी पारसी नाटक कहलाते हैं। यह ज़रूरी नहीं कि उन्हें लिखने वाले पारसी रहे हों। सच तो यह है कि आज पारसी नाटकों के नाम पर जितने भी नाटक हमारे सामने मौजूद हैं, उनमें से किसी भी नाटक को पारसी नाटककार ने नहीं लिखा। यों तो पारसी रंगमंच में अनगिनत नाटककार हुए हैं लेकिन हम मात्र तीन नाटककारों की चर्चा करेंगे—वे हैं आग़ा हश्र कश्मीरी, नारायण प्रसाद बेताब और राधेश्याम कथावाचक। ये वे नाटककार हैं जिन्होंने पारसी नाटक के शिल्प और संरचना का एक निश्चित फार्म तैयार किया और उनके मंचन के बहाने से उस फार्म को एक शैली के रूप में आगे बढ़ाने का काम किया।

पारसी नाटकों के लेखन और उनके मंचन की शैली को ही आज पारसी रंगमंच के नाम से जाना जाता है।

आइए देखते हैं कि वह शैली इन नाटकों की रचना और प्रस्तुति में किस प्रकार अभिव्यक्त होती है? एक बात जो इन सबमें समान दिखायी पड़ती है, वह यह है कि ये सभी नाटक तीन अंक वाली पद्धति का अनुसरण करते हैं, यद्यपि एक अंक में कई-कई दृश्य हो सकते हैं। नाटक का आरम्भ हमेशा एक गीत से होता है, जिसे हम्द कहा जाता है। यह गीत एक प्रार्थना-गीत के रूप में होता है। नाटक को गीत से शुरू करने के लिए पारसी नाटक शास्त्रीय और लोक रंगमंच का ऋणी है। नाटक के बीच-बीच में भी कहीं भी गीत आ सकते थे। गीतों से भी ज़्यादा पारसी नाटक शेरो-शायरी और दोहों का प्रयोग करते हैं जो संवाद-अदायगी के बीच में आते रहते हैं। नाटक में मुख्य कथा के साथ-साथ एक दूसरी कथा भी समानान्तर रूप से चलती रहती है। इसे कॉमिक कहा जाता था। यह आवश्यक नहीं कि इस कथा का मूल कथानक से कोई सीधा सम्बन्ध हो। पारसी नाटक की संरचना दो स्तरों पर चलती थी--एक बाहरी दृश्य कहलाता था जो कॉमिक के रूप में खेला जाता था और दूसरा अन्तरंग या इंटीरियर दृश्य माना जाता था जहाँ नाटक के वे दृश्य खेले जाते थे जिनमें संवादों का तीव्र घात-प्रतिघात हो, लड़ाइयों के दृश्य हों अथवा स्पेशल इफेक्ट्स दिखाये जा सकें। जिस प्रकार नाटक का आरम्भ एक गीत से होता था, उसी रूप में नाटक का अन्त भी एक गीत से होता था। सभी नाटकों के कथानक या तो ऐतिहासिक होते थे, पौराणिक होते थे अथवा ऐसी कथाओं पर आधारित होते थे, जो होती तो काल्पनिक थीं लेकिन ऐतिहासिक होने का अहसास दिलाती थीं। इस दृष्टि से आग़ा हश्र कश्मीरी का नाम सबसे पहले लिया जाता है। उन्होंने शेक्सपियर के लगभग सभी नाटकों का अपने हिसाब से रूपान्तर कर दिया--उनके यहाँ किंग लियर सफ़ेद ख़ून, *हैमलेट ख़ूने नाहक* और *मैकबेथ असीरे हिर्स* हो जाता है। उनके कुछ दूसरे नाटक *यहूदी की लड़की, रुस्तम सोहराब* और *ख़ूबसूरत बला* के साथ-साथ *सीता बनवास,* सिल्वर किंग और *परिवर्तन* जैसे भारतीय पृष्ठभूमि के नाटक उर्दू भाषा में हैं लेकिन बाद में उन्होंने हिन्दी में भी उतने ही अधिकार से लिखा।

यदि आग़ा हश्र कश्मीरी को उर्दू के माध्यम से पारसी नाटकों का निश्चित स्वरूप गढ़ने का श्रेय जाता है तो नारायण प्रसाद बेताब और राधेश्याम कथावाचक पारसी नाटकों की उसी बानगी को हिन्दी में लाने के ज़िम्मेदार कहे जा सकते हैं। नारायण प्रसाद बेताब का नाटक *महाभारत* पारसी रंगमंच के

सबसे लोकप्रिय नाटकों में से एक है। उसी क्रम में राधेश्याम कथावाचक के *वीर अभिमन्यु*, *श्रवण कुमार* और *भक्त प्रह्लाद* का नाम लिया जा सकता है। यहाँ तक कि उनके उर्दू नाटक *मशरिकी हूर* का भी अपना अलग स्थान है। उन दिनों नाटककारों में आपसी प्रतियोगिता भी जमकर हुआ करती थी। जब आग़ा हश्र कश्मीरी उर्दू में नाटक लिख रहे थे तो हिन्दी के नाटककारों यानि बेताब और राधेश्याम कथावाचक ने उन्हें हिन्दी में नाटक लिखने की चुनौती दी। आगा हश्र कश्मीरी ने इस चुनौती को सहर्ष स्वीकार किया और *सीता बनवास* जैसा नाटक लिखा। बाद में आग़ा हश्र ने हिन्दी के नाटककारों को उर्दू में लिखने के लिए प्रस्ताव दिया जिसके जवाब में राधेश्याम कथावाचक ने *मशरिकी हूर* जैसा उर्दू नाटक लिखा। ये सभी नाटककार अलग-अलग नाट्य-मण्डलियों के यहाँ वेतन पर अनुबन्धित रहते थे। नाट्य-मण्डलियों में होड़ लगी रहती थी कि ज़्यादा-से-ज़्यादा वेतन देकर बड़े-से-बड़े नाटककार को अपने साथ जोड़ें। सन् 1900 के आसपास नाटककार को एक हज़ार महीना के आसपास वेतन दिया जाता था। इसके एवज़ में उसे साल में कम-से-कम एक नया नाटक लिखकर देना होता था।

पारसी रंगमंच की यह परम्परा 1850 से लेकर 1930 तक बहुत क्रियाशील रही। इस दौरान इस रंगमंच ने समाज में बहुत लोकप्रियता पायी। यद्यपि समाज में साहित्यिक दृष्टि से इन नाटकों और इस रंगमंच को घोर तिरस्कार का सामना करना पड़ा। आज भी इस स्थिति में कोई परिवर्तन नहीं आया है। दूसरी तरफ़ यह भी उतना ही सच है कि लगभग सौ सालों के भीतर इस धारा ने रंगमंच को जो व्यावसायिक दर्जा और लोकप्रियता दिलाई, वह शायद रंगमंच को न तो इससे पहले कभी मिली और न ही बाद में। इसमें जितना नाटककारों का योगदान था, उससे कहीं ज़्यादा इन नाटकों की प्रस्तुति शैली का हाथ था। सच्चाई यही है कि पारसी नाटक और रंगमंच के नाम पर जिस रंगमंच का चित्र उभरता है, वह लेखन से ज़्यादा प्रस्तुति के माध्यम से ही साकार होता है। अच्छा होगा कि उन दिनों पारसी नाटकों का मंचन कैसे होता था, इसका एक जायज़ा लिया जाये।

उन दिनों कोई स्थायी प्रेक्षागृह नहीं होते थे। इसलिए पारसी नाटक-मण्डलियाँ देश में लगने वाले बड़े-बड़े मेलों में पहुँचकर वहाँ तख़्तों और टैंटों से अपना एक मंच बना लिया करती थीं। दर्शकों के बैठने के लिए सबसे आगे सोफ़े, उसके बाद कुर्सियाँ और आख़िर में बेंचें रहती थीं अर्थात जो दर्शक विशिष्ट होंगे या सबसे ज़्यादा पैसे देंगे वे आगे सोफ़ों पर बैठेंगे।

उन दिनों टिकट का अधिकतम रेट पाँच रुपया और कम-से-कम चार आना या एक चवन्नी हुआ करता था। बाद में उन्हें चवन्नी छाप दर्शक कहा जाने लगा क्योंकि सबसे पीछे बैठकर वे ख़ूब हो-हल्ला कर सकते थे। प्रदर्शन रात को ठीक साढ़े नौ बजे आरम्भ होता था। यह समय रखने के पीछे उन मण्डलियों का तर्क यही था कि लोग अपने काम-धन्धे से लौटकर, ताज़ा होकर नाटक देखने के लिए आयें। रात के साढ़े नौ बजे का समय यहाँ के दर्शक के लिए कोई नयी चीज़ नहीं थी। शास्त्रीय नाट्य-परम्परा में भी नाटकों को मंचित करने के अलग-अलग समयों में रात्रि का यह समय भी रखा गया था। लोक नाटकों की शुरुआत भी रात में ही होती थी और वे सारी-सारी रात भर चलते थे। मंच के आगे मुख्य परदा पड़ा रहता था। मंच की ऊँचाई के ठीक सामने संगीत-मण्डली बैठती थी। मंच पर होने वाले कार्य-व्यापार को देखते-देखते वह गीत-संगीत से संगत करती थी। नाटक का आरम्भ भी बड़े नाटकीय ढंग से होता था। दर्शक आ चुके हैं, आपसी बातचीत में मशगूल हैं और पूरे सभागार में ख़ूब शोर-शराबा हो रहा है कि अचानक नेपथ्य में ज़ोर से एक बम फूटने की आवाज़ आती थी। बम की आवाज़ के साथ दर्शकों में ख़ामोशी छा जाती थी और मुख्य परदा ऊपर उठता था। सभी कलाकार मंच पर प्रवेश करते थे और पहला गीत गाते थे।

पूरे मंच पर आगे से लेकर पीछे तक कुछ-कुछ दूरी पर चित्रित परदों का प्रावधान रहता था। नाटक के हर दृश्य के लिए एक नया परदा ऊपर से नीचे आता था और दृश्य की समाप्ति पर फिर ऊपर चला जाता था। ऊपर-नीचे आने-जाने की इस पद्धति के कारण इन्हें लिपटवाँ परदे कहा जाता था। पारसी रंगमंच में ये परदे उसी अंग्रेज़ी रंगमंच की देन थे, जिसके विरोध में इस रंगमंच का जन्म हुआ था। उस समय पूरे यूरोपीय रंगमंच में दृश्यसज्जा के नाम पर यही चित्रित परदे हुआ करते थे। सबसे पहले इनका चलन सत्रहवीं शताब्दी में, फ्रांस में शुरू हुआ, बाद में ये इंग्लैंड और दूसरे देशों में पहुँचे। हर दृश्य में पीछे एक चित्रित परदा रहता था और उसके आगे आवश्यकतानुसार अस्थायी दृश्यबन्ध तैयार कर लिए जाते थे। जैसा कि पहले भी उल्लेख किया जा चुका है, कॉमिक सीन को हमेशा आगे वाले बाहरी परदे के सामने किया जाता था ताकि जब तक वह दृश्य चल रहा है, उसके पीछे बहुत ही गहरे, जटिल और अन्तरंग दृश्यबन्ध को सेट कर लिया जाये। पारसी रंगमंच में मूलतः कॉमिक की अवधारणा का जन्म इसीलिए हुआ था कि दर्शकों का ध्यान उसमें लगा रहे और इस बीच पीछे होने वाली खट-खट की तरफ़ उनका ध्यान बिल्कुल न जाये।

इसमें मंच के सामने बैठी संगीत-मण्डली भी पूरा सहयोग करती थी और कॉमिक के दौरान संगीत कुछ ज़्यादा ही तेज़ रखा जाता था। मूलतः विश्व रंगमंच में इस तरह के चित्रित परदों का प्रयोग पन्द्रहवीं-सोलहवीं शती में रिनेसाँ अथवा पुनरुत्थान काल के दौरान इटली में शुरू हुआ था, जब वहाँ के डिजाइनरों ने चित्रित परदे और ठोस दृश्यबन्ध के मिश्रण से नाटकों की पृष्ठभूमि और वातावरण तैयार करने की पहल की थी। उसके बाद यह चलन दुनिया के दूसरे देशों में पहुँचा और लगभग उन्नीसवीं शती तक मंच-सज्जा के नाम पर यही होता रहा। जब हमारे यहाँ उन्नीसवीं शताब्दी के उत्तरार्द्ध में पारसी रंगमंच की शुरुआत हुई, उस समय इंग्लैंड के विक्टोरिया युग के रंगमंच में इसी तरह के परदों का प्रयोग हो रहा था। बाद में जहाँ-जहाँ अंग्रेज़ी रंगमंच पहुँचा, वहाँ-वहाँ के अपने रंगमंच में भी इन का खुलकर प्रयोग होने लगा। पारसी रंगमंच ही क्यों, हमारे यहाँ तो बाद में लोक नाटकों में भी इसी प्रकार के परदों का प्रयोग होने लगा, जबकि इससे पहले वहाँ मंच पर दृश्यबन्ध के नाम पर कुछ नहीं होता था। यहाँ तक कि आज भी उत्तर भारत में नौटंकी और रामलीला में इन परदों का ख़ूब इस्तेमाल किया जाता है।

जब तक नाटकों के लिए स्थायी भवनों का निर्माण नहीं हुआ था तो ये नाटक खुले में टैंट आदि से ढँक कर किये जाते थे। न ही तब तक माइक और साउंड आदि की शुरुआत हुई थी। इसलिए अभिनेता से अपेक्षा की जाती थी कि वे ख़ूब ज़ोर से बढ़ा-चढ़ाकर अपने संवादों की अदायगी करें ताकि उनकी आवाज़ सबसे पिछली पंक्ति में बैठे दर्शक को भी सुनायी पड़े। आवाज़ के साथ-साथ उनका अभिनय भी 'लार्जर देन लाइफ' हुआ करता था। दमदार आवाज़, भावों और भावनाओं से ओत-प्रोत और इसके साथ-साथ हाथ-पैरों का खुलकर संचालन—पारसी रंगमंच के अभिनेता का अभिनय न तो शास्त्रीय रंगमंच जैसा रूढ़िबद्ध था और न ही लोक रंगमंच जैसा उन्मुक्त था। यह सही है कि नाटकों में गीत-संगीत के प्रयोग की प्रेरणा उन्हें शास्त्रीय और लोक नाटकों से ही मिली थी लेकिन सम्पूर्ण प्रभाव में यह अभिनय अंग्रेज़ी रंगमंच में हो रहे शेक्सपियर के नाटकों के मंचन में प्रयोग की जाने वाली शैली पर आधारित था। एक अंक में कई-कई दृश्यों की परिकल्पना शेक्सपियर की ही देन है। इसलिए तेज़ गति से होने वाला कार्य-व्यापार, भारी-भरकम वेशभूषा, कड़क आवाज़, उठने-बैठने की कुछ ख़ास गतियाँ—सब कुछ मिलकर एक भव्य रंगमंच की तस्वीर तैयार करते हैं। यह पहले ही चर्चा में आ चुका है कि ज़्यादातर पारसी नाटक मूल रूप से शेक्सपियर के नाटकों के ही उन्मुक्त रूपान्तरण थे।

नाटक में तीन अंक होते थे—हर अंक के बाद एक मध्यान्तर होता था। इस मध्यान्तर का इस्तेमाल आने वाले किसी बड़े सीन की तैयारी के लिए तो किया ही जाता था, उससे भी ज़्यादा बाहर लगायी गयी कैंटीन की बिक्री के लिए होता था। उस कैंटीन का मालिक भी नाट्य-मण्डली का मालिक ही हुआ करता था। कैंटीन से मिलने वाली आय और लाभ पर भी मालिक की नज़र रहती थी। दो मध्यान्तर रखने का चलन बाद में हिन्दी फ़िल्मों में भी आया। सातवें दशक में बनी 'मेरा नाम जोकर' इसकी मिसाल है। पारसी रंगमंच ने एक और तत्त्व भी हिन्दी फ़िल्मों को दिया और वह था 'ड्यूट' का इस्तेमाल अर्थात युगलगीत जिसे फ़िल्म के प्रेम दृश्यों में नायक और नायिका एक-दूसरे के लिए गाते हैं। यहाँ इस बात को विशेष रूप से रेखांकित किया जाना चाहिए कि पारसी रंगमंच में अभिनेता स्वयं गाते थे। आवाज़, शरीर सौष्ठव के साथ यह भी अनिवार्य था कि उनको गाना आना चाहिए। बाद में फ़िल्मों में भी बहुत दिनों तक गायक-अभिनेताओं का ही प्राधान्य रहा, जब तक कि प्ले बैक सिंगिंग की खोज नहीं कर ली गयी।

नाटक बेशक रात को साढ़े नौ बजे शुरू होता था, लेकिन वह कब समाप्त होगा, यह निश्चित नहीं था। इस अनिश्चितता के पीछे पारसी रंगमंच में प्रचलित चिर-परिचित 'वन्स मोर' की तकनीक थी। मान लीजिए कि किसी नाटक में किसी युद्ध में दोनों योद्धा लड़ते-लड़ते मर जाते हैं तो दर्शक इतने प्रभावित होते थे कि वे ज़ोर से चिल्लाते थे—वन्स मोर। जो योद्धा युद्ध में मर चुके हैं, वे तुरन्त उठकर खड़े हो जाते थे और फिर से वही लड़ाई का दृश्य उन्हें कई बार दोहराना पड़ता, जब तक कि दर्शक सन्तुष्ट नहीं हो जाते थे। कोई युगल गीत नायक-नायिका गाते हुए मंच से प्रस्थान कर जाते हैं तो दर्शकों की वन्स मोर पर उन्हें फिर से प्रवेश करके वह गीत गाना पड़ेगा और न जाने कितनी बार। ऐसा ही किसी और दृश्य के साथ भी हो सकता था। दर्शक और अभिनेता का यह आपसी रिश्ता विश्व रंगमंच में अन्यत्र दुर्लभ है। इसी रिश्ते के कारण दर्शक नाटक देखने के लिए टूट पड़ते थे। नाटक के शेरो-शायरी वाले अंश में तीसरी-चौथी पंक्ति को दर्शक अपनी तरफ़ से बोलकर शेर को पूरा कर देते थे। नाटक समाप्त रोने के बाद जब अभिनेता ग्रीन रूम में मिलते तो गिनती की जाती कि आज कितनी बार वन्स मोर आया था। जिस नाटक में जितनी ज़्यादा बार वन्स मोर आता था, वह सुपरहिट माना जाता था।

इस प्रकार हम देखते हैं कि लोक रंगमंच की तरह पारसी रंगमंच भी पूरी तरह से अभिनेता का रंगमंच था। यहाँ आलेख मौखिक न होकर एक लिखित आलेख हुआ करता था और उसकी भाषा भी उनके अपने-अपने क्षेत्र की भाषा न होकर उर्दू हुआ करती थी जिसे लश्कर की भाषा कहा गया है। उर्दू का जन्म मध्यकाल में छावनियों में हुआ था, जहाँ अलग-अलग प्रान्तों के लोग एक साथ रहते थे और एक सम्पर्क भाषा के रूप में इसका प्रयोग किया जाता था। लोक रंगमंच की तरह ही पारसी रंगमंच में आरम्भ में केवल पुरुष अभिनेता भाग लेते थे, वही स्त्री पात्रों की भूमिका भी करते थे। यदि पत्नी की भूमिका करने वाला अभिनेता क़द में पति अभिनेता से लम्बा भी हो तो दर्शकों के सौन्दर्यबोध में कोई अन्तर नहीं पड़ता था जब तक कि वह सुन्दर शरीर सौष्ठव के साथ-साथ अच्छा गाता हो। पारसी रंगमंच के कलाकार प्रशिक्षित नहीं होते थे लेकिन एक बार मण्डली में आने के बाद उनकी ख़ूब जमकर ट्रेनिंग होती थी। इस ट्रेनिंग में सबसे ज़्यादा महत्त्व आवाज़ एवं स्पीच को दिया जाता था। नाटकों की भाषा मुख्यतः उर्दू हुआ करती थी, इसलिए ज़रूरी था कि उसके उच्चारण, शब्दों के वज़न और नुक़्तों पर विशेष ध्यान दिया जाये। भाषा के प्रशिक्षण में सबसे बड़ा योगदान स्वयं नाटककार का हुआ करता था। ज़रूरत पड़ी तो हिन्दी या उर्दू न जानने वाले अभिनेताओं के लिए अलग से टीचर रखे जाते थे। नाटककार के बाद नाटक के निर्देशक का प्रभुत्व होता था नाटक की तैयारी में। यह सही है कि ये अभिनेता और निर्देशक पारसी नाट्य-मण्डलियों में आने से पहले अपने-अपने स्तर पर क़स्बों, शहरों में, मनोरंजन-क्लबों में गाहे-बगाहे नाटक करने के अनुभव से गुज़रे होते थे लेकिन एक बार मण्डली में आने के बाद नियमित रूप से उनका प्रशिक्षण होता था। प्रशिक्षण में अनुशासन को भी ध्यान में रखा जाता था। सुबह नाश्ते के बाद रिहर्सल के स्थान तक पहुँचने के लिए एक के बाद एक तीन घण्टियाँ बजायी जाती थीं ताकि काम समय पर शुरू किया जा सके।

सही अर्थों में पारसी रंगमंच एक सेक्युलर अथवा धर्म निरपेक्ष रंगमंच था। मण्डलियों के मालिक पारसी हुआ करते थे। नाटककारों की भी यही स्थिति थी। दर्शकों में सभी सम्प्रदायों के लोग सम्मिलित होते थे। धर्म निरपेक्ष होने के साथ-साथ पूरी तरह से व्यावसायिक भी था। नाटककार को मिलने वाली तनख़्वाह के बारे में संकेत किया जा चुका है। इसी प्रकार निर्देशक को उन दिनों 1500 रु. महीना, बड़े अभिनेताओं को 750-800 रु.,

मध्यम अभिनेताओं को 500-600 रु. और प्रशिक्षु अभिनेताओं को 300-350 रु. महीना दिया जाता था। पारसी रंगमंच में यदि आग़ा हश्र कश्मीरी, नारायण प्रसाद बेताब, राधेश्याम कथावाचक आदि ने नाटककार के रूप में अपनी विशिष्ट पहचान बनायी तो सोराब जी ओग्रा जैसे निर्देशक का नाम भी सर्वोपरि लिया जाता है। मास्टर फ़िदा हुसैन नरसी जैसे अभिनेता के नाम से तो हम सभी भली भाँति परिचित हैं जिन्होंने 1911 में अल्फ्रेड थिएट्रिकल कम्पनी में एक प्रशिक्षु अभिनेता के तौर पर शुरुआत की और बाद में पारसी रंगमंच के सुपर स्टार बने। आज़ादी के बाद कलकत्ता में स्थापित मिनर्वा थिएटर के मुख्य अभिनेता और निर्देशक के रूप में बरसों कार्य करते रहे। अच्छी बात है कि इन सभी लोगों ने जितना काम किया, उसके बारे में स्वयं लिखा भी है। इस दृष्टि से राधेश्याम कथावाचक की आत्मकथा *मेरा नाटक काल*, नारायण प्रसाद बेताब द्वारा रचित *बेताब चरित* और मास्टर फ़िदा हुसैन नरसी की *पारसी रंगमंच* में पचास वर्ष का नाम लिया जा सकता है।

अपने समय में बेहद लोकप्रिय रंगमंच होने के बावजूद 1930 के आसपास पारसी रंगमंच की परम्परा का अवसान होना प्रारम्भ हो जाता है। इसका एक मुख्य कारण भारतीय स्वतन्त्रता संग्राम को माना जा सकता है। महात्मा गाँधी के भारत लौटने, जलियाँवाला बाग, साइमन कमीशन, लाला लाजपत राय की शहादत, भगत सिंह, सुखदेव और राजगुरु की क्रान्तिकारी गतिविधियाँ—इन सबने भारतीय जनमानस को पूरी तरह से परिवर्तित कर दिया। अब मनोरंजन की जगह देशभक्ति के जज़्बे ने ले ली। यदि पारसी रंगमंच के सर्वेसर्वा चाहते तो अपने नाटकों का तेवर बदलकर उसे देश प्रेम और भक्ति की तरफ़ मोड़ सकते थे और ऐसा उन्होंने किया भी और शायद पहले से भी करते आ रहे थे लेकिन ऐसे नाटक व्यावसायिक रूप से बहुत सफल नहीं हुए। स्वयं आग़ा हश्र कश्मीरी के नाटक *यहूदी की लड़की* और *रुस्तम सोहराब* का नाम लिया जा सकता है। बेहतरीन नाटक होने के बावजूद ये अपने समय में दर्शकों द्वारा नकार दिये गये थे क्योंकि इनमें नाच-गाने और मनोरंजन के नाम पर कुछ नहीं था।

लेकिन एक व्यावहारिक और शायद सबसे बड़ा कारण हमारे देश में फ़िल्मों का आगमन था। हम सभी जानते हैं कि 1895 में दुनिया में फ़िल्म जैसे माध्यम का जन्म हुआ और 1913 में भारत की पहली फ़िल्म *राजा हरिश्चन्द्र* का निर्माण हुआ।

आरम्भ में फ़िल्में मूक हुआ करती थीं, इसलिए पारसी रंगमंच पर उसका ज़्यादा प्रभाव नहीं पड़ा। यों एक नये माध्यम के प्रति आकर्षण ने दर्शकों को अपनी ओर अवश्य आकर्षित किया क्योंकि वह मूल फ़िल्म भी अपने प्रदर्शन में काफ़ी नाटकीय हुआ करती थी—फ़िल्म के आने के बाद स्थायी प्रेक्षागृहों का निर्माण होने लगा था। जहाँ यह व्यवस्था नहीं थी वहाँ खुले में अथवा टैंट से घिरी स्पेस में इन फ़िल्मों का प्रदर्शन होता था। दर्शकों के सामने एक ऊँचाई पर बने मंच के पीछे सफ़ेद परदा या स्क्रीन लगा रहता था। प्रेक्षागृह की लाइटें बुझने के बाद एक सूत्रधारनुमा आदमी मंच के बीचों-बीच एक प्रकाश वृत्त में आकर खड़ा हो जाता था। अपनी वेशभूषा में बिल्कुल पश्चिमी यानि कोट-पतलून, सर पर हैट और ओठों में सिगार दबाये—वह फ़िल्म से जुड़ी सारी जानकारियाँ यथा निर्देशक, कहानी और अभिनेताओं के नामादि देने के बाद नेपथ्य में चला जाता था। इसके बाद सफ़ेद परदे पर मूक फ़िल्म की छवि उभरने लगती थी। पात्र जो संवाद बोल रहे होते थे, वे परदे पर ही लिखे हुए रूप में हमारे सामने आते थे। दृश्यों के साथ जो पार्श्व संगीत चाहिए था, वह मंच के सामने बैठे ऑर्केस्ट्रा या संगीत-मण्डली के द्वारा दिया जाता था। यह वही संगीत-मण्डली थी जो पारसी नाटकों के मंचन में भी मंच के आगे बैठती थी। एक तरह से मूक फ़िल्मों का यह दौर रंगमंच और फ़िल्म का अद्‌भुत संगम था—जीवन्त सूत्रधार और सामने बैठी संगीत-मण्डली और परदे पर चलते-फिरते मूक चित्र। इस सम्भावना से इनकार नहीं किया जा सकता कि विंग्ज़ में एक-दो अभिनेता भी खड़े हों जो आजकल के प्रॉम्पटर की तरह से परदे पर बोले जाने वाले मूक संवादों को स्वर देने का काम करते हों।

यहाँ तक भी सब ठीक-ठाक था। लेकिन 1930 तक टाकीज़ का निर्माण आरम्भ हो गया अर्थात टॉक करने अथवा बोलने वाली फ़िल्में। हमारे देश में पहली ऐसी फ़िल्म *आलमआरा* 1931 में बनी और उसने एकदम से देखने की दृष्टि में अभूतपूर्व परिवर्तन कर दिया—अब वे मूक चित्र बोल सकते थे, गा सकते थे और कैमरे की ट्रिक के माध्यम से दर्शकों को एक मायावी संसार में ले जा सकते थे। जिन हैरतअंगेज़ कारनामों की मंच पर रचना करके पारसी रंगमंच दर्शकों को बाँधे रखता था, उन्हें दिखाना कैमरे जैसे यन्त्र के लिए बहुत ही आसान था। कहीं आग लगाना, बाढ़ का दृश्य, ट्रेन दुर्घटना—किसी भी तरह के दृश्य को घटनास्थल पर जाकर कैमरे में क़ैद कर लेना और फ़िल्म का हिस्सा

बना देना—दर्शकों को परदे पर ये सब कुछ देखने का अनुभव ज़्यादा रोमांचकारी लगता था, बजाय इसके कि वे मंच पर बनावटी रूप से तैयार किया गया दृश्य देखें। फ़िल्मों में ध्वनि के आगमन के बाद जितने भी पारसी रंगमंच के अभिनेता थे, उनकी माँग बढ़ गयी—ज़बरदस्त कड़कदार आवाज़ और बलिष्ठ शरीर सौष्ठव—उस दौर की पौराणिक, ऐतिहासिक फ़िल्मों के लिए ऐसे ही चेहरे चाहिए थे। इतना ही नहीं, ज़्यादा पैसा, शोहरत और एक ही वक़्त में कई जगहों पर एक साथ देखे जाने का आकर्षण—स्वाभाविक ही था कि वे अभिनेता फ़िल्मों की ओर जाते। हिन्दी फ़िल्मों के आरम्भिक दौर की फ़िल्मों में दिखायी देने वाले सोहराब मोदी, याकूब और चन्द्रमोहन जैसे अभिनेता पारसी रंगमंच से ही फ़िल्मों में गये थे। पारसी रंगमंच के अभिनेताओं का फ़िल्मों की ओर पलायन अथवा प्रस्थान इस तथ्य को पूरी तरह से झुठला देता है कि आज के प्रशिक्षित अभिनेता का फ़िल्मों में जाना पहली बार हो रहा है। पारसी रंगमंच के अभिनेताओं का फ़िल्मों की ओर जाने का एक और कारण यह भी था कि अब वही पारसी व्यवसायी फ़िल्मों के निर्माण में लग गये जो रंगमंच से जुड़े हुए थे। उन्हें इस माध्यम में ज़्यादा लाभ दिखायी दे रहा था। जब वे फ़िल्मों में गये तो अपने साथ अपने अभिनेताओं को भी लेते गये।

देखा जाये तो पारसी रंगमंच के बिल्कुल आरम्भिक दौर से ही उसके प्रति साहित्यिक और बौद्धिक जगत में तिरस्कार और अवहेलना का रवैया रहा है। भारतेन्दु हरिश्चन्द्र का वह उद्धरण तो बार-बार दोहराया जाता है जब उन्होंने किसी पारसी मण्डली द्वारा कालिदास के नाटक शकुन्तला के मंचन पर टिप्पणी की थी कि जब दुष्यन्त कमर मटका-मटका कर नैन कटारी मर जाऊँ गाने लगता है तो प्रमथदास प्रभृति विद्वान यह कहकर हॉल छोड़कर चले गये कि अब नहीं देखा जाता। ये लोग तो कालिदास के गले पर छुरी फेर रहे हैं। बाद में प्रसाद और प्रेमचन्द ने भी इसी आशय की टिप्पणियाँ की हैं। यद्यपि प्रसाद ने अपने एक दूसरे लेख में पारसी रंगमंच के इस महत्त्व को स्वीकार भी किया है कि उसने उर्दू भाषा के प्रचार-प्रसार में महती योगदान दिया और हम हिन्दी वालों को अपनी भाषा के प्रसार के लिए भी नाटक जैसे माध्यम से कुछ ऐसा ही करना चाहिए। आज भी पारसी रंगमंच के प्रस्तुति-पक्ष को लेकर तो बहुत चर्चा होती है लेकिन उसके नाटककारों के साहित्यिक अवदान पर कोई गम्भीर विमर्श नहीं हुआ है।

इसके बावजूद आज के आधुनिक अभिनेता के प्रशिक्षण में पारसी रंगमंच के महत्त्व को अस्वीकारा नहीं जा सकता। अभिनेता की आवाज़, स्पीच, शारीरिक स्फूर्ति और लचीलापन, गीत एवं नृत्य पर दक्षता—कुल मिलाकर शास्त्रीय और लोक से अलग एक अभिनय शैली, जिसे शेक्सपियर के नाटकों के मंचन से लिया गया और आज भी उस रूप में उसका प्रयोग हो रहा है।

भारतीय आधुनिक रंगमंच

उन्नीसवीं शताब्दी के उत्तरार्द्ध में हमारे देश में दिखाये जाने वाले अंग्रेज़ी रंगमंच के विरोध में यदि एक ओर पारसी रंगमंच की शुरुआत हुई तो उसी के आसपास एक दूसरे रंगमंच का भी जन्म हुआ जो अपनी मूल प्रकृति में पूरी तरह से अव्यावसायिक था अर्थात उसे करने वाले लोग अपनी आजीविका के लिए पारसी रंगमंच की तरह मात्र रंगमंच पर ही निर्भर नहीं थे। वे दिन भर किसी और व्यवसाय से जुड़े हुए थे, जिसका रंगमंच से कोई लेना-देना नहीं था। ये वे लोग थे जो आधुनिक शिक्षा-पद्धति के माध्यम से अपने-अपने विषय में दीक्षित हुए थे और उसी दक्षता की बदौलत अपनी आजीविका के साधन जुटा रहे थे। कोई वकील था, कोई डॉक्टर था, कोई प्राध्यापक था अथवा पढ़ाई के दौर से गुज़रने

वाले छात्र थे। वे दिन में अपने-अपने काम में व्यस्त रहते थे और संध्या के समय आपस में इकट्ठे होते थे। आज ऐसी रंगमंचीय गतिविधि के लिए अंग्रेज़ी में एमेच्योर थिएटर शब्द का प्रयोग किया जाता है जिसका हिन्दी अनुवाद है *शौकिया रंगमंच* अर्थात ऐसा रंगमंच जो उन लोगों द्वारा किया जाता है जो अपनी रोज़ी रोटी के लिए रंगमंच पर निर्भर नहीं हैं और न ही अपना पूरा समय रंगमंच को दे पाते हैं, जैसा कि इससे पहले शास्त्रीय रंगमंच और पारसी रंगमंच में दिखायी पड़ता है। कम-से-कम साल में छः महीने के लिए यही स्थिति लोक रंगमंच में भी देखी जा सकती थी।

आज एमेच्योर शब्द को नकारात्मक अर्थों में लिया जाता है यानि ऐसा रंगमंच जो अपनी गुणवत्ता में घटिया होता है। लेकिन यदि हम एमेच्योर रंगमंच के इतिहास में जायेंगे तो हम देखेंगे कि इस क्षेत्र में जितना भी कलात्मक, प्रयोगात्मक और गुणवत्ता सम्पन्न कार्य हुआ है, वह एमेच्योर रंगमंच में ही सम्भव हुआ है। इसका मुख्य कारण यही है कि एमेच्योर रंगमंच का आधार आर्थिक लाभ न होकर शुद्ध कलात्मक गतिविधि से जुड़ा है। इसीलिए वह बड़े से बड़ा रिस्क उठा सकता है, जबकि व्यावसायिक रंगमंच के लिए अपना आर्थिक लाभ पहले है, बाद में कुछ और।

बहरहाल, इस रंगमंच की यात्रा भी पारसी रंगमंच के समानान्तर ही कुछ बड़े-बड़े नगरों, शहरों और क़स्बों में शुरू हुई। कई जगहों पर तो पारसी रंगमंच से पहले ही इस तरह के रंगमंच का आरम्भ हो गया था। उदाहरण के लिए कोलकाता का नाम लिया जा सकता है। ईस्ट इंडिया कम्पनी ने अपना मुख्य कार्यालय कोलकाता में ही स्थापित किया था, अतः स्वाभाविक था कि बाहरी अथवा पश्चिमी सभ्यता, संस्कृति और जीवन पद्धति से सबसे पहला साक्षात्कार कोलकातावासियों का ही हुआ। अठारहवीं शताब्दी के अन्तिम दशक में वहाँ बांग्ला भाषा में मंचित दो नाटकों का उल्लेख मिलता है। इन्हें मंचित करवाने का श्रेय लेवदेव नाम के किसी रूसी आदमी को दिया जाता है। वह कौन था, कहाँ से आया था और कोलकाता आने के पीछे उसका क्या प्रयोजन था, इसके बारे में कोई ख़ास सूचनाएँ नहीं मिलतीं लेकिन इस तथ्य का ज़ोर-शोर से उल्लेख किया जाता है कि उसने स्थानीय बंगाली समाज के कुछ लोगों को एकत्र करके दो नाटकों—*लव इज़ द बेस्ट मेडिसन* और *द डिसगाइज़* का बांग्ला भाषा में मंचन किया। लेव देव की यह प्रस्तुति आधुनिक बांग्ला रंगमंच की पहली प्रस्तुति तो है ही, इसके साथ-साथ इसे आधुनिक भारतीय रंगमंच की पहली प्रस्तुति भी कहा जा सकता है। ध्यान रहे तब तक पारसी रंगमंच का कहीं दूर तक नामोनिशान भी नहीं था, जब 1795 में बांग्ला भाषा में पहले मंचन हुए थे।

ऐसा ही एक प्रयास महाराष्ट्र के सांगली नामक शहर में 1843 में हुआ, जब वहाँ किर्लोस्कर नाटक कम्पनी ने विष्णुदास भावे के नाटक *सीता स्वयंवर* का मराठी में मंचन किया। ध्यान देने की बात है कि इस मंचन के ठीक दस साल बाद 1853 में बम्बई में पहले पारसी नाटक *रुस्तम सोहराब* के मंचन की सूचना मिलती है। कोलकाता और सांगली के अपनी-अपनी भाषा के मंचन इस तथ्य की पुष्टि करते हैं कि ईस्ट इंडिया कम्पनी द्वारा आयातित विदेशी रंगमंच के विरोध में अपने रंगमंच की शुरुआत पारसी रंगमंच से बहुत पहले हो चुकी थी लेकिन अपनी प्रकृति में शौकिया अथवा एमेच्योर होने के कारण उसे बहुत ज़्यादा महत्त्व नहीं दिया गया। तब किसे पता था कि आने वाले समय में यही शौकिया रंगमंच मुख्य धारा का रंगमंच कहलायेगा और सही मायनों में आधुनिक भारतीय रंगमंच के नाम से जाना जायेगा।

इसी क्रम में हम हिन्दी में मंचित पहले नाटक का भी उल्लेख कर सकते हैं। यह नाटक है पण्डित शीतला प्रसाद त्रिपाठी द्वारा रचित *जानकी मंगल* जिसका पहला मंचन 3 अप्रैल, 1868 को बनारस के रॉयल थिएटर में किसी स्थानीय नाट्य-मण्डली द्वारा किया गया था। इस नाटक के मंचन से जुड़ी कई सूचनाएँ इतिहास में मिलती हैं। यह नाटक भी राम और सीता के विवाह प्रसंग पर आधारित है, जहाँ राम द्वारा शिव के धनुष को भंग किया जाता है। रामायण की कथा के अनुसार इसमें राम, सीता, जनक, परशुराम के साथ-साथ लक्ष्मण की भी महत्त्वपूर्ण भूमिका है। जिस दिन नाटक का मंचन होना था, उस दिन सुबह भारतेन्दु हरिश्चन्द्र नाटक मण्डली के सदस्यों से मिलने और उन्हें शुभकामनाएँ देने पहुँचे तो पता चला कि लक्ष्मण की भूमिका करने वाला अभिनेता अचानक बीमार पड़ गया है और संध्या को होने वाले प्रदर्शन में अभिनय नहीं कर पायेगा। स्थिति यह बनती नज़र आ रही थी कि शायद उस दिन प्रदर्शन ही न हो पाये। ऐसे नाज़ुक मौक़े पर भारतेन्दु हरिश्चन्द्र ने स्वयं लक्ष्मण की भूमिका करने का प्रस्ताव रखा और उसे एक ही दिन में तैयार करने की चुनौती को स्वीकार किया और शाम में नियत समय पर सफलतापूर्वक नाटक का मंचन हुआ और इस प्रदर्शन ने भारतीय रंगमंच विशेषतः हिन्दी रंगमंच के इतिहास में अपना नाम दर्ज किया। इस नाटक का पहला प्रदर्शन 3 अप्रैल को हिन्दी रंगमंच दिवस की तरह से मनाया जाता है।

इस प्रकार इस शौकिया रंगमंच की शुरुआत 1795 में कोलकाता में हुई बाद में महाराष्ट्र, उत्तर प्रदेश आदि से होता हुआ भारत के हर प्रदेश, हर नगर

और हर क़स्बे तक फैल गया। इस रंगमंच की विशेषता यह थी कि यह पारसी रंगमंच की तरह किसी एक भाषा में न होकर अलग-अलग भाषाओं में हो रहा था, इस दृष्टि से इसकी तुलना लोक रंगमंच से की जा सकती है। एक दूसरे रूप में भी इसे लोक रंगमंच के समानान्तर रखा जा सकता है कि इसके करने वाले रंगमंचीय कला में विधिवत रूप से प्रशिक्षित नहीं थे। यह अलग बात है कि ज़्यादातर लोग अपने-अपने विषय और क्षेत्र में सिद्धहस्त थे। सभी लोगों ने स्वयं से सब कुछ करते हुए रंगमंच की बारीकियों को सीखा और फिर अपने साथ काम करने वालों को सिखाया। उन्नीसवीं और बीसवीं शती से लेकर आज तक लगभग दो सौ वर्षों का इतिहास है इस रंगमंच का जिसने शास्त्रीय, लोक और पारसी रंगमंच से अलग अपनी एक पहचान बनायी। पहली बार भारतीय रंगमंच में गीत, संगीत, नृत्य से रहित गद्य के रंगमंच की शुरुआत होती है। इसमें कोई दो राय नहीं कि इस तरह के रंगमंच की प्रेरणा उन्नीसवीं शताब्दी में ही पश्चिम में उभरे यथार्थवादी रंगमंच से मिली। यहाँ तक कि आरम्भ में और आज तक भी ज़्यादातर पश्चिमी नाटकों का भारतीय रूपान्तरण होता रहा है, लेकिन इसके बावजूद इस रंगमंच में यहीं की मिट्टी और यहीं के आदमी की गन्ध मिलती है।

यह प्रश्न उठाया जा सकता है कि हम इस रंगमंच को आधुनिक क्यों मान रहे हैं। आख़िर वे कौन-से पहलू हैं जो इसे अपने से पूर्ववर्ती रंग-परम्परा से अलग करते हैं और इस रंगमंच को आधुनिक की संज्ञा से अभिहित करते हैं। सबसे पहले हमें यह ध्यान में रखना चाहिए कि इस आधुनिकता की शुरुआत आज़ से लगभग तीन सौ बरस पहले पूरे विश्व में होती है। विद्वानों और समाज-शास्त्रियों ने आधुनिकता के आगमन को विश्व में हुई औद्योगिक क्रान्ति से जोड़ा है जिसका समय 1739 ई. निश्चित किया गया है अर्थात अठारहवीं शती का पूर्वार्द्ध जहाँ से समाज में नये-नये आविष्कारों का जन्म होता है, जिनके कारण मनुष्य की पूरी सोच में अभूतपूर्व परिवर्तन होता है। जेम्स वाट द्वारा भाप की खोज, टॉमस एल्वा एडीसन द्वारा बिजली, मारकोनी द्वारा ध्वनि, ग्राहम बेल द्वारा टेलीफ़ोन इत्यादि—ये कुछ ऐसी खोजें और आविष्कार थे जिन्हें आम आदमी ने सम्भव किया था। इससे पहले किसी ने जेम्स वाट, एडीसन, मारकोनी, ग्राहम बेल, न्यूटन, डार्विन आदि के नाम भी नहीं सुने थे। अठारहवीं शती से पहले की सारी कलाएँ, साहित्य और रंगमंच महानायकों के जीवन चरित से जुड़ा था। यदि हम इतिहास उठाकर देखें तो हर सभ्यता और संस्कृति में सबसे पहले एक सर्वोत्तम सत्ता के रूप में ईश्वर का वर्चस्व दिखायी देता है, फिर ईश्वर के प्रतिनिधि के रूप में राजा केन्द्र में आता है, फिर राजकुमारों, रानियों, सामन्तों

एवं आभिजात्य लोगों का प्रभुत्व दिखायी देता है। पूर्व हो या पश्चिम—कहीं भी दूर-दूर तक आम आदमी की किसी भूमिका से साक्षात्कार नहीं होता। यदि वह कला, साहित्य अथवा रंगमंच में मौजूद है भी, तो मात्र हाशिए पर। लेकिन अठारहवीं शताब्दी की इस औद्योगिक क्रान्ति ने सब कुछ उलटकर रख दिया। अचानक ही समाज को अहसास हुआ कि इन सब आविष्कारों के प्रणेता तो आम आदमी हैं, हम इससे पहले हर चीज़ के लिए ईश्वर को श्रेय देते रहे थे, ईश्वर नहीं तो राजा को अथवा उसके आसपास के उतने ही प्रभावशाली लोगों को। समाज में अन्धविश्वासों, कुरीतियों और रूढ़ियों ने इस हद तक जकड़ रखा था कि सुकरात के इस कथन को कोई स्वीकार करने को तैयार नहीं हुआ कि सूर्य अपनी जगह पर स्थित है और धरती उसके चारों ओर घूमती है। उलटे उसे सत्ता द्वारा मृत्युदण्ड दे दिया गया। यदि यह घटना आज से लगभग ढाई हज़ार वर्ष पूर्व हमारे सामने आती है तो इसके बाईस सौ वर्ष बाद तक भी स्थिति में कोई परिवर्तन नहीं हुआ था, जब सत्रहवीं शती में गैलीलियों ने पुनः एक बार यही सत्य दोहराया कि सूर्य धरती के चक्कर नहीं लगाता बल्कि धरती ही सूर्य के चारों तरफ़ घूमती है। यह जग-ज़ाहिर है कि उसे भी अपने इस वक्तव्य के लिए शासन द्वारा दण्ड भोगना पड़ा।

इस पूरी पृष्ठभूमि से यह स्पष्ट हो जाता है कि लगभग चार हज़ार वर्षों के मानवीय सभ्यता के इतिहास में समाज पर धर्म, अन्धविश्वास, राजा एवं सामन्तशाही का ही बोलबाला रहा। ऐसे में उनके द्वारा निश्चित विधान को लेकर कोई शंका, कोई प्रश्न उठाने का अधिकार नहीं था और यदि उठाया भी गया तो उसका परिणाम मृत्युदण्ड ही हो सकता है। औद्योगिक क्रान्ति के आने के बाद जब एक के बाद एक सारी स्थापित रूढ़ियाँ, मान्यताएँ और अन्धविश्वास धराशायी हो गये तो उसका असर कला, साहित्य और रंगमंच पर भी पड़ा। यहीं पर हमें अठारहवीं शताब्दी एवं बीसवीं शताब्दी में क्रमशः फ्रांस एवं रूस में हुई दो राजनैतिक क्रान्तियों को भी नहीं भूलना चाहिए जिन्होंने 1789 और 1917 में अपने-अपने देशों में राजशाही को पूरी तरह से ख़त्म कर दिया। बड़े-बड़े दार्शनिकों, विचारकों और साहित्यकारों ने ज़ोर-शोर से इस बात की वकालत की कि जब सारे परिवर्तनों के लिए आम आदमी ज़िम्मेदार है तो हमारी कलाओं, साहित्य एवं रंगमंच में भी उसे केन्द्र में लाया जाना चाहिए। यही कारण है कि पश्चिम में उन्नीसवीं शती में एक नये प्रकार का नाटक जन्म लेता है जिसे आज हम यथार्थवादी नाटक के नाम से जानते हैं। नॉर्वे में इब्सन, स्वीडन में स्ट्रिंडबर्ग और रूस में चेखव हमारे सामने ऐसे नाटकों को लेकर आते हैं जो

हम जैसे दिन-प्रतिदिन के लोगों की ज़िन्दगी पर आधारित हैं, जो ऐसी भाषा में बात करते हैं जो उनकी रोज़मर्रा की ज़िन्दगी की भाषा है और इन नाटकों का परिवेश राजमहल या राजदरबार नहीं वरन उनका ड्राइंग रूम, बैड रूम, किचन या लॉन है। ये चरित्र सदियों से थोपी गयी व्यवस्था से मुक्त तो हो गये हैं, या मुक्त होने की प्रक्रिया में हैं, लेकिन अभी भी पूरी तरह उसके प्रभाव से बाहर नहीं आ पाये हैं—यही दुविधा, यही द्वन्द्व, यही असमंजस—शायद ही इससे पहले किसी नाटक के चरित्र में दिखायी पड़ा हो। कहा भी गया है कि आधुनिकता की पहली पहचान तथाकथित निश्चित मान्यताओं, अवधारणाओं एवं नियमों के अस्वीकार से आरम्भ होती है। ऐसा भी नहीं कि इस अस्वीकार की कोई परम्परा पहले से दिखायी नहीं पड़ती। हम पहले ही सुकरात और गैलीलियो का उल्लेख कर चुके हैं। हमारे यहाँ भी उपनिषदों में ईश्वर के अस्तित्व को लेकर नेति-नेति की चर्चा सुनाई पड़ती है। लेकिन अन्ततः यह अस्वीकार उस ईश्वरीय सत्ता के सामने ही घुटने टेक देता है, जिसे लेकर वह प्रश्न उठाता है।

पश्चिम में जिस औद्योगिक क्रान्ति ने वहाँ आधुनिकता की आहट दी उसका प्रभाव विश्व के दूसरे देशों पर भी पड़ा। उन्नीसवीं शताब्दी के उत्तरार्द्ध तक पूरे भारत पर अंग्रेज़ों का आधिपत्य स्थापित हो चुका था। उनके साथ अंग्रेज़ी शिक्षा पद्धति ने भी हमारे जीवन में प्रवेश किया। अंग्रेज़ी साहित्य, कला, स्थापत्य और विशेष रूप से रंगमंच के क्षेत्र में इस आदान-प्रदान ने हस्तक्षेप किया। कहना तो यह चाहिए कि हमारे यहाँ आधुनिक रंगमंच की शुरुआत अंग्रेज़ी शासन के आने के बाद ही होती है। इसीलिए 1850 से लेकर आज तक के समय को आधुनिक भारतीय रंगमंच का नाम दिया गया है। यहाँ भी इस दौर में ईश्वरचन्द्र विद्यासागर, राजा राममोहन राय, दयानन्द सरस्वती और स्वामी विवेकानन्द जैसे शिक्षाविदों, समाज सुधारकों और धार्मिक नेताओं ने समाज में फैली कुरीतियों, अन्धविश्वासों, अशिक्षा के विरुद्ध आवाज़ उठाई और हर मूल्य, हर परम्परा को जाँचने-परखने का आग्रह किया। स्वाभाविक ही था कि इन सबका प्रभाव रंगमंच, साहित्य एवं कला के क्षेत्रों पर भी पड़ता और ऐसा ही हुआ।

यदि हम अपनी चर्चा को मात्र रंगमंच तक भी सीमित रखें तो भारतेन्दु हरिश्चन्द्र, जयशंकर प्रसाद, रवीन्द्रनाथ टैगोर, शिशिर कुमार भादुड़ी, गिरीश घोष आदि नाटककारों, अभिनेताओं, निर्देशकों एवं रंग-चिन्तकों के योगदान को रेखांकित करना पड़ेगा, जिन्होंने हमारे देश में आधुनिक भारतीय रंगमंच की नींव रखी, पारसी रंगमच के समानान्तर और उससे बिल्कुल अलग एक ऐसे रंगमंच का सूत्रपात किया जो अपनी मूल प्रकृति में प्रश्नवाचक रंगमंच है, सोच-विचार

का रंगमंच है और कहीं यथास्थिति के अस्वीकार का भी रंगमंच है। यही कुछ विशेषताएँ हैं जो इस रंगमंच को आधुनिक बनाती हैं। शास्त्रीय लोक और पारसी रंगमंच से आगे की कड़ी के रूप में स्थापित करती हैं और व्यावसायिक और पूर्णकालिक न होते हुए भी गुणात्मक एवं कलात्मक मूल्यों की दृष्टि से उसे उच्चकोटि का रंगमंच प्रमाणित करती हैं।

बोलचाल की भाषा में कहीं इस रंगमंच को शौकिया रंगमंच, कहीं अव्यावसायिक रंगमंच, कहीं एमेच्योर थिएटर और सबसे ज़्यादा ग्रुप थिएटर के नाम से जाना जाता है। पिछले लगभग एक सौ पचहत्तर वर्षों से चले आ रहे इस आधुनिक रंगमंच के महत्त्वपूर्ण पड़ावों पर चर्चा करने से पहले यह संकेत करना अप्रासंगिक न होगा कि यद्यपि पारसी रंगमंच 1930 के आसपास समाप्त प्राय हो गया था लेकिन जब से उसकी शुरुआत हुई थी, तभी से उसके समानान्तर अलग-अलग भाषा प्रान्तों में एक प्रकार के व्यावसायिक रंगमंच का आविर्भाव हो गया था जो आज भी सक्रिय है। मुख्य रूप से बंगाल, असम, महाराष्ट्र और आन्ध्र प्रदेश में आज भी ऐसी नाटक मण्डलियाँ मौजूद हैं जो पूरी तरह से व्यावसायिक रंगमंच करती हैं, उनकी प्रदर्शन-पद्धति पर भी पारसी रंगमंच का ही प्रभाव है। महाराष्ट्र में उसे संगीत नाटक के नाम से जाना जाता है। बीसवीं शती के पूर्वार्द्ध में बाल गन्धर्व नाम से विभूषित अभिनेता इस रंगमंच के सबसे ज़्यादा चर्चित, लोकप्रिय और काफ़ी हद तक विवादास्पद माने जाने वाले व्यक्तित्व थे। वे अपनी स्त्री भूमिकाओं के लिए विख्यात थे। उन्हीं के समानान्तर गुजराती में जयशंकर सुन्दरी का नाम आता है जो वहाँ के व्यावसायिक रंगमंच में स्त्री भूमिका किया करते थे। किसी नाटक में सुन्दरी नामक पात्र का ऐसा जीवन्त अभिनय किया कि उनका नाम ही जयशंकर सुन्दरी पड़ गया। असम के व्यावसायिक रंगमंच को मोबाइल अथवा भ्रम्यमान रंगमंच के नाम से जाना जाता है। अलग-अलग नाटक मण्डलियाँ बड़े-बड़े अभिनेताओं को हर साल छः-आठ महीने के लिए अनुबन्धित करती हैं और उनके साथ अक्तूबर से मार्च-अप्रैल के बीच अलग-अलग गाँव, क़स्बों और शहरों में अपने प्रदर्शन करती रहती हैं। यही हाल आन्ध्र प्रदेश की *सुरभि नाटक मण्डली* का है जिसकी स्थापना आज से डेढ़ सौ बरस पहले हुई थी। कहा जाता है कि उसके सदस्य एक ही परिवार के हैं और आज तो उसके चार अलग-अलग दल बन चुके हैं। उनका रंगमंच पूरी तरह से पारसी रंगमंच का दक्षिण भारतीय संस्करण है। वही रंगे हुए परदे, रामायण, महाभारत अथवा कल्पित महानायकों की कहानियाँ, मंच पर आग, वर्षा अथवा हाथी के आ जाने के दृश्य, पुराने प्रकाश यन्त्रों की सहायता से मंच पर हर तरह

के प्रभावी दृश्यों की परिकल्पना—वही सब कुछ जो हम कभी पारसी नाटकों की प्रस्तुतियों में देखा करते थे।

इन सबकी चर्चा इसलिए ज़रूरी थी कि आधुनिक भारतीय रंगमंच के विवेचन का यह अर्थ कदापि न लिया जाये कि हमारे यहाँ लोक रंगमंच अथवा पारसी रंगमंच पूरी तरह से समाप्त हो गया है। वह आज भी है और आज भी उसका एकमात्र उद्देश्य मनोरंजन करना है। यही कारण है कि वहाँ नये और आज के कथ्य और कथानक ने बहुत कम हस्तक्षेप किया है। यही वह विभाजन रेखा है जो आज के रंगमंच को उपर्युक्त सभी तरह के रंगमंचों से अलग करती है। आज के रंगमंच में भी मनोरंजन है लेकिन वह वहीं तक सीमित नहीं है। उसके साथ-साथ उसका उद्देश्य शिक्षा देना भी है, प्रश्न उठाना भी है और यथास्थिति का विरोध करना भी है। देखने की कोशिश की जाये कि आधुनिक भारतीय रंगमंच की यह अपनी निजी पहचान किन महत्त्वपूर्ण पड़ावों से होकर गुज़रती है।

हम आरम्भ में ही यह स्पष्ट कर देना चाहेंगे कि भारतीय रंगमंच के जो भी निर्णायक और महत्त्वपूर्ण पड़ाव रहे हैं, उनका आकलन हम मुख्यतः हिन्दी रंगमंच को केन्द्र में रखकर करेंगे। वह इसलिए कि हिन्दी भारत की सबसे ज़्यादा बोली जाने वाली भाषा है। यहाँ तक कि विश्व में भी चीनी और स्पानी भाषा के बाद उसका तीसरा नम्बर आता है। अतः यह दोहराने की ज़रूरत नहीं कि हिन्दी रंगमंच का कार्यक्षेत्र हमारे देश में सबसे बड़ा है। इससे भी बढ़कर हिन्दी भाषा ने देश की शेष सारी भाषाओं के बीच एक सम्पर्क सूत्र का काम किया है। भारत की सभी भाषाओं के चर्चित, लोकप्रिय और महत्त्वपूर्ण नाटक सबसे ज़्यादा हिन्दी में मंचित हुए हैं। कई बार तो ऐसा हुआ है कि कोई नाटक पहले हिन्दी में मंचित हुआ और बाद में उसे अपनी मूल भाषा में मंचित होने का अवसर मिला। इस चर्चा का यह अर्थ कदापि नहीं कि हम अपने मनन और चिन्तन को मात्र हिन्दी रंगमंच तक सीमित रखेंगे। जब-जब और जहाँ-जहाँ आवश्यकता होगी, हम दूसरे भाषा-क्षेत्रों के रंगमंच पर भी गहराई से विचार करेंगे। यों भी हम जिन पड़ावों की चर्चा करने जा रहे हैं, बेशक उनके आरम्भिक सन्दर्भ हम हिन्दी रंगमंच से लेंगे लेकिन दूसरे भाषा-क्षेत्रों में भी आधुनिक रंगमंच की कमोबेश यही विकास यात्रा रही है।

एक तथ्य की ओर ध्यान दिया जाना भी आवश्यक है कि जहाँ दूसरी भाषाओं ने उन्नीसवीं शती तक अपना एक निश्चित स्वरूप प्राप्त कर लिया था, वहाँ हिन्दी, जिसे हम खड़ी बोली के नाम से जानते हैं, उसका जन्म ही उन्नीसवीं

शताब्दी में हुआ है। इससे पहले वह लगभग दो हज़ार सालों के दौरान पालि, प्राकृत, अपभ्रंश, डिंगल, पिंगल, अवधी और ब्रज भाषा जैसी बोलियों और भाषाओं के भीतर से होकर अपने अन्तिम स्वरूप तक पहुँची है। एक तरह से हिन्दी भाषा का इतिहास उन्नीसवीं शताब्दी से ही आरम्भ होता है। आचार्य रामचन्द्र शुक्ल ने हिन्दी साहित्य के इतिहास को आदिकाल अथवा वीरगाथाकाल, भक्तिकाल, रीतिकाल और आधुनिककाल में विभाजित किया है और इस आधुनिक काल की शुरुआत उन्नीसवीं शती से ही होती है। इस प्रकार हिन्दी साहित्य का आधुनिक युग एक-दूसरे से सम्बद्ध है। इसे मात्र एक संयोग कहकर नहीं टाला जा सकता कि जहाँ हिन्दी साहित्य के पहले तीन युगों का आरम्भ काव्य से होता है और लगातार काव्य का प्रभुत्व ही छाया रहा, वहाँ आधुनिक युग का आरम्भ नाटक जैसी विधा के लिखे जाने से होता है। भारतेन्दु हरिश्चन्द्र के पिता गिरधर गोपाल द्वारा रचित *नहुष* नाटक को हिन्दी का पहला नाटक माना जाता है, जो 1850 में लिखा गया था। कुछ लोग रीवा के महाराजा विश्वनाथ प्रताप सिंह द्वारा 1833 में रचित *आनन्दरघुनन्दन* को हिन्दी का पहला नाटक मानते हैं लेकिन वे भूल जाते हैं कि यह नाटक मूल रूप से ब्रज भाषा में लिखा हुआ है।

हम उन्नीसवीं शताब्दी के उत्तरार्द्ध अर्थात 1850 से 1900 तक को आधुनिक भारतीय रंगमंच और विशेष रूप से हिन्दी रंगमंच का पहला पड़ाव मान सकते हैं। यदि एक ओर यह समय भारतीय रंगमंच में पारसी रंगमंच के जन्म और उत्कर्ष का काल है तो उसी के समानान्तर आधुनिक भारतीय रंगमंच के जन्म और विकास का भी समय माना जा सकता है। इसी काल खण्ड में पहले भारतेन्दु हरिश्चन्द्र, फिर रवीन्द्रनाथ टैगोर और कुछ बाद में गिरीश घोष और शिशिर कुमार भादुड़ी का आगमन होता है, जिन्होंने अपने-अपने स्तर पर भारतीय रंगमंच को दिशा देने का काम किया।

सबसे पहले और सबसे ज़्यादा महत्त्वपूर्ण काम भारतेन्दु हरिश्चन्द्र के हिस्से में आता है। वह 1850 में बनारस में पैदा हुए और 1885 में उनका निधन हो गया। लेकिन पैंतीस वर्ष की अल्पायु में भी उन्होंने रंगमंच के लिए जितना कुछ किया, उसका उदाहरण अन्यत्र दुर्लभ है। वह नाटककार थे, अभिनेता थे, व्यवस्थापक थे, अनुवादक थे, आलोचक थे और सम्भवतः निर्देशक भी थे। बहुत छोटी-सी उम्र में देश भर में घूम-घूमकर उन्होंने वहाँ की रंगमंचीय गतिविधियों का अध्ययन किया और उसका इस्तेमाल हिन्दी रंगमंच में किया। बार-बार कोलकाता की यात्राएँ और वहाँ के रंगमंच ने उन्हें बहुत प्रभावित किया। मात्र अठारह वर्ष की आयु में लिखा *विद्या सुन्दर नाटक* इसी नाम के किसी बांग्ला भाषा में रचित

नाटक का हिन्दी रूपान्तर है। यह नाटक उसी साल 1868 में हमारे सामने आता है, जब हिन्दी के पहले नाटक *जानकी मंगल* का मंचन हुआ था और भारतेन्दु ने उसमें लक्ष्मण की भूमिका अभिनीत की थी। उन्होंने बनारस में तो नाट्य-मण्डलियाँ बनायी ही, साथ-साथ दूसरे क़स्बों-शहरों में जा-जाकर वहाँ की मण्डलियों को नाटकों के मंचन के लिए व्यवस्थापक के रूप में सहयोग दिया।

भारतीय रंगमंच को भारतेन्दु हरिश्चन्द्र का सबसे बड़ा योगदान यह है कि उन्होंने दो-ढाई हज़ार साल पहले संस्कृत भाषा में रचित भरतमुनि के *नाट्यशास्त्र* की हिन्दी में पहली टीका अथवा व्याख्या प्रस्तुत की। इससे पूर्व अभिनवगुप्त, रामचन्द्र गुणचन्द्र, धनंजय और विश्वनाथ आदि आचार्य भरत के नाट्यशास्त्र को आधार मानकर स्वतन्त्र ग्रन्थों की रचना कर चुके थे लेकिन वे सबके सब संस्कृत भाषा में लिखे गये थे। अठारहवीं शती के अन्तिम दशकों में नाट्यशास्त्र के कुछ अध्यायों का अनुवाद अंग्रेज़ी में भी हुआ और बाद में नाट्यशास्त्र जर्मन भाषा में भी अनूदित हुआ। संस्कृत से अलग किसी भारतीय भाषा में एक लम्बा आलेख 'नाटक अथवा दृश्य काव्य विवेचन' शीर्षक से पहली बार भारतेन्दु ने 1881 में हिन्दी में लिखा। नाट्यशास्त्र में प्रतिपादित लगभग प्रत्येक विषय यथा दशरूपक, उपरूपक, अभिनय, मंच-प्रस्तुति पर उन्होंने अपनी व्याख्या प्रस्तुत की। जहाँ-जहाँ उन्हें लगा उन्होंने भरत के विचारों से अपनी असहमति भी प्रकट की और नाट्यशास्त्र को अपने समय के सन्दर्भ में प्रयोग में लाने पर बल दिया। सबसे बड़ी बात यह है कि उन्होंने मात्र सिद्धान्त आलेख की रचना नहीं की, जब भी उदाहरण देने की आवश्यकता पड़ी, उन्होंने उपलब्ध नाट्य साहित्य में से नाम गिनाये और यदि वहाँ कोई उदाहरण नहीं मिला तो उन्होंने स्वयं उन रूपकों या उप-रूपकों की रचना करके पुष्ट किया। नाटक, प्रहसन, नाटिका जैसे चिर-परिचित रूपक तो उनके यहाँ मिलते ही हैं, यहाँ तक कि सट्टक जैसे उप-रूपक की रचना भी की।

भारतेन्दु ने अपने नाट्यलेखन से एक नयी दिशा की ओर संकेत किया और वह यह कि न तो पूरी तरह से शास्त्रीय और न ही लोक नाटक को आत्मसात् किया और इन दोनों के संयोग से अपनी एक नयी नाट्य-शैली का निर्माण किया। सही है कि उनके नाटकों में भी नान्दीपाठ है, भरत वाक्य है, गीत है, संगीत है लेकिन ये उन अर्थों में नहीं जो शास्त्रीय और लोक नाटकों में दिखायी पड़ते हैं। सबसे बड़ा अन्तर तो यही दिखायी पड़ता है कि गद्य अर्थात संवाद बेशक खड़ी बोली हिन्दी में हैं लेकिन जितना भी गीत अथवा काव्य का अंश है, उसे ब्रज भाषा में रखा गया है। कहीं-कहीं तो उनमें भी अनेक बोलियों और

भाषाओं का प्रयोग दिखायी देता है। उदाहरण के लिए *अन्धेर नगरी* नाटक का बाज़ार दृश्य। मात्र भाषा के स्तर पर ही नहीं, अभिनय की दृष्टि से भी उनमें कोई रूढ़ शैलीबद्धता दिखायी नहीं देती। उनके परवर्ती नाटककार जयशंकर प्रसाद ने उनके नाट्यलेखन के विषय में कितनी सटीक टिप्पणी की है कि भारतेन्दु ने पहली बार भारतीय रंगमंच में स्वाभाविकता का आरम्भ किया जो लेखन एवं अभिनय के स्तर पर शास्त्रीय लोक और पारसी रंगमंच से बिल्कुल अलग है। वह स्वयं पारसी रंगमंच के अतिरेकी एवं बनावटी रंगमंच के विरुद्ध थे और उन्होंने भरसक अपने नाटकों में उससे बचने की कोशिश की, यद्यपि मंचन में रंगे हुए परदों की उपस्थिति अथवा सत्य हरिश्चन्द्र जैसे नाटक में पारसी नाटकों की सी संवाद-अदायगी उनके यहाँ मिलती है लेकिन इसके बावजूद भारतेन्दु अपने नाटकों में एक आधुनिक दृष्टि के साथ आते हैं। बेशक वे अथवा उनका परिवार देश के पहले स्वतन्त्रता संग्राम का कभी हिस्सा नहीं रहा लेकिन अपने नाटकों के माध्यम से उन्होंने सदैव उस नयी अंग्रेज़ी व्यवस्था का विरोध ही किया। अन्धेर नगरी, *भारत दुर्दशा* जैसे नाटक इस बात के जीते-जागते प्रमाण हैं। वह भारत की शास्त्रीय नाट्य-परम्परा के गहन पारखी थे। विशाखदत्त के *मुद्राराक्षस* जैसे जटिल नाटक का जैसा अनुवाद भारतेन्दु ने किया, वह आज भी संस्कृत नाटकों के अनुवाद का सबसे अच्छा उदाहरण है। वह पश्चिमी नाट्य-परम्परा के इतिहास और नाटकों से भी भली-भाँति परिचित थे। शेक्सपियर के बहुचर्चित नाटक *मर्चेंट ऑफ़ वेनिस* का उनके द्वारा किया गया भारतीय रूपान्तर *दुर्लभ बन्धु* इस तथ्य का साक्षी है।

संक्षेप में, भारतेन्दु ने नाट्य रचना, नाट्य मंचन और नाट्यालोचना को लेकर अपने समय में जितना भी काम किया, उसके प्रभाव से उनके समकालीन और परवर्ती नाटककार और रंगकर्मी भी बचे नहीं रह सके। उनका प्रभाव इतना गहरा था कि उनके युग को भारतेन्दु युग के नाम से जाना जाता है। शास्त्र और लोक से अलग अपनी एक शैली विकसित करने का सारा श्रेय भारतेन्दु को जाता है जिन्होंने अपने परवर्ती दो नाटककारों के लिए एक आधार भूमि तैयार कर दी। वे नाटककार हैं हिन्दी के जयशंकर प्रसाद और बांग्ला भाषा के रवीन्द्रनाथ टैगोर। टैगोर का जन्म भारतेन्दु के जन्म के ग्यारह वर्ष बाद हो गया था लेकिन उनका रंगकर्म उन्नीसवीं शताब्दी के अन्तिम दशकों के भीतर फैला हुआ है। जहाँ तक जयशंकर प्रसाद का प्रश्न है, उनका जन्म भारतेन्दु के जाने के बाद होता है और उनका रचनाकर्म बीसवीं शती के लगभग चार दशकों के भीतर विस्तार लिए हुए है। दोनों दो अलग-अलग भाषाओं में रचना कर रहे थे लेकिन कुछ बातों में दोनों

में अद्‌भुत समानताएँ दिखायी देती हैं। दोनों रचनाकार भारतीय और पाश्चात्य सभ्यता, संस्कृति, दर्शन और साहित्य के गहरे जानकार थे। दोनों ने साहित्य की लगभग सभी विधाओं में रचना की। दोनों पहले कवि और फिर नाटककार के रूप में प्रतिष्ठित हुए। दोनों के नाटकों को लेकर प्राध्यापकों, रंगकर्मियों और आलोचकों में लम्बे समय तक यह धारणा बनी रही कि ये नाटक अनभिनेय हैं और इसका केवल पाठ्य नाटक के रूप में अध्ययन किया जा सकता है। जब बाद में बांग्ला में शम्भू मित्र और हिन्दी में ब. व. कारन्त ने क्रमशः टैगोर और प्रसाद के नाटकों का मंचन किया तो उनके नाटकों की अनभिनेयता को लेकर, पहले से चली आ रही सभी कट्टर धारणाएँ एकदम से खण्डित हो गयीं। यह देखना काफ़ी रोचक होगा कि ये दोनों नाटककार हमारे सामने कौन-सी नयी चुनौतियाँ लेकर आते हैं। इस क्रम में पहले टैगोर पर एक संवाद किया जाये।

टैगोर के चार नाटकों की बार-बार चर्चा की जाती है—*डाकघर, राजा, मुक्तधारा* और *रक्तकरबी (लाल कनेर)*। चारों में कोई उस तरह की कथा या कथानक नहीं है जैसा हम अमूमन नाटकों में देखने के आदी हैं। यहाँ भी बीच-बीच में गीत आते हैं। नाटकों के संवाद दिन-प्रतिदिन के व्यवहार में आने वाले संवाद न होकर अमूर्त और दुरूह हैं और दार्शनिक जान पड़ते हैं। नाटकों में कार्य-व्यापार के नाम पर बहुत कम घटित होता है और न ही उनका कोई निश्चित अन्त दिखाया गया है। टैगोर के नाटकों को लेकर उपर्युक्त सभी धारणाएँ वस्तुतः हमारे नाटकों को देखने के उस अभ्यास या अपेक्षा से जुड़ी हुई हैं जो हमें लोक नाटकों अथवा पारसी नाटकों के अनुभव ने दिया है। हम मात्र मनोरंजन को ही अन्ततोगत्वा सब कुछ मानकर बैठ जाते हैं जबकि आधुनिकता के इस लक्षण की ओर पहले भी संकेत किया जा चुका है कि कला का वास्तविक उद्देश्य मनोरंजन के भीतर से विचार की ओर बढ़ना है। यदि टैगोर अपनी कविताओं, गीतों, कहानियों और उपन्यासों में बहुत ही सहज एवं सरल भाषा एवं अभिव्यक्ति से कितना कुछ संकेतित कर देते हैं तो उनके इस दूसरे आयाम से इतना परहेज़ क्यों? क्या स्वयं हमारे भीतर भी ये दोनों संसार एक साथ संक्रमण नहीं करते रहते? यदि इस दृष्टि से टैगोर के नाटकों का पाठ किया गया होता तो निश्चित रूप से बहुत पहले उनके नाटकों का मंचन हो गया होता। वह इसलिए बड़े नाटककार हैं क्योंकि उनके नाटक किसी बने-बनाये साँचे में फिट नहीं बैठते। गीत-संगीत होते हुए भी वे गीति नाटक नहीं हैं और संवाद की उपस्थिति उन्हें यथार्थवादी नहीं बना देती। यही उनकी रचनात्मक विशेषता है जो अपरोक्ष रूप से उन्हें भारतेन्दु से विरासत में मिली।

शम्भू मित्र द्वारा छठे दशक में किये जाने के बाद भी पिछले साठ बरस में अलग-अलग निर्देशक उनके नाटकों की ओर लौटते रहे हैं और वह भी अलग-अलग भाषाओं में—कभी मणिपुरी भाषा में *डाकघर* होता है तो पंजाबी में *मुक्तधारा*। दोहराने की ज़रूरत नहीं कि बांग्ला और हिन्दी भाषा में कितनी बार हो चुके हैं, इसका ठीक से हिसाब रखना भी मुश्किल होगा।

अब चाहें तो टैगोर के समकालीन जयशंकर प्रसाद के विषय में मनन किया जा सकता है। प्रसाद जितने बड़े कवि हैं, उतने ही बड़े नाटककार भी हैं लेकिन अपने समय में नाटकों को लेकर उनकी उसी तरह की अवहेलना की गयी, जैसी कभी टैगोर के नाटकों की हुई थी। जिस समय ये दोनों रचनाकार सक्रिय थे, वह समय अंग्रेज़ी शासन से मुक्त होने के लिए किये जाने वाले संघर्ष का भी दौर था। टैगोर का कोई नाटक उस समय की तात्कालिक घटनाओं का प्रत्यक्ष-अप्रत्यक्ष रूप से उल्लेख नहीं करता। वे सभी नाटक अन्ततः मानव मन और जीवन से जुड़े शाश्वत प्रश्नों यथा आत्मा और परमात्मा, प्रकाश और अन्धकार, सुन्दर और असुन्दर की खोजबीन में लगे रहते हैं। मात्र *मुक्तधारा* को एक अपवाद के रूप में देखा जा सकता है जहाँ नाटककार तेज़ी से छाते जा रहे औद्योगिकीकरण के बोझ तले दबती जा रही मानव जीवन की मुक्त गति की ओर संकेत करता है।

लेकिन जयशंकर प्रसाद के यहाँ स्थिति ठीक इसके उलट है। जब सारा देश धीरे-धीरे अंग्रेज़ी शासन से मुक्त होने की लड़ाई में भाग ले रहा था तो ऐसे साहित्य और नाटकों की आवश्यकता थी जो उन्हें अपने स्वर्णिम अतीत की याद दिलाएँ और वर्तमान सत्ता से लड़ने के लिए उत्साह से भर दें। इसलिए वह अपने नाटकों के कथानक के लिए अतीत में गये और *चन्द्रगुप्त, स्कन्दगुप्त, अजातशत्रु, ध्रुवस्वामिनी* जैसे नाटकों के माध्यम से उन्होंने उस भारतीय अस्मिता को महिमामण्डित किया जो विदेशी शासन का उलटकर मुक़ाबला कर सकती थी। यह दुर्भाग्य रहा कि उनके अपने समय में इन नाटकों के उतने मंचन नहीं हो सके कि उनकी महत्ता को प्रतिष्ठा मिलती। जितने मंचन हुए भी, वे प्रसाद के नाटकों के लिए उपयुक्त अभिनय शैली और प्रस्तुति शैली की खोज नहीं कर सके। ज़्यादातर रंग-निर्देशक और नाट्य-मण्डलियाँ उन्हें यथार्थवादी शैली में प्रस्तुत करती रहीं जिसके लिए वे नाटक बने ही नहीं थे। भारतेन्दु की तरह ही प्रसाद का भी अपनी शास्त्रीय, लोक और पारसी नाट्य-परम्परा से गहरा परिचय था। उतना ही गहन अध्ययन एवं अन्वेषण उन्होंने पाश्चात्य नाट्य-परम्परा का भी किया। शास्त्रीय एवं लोक नाटकों की तर्ज़ पर यहाँ भी गद्य और पद्य का एक

साथ प्रयोग किया गया है। लेकिन नाटक का शिल्प उन परम्पराओं से बिल्कुल अलग है। *ध्रुवस्वामिनी* को छोड़कर उनके लगभग सभी नाटकों में पाँच-पाँच अंक हैं और एक अंक में कई-कई दृश्य हैं। एक अंक में कई दृश्य हमारे यहाँ पारसी नाटकों में भी आ चुके थे लेकिन पाँच अंकों के शिल्प को विश्व नाट्य-साहित्य में सबसे पहली बार शेक्सपियर ने इस्तेमाल किया था और बाद में फ्रांस के सुप्रसिद्ध नाटककार मोलियर ने। प्रसाद ने निश्चित रूप से इस पद्धति को शेक्सपियर से ग्रहण किया था। जिस तरह की असीम और अपार कार्यभूमि पर प्रसाद के नाटक अवस्थित हैं, उसके लिए सचमुच में पाँच अंकों वाला शिल्प ही कारगर हो सकता था। इस दृष्टि से प्रसाद के नाटकों को यदि महाकाव्यात्मक आयाम से समन्वित माना जाये तो कोई अत्युक्ति नहीं होगी। यह तथ्य कम महत्त्वपूर्ण नहीं कि उनके नाटक अपने समय में खेले गये या नहीं लेकिन बीसवीं शती के पहले पच्चीस वर्ष प्रसाद युग के नाम से ही जाने जाते हैं।

उन्नीसवीं शताब्दी के उत्तरार्द्ध में इब्सन और चेखव जैसे नाटककारों के माध्यम से यथार्थवाद का आगमन हो चुका था, स्वाभाविक था कि उसका प्रभाव हमारे यहाँ भी पड़ता। हिन्दी में लक्ष्मी नारायण मिश्र, उपेन्द्रनाथ अश्क, कन्नड़ में कैलासम और जी.बी. जोशी आदि नाटककारों ने इस दिशा में पहल अवश्य की लेकिन उस समय के देश के राजनैतिक माहौल में उनकी तरफ़ ध्यान कम गया और वे पढ़े जाने वाले नाटक ही होकर रह गये। इसका एकमात्र कारण यही है कि इन नाटककारों ने किसी अन्तःप्रेरणा के फलस्वरूप नहीं, वरन मात्र प्रसाद जैसे बड़े नाटककार के विरोध में इस तरह के नाटक लिखने आरम्भ किये। विशेष रूप से लक्ष्मी नारायण मिश्र ने स्वीकार किया है कि वे प्रसाद के गीत, संगीत, नृत्य से युक्त ऐतिहासिक नाटकों के विरुद्ध हैं।

यों भी भारत में यथार्थवाद का आगमन मुख्य रूप से प्रगतिशील विचारधारा के प्रभाव में हुआ। उन्नीसवीं शती में मार्क्स की *दास कैपिटल* का प्रकाशन और एक नयी राजनीतिक विचारधारा से परिचय होना विश्व में कई देशों में शासन व्यवस्था के परिवर्तन का कारण बना। विशेष रूप से 1917 में रूसी क्रान्ति, जिसके तहत वहाँ ज़ार के शासन का अन्त हो गया और उसकी जगह समाज के निचले वर्ग से आये हुए लोगों ने ली। इससे पहले कला में प्रकृति, आम आदमी की उपस्थिति को लेकर काफ़ी कुछ कहा और लिखा जा चुका था। इसी के साथ देश में चल रही आज़ादी की लड़ाई ने भी यथार्थवाद के लिए एक पुख़्ता ज़मीन तैयार की क्योंकि यहाँ भी सबसे ज़्यादा हिस्सेदारी उसी आम आदमी की थी। बेशक इसके पीछे देशप्रेम और देशभक्ति का जज़्बा

भी काम कर रहा था लेकिन उस जज़्बे को सबसे ज़्यादा आम आदमी की उपस्थिति ने ही बल दिया।

भारतीय रंगमंच के इतिहास में 'इप्टा' का निर्माण एक ऐसी अद्‌भुत एवं महत्त्वपूर्ण घटना है जिसके बिना आज़ादी से पहले का इतिहास पूरा नहीं होगा। सन् 1942 में महात्मा गाँधी ने अन्तिम रूप से अंग्रेज़ी सत्ता के लिए 'Quit India' अर्थात अंग्रेज़ो भारत छोड़ो का नारा दे दिया। परिणाम यह हुआ कि पूरा देश एक साथ उस लड़ाई में कूद पड़ा। ऐसे में हमारे यहाँ के साहित्यकारों, चित्रकारों, नृत्यकारों, रंगकर्मियों और दूसरे कलाकारों के सामने एक प्रश्न उठ खड़ा हुआ—जब सारा देश आज़ादी की लड़ाई में भाग ले रहा है तो ऐसे में हम कलाकार लोगों को क्या करना चाहिए? क्या हम अपनी-अपनी दुनिया में बने रहकर अपने-अपने माध्यमों में काम करते रहें या हमें भी पूरे देश की इस उमंग और जज़्बे के साथ जुड़ना चाहिए? अन्ततः सभी का सर्वसम्मत निर्णय हुआ कि हमें भी देश के साथ इस लड़ाई में भाग लेना है। परिणामस्वरूप सभी विधाओं और माध्यमों के लोग एक ही नाम के नीचे एक साथ आये और 1943 में इंडियन पीपल्स थिएटर एसोसिएशन अर्थात इप्टा का जन्म हुआ। तय यही हुआ कि सब लोग मिलकर अपने-अपने माध्यम में काम करेंगे और उससे जो भी धन इकट्ठा होगा, उसे आज़ादी की लड़ाई में दे दिया जायेगा। चित्रकार चित्र बनायें, नृत्यकार नृत्य प्रस्तुतियाँ तैयार करें, संगीतकार अपने संगीत के प्रदर्शन आयोजित करें, फ़िल्मकार फ़िल्में बनायें और रंगमंच से जुड़े लोग नाटकों के प्रदर्शनों से ज़्यादा-से-ज़्यादा पैसा एकत्रित करें। चेतन आनन्द द्वारा 1945 में निर्मित *नीचा नगर* फ़िल्म इसी इप्टा आन्दोलन की उपज है जिसे उस साल फ्रांस के कान फ़िल्म महोत्सव में सबसे बड़ा पुरस्कार प्राप्त हुआ था। यदि इटली के फ़िल्मकार विटोरिया दे सिका द्वारा उसी दौरान अपने देश में बनायी गयी फ़िल्म *बाइसिकल थीव्ज़* फ़िल्मों में यथार्थवाद के अंकन की दृष्टि से मील का पत्थर मानी जाती है तो हमारे यहाँ *नीचा नगर* को भी वह दर्जा दिया जा सकता है। बाद में 1950 के बाद बनी सत्यजित राय की *पाथेर पांचाली* इसी यथार्थवाद के चित्रण की अगली कड़ी है।

यदि इप्टा ने फ़िल्म, नृत्य और चित्रकला के माध्यम से आज़ादी की लड़ाई में योगदान दिया और प्रकारान्तर से यथार्थवाद को पुष्ट किया तो रंगमंच भी पीछे नहीं रहा। उन्हीं दिनों 1943 में दुर्भाग्य से बंगाल में भयंकर अकाल पड़ा। वर्षा के न होने से फ़सलें बर्बाद हो गयीं, धरती बंजर हो गयी और लाखों लोग भूख से मर गये। जहाँ इप्टा की गायक और संगीत मण्डलियों ने नये-नये गीत

लिखकर उन्हें गा-गाकर पीड़ित लोगों के लिए ख़ूब सारा धन एकत्रित किया, वहीं रंगकर्मियों ने एक साथ मिलकर बांग्ला भाषा में एक नयी प्रस्तुति तैयार की जिसका नाम था *नवान्न*। इसे बिजन भट्टाचार्य ने लिखा था और निर्देशित किया था शम्भू मित्र ने। वे इसमें अभिनय भी कर रहे थे और उनके साथ तृप्ति मित्र भी थीं, जो बाद में उनकी पत्नी बनीं। अकाल और उसके बाद की सामाजिक, पारिवारिक और भौगोलिक स्थिति का बहुत ही प्रामाणिक और मर्मान्तक चित्रण प्रस्तुत किया गया है इस नाटक में। बाद में इस नाटक का एक हिन्दी संस्करण भी तैयार किया गया और उसके भी प्रदर्शन हुए। *नवान्न* भारतीय रंगमंच की एक महत्त्वपूर्ण प्रस्तुति है जिसने पहली बार यथार्थवादी अभिनय को अपने सही एवं जीवन्त रूप में हमारे सामने साकार किया। उसी दौर में हिन्दी में भुवनेश्वर के नाटक भी हमारे सामने आते हैं जो इसी यथार्थवाद की देन हैं यद्यपि मात्र एकांकी होने के कारण उन दिनों उनका ज़्यादा नोटिस नहीं लिया गया।

1947 में देश आज़ाद हो गया और इप्टा के सभी सदस्य अपनी-अपनी दुनिया में लौट गये। जिस उद्देश्य से वे सब एक साथ जुड़े थे, वह पूरा हो गया था। इस बीच अलग-अलग शहरों-महानगरों में इप्टा की शाखाएँ स्थापित हो चुकी थीं और वे आज भी सक्रिय हैं लेकिन अब उनके काम की दिशा बदल गयी है। ज़रूरी नहीं कि वे अब भी उसी राजनैतिक विचारधारा से जुड़कर रंगकर्म कर रही हों लेकिन इस सत्य से इनकार नहीं किया जा सकता कि 1942 से 1947 तक के मात्र पाँच वर्षों की अवधि में इप्टा ने जितना महत्त्वपूर्ण और विविध रंगों और रूप का काम किया, उसके चलते भारतीय रंगमंच और विशेष रूप से भारतीय आधुनिक रंगमंच में उसका अपना एक निजी एवं विशिष्ट स्थान सदैव सुरक्षित रहेगा।

आज़ादी के पहले की एक और नाट्य-मण्डली की चर्चा भी की जा सकती है और वह है *पृथ्वी थिएटर्स*। इसकी स्थापना 1944 में सुप्रसिद्ध फ़िल्म अभिनेता पृथ्वीराज कपूर ने की थी। पृथ्वीराज कपूर रंगमंचीय पृष्ठभूमि से फ़िल्मों में आये थे और इसी रंगमंच प्रेम के वशीभूत होकर उन्होंने एक व्यावसायिक नाट्य-मण्डली बनाने का सपना देखा और काफ़ी दूर तक उसे साकार भी किया। जिस समय उन्होंने यह मण्डली बनायी, वह फ़िल्मों में एक स्थापित अभिनेता के रूप में कार्य कर रहे थे। जो भी पारिश्रमिक उन्हें फ़िल्मों से मिलता था, उसे वह इस मण्डली के रख-रखाव में लगा देते थे। वह स्वयं अपने नाटक लिखते थे, मुख्य अभिनेता होते थे, उन्हें निर्देशित करते थे अर्थात मण्डली के सर्वेसर्वा थे। यह मण्डली की शक्ति थी तो यही सीमा भी। यह सही है कि पारसी रंगमंच

के बाद फिर से पृथ्वीराज कपूर ने रंगमंच को व्यावसायिक स्तर पर चलाने की कोशिश की थी और वह कोशिश कुछ दिनों तक कामयाब भी रही। लेकिन अतिरंजित अभिनय शैली, भारी-भरकम दृश्य-विधान और अभिनेताओं की बड़ी संख्या—प्रस्तुतियाँ इतनी श्रम-साध्य और अर्थ-साध्य होने लगीं कि उनको लेकर शहर-दर-शहर प्रदर्शन करना घाटे का सौदा साबित हुआ। अन्ततः पृथ्वीराज कपूर को 1960 में इस नाट्य-मण्डली को बन्द करना पड़ा। बाद में आठवें दशक में उनके बेटे फ़िल्म अभिनेता शशि कपूर ने बम्बई में अपने पिता और उनके पृथ्वी थिएटर्स की याद में इसी नाम से एक अन्तरंग प्रेक्षागृह का निर्माण कराया जो आज भी वहाँ की सबसे लोकप्रिय रंगस्थली है। शायद पृथ्वीराज कपूर के पृथ्वी थिएटर्स बन्द होने का एकमात्र कारण यही हो सकता है कि आज़ादी के बाद दर्शकों की जीवन-पद्धति और रुचियों में एकदम से परिवर्तन आया और उन्हें *दीवार, पठान* और *पैसा* जैसे भावुक, अतिरंजित नाटक बनावटी लगने लगे थे। उन्हें चाहिए थे ऐसे नाटक जो उनके अन्तर्मन की परतों को गहराई तक उघाड़ सकें और वह भी बहुत ही सूक्ष्म प्रक्रिया के माध्यम से, जो उन्हें एक विकल्प के रूप में यथार्थवादी नाटक और रंगमंच में मिले।

आज़ादी के बाद से लेकर आज तक आधुनिक भारतीय रंगमंच के तीन मुख्य पड़ाव माने जा सकते हैं जो बीस-बीस बरस के अन्तराल में फैले हुए हैं। इनमें पहले पड़ाव का समय 1950 से 1970 तक, दूसरे पड़ाव का समय 1970 से 1990 तक और तीसरा पड़ाव 1990 से 2010 तक और चाहें तो आज तक भी रखा जा सकता है। एक दूसरा विकल्प यह भी हो सकता है कि हम इक्कीसवीं शताब्दी के दूसरे दशक को एक संक्रमण काल की तरह से देखें जहाँ हर तरह का रंगमंच हो रहा है और भारतीय रंगमंच की भावी तस्वीर क्या होगी, उसके विषय में कोई निश्चित भविष्यवाणी नहीं की जा सकती। चलिए, पहले बारी-बारी से इन तीनों पड़ावों के विषय में चर्चा-परिचर्चा की जाये।

पहला पड़ाव अर्थात 1950 से 1970 के बीच का समय पूरी तरह से यथार्थवादी रंगमंच के दौर के रूप में माना जाता है। भारतीय रंगमंच में यूँ तो इस दौर की शुरुआत तीसरे-चौथे दशक में ही हो चुकी थी लेकिन इसका सबसे सक्रिय दौर 1950 से 1970 के बीच ही दिखायी देता है। इसका मुख्य कारण यही है कि बेशक राजनैतिक रूप से हम स्वतन्त्र हो गये थे लेकिन मानसिक तौर पर अभी भी उसी विदेशी प्रभाव में जकड़े हुए थे और शायद आज तक भी उससे मुक्त नहीं हो सके हैं। उस समय पश्चिम में इसी यथार्थवादी रंगमंच का बोलबाला था। अतः हम लोगों ने उसी का अनुसरण किया।

हमारे यहाँ लक्ष्मी नारायण मिश्र, उपेन्द्रनाथ अश्क और भुवनेश्वर द्वारा इसकी शुरुआत की जा चुकी थी किन्तु अपने सही रूप में यह रंगमंच 1950 के बाद ही अस्तित्व में आया जिसका सारा श्रेय जगदीशचन्द्र माथुर के नाटक *कोणार्क* को जाता है जो पहली बार 1951 में मंचित हुआ। इतिहास अथवा मिथक पर आधारित होते हुए भी एक ऐसा कथ्य जो सीधे-सीधे एक कलाकार के सामने पैदा होने वाले प्रश्न से जूझता है कि वह सत्ता अथवा अपनी कला में से किसका चयन करे। इसके बाद तो मोहन राकेश, सुरेन्द्र वर्मा, लक्ष्मी नारायण लाल यदि हिन्दी में आते हैं तो विजय तेंडुलकर मराठी में, गिरीश करनाड कन्नड़ में और बादल सरकार का नाम बांग्ला में प्रतिनिधि नाटककारों के रूप में लिया जा सकता है। बाद के बरसों में अलग-अलग भाषाओं में भीष्म साहनी, असग़र वजाहत, महेश एलकुंचवार, रामेश्वर प्रेम आदि के नाम लिए जा सकते हैं।

वे कौन से निर्णायक तत्त्व हैं जो इन नाटककारों की रचनाओं को यथार्थवादी लेखन का उदाहरण बनाते हैं? उत्तर स्पष्ट है—पूरी तरह से रोज़मर्रा के व्यवहार में आने वाली भाषा, वही दिन-प्रतिदिन के मानवीय व्यवहार से जुड़ी अभिनय शैली और सीधे उसकी अपनी ज़िन्दगी से जुड़े कथ्य जिनमें कहीं भी ईश्वरीय, पौराणिक अथवा मिथकीय तत्त्वों का कहीं कोई दखल नहीं है। दृश्यबन्ध के नाम पर भी चार दीवारों से घिरा हुआ घर, रेस्तराँ या क्लास रूम। गीत, संगीत, नृत्य और मुद्रा-विधान की कहीं दूर-दूर तक छाया भी नहीं। जो दर्शक इतिहास, पुराण, मिथ, रोमांस से भरपूर नाटकों के अभ्यस्त थे, उन्हें अचानक एक ताज़गी का अहसास हुआ—अरे, ये तो हमारी अपनी ज़िन्दगी है, हमारे अपने सवाल हैं, अपनी शंकाएँ हैं, दुविधाएँ हैं और अपना द्वन्द्व है। यथार्थवादी रंगमंच का यही तो जादू है कि वह दर्शकों के सामने एक बन्द प्रेक्षागृह में सच्चाई का भ्रम पैदा कर देता है और हम उसके प्रभाव से अभिभूत हो जाते हैं। बाद में यथार्थवादी रंगमंच को चाहे कितना भी क्यों न नकारा गया हो, दर्शकों पर पड़ने वाले उसके जादू से आज भी कोई इनकार नहीं कर सकता।

आज़ादी के बीस-बाईस बरस बाद ही हमारे यहाँ के बड़े-बड़े रंग-चिन्तकों, आलोचकों एवं रंग-अध्येताओं में इस दिशा में चिन्तन-मनन आरम्भ हुआ कि हम अब आज़ाद हो चुके हैं, राजनैतिक स्तर पर हमने विदेशी शासन से मुक्ति पा ली है तो संस्कृति, कला एवं साहित्य के क्षेत्र में हम क्यों अभी तक पश्चिमी प्रभाव से अलग नहीं हो पाये हैं? विशेष रूप से रंगमंच के क्षेत्र में यह प्रश्न बहुत ही मुखर होकर सामने आया। इसका मुख्य कारण यह था कि अभी तक हम उसी पश्चिमी यथार्थवादी रंगमंच का अनुसरण क्यों कर रहे हैं?

क्यों नहीं हमें अपनी शास्त्रीय और लोक-नाट्य-परम्पराओं की ओर लौटना चाहिए और उनके तत्त्वों को लेकर आधुनिक भारतीय नाटक और रंगमंच के साथ एक नये, मौलिक एवं प्रयोगशील रंगमंच की शुरुआत करनी चाहिए। उनका आग्रह था कि शास्त्रीय एवं लोक तत्त्वों को लेने का यह अर्थ कदापि नहीं कि हम फिर से उसी शास्त्रीय एवं लोक-नाट्य-शैलियों में नाटकों की रचना एवं प्रस्तुति करना आरम्भ कर दें। आवश्यकता इस बात की है कि हमारे नाटकों का कथ्य पूरी तरह से आधुनिक ही रहे लेकिन उसके शिल्प एवं संरचना में उन परम्पराओं के तत्त्वों को इस तरह से प्रयोग किया जाये कि वे अलग-थलग न होकर उसी का अभिन्न हिस्सा हो जायें।

केन्द्रीय संगीत नाटक अकादमी ने 1970 में इस विषय पर एक राष्ट्रीय सेमिनार आयोजित किया जिसमें सभी अग्रज नाटककारों, अभिनेताओं, निर्देशकों एवं रंग-चिन्तकों ने भाग लिया। तीन दिन तक सुबह से शाम तक दिन भर अलग-अलग सत्रों में शास्त्रीय एवं लोक तत्त्वों के आधुनिक भारतीय रंगमंच में प्रयोग के अलग-अलग पक्षों पर सभी ने अपने-अपने विचार रखे। अन्ततः निष्कर्ष यह निकला कि पहले चरण के रूप में नाटककारों को इस दिशा में पहल करनी चाहिए कि वे अपने नाटकों के आधुनिक कथ्यों को शास्त्रीय एवं लोक तत्त्वों के माध्यम से कैसे अभिव्यक्त कर सकते हैं? यहाँ इस बात का उल्लेख करना अप्रासंग्कि न होगा कि छठे दशक के आरम्भ में डॉ. धर्मवीर भारती अपने नाटक *अन्धा युग* और हबीब तनवीर *आगरा बाज़ार* में इसका बहुत ही सफल उदाहरण प्रस्तुत कर चुके थे। लेकिन उस यथार्थवादी रंगमंच के दौर में इन नाटकों का इस दृष्टि से नोटिस नहीं लिया जा सका।

आठवें दशक के पहले पाँच वर्षों में एक-के-बाद कई महत्त्वपूर्ण नाटक हमारे सामने आये—विजय तेंडुलकर का *घासीराम कोतवाल*, गिरीश करनाड का *हयवदन*, सर्वेश्वर दयाल सक्सेना का *बकरी*, मणि मधुकर का *रस गन्धर्व*, चन्द्र शेखर कम्बार का *जो कुमार स्वामी* जैसे नाटकों के नाम सहज ही ध्यान में आते हैं। इनमें से प्रत्येक नाटक में अपने-अपने प्रदेश की लोक-नाट्य-शैलियों के तत्त्वों का प्रयोग किया गया है, इसके बावजूद हम इन्हें लोक नाटक नहीं कह सकते। ये सभी नाटक अपने कथ्य में पूरी तरह से आधुनिक एवं समकालीन हैं और उस कथ्य की व्यंजना के लिए गीत, नृत्य और कथागायन का प्रयोग करते हैं। इन सभी नाटकों की अलग-अलग भाषाओं में की गयी प्रस्तुतियों ने भी इस बात को पुष्ट किया कि भारतीय रंगमंच का अपना स्वरूप और आकार यही हो सकता है।

लगभग बीस साल अथवा 70 से 90 के बीच ऐसे नाटकों और प्रस्तुतियों की बाढ़ आ गयी जिसमें इस तरह के प्रयोग किये गये थे। यहाँ तक कि संगीत नाटक अकादमी ने भी 1984 में अपनी एक योजना के तहत ऐसी प्रस्तुतियों को आर्थिक सहायता देना प्रारम्भ किया। इसी के समानान्तर फोर्ड फ़ाउंडेशन ने भी इसी दिशा में काम करने के लिए भारतीय नाटककारों, अभिनेताओं एवं निर्देशकों को खुलकर आर्थिक अनुदान देना आरम्भ किया। नतीजा यह हुआ कि सभी रंगकर्मी इस दौड़ में शामिल हो गये और एक औपचारिकता के तहत ऐसी प्रस्तुतियाँ करने लगे। अन्ततः ये सारा काम 'प्रयोग के लिए प्रयोग' होकर रह गया। यहाँ तक कि बाद में संगीत नाटक अकादमी को अपनी योजना में से लोक-तत्त्वों की अनिवार्यता को हटाना पड़ा। ऐसा नहीं कि इन बीस वर्षों में कोई उल्लेखनीय काम नहीं हुआ। इस दृष्टि से *घासीराम कोतवाल, हयवदन, बकरी, जो कुमार स्वामी, आला अफ़सर* जैसी प्रस्तुतियों को मील का पत्थर कहा जा सकता है। इतना ही नहीं गिरीश करनाड जैसा नाटककार जिसने अपने नाट्यलेखन की शुरुआत यथार्थवादी नाटकों से की थी, *हयवदन* के बाद वह दुबारा यथार्थवाद की ओर नहीं लौटे और अपने सभी नाटकों में अलग-अलग रूप से लोक एवं शास्त्रीय तत्त्वों का प्रयोग किया, चाहे वह *नागमण्डल* हो, *रक्त कल्याण* हो अथवा *अग्नि और बरखा* हो।

पिछली, अर्थात बीसवीं शताब्दी के आठवें दशक में यदि एक ओर शास्त्रीय और लोक नाट्य तत्त्वों के मेल से आधुनिक भारतीय नाटकों की रचना और उनकी उल्लेखनीय प्रस्तुतियाँ हुईं तो दूसरी ओर इनसे बिल्कुल अलग दो अलग-अलग रंग-धाराओं का जन्म और विकास हुआ। ये धाराएँ *तीसरा रंगमंच* और *कहानी का रंगमंच* के नाम से जानी जाती हैं। *तीसरा रंगमंच* के प्रणेता बादल सरकार और *कहानी का रंगमंच* के प्रवर्तक देवेन्द्र राज अंकुर हैं।

बादल सरकार ने अपने नाट्यलेखन की शुरुआत पश्चिमी नाटकों की तर्ज़ पर हल्के-फुल्के हास्य नाटकों से की थी। इस दौर के चर्चित और लोकप्रिय नाटक हैं—*राम श्याम जदु, बड़ी बुआजी* और *वल्लभपुर की रूपकथा*। उनके नाट्यलेखन का दूसरा दौर गम्भीर यथार्थवादी और प्रयोगशील नाटकों से जुड़ा है। इस दौर के उनके नाटक *बाक़ी इतिहास, पगला घोड़ा, एवम् इन्द्रजित* आदि बेहद चर्चित हुए और लगभग सभी भाषाओं में मंचित हुए। लेकिन जिस कारण से बादल सरकार आज अलग से जाने और पहचाने जाते हैं, वह है उनके द्वारा प्रवर्तित *तीसरा रंगमंच* की परिकल्पना।

उन्होंने आठवें दशक के आरम्भ में अपने अब तक के नाट्यलेखन को पूरी तरह से नकार दिया और *जुलूस, भौमा, स्पार्टाकस* जैसे नाटकों के माध्यम से एक नये प्रकार के नाट्यालेख और रंगमंच को लेकर हमारे सामने आये, जिसे उन्होंने *तीसरा रंगमंच* की संज्ञा से अभिहित किया। उनका मानना था कि पहला रंगमंच, अर्थात यथार्थवादी रंगमंच बहुत ही अर्थ-साध्य है और समाज के सामन्ती व आभिजात्य लोगों तक सीमित है। दूसरा रंगमंच जिसे हम लोक रंगमंच के नाम से जानते हैं, वह मात्र लोगों का मनोरंजन करता है। उसमें गीत, संगीत और नृत्य जैसे आकर्षक तत्त्व इसीलिए रखे जाते हैं कि दर्शक उनके साथ बह जायें और जीवन की गम्भीर समस्याओं की ओर उनका ध्यान ही न जाये। इन दोनों प्रकार के रंगमंच के विरोध में उन्होंने *तीसरा रंगमंच* की अवधारणा को प्रस्तुत किया—सबसे पहले उन्होंने रंगमंच के सबसे महत्त्वपूर्ण कारक अभिनेता को केन्द्र में रखकर अपने नये आलेख लिखे। उन आलेखों की प्रस्तुति में उन्होंने रंगमंच के शेष सभी तत्त्वों का लगभग बहिष्कार कर दिया—वह प्रोसीनियम रंगमंच की सीमा से बाहर आ गये। अपने प्रदर्शनों में टिकट लगाना छोड़ दिया। उनके अनुसार टिकट की कल्पना पूँजीवादी समाज की देन है जहाँ कला को भी एक वस्तु के रूप में देखा जाता है। कभी वह किसी पार्क, या किसी बड़े हॉल में चारों तरफ़ दर्शकों को बिठाकर अपने प्रदर्शन करते थे। प्रदर्शन के बाद यदि दर्शकों को लगे तो वह बाहर रखे डिब्बे में अपनी ओर से आर्थिक सहयोग कर सकते थे। इतना ही नहीं, उन्होंने रंगमंच के दूसरे पारम्परिक तत्त्वों यथा दृश्यसज्जा, प्रकाश-सज्जा और वेशभूषा जैसे तत्त्वों को भी छोड़ दिया। उनके पुरुष पात्र काली पैंट या जीन्स और उसके ऊपर या तो कोई टी-शर्ट अथवा नंगे बदन ही रहते थे। स्त्री पात्र भी कुर्ता और जीन्स में मंच पर आती थीं। उनके अनुसार अभिनेता की देहभाषा और वाचिक के अतिरिक्त मंच पर अन्य किसी बाह्य उपकरण की कोई आवश्यकता नहीं है। आठवें और नवें दशक में *तीसरा रंगमंच* पूरे भारत में बहुत लोकप्रिय हुआ।

बादल सरकार ने स्वयं अलग-अलग क़स्बों, नगरों और महानगरों के रंगकर्मियों के साथ कार्यशालाएँ कीं। विशेष रूप से युवा रंगकर्मियों में *तीसरा रंगमंच* की धूम मच गयी। यह अवश्य है कि बादल सरकार को *तीसरा रंगमंच* की प्रेरणा पोलैंड के सुप्रसिद्ध निर्देशक ग्रोतोव्स्की द्वारा प्रचलित *द पूअर थिएटर* से मिली थी जिसे उन्होंने सातवें दशक में विश्व रंगमंच के सामने रखा था। उनका भी यही मानना था कि पूअर थिएटर आर्थिक अभाव की दृष्टि से नहीं बल्कि रंगमंच के भारी-भरकम, भड़कीले तामझाम से मुक्त मात्र अभिनेता पर

आश्रित है। बादल सरकार को सातवें दशक के अन्त अथवा आठवें दशक के अन्त में पोलैंड जाकर ग्रोतोव्स्की के काम को देखने का अवसर मिला था। ऐसा प्रायः होता है कि एक ही समय में अलग-अलग देशों के रंगकर्मी एक ही दिशा में सोच रहे होते हैं। इसी दौर में हमारे यहाँ के एक दूसरे चित्रकार विजय सोनी को भी पोलैंड प्रवास के दौरान ग्रोतोव्स्की के काम को देखने का मौक़ा मिला और उसने भारत लौटकर *मनोशारीरिक रंगमंच* की अवधारणा के तहत मुक्तिबोध की लम्बी कविता *अँधेरे में* को मात्र अभिनेता की देहभाषा, ध्वनियों और गतियों से बेहद प्रभावशाली ढंग से प्रस्तुत किया। बाद में लखनऊ में शशांक बहुगुणा ने भी अपनी संस्था *लफ़्रीस* के साथ बहुत दिनों तक इस दिशा में काम किया और *तुग़लक* जैसे नाटक के एक अंश को उसी शैली में मंचित किया। बादल सरकार की मृत्यु के पश्चात उनकी संस्था *शताब्दी* और *तीसरा रंगमंच* का काम धीरे-धीरे समाप्त प्रायः हो गया।

आठवें दशक के ठीक बीच में *कहानी का रंगमंच* का जन्म हुआ, जब राष्ट्रीय नाट्य विद्यालय, रेपर्टरी कम्पनी के साथ देवेन्द्र राज अंकुर ने निर्मल वर्मा की तीन कहानियों को *तीन एकान्त* के नाम से प्रस्तुत किया। ऐसा नहीं कि हमारे यहाँ रंगमंच पर पहले कभी कहानियाँ मंचित नहीं की गयी थीं लेकिन वे कहानी के रूप में नहीं वरन नाट्य-रूपान्तर अर्थात एक नयी रचना—नाटक के रूप में मंचित हुई थीं। यह प्रस्तुति कहानी की अपनी मूल फॉर्म को ज्यों का त्यों बरकरार रखते हुए उसकी एक रंगमंचीय प्रस्तुति थी। यहाँ न तो कहानीकार अपनी रचना का पाठ कर रहा था वरन एक कहानीकार की कहानी के शब्दों का अभिनेता द्वारा अभिनय किया जा रहा था। इसीलिए इस प्रयोग को *कहानी का रंगमंच* नाम दिया गया अर्थात यहाँ कहानी केन्द्र में है, अभिनेता केन्द्र में है और रंगमंच के दूसरे तत्त्व कहानी और अभिनेता की शर्तों पर ही हस्तक्षेप करते हैं। जैसा कि स्वाभाविक था कि अभिनेताओं के साथ-साथ दर्शकों को भी एक नये प्रकार का अनुभव हुआ। अभिनेता को इसलिए कि वह एक साथ चरित्र भी है, नैरेटर भी है, दर्शक भी है और टिप्पणीकार भी है। दर्शकों को इसलिए कि एक बना-बनाया नाटक देखने की बजाय वे एक साथ कई विधाओं को देखने के अनुभव से गुज़रते हैं—कभी वे कहानी पढ़ते हैं, कभी सुनते हैं और कभी देखते हैं। यह अनुभव बिना किसी अतिरिक्त ताम-झाम के कहानी, नाटक, फ़िल्म और दूरदर्शन को देखने जैसा है। *कहानी का रंगमंच* आज भी सक्रिय है। अलग-अलग निर्देशक अपनी-अपनी पद्धति से इसे आकार-प्रकार देने में लगे हैं।

आधुनिक भारतीय रंगमंच में नुक्कड़ नाटक जैसी विधा के महत्त्व को भी स्वीकारना होगा। हमारे यहाँ इप्टा के दौर में नुक्कड़ नाटकों का प्रचलन आरम्भ हुआ था। आज़ादी के बाद स्वयं इप्टा की गतिविधियों में ठहराव आ गया और न ही उनमें वह राजनैतिक रुझान रहा। लेकिन पिछले कई दशकों से नुक्कड़ नाटक ने अपनी एक विशिष्ट पहचान स्थापित की है। आठवें दशक में यह काम जन नाट्य मंच ने किया तो अगले दशकों में और भी नाट्य-मण्डलियाँ उभरकर हमारे सामने आयीं। इससे भी ज़्यादा जहाँ नुक्कड़ नाटक सबसे ज़्यादा सक्रिय दिखायी देता है, वह हैं हमारे यहाँ के विश्वविद्यालय और उनके महाविद्यालयों में कार्यरत छात्रों की नाट्य-मण्डलियाँ। हमें पिछले दो दशकों से राष्ट्रीय नाट्य विद्यालय द्वारा हर वर्ष आयोजित भारत रंग महोत्सव में दिल्ली और बाहर के विश्वविद्यालयों से आमन्त्रित नुक्कड़ नाटकों को देखने का भरपूर अवसर मिला है। आज हमारे छात्र मात्र राजनैतिक विचारधारा के दबाव में ही नुक्कड़ नाटक नहीं कर रहे हैं, वरन समाज की दूसरी ज्वलन्त समस्याओं को लेकर भी सामने आ रहे हैं। विशेषरूप से उनके अपने क्षेत्र से जुड़ी समस्याएँ, स्थितियाँ और प्रश्न चाहे वे बलात्कार, बाल-यौन शोषण, शिक्षा से जुड़े हों, चाहे परिवार के आपसी रिश्तों और अपनी स्वयं की सोच से जुड़े हों, उनमें कथ्य और प्रस्तुति को लेकर सचमुच एक नयी दृष्टि से साक्षात्कार होता है। वे सपाट नारेबाज़ी और भीड़ के शोर-शराबे से अलग बहुत ही तीखे, गहरे और मार्मिक रूप में अपनी बात को सामने रखते हैं। कुछ बरस पहले पूरे देश में और विशेषरूप से दिल्ली में निर्भयाकाण्ड को लेकर बहुत ही सशक्त और जीवन्त नुक्कड़ नाटक हमारे सामने आये थे। उनका इतना असर भी हुआ था कि उन्होंने सत्ता को विवश कर दिया कि बलात्कार जैसी घटनाओं को लेकर सख़्त क़ानून बनाये जायें और अदालती कार्यवाही में तेज़ी लायी जाये।

यह सही है कि भारतीय आधुनिक रंगमंच के निर्माण में ऐसे लोगों का सबसे बड़ा योगदान रहा है जिन्होंने रंगमंच का विधिवत प्रशिक्षण भले ही कहीं से न लिया हो लेकिन नाट्य-मण्डली में काम करते-करते रंगमंच से जुड़े सभी पक्षों को स्वयं भी सीखा और अपने साथ काम करने वालों को भी प्रशिक्षित किया। हम पहले भी इस विषय में चर्चा कर चुके हैं कि उन्नीसवीं शती के मध्य में अंग्रेज़ी रंगमंच के विरोध में यदि एक ओर पारसी रंगमंच की शुरुआत हुई, तो दूसरी ओर एमेच्योर रंगमंच का भी आरम्भ हुआ। देखा जाये तो दोनों को करने वाले ऐसे ही लोग थे जिन्होंने पहले से इस विधा में कोई विधिवत प्रशिक्षण नहीं लिया था। अगले सौ साल अर्थात बीसवीं शताब्दी के पूर्वार्द्ध तक भी इस स्थिति में कोई परिवर्तन नहीं आया था।

लेकिन 1950 से लेकर आज तक के रंग इतिहास का अध्ययन किया जाये तो एक नये प्रकार के रंगमंच से हमारा साक्षात्कार होता है। पाँचवें और छठे दशक में यहाँ से कुछ लोग प्रशिक्षण प्राप्त करने के लिए देश से बाहर गये और वहाँ से लौटकर अपने-अपने क्षेत्र में पहले से प्रचलित रंगमंच को उन्होंने प्रभावित किया। बंगाल से सातु सेन, गुजरात से हँसमुख बराड़ी, महाराष्ट्र से इब्राहिम अल्काज़ी और दिल्ली से हबीब तनवीर के नाम लिए जा सकते हैं। जो लोग प्रशिक्षण के लिए कहीं नहीं भी गये, उनमें भी सीखने-सिखाने को लेकर एक नयी सोच पैदा हुई। मेरे विचार में इस सोच के पीछे आज़ादी की लड़ाई, राजनैतिक चेतना, प्रगतिशील लेखक संघ और बाद में इप्टा के गठन ने बहुमूल्य योगदान दिया।

1950 से साठ के बीच नाट्य प्रशिक्षण को लेकर कम-से-कम तीन मण्डलियों की चर्चा की जानी चाहिए। सबसे पहली मण्डली है मुम्बई की थिएटर यूनिट जिसे इब्राहिम अल्काज़ी ने रॉयल अकादमी ऑफ़ ड्रामाटिक आर्ट, लन्दन में प्रशिक्षित होकर लौटने के बाद छठे दशक की शुरुआत में स्थापित किया। 1959 में जब राष्ट्रीय नाट्य विद्यालय की स्थापना हुई तो उन्हें निदेशक के रूप में आमन्त्रित किया गया लेकिन उन्होंने मना कर दिया। बंगाल से सातु सेन ने स्कूल के पहले निदेशक के रूप में कार्यभार ग्रहण किया, लेकिन अपनी अस्वस्थता के चलते वह लौट गये। उन दिनों यह कोर्स दो साल का होता था। इसमें कोई विशेषज्ञता का प्रावधान नहीं था। प्रशिक्षण के दौरान जो भी नाट्य प्रस्तुतियाँ तैयार होती थीं, वे बाहर के दर्शकों के लिए नहीं होती थीं।

विद्यालय के निदेशक का पद फिर रिक्त हो गया। अन्ततः 1962 में इब्राहिम अल्काज़ी ने यहाँ का निदेशक बनना स्वीकार कर लिया। उन्होंने आते ही कई परिवर्तन किये—दो साल के कोर्स को तीन साल का कर दिया गया। अभिनय, निर्देशन और मंच तकनीक—ये तीन विशेषज्ञता के क्षेत्र तय किये गये। छात्रों के साथ जो भी प्रस्तुतियाँ प्रशिक्षण के तहत तैयार की जायेंगी, उनका सार्वजनिक प्रदर्शन किया जायेगा। पहली प्रस्तुति के रूप में *आषाढ़ का एक दिन* और दूसरी प्रस्तुति *अन्धा युग* मंचित की गयी।

उसके बाद देश के बहुत-से विश्वविद्यालयों में नाटक और रंगमंच विभाग खुले। इनमें कहीं दो वर्ष का एम.ए. का पाठ्यक्रम और कहीं पहले तीन वर्ष बी.ए. और दो वर्ष एम.ए. एक साथ मौजूद हैं। अब तो बी.ए. का कोर्स चार साल का हो गया है। राष्ट्रीय नाट्य विद्यालय और विश्वविद्यालयों से अलग कुछ राज्यों ने अपने स्तर पर नाट्य विद्यालय शुरू किये। इनमें 1975 में उत्तर प्रदेश सरकार द्वारा भारतेन्दु नाट्य अकादमी, 2011 में मध्य प्रदेश सरकार द्वारा

मध्य प्रदेश नाट्य विद्यालय शुरू किया गया। पिछले कुछ वर्षों में राष्ट्रीय नाट्य विद्यालय ने सिक्किम, त्रिपुरा, बैंगलोर और वाराणसी में एक वर्षीय प्रशिक्षण पाठ्यक्रम शुरू किये। कर्नाटक के हेगोड्डू गाँव में स्थित नीनासम में भी एक वर्षीय पाठ्यक्रम का प्रावधान है। इसके अतिरिक्त प्राइवेट स्तर पर तो न जाने कितने संस्थान कार्यरत हैं। ये सब मिलकर यही प्रमाणित करते हैं कि दूसरी विधाओं और कलाओं की तरह नाट्यकला में भी गहन प्रशिक्षण की दरकार है।

अब हम एक ऐसी संस्था के बारे में बात करते हैं, जिसके सदस्यों ने किसी आधिकारिक संस्थान से प्रशिक्षण प्राप्त नहीं किया लेकिन अपने ही प्रयत्नों से स्वयं को प्रशिक्षित किया। 1958 में इलाहाबाद (अब प्रयागराज) में नाट्य केन्द्र नाम की एक संस्था का गठन हुआ। उसमें डॉ. सत्यव्रत सिन्हा, लक्ष्मी नारायण लाल, दया प्रकाश सिन्हा कई लोग नाटक मंचित करने के उद्देश्य से आकर जुड़े। मुश्किल यह थी कि किसी के भी पास नाट्य विधा का कोई विधिवत प्रशिक्षण नहीं था। आपस में विचार-विमर्श के बाद उन्होंने स्वयं को प्रशिक्षित करने का एक नया रास्ता अपनाया। तय यह हुआ कि हर महीने एक सदस्य को रंगमंच से जुड़े किसी एक विषय पर पूरे अध्ययन, शोध एवं मनन के बाद अपना आलेख प्रस्तुत करना होगा। इस तरह से धीरे-धीरे मण्डली के सभी सदस्य रंगमंच के विभिन्न पहलुओं में प्रशिक्षित होते चले गये। बाद में नाट्य केन्द्र से अलग होकर डॉ. सत्यव्रत सिन्हा ने *प्रयाग रंगमंच* के नाम से एक नाट्य-मण्डली का गठन किया और उसमें कुछ लोग नाट्य केन्द्र से आ जुड़े और कुछ नये लोग भी थे। इस प्रकार स्वयं से प्रशिक्षित होने का यह एक नया रास्ता खोज लिया गया और उसके माध्यम से प्रशिक्षण प्राप्त करके हिन्दी रंगमंच को बहुत ही अच्छी-अच्छी प्रस्तुतियाँ दीं, जिनमें विशेष रूप से *अन्धेर नगरी* और *वेटिंग फॉर गोदो* का नाम लिया जा सकता है।

इस क्रम में तीसरी नाट्य-मण्डली है—*बहुरूपी* जिसके संस्थापक थे शम्भू मित्र। शम्भू मित्र कॉलेज में पढ़ाते थे। आज़ादी की लड़ाई के दिनों में वह इप्टा के साथ जुड़े। जब 1943 में बंगाल में भयानक अकाल पड़ा तो बिजन भट्टाचार्य ने उस स्थिति को केन्द्र में रखकर एक नाटक लिखा—*नवान्न*। शम्भू मित्र ने उसका निर्देशन करने के साथ-साथ उसमें मुख्य भूमिका भी की। पहले यह नाटक बांग्ला भाषा में खेला गया फिर इसके हिन्दी अनुवाद के भी प्रदर्शन हुए। इस नाटक और इसकी प्रस्तुति को भारतीय आधुनिक रंगमंच की पहली यथार्थवादी प्रस्तुति माना जाता है।

आज़ादी के बाद जब इप्टा बिखर गयी तो शम्भू मित्र ने छठे दशक के मध्य में कोलकाता में *बहुरूपी* नाम की नाट्य-मण्डली बनायी। उसमें उनकी पत्नी तृप्ति मित्र के अलावा और भी बहुत से साहित्य और कलाओं से जुड़े लोग थे। शम्भू मित्र सभी नाटकों का निर्देशन करने के साथ-साथ मुख्य भूमिकाओं में भी होते थे। बहुरूपी का भारतीय रंगमंच में इस मायने में बड़ा योगदान है कि उसने एक साथ तापस सेन जैसे प्रकाश-अभिकल्पक, ख़ालिद चौधरी जैसे दृश्यसज्जाकार और कुमार राय जैसे अभिनेता व निर्देशक पैदा किये। आज कोलकाता में जितनी भी मुख्य नाट्य-मण्डलियाँ हैं, उनके सदस्य मूल रूप से बहुरूपी से ही जुड़े हुए थे। इस प्रकार बहुरूपी नाट्य प्रशिक्षण का एक तीसरा विकल्प प्रस्तुत करती है, जिसमें पहले एक व्यक्ति स्वयं अपने आपको तैयार करता है और फिर अपने साथ काम करने वाले दूसरे लोगों को प्रशिक्षित करता है।

इस प्रकार हम देखते हैं कि पिछले सत्तर-अस्सी वर्ष में एक ऐसे रंगमंच का विकास हुआ है जिसके पीछे प्रशिक्षण से प्राप्त रंगदृष्टि काम कर रही है। प्रशिक्षण से प्राप्त इस सोच ने मंच पर की जाने वाली हर क्रिया, हर गति, हर उपकरण, हर दृश्यसज्जा, प्रकाश एवं अन्य तकनीकी चीज़ों के साथ-साथ नाटक के कथ्य की क्या व्याख्या होनी चाहिए इस पर प्रश्नचिह्न लगाने की शुरुआत की है। यदि हम अपने यहाँ के और चाहें तो विश्व रंगमंच के इतिहास को भी उठाकर देखें तो हम पायेंगे कि मंच प्रस्तुति मात्र एक अभिनेता को केन्द्र में रखकर तैयार की जाती थी, जो मुख्य भूमिका में होता था। लेकिन आज जो रंगमंच हमारे सामने है, उसमें सामूहिक भागीदारी की प्रक्रिया पर बल दिया जाता है। यों भी रंगमंच अपनी मूल प्रकृति में ही एक सामूहिक कला है, अतः यदि आज उसमें सही रूप में एक समूह की बराबर की हिस्सेदारी दिखायी पड़ती है तो निश्चित रूप से यह एक शुभ लक्षण है।

भारतीय आधुनिक रंगमंच में बीसवीं सदी का अन्तिम दशक फिर एक नयी तरह की आहट लेकर आता है। नयी-नयी यान्त्रिक एवं औद्योगिक चीज़ें हमारी दिन-प्रतिदिन की ज़िन्दगी का ज़रूरी हिस्सा बनने लगती हैं। टेलीविज़न, फ़िल्म, कम्प्यूटर, वीडियो, मोबाइल—एक के बाद एक हमारे जीवन में प्रवेश करते हैं और हमारे रहन-सहन का एक अविभाज्य अंग बन जाते हैं। पहले रंगीन टेलीविज़न, 1984 में भारतीय दूरदर्शन का पहला धारावाहिक, वीडियो और वी.सी.आर., सी.डी., पैन ड्राइव—कहने का अर्थ यह कि जीवन का कोई भी हिस्सा ऐसा नहीं जहाँ इन सारी चीज़ों का दखल न हो। इसी के समानान्तर चित्रकला में इंस्टालेशन का आगमन अर्थात रंग, कैनवास के साथ-साथ ठोस,

त्रिआयामी चीज़ों का मेल—इन सारे बदलावों ने रंगमंच को भी गहरे में प्रभावित किया। हर भाषा में युवा निर्देशक फ़िल्म, वीडियो, टेलीविज़न, कैमरा, कम्प्यूटर आदि तत्त्वों को मंच पर लेकर आये। एक तरफ़ जीवन्त अभिनेता और वह एक साथ इन तकनीकी चीज़ों से घिरा हुआ। शुरू में इन सब नयी चीज़ों ने दर्शकों को अवश्य प्रभावित किया—लोकरंग के नृत्य, गीत, संगीत से अलग सचमुच में एक आधुनिक रंग से साक्षात्कार था लेकिन धीरे-धीरे इस रंग को लेकर भी प्रश्न उठाये जाने लगे। दर्शकों और आलोचकों का कहना है कि रंगमंच एक जीवन्त अभिनेता का माध्यम है, यदि वह इन सभी तकनीकी तत्त्वों के नीचे दब रहा है तो उसके वहाँ होने की कोई सार्थकता नहीं रह जाती। इसके विपरीत जो रचनाशील निर्देशक इन तत्त्वों को अपनी प्रस्तुतियों में प्रयोग में लाते हैं उनका तर्क यह है कि जब ये सभी वस्तुएँ हमारी रोज़मर्रा की ज़िन्दगी का ज़रूरी हिस्सा हैं तो उन्हें हमारी कला, रंगमंच और साहित्य का भी हिस्सा बनना चाहिए। उनका तो यहाँ तक मानना है कि वे अभिनेता को एक स्वतन्त्र इकाई के रूप में नहीं लेते। उनके लिए अभिनेता भी उसी तरह का एक रंग-तत्त्व या युक्ति है जैसे कि मंच पर लगा स्क्रीन, वीडियो, टेलीविज़न में दिखायी देती छवियाँ आदि। उनके लिए पहले से लिखे हुए नाटक का भी कोई अर्थ नहीं रह गया है। शायद वहाँ कोई नाट्यालेख होता ही नहीं। वे अपनी प्रस्तुति को *डिवाइज़्ड प्ले* अथवा *नाटकहीन नाटक* कहना ज़्यादा सही समझते हैं।

इस प्रकार आज़ादी के बाद 1950 से 2010 तक के साठ बरस भारतीय आधुनिक रंगमंच के तीन अलग-अलग रंग और रूप लेकर आते हैं। इसका अर्थ यह नहीं है कि भारतीय रंगमंच ने अपना कोई निश्चित स्वरूप और आकार प्राप्त कर लिया है। सच्चाई यह है कि स्थिति ठीक इसके विपरीत है। आज भी भारतीय रंगमंच एक संक्रमण-काल से गुज़र रहा है। यह प्रश्न या जिज्ञासा बार-बार उठाई जाती है कि इक्कीसवीं शताब्दी में भारतीय रंगमंच का भावी स्वरूप क्या होगा? इस विषय में कई विकल्प दिये जा सकते हैं—पहला विकल्प तो यही है कि रंगमंच को पूरी तरह से शब्दाश्रित होना होगा जैसे कि वह अपनी यात्रा के आरम्भिक चरण में शास्त्रीय पड़ाव से गुज़र रहा था। पूर्व और पश्चिम—कहीं की भी शास्त्रीय नाट्य-परम्परा में यह दिशा देखी जा सकती है। दूसरा विकल्प यह हो सकता है कि रंगमंच शब्दों से पूरी तरह मुक्त हो जाये और नृत्य, मुद्रा, मूकाभिनय एवं गतिविधान के माध्यम से स्वयं को उद्घाटित करे। अन्तिम विकल्प कुछ ऐसा होगा कि शब्दों के साथ-साथ गीत, संगीत, नृत्य को प्रयोग में लाया जाये। यदि इन तीनों विकल्पों से भी बात नहीं बनती तो उसे

खुला छोड़ दिया जाये और वह सभी से कुछ-कुछ लेकर अपना एक नया रूप एवं आकार स्वयं गढ़ सकता है।

पिछले डेढ़ सौ वर्षों में भारतीय आधुनिक रंगमंच ने एक लम्बी और विविधतापूर्ण यात्रा पूरी की है। उसने फ़िल्म और टेलीविज़न जैसे माध्यमों का डटकर सामना किया है। बीच-बीच में ऐसा समय अवश्य आया है जब दर्शक का फ़िल्म और टेलीविज़न के आकर्षण में प्रेक्षागृह की ओर आवागमन कम अथवा समाप्त प्राय हो गया था लेकिन यह जीवन्त अभिनेता की उपस्थिति और रंगमंच जैसे माध्यम का जादू ही था कि दर्शक पुनः ज़ोर-शोर से प्रेक्षागृह की ओर लौटने लगा है। इसीलिए रंगमंच जैसे माध्यम की तुलना मिथकों में उल्लेखित 'फ्रीनिक्स' नाम के अग्निपक्षी से की गयी है जो आग में जल जाने के बाद भी पुनः जीवित हो उठता है। हमारे यहाँ रंगमंच को दशानन के साथ जोड़कर देखा जाता है। जब भी रावण का एक सिर कटकर भूमि पर गिरता था तो तुरन्त एक नया सिर उस खाली स्थान पर पहुँच जाता था। क्या भारतीय रंगमंच का अपना इतिहास और यात्रा भी बिल्कुल ऐसी ही नहीं रही है? शास्त्रीय परम्परा का अवसान हुआ तो लोक ने अपनी उपस्थिति से आश्वस्त किया। लोक के समानान्तर पारसी रंगमंच ने भी जन्म लिया और अपनी एक विशिष्ट पहचान स्थापित की और अन्ततः भारतीय आधुनिक रंगमंच, जिसके विविध रूप और रंगों से हम परिचित हो चुके हैं।

आज से दो-ढाई हज़ार वर्ष पहले भरत ने दो प्रकार की रंग-शैलियों का उल्लेख किया था—लोकधर्मी एवं नाट्यधर्मी। देखा जाये तो आज तक का सारा भारतीय रंगमंच इन दोनों शैलियों का मिश्रण रहा है—न तो वह पूरी तरह से लोकधर्मी अथवा यथार्थवादी है और न ही नाट्यधर्मी अर्थात शैलीबद्ध है। जिस तरह के *टोटल थिएटर* अथवा सम्पूर्ण रंगमंच की आज भारतीय एवं विश्व रंगमंच में भी बहुत चर्चा है, हमारे विचार में हमारे यहाँ के रंगमंच, में यह आरम्भ से ही उपस्थित रहा है। यहाँ के रंगमंच का जो भी भावी स्वरूप उभरकर आयेगा, उसका मूलाधार *टोटल थिएटर* की भूमि पर ही अवस्थित होगा।

चीनी रंगमंच

चीन में नाटक की शुरुआत के विषय में 1500 बी. सी. से पहले कोई ठोस जानकारी नहीं मिलती। शांग वंशावली के सत्ता में आने के बाद नृत्य, संगीत और उर्वरता, युद्ध में विजय, और बीमारी या तबाही से छुटकारा पाने से सम्बन्धित अनुष्ठानों ने चीनी समाज में बड़ी भूमिका निभानी शुरू की। ऐसे प्रमाण मिलते हैं कि आठवीं शताब्दी ई. तक चीन के कुछ मन्दिरों में, उनके अपने कलाकार थे। 1000 ई. पू. के आसपास दरबारी भोज के समय मनोरंजन-प्रस्तुतियों का ज़िक्र मिलता है। इनमें बौने लोग, मसखरे या दरबारी विदूषक माइम, नृत्य और गीत पेश किया करते थे। 210 तक चीन का बड़ा भाग एक ही शासक के अधीन आ गया था और आक्रमण ाकारियों को रोकने के लिए चीन की दीवार भी बन चुकी थी।

इस काल के बारे में कहा जाता है कि सम्राटों के दरबार में हज़ारों मनोरंजन करने वाले कलाकार होते थे। चीनी कला और साहित्य का पहला बड़ा दौर हान राजवंश (206-221 ई. पू.) का है, जिस दौरान चीनी साम्राज्य आकार में रोमन साम्राज्य के बराबर हो गया था। मनोरंजन की सभी विधाएँ इस काल में ख़ूब फलीं-फूलीं और अनेक कलाएँ *सौ नाटक* के रूप में पहचानी जाने लगीं। इनमें तनी हुई रस्सी पर चलना, खम्भे पर चढ़ना, कलाबाज़ियों के करतब, जादू के खेल, बाज़ीगरी, तलवार या आग को निगलना, संगीत, नृत्य और माइम आदि जैसे प्रदर्शन शामिल थे। दरबार के साथ ही साथ इनमें से अनेक प्रदर्शन मेलों और बाज़ारों में भी किये जाते थे। हान राजवंश ने कलाओं को तेज़ी से प्रोत्साहित किया और 104 ई. पूर्व में मनोरंजनों के आयोजन और संगीत और नृत्य को बढ़ावा देने के लिए *इंपीरियल ऑफ़िस आफ़ म्यूज़िक* की स्थापना की। आज भी उस दौर के अनेक वाद्य चीनी रंगमंच में प्रयोग होते हैं। *छाया नाटक* भी उसी दौर की एक बड़ी विधा है, जिसे ओझा-समाज प्रायः मृत आत्माओं या देवताओं को बुलाने के लिए प्रयोग करते थे। विशुद्ध नाटकीय तत्त्वों वाली ये विधा शीघ्र ही मनोरंजन का एक प्रमुख रूप बन गयी।

वैसे अधिकतर इतिहासकारों का ये मत है कि इस विधा की शुरुआत भारत के हिन्दुओं ने की थी। 400 वर्षों के हान राजवंश के बाद चीन के पुनर्गठन के साथ ही सुई राजवंश (581-618 ई.) की स्थापना हुई। इस दौर में चीन की देशज मनोरंजन-विधाओं में भारत और मध्य एशिया के मनोरंजन-तत्त्वों का भी समावेश हुआ। कहते हैं कि *सौ नाटक* के इस नये रूप से सम्राट यांग दी बेहद प्रभावित हुआ और इसे बढ़ावा देने के लिए उसने एक प्रशिक्षण-विद्यालय की भी स्थापना करवाई। कहा जाता है कि 614 ई. में अपने शासन की समाप्ति से पूर्व उसने एक उत्सव का मंचन करवाया था जिसमें 18 से 30 हज़ार कलाकारों ने भाग लिया था और प्रदर्शन-स्थल लगभग 4 मील के क्षेत्र में फैला हुआ था। इसके बाद तांग राजवंश के लगभग 300 वर्षों (618-906) का शासनकाल विशिष्ट रंगमंचीय विधा के क्षेत्र में विकास और प्रगति का महान काल है। संगीत, नृत्य, संवाद और कलाबाज़ियाँ; ये सभी नाटक या रंगमंच के विशुद्ध अंग बन चुके थे। 714 ई. में सम्राट शुआन जोंग (या सुआन सुंग और कई अवसरों पर मिंग हुआंग) ने गायकों, नर्तकों और अन्य दरबारी मनोरंजनकर्ताओं के प्रशिक्षण के लिए एक विद्यालय की स्थापना की। पूर्व के विद्यालयों से विपरीत इस विद्यालय में पारम्परिक की जगह लोकप्रिय और नवोन्मेषी विधाओं पर ज़ोर दिया जाता था। इसे 'पीयर गार्डन' के नाम से जाना जाता है। 960 से 1269 के तीन सौ वर्षों से अधिक का,

सोंग राजवंश का दौर चीनी सांस्कृतिक परम्परा का एक और महान युग है। इस काल में कलाएँ तो फलीं-फूलीं ही, साथ ही इस समय के वैज्ञानिकों ने चुम्बकीय दिशा सूचक, बारूद और सचल तन्त्र की भी खोज कर ली थी। कहानी-वाचन इस समय में नयी ऊँचाइयाँ छू रहा था। व्यावसायिक कहानी-वाचकों द्वारा चाय की दुकानों में कहानी-वाचन होता था और अनेक कहानियों और उपन्यासों को पुतुल और छाया-नाटकों के लिए रूपान्तरित भी किया गया। ये दोनों उस समय के मनोरंजन की सबसे लोकप्रिय विधाएँ थीं।

इसी समय काव्य में भी नयी खोजें या प्रयोग किये गये, जिन्होंने बाद वाले समय में नाटक पर अपना प्रभाव छोड़ा है। पहले चीनी छन्द में प्रत्येक पंक्ति में लिखे गये अक्षरों की संख्या बराबर होती थी। लेकिन जब इन्हें गाया जाता था तो ये उस समय की *मैलोडी* में फिट नहीं हो पाते थे, जिनमें से कुछ दूसरे देशों की थीं। इन कमियों को दूर करते हुए एक बिल्कुल नये प्रकार की शैली विकसित हुई जिसमें हर पंक्ति में अक्षरों की संख्या एक-दूसरे से भिन्न होती थी। 1000 ई. तक इस नयी विधा में पैंटो माइम और नृत्य को शामिल कर लिया गया और सिलसिलेवार अलग-अलग छन्द एक लम्बी कहानी में एक साथ जोड़े जाते थे। यद्यपि यह नाटकीय प्रयास था फिर भी नाटकीय से अधिक ये वर्णनात्मक ही रहा। पूर्णतः विकसित नाटक की शुरुआत चीन में सोंग राजवंश के दौरान हुई। इस दौर में दरबार में सर्वश्रेष्ठ चुने हुए कलाकारों को नियुक्त किया गया, जो राजा के जन्म-दिन जैसे विशिष्ट समारोहों के अवसर पर प्रस्तुति दिया करते थे। बाक़ी के कलाकार जहाँ मौक़ा मिले वहीं अपनी इच्छा के अनुसार प्रदर्शन करने के लिए स्वतन्त्र थे। उन्होंने 5 से 7 सदस्यों के दल बना लिए थे और गाँवों, शहरों से लेकर टी-हाउसों या इम्प्रोवाइज़्ड रंग भवनों में प्रदर्शन किया करते थे। शहरों में *टाइल डिस्ट्रिक्ट्स* कहे जाने वाले विशेष क्षेत्रों में नाट्य-गृह स्थित होते थे। सोंग की उत्तरी राजधानी केईफेंग में पन्द्रह के लगभग थिएटरों के होने की बात कही जाती है। हांगझाऊ में 17 *टाइल डिस्ट्रिक्ट्स* थे। ये रंगभवन चार दीवारी से घिरे अहाते में होते थे। इनके ऊपर झण्डे और बैनर टँगे होते थे। इनका मंच छत से घिरा हुआ होता था जो तीन ओर से खुला होता था। भू-तल पर दर्शकों के खड़े होने के लिए एक विशाल क्षेत्र होता था। और इन्हें घेरे हुए बालकनी स्थापित की जाती थी।

तेरहवीं शताब्दी में चीन पर मंगोलों के शासन के साथ नाटक फलना-फूलना शुरू हुआ। युआन राजवंश के दौरान (1279-1368) मार्कोपोलो ने चीन की यात्रा की और यूरोप में चीन की इन समृद्ध सांस्कृतिक परम्पराओं की जानकारी

विस्तार से मिलना शुरू हुई। युआन काल में वहाँ के बुद्धिजीवी वर्ग ने स्वदेशी, स्थानीय लोक-कलाओं और नाटक को मंचित करना और उसमें पूर्णता लाना शुरू किया। ये लेखक पूर्व के संगीत और नाटक से प्रभावित थे और उन्होंने उन कृतियों की रचना की जिन्हें आमतौर पर शास्त्रीय चीनी रंगमंच की नींव कहा जाता है, और एक शताब्दी से भी कम समय में चीनी नाटक शिखर पर जा पहुँचा। यह चीनी साहित्य के इतिहास का स्वर्ण युग कहा जा सकता है। युआन कालीन लेखकों ने अपनी रचनाओं के लिए इतिहास, दन्तकथाओं, उपन्यासों, महाकाव्यों और समकालीन घटनाओं से कहानियों को चुना।

जहाँ तक इन रचनाओं के चरित्रों का प्रश्न है वे पूरी मानव-जाति से आते हैं, लेकिन फिर भी यह देखने को मिलता है कि सम्राटों, विद्वानों, छात्रों, सरकारी अधिकारियों, सेना के जनरलों, विद्रोहियों, पत्नियों, बेटियों, उपपत्नी (रखैल) के चरित्रों को इनकी रचनाओं में सबसे अधिक महत्त्व मिला है। इन नाटकों में परिवार और मित्रों के प्रति वफ़ादारी और अपने कार्य और कर्तव्य के प्रति समर्पण का भाव सबसे ऊपर है। प्रायः सभी नाटकों की तमाम घटनाओं के बाद अन्तिम दृश्य में लम्बे समय के बिछुड़े प्रेमियों या सम्बन्धियों के पुनर्मिलन के साथ-साथ, योग्य कर्मठ अधिकारियों को इनाम के साथ उनका धन और सम्मान उन्हें पुनः प्राप्त होता था। कुल मिलाकर इन नाटकों में चीनी जीवन की एक व्यापक और समृद्ध झाँकी देखने को मिलती थी।

युआन शासनकाल में उत्तरी चीन, विशेषकर बीजिंग में श्रेष्ठ नाटककारों का वास था। इन नाटककारों ने जो शैली विकसित की उसे *उत्तरी* कहा गया। प्रायः चार अंकों वाले इन नाटकों में दस से लेकर बीस तक गीत या तानें होती थीं और इन्हें नायक ही गाते थे। शेष चरित्र अपनी पंक्तियों को या तो बोलते थे, या उनका सस्वर पाठ किया करते थे। एक अंक में इस्तेमाल किये गये पद और अन्दाज़ को दूसरे किसी अंक में दोहराया नहीं जाता था। हर अंक की अपनी व्यवस्था थी। दिलचस्प बात यह है कि अगर चार अंकों में नाटक का कार्य-व्यापार पूरा नहीं होता था तो अतिरिक्त अंश जोड़ दिये जाते थे। ये अंश दो तानों से अधिक नहीं होते थे और नायक के अतिरिक्त कोई अन्य चरित्र इन्हें गाता था। नाटक के अन्त में दो पंक्तियों से चार पंक्तियों तक के लयात्मक पदों के गायन के साथ कहानी सम्पन्न (पूरी) होती थी। इन्हीं अन्तिम पंक्तियों में से एक में नाटक के शीर्षक का भी उल्लेख होता था।

साधारण-सी संगीत-व्यवस्था में सात सुर के स्केल की संगत ऑर्केस्ट्रा करता था। इस ऑर्केस्ट्रा में घड़ियाल, ढोलक, ताली, बाँसुरी और तम्बूरे जैसे चार तने

हुए तारों वाले वाद्य, पाइपा का संयोजन होता था। प्रदर्शन-मंच बिल्कुल खाली होता था। इसमें पीछे की ओर दोनों सिरों पर प्रवेश और प्रस्थान के लिए दरवाज़े होते थे। इन दोनों दरवाज़ों के बीच एक बहुत ही सजावटी *वाल पीस* लटका होता था। अभिनेता रंग-बिरंगी वेशभूषा धारण करते थे। कुछ अभिनेता बेहद बड़ी बाँहों वाली पोशाक, भारी रूपसज्जा और सामान्य से अधिक दाढ़ी लगाया करते थे। सामग्री के नाम पर मात्र हाथ के पंखे, तलवार या कमर की पेटी जैसी साधारण चीज़ों का प्रयोग किया जाता था। नाट्य कम्पनी में पुरुष और स्त्रियाँ दोनों ही कलाकार के तौर पर शामिल होते थे। इनमें से कुछ कम्पनियाँ तो उस समय की नामी अभिनेत्रियों के नाम पर थीं। इस काल में लगभग 500 नाटककारों का उल्लेख मिलता है। इनमें से सर्वश्रेष्ठ नामों में से एक है गुआन हा किंग (कुआन-हान-चिंग 1245-1322)। इसे चीनी नाटक का पिता (जनक) कहा जाता है। गुआन ने 67 नाटक लिखे, जिनमें से अठारह वर्तमान में उपलब्ध हैं। वास्तविक जीवन की एक सच्ची हत्या और उसके मुक़दमे पर आधारित *दि इन्जस्टिस डन टून्गो ताओ* शायद इन सभी में सर्वश्रेष्ठ रचना है। यह एक त्रासदी है जिसमें एक पतिव्रता विधवा की पीड़ा, साहस और नैतिकता का वर्णन है। उसके द्वारा अपने प्रेम को ठुकरा देने के कारण एक दुष्ट लड़का ग़लत तरीक़े से उसे एक हत्या के मुक़दमे में फँसा देता है। उसे फाँसी की सज़ा दी जाती है। बाद में उसकी आत्मा अर्से से बिछुड़े अपने पिता के सामने प्रकट होती है। पिता अब जज है। वो इस मुक़दमे को दोबारा से खोलता है और खलनायक उस लड़के को उसके किये की सज़ा मिलती है।

वास्तव में चीनी समाज का ज़ोर सभ्यता की शुरुआत से ही न्याय और उच्च सामाजिक नैतिक मूल्यों पर रहा और यही उनके नाट्य-साहित्य में भी नज़र आता है। युआन-काल का एक और बेहद चर्चित नाटक वांग शिफू का लिखा *रोमांस ऑफ़ दि वेस्टर्न चेम्बर* है। पाँच भागों में बँटे इस नाटक में कुल बीस अंक हैं। एक आदर्श प्रेमी जोड़े के बिछोह और पुनर्मिलन की मूल विषयवस्तु वाले इस नाटक को विशेष रूप से इसके चरित्र-चित्रणों और इसकी काव्यात्मक उत्कृष्टता के अतिरिक्त इसकी विविधता और सौन्दर्य के लिए जाना जाता है। पश्चिमी जगत में प्रचुर सराहना प्राप्त करने वाला प्रभावशाली नाटक ली जिंगदाओ का *दि स्टोरी ऑफ़ दि चाक सर्किल* है। एक बच्चे की माँ होने का दावा ठोंकने वाली दो औरतों के मुक़दमे पर आधारित नाटक में जज बच्चे को गम्भीर शारीरिक चोट पहुँचाने का फ़ैसला सुनाता है, तो असली माँ बच्चे पर से अपना दावा छोड़ देती है। जज उसी को बच्चा सौंपता है और नक़ली माँ को दण्डित किया जाता है।

ये मूल चीनी कथावस्तु इतनी लोकप्रिय हुई कि बाद में ए. एच. क्लैबण्ड ने 1923 में *दि सर्कल ऑफ़ चाक* और 1944 में ब्रेष्ट ने *दि काकेशियन चाक सर्कल* के नाम से इसे अपने नाटकों का विषय बनाया।

चौदहवीं शताब्दी ई. के मध्य से पूर्व ही, हांग झाऊ के आस-पास के क्षेत्र में नाटक की *दक्षिणी* अवधारणा पनपने लगी थी। ये वह क्षेत्र था जो *उत्तरी* नाटक-परम्परा से ज़्यादा परिचित नहीं था। गाओ मिंग का *ल्यूट सांग* (1350) इस नयी शुरुआत का बेहद महत्त्वपूर्ण नाटक है। इस नाटक में 42 अंक हैं। इस कृति की चर्चा विशेष रूप से इसकी करुणा (हौसला) काव्य और महान सौन्दर्ययुक्त गीतों के लिए होती है। मिंग राजवंश (1368-1644) का स्थापक, जिसने मंगोल शासकों को उखाड़ फेंका था, वह इस नाटक से इतना प्रभावित था कि अक्सर इसका प्रदर्शन अपने दरबार में करवाता था, इसी कारण *दक्षिणी* नाटक को उसका संरक्षण मिलना शुरू हुआ और यह नाटक की प्रधान शैली बन गयी।

दक्षिणी नाटक में महत्त्वपूर्ण परिवर्तनों का दौर सोलहवीं शताब्दी के प्रारम्भिक वर्षों में शुरू हुआ। वी लियांग फू ने दस वर्षों तक पूर्वकाल के ऑपेरा और उसके संगीत का गहन अध्ययन करने के बाद कुन-शान क्षेत्र के संगीत को आधार बनाते हुए, बड़े परिवर्तन *नाटक* में किये और अपनी लोकप्रियता के कारण इन परिवर्तनों ने 1600 ई. तक मंच पर अपना आधिपत्य जमा लिया। दक्षिणी नाटक में पचास या उससे अधिक अंक हो सकते थे। हर अंक का अपना अलग शीर्षक होता था। सबसे पहले अंक को प्रायः तर्क या प्रस्तावना कहा जाता था। इसमें कोई गौण चरित्र नाटककार के उद्देश्य को बताते हुए पूरी कहानी का वर्णन करता है। बाद वाले अंकों में अनेक कथानकों का परिचय दर्शक से होता है और ये सभी अन्तिम दृश्य में सुखद रूप में हल हो जाते हैं। कोई भी चरित्र गा सकता है। और गाने में एकल, युगल और यहाँ तक कि सामूहिक गायन भी होता है। संगीत पंचम सुर में संयोजित होता है। *उत्तरी* नाटक से ग्रहण की गयी धुनों के अलावा, तराने आमतौर पर कोमल और मद्धम (धीमे) होते हैं (उत्तरी से चार-पाँच गुना)। नाटक में संगीत की संगत मुख्य रूप से एक क्षैतिज, बाँस की बनी बाँसुरी से की जाती है। अपने विलम्बित और भावनात्मक रूप से स्मृतियों के संसार में ले जाने वाले प्रभावों के लिए यह प्रमुख है। मुख्य परिवर्तन शब्दों और तरानों के बीच महत्तर सामंजस्य है। पहले से अधिक विस्तारित और मानकीकृत संगीत की धुनें (संयोजन) और केवल सु-झाओ बोली का नाटकीय गीतों में प्रयोग, इसकी मीठी और प्रवाहमयी ध्वनियों के रूप में विशिष्ट है।

तांग शियान्जू मिंग नाटककारों में सर्वश्रेष्ठ (1550-1616) नाटककार के रूप में माना जाता है। तांग के चार नाटक हैं जिन्हें सामूहिक रूप से *फोर ड्रीम्ज़* कहा जाता है। ये सभी एक ही विषय-वस्तु पर विकसित नाटक हैं और वो है कि जीवन एक भ्रम है। इनमें से *दि पीयनि पैवेलियन* सबसे चर्चित नाटक है। इस नाटक में 55 अंक हैं और इसकी कहानी एक ऐसी लड़की की है जो अपना जीवन एक ऐसे प्रेमी की प्रतीक्षा में बिता देती है जिसे उसने सपने में देखा था। बाद में जब वो सचमुच उसकी क़ब्र पर आता है तो वो फिर से जीवित होती है। लड़की के पिता को लगता है कि उसके साथ धोखा किया जा रहा है। वो लड़के को गिरफ़्तार करवा देता है। बाद में सब सामान्य हो जाता है। अधोलोक पाताल लोक में मुक़दमा, भिड़न्तें, हास्यास्पद प्रकरण, रहस्य और उद्धार जैसी बड़ी विविधताएँ इस नाटक में हैं। लेकिन अपने प्रेम-दृश्यों और काव्य के लिए इसे सबसे अधिक जाना जाता है। *उत्तर* के मानचू आक्रमणकारियों द्वारा क्विंग या मान चू राजवंश (1644-1718) की स्थापना के बाद भी *दक्षिणी* शैली का साहित्यिक रचनाओं में आधिपत्य रहा।

मिंग-काल के सबसे महत्त्वपूर्ण नाटककारों में कोंगशान वेन (1644-1718) और होंग शेंग (1646-1704) हैं। कोंगशान वेन के नाटक *पीच ब्लासम फैन* में मिंग राजवंश के अन्तिम वर्षों के त्रासद प्रकरणों की पूरी शृंखला है। जबकि होंग शेंग के प्रसिद्ध नाटक *पैलेस ऑफ़ लांग लाइफ* में एक तांग सम्राट के, उसकी उपपत्नी के प्रति, प्रेम को प्रभावशाली ढंग से चित्रित किया गया है। इसी काल के एक और नाटककार का उल्लेख करना आवश्यक है। ये था ली-यू (1611-1680)। उसे उसकी जटिल *कामेडीज़ ऑफ़ सिचुएशन* के लिए जाना जाता है। इस धारा के नाटक प्रदर्शन को केन्द्र में रख कर लिखे जाते थे। *आर्डेण्ड इन हेवन* और *बी सर्कम्स्पेक्ट इन कान्ज्यगल रिलेशन्स* जैसी हास्यपरक रंगमंचीय रचनाएँ ली ने प्रस्तुत कीं। नाटक के मामले में वो एक महान शिल्पी था, और उसने आम दैनिक जीवन की अटपटी-निरर्थक-सी स्थितियों पर आधारित अपने खुद के कथानक गढ़े। 1853 में एक विद्रोह के दौरान सुझाओं को तबाह कर दिया गया। सुझाओं *दक्षिणी नाटक* का मुख्य केन्द्र था। फिर भी लगभग 500 वर्षों के अपने काल में इसने चीन के नाटक को एक नयी दिशा तो दी ही।

इसके बाद का चीनी रंगमंच का काल मुख्यरूप से *बीजिंग ऑपेरा* का है। अपने शुरुआती दौर में (1853 के बाद भी) दक्षिणी नाटक की रंगमंचीय परम्पराओं और पाठ्यों ने इस पर अपना गहन प्रभाव छोड़ा है।

19वीं शताब्दी के मध्यकाल में कुछ क्षेत्रीय या आंचलिक विधाओं के संयुक्त रूप के साथ बीजिंग ऑपेरा शक्ल ले रहा था। इन विधाओं में 100 से अधिक ऐसी थीं जिनकी एक-दूसरे से अलग संगीतीय परिपाटी और प्रदर्शन-परम्परा के आधार पर अपनी अनूठी विशिष्टताएँ थीं। 18वीं शताब्दी में सर्वोच्च विकसित क्षेत्रीय विधाएँ हुबेई और आन हुई (मध्य चीन) और उत्तर-पश्चिम में गान सू और शान जी में जीवित थीं। 19वीं सदी के मध्यकाल में बीजिंग ऑपेरा का आधिपत्य बढ़ने लगा और वर्तमान में भी चीन की सबसे व्यापक रंग-विधा के रूप में यह लोकप्रिय है। अपने मूल स्वरूप में यह साहित्यिक की जगह रंगमंचीय विधा है। पाठ की बजाय इसका ज़ोर कड़ाई के साथ अभिनय, नृत्य और गायन की परम्पराओं पर है। *बीजिंग ऑपेरा* के नाटकों को दो श्रेणियों में बाँटा जा सकता है—*नागरिक नाटक* और *सैन्य नाटक*। नागरिक नाटकों में योद्धाओं (सिपाहियों) और डाकू-लुटेरों के रोमांच शामिल होते हैं। इनका स्रोत मूल रूप से पुराने साहित्यिक नाटक, उपन्यास, इतिहास, दन्तकथाएँ, पुराण-कथाएँ, लोक-साहित्य और प्रणय-प्रसंग हैं। सभी नाटकों का अन्त सुखद होता है। कहा जा सकता है कि बीजिंग ऑपेरा ने अपने पूर्ववर्ती कालों की विशिष्टताओं की विरासत समेटी और इसे एक संयमित सधी हुई, शैली में विकसित किया।

कुछ चर्चा इसके स्थापत्य की भी कर ली जाये। सबसे पहले के प्रदर्शन-मंच सम्भवतः मन्दिरों के प्रंगण होते थे। इसका मंच एक सादा-सा प्लेटफ़ॉर्म होता था जिसकी छत ख़ूबसूरती के साथ सजावटी बनायी जाती थी। मन्दिर-मंच का प्रभाव चीन में 20वीं शताब्दी तक भी रहा है। पारम्परिक चीनी रंगमंच का मंच आमतौर पर चौकोर आकार का एक खुला प्लेटफ़ॉर्म होता था। ऊपर यह एक छत से घिरा होता था जो लाख के खम्भों पर टिकी होती थी। ज़मीन से कुछ फ़ीट ऊँचे और लगभग 2 फ़ीट ऊँची लकड़ी की रेलिंग से घिरे मंच पर बस एक दरी बिछी होती थी। पीछे की दीवार में दो दरवाज़े होते थे। मंच के दायें सिरे पर स्थित दरवाज़ा सभी के प्रवेश के लिए और बायें वाला दरवाज़ा प्रस्थान के लिए होता था। इन दोनों दरवाज़ों के बीच एक कढ़ा हुआ विशाल लम्बा पर्दा लटका हुआ होता था। मंच पर एकमात्र स्थायी सामग्री थी—एक मेज़ और अनेक कुर्सियाँ। इससे स्थल परिवर्तन की सहज और निरन्तर सुविधा मिलती थी। अभिनेता अपने सम्भाषण में, अपनी चेष्टा के माध्यम से जगहों का संकेत देने के साथ ही पैंटोमाइम के ज़रिये दरवाज़े पर दस्तक देने, कमरे में प्रवेश करने या ज़ीना चढ़ने के अभिनय से भी स्थल की स्थापना कर देते थे। मंच पर चक्कर काटने का मतलब होता था एक लम्बी यात्रा। वैसे स्थलों के लिए सहज-सी

और भी प्रतीकात्मक क्रियाएँ थीं। मेज़ पर एक ट्राइपोड रखने से वो महल हो जाता था, वहीं मेज़ पर रखे काग़ज़ और आधिकारिक मोहर एक कार्यालय का प्रतीक होते थे, तो एक बाँस के खम्भे पर टँगा हुआ एक कढ़ा हुआ विभाजित पर्दा मंच को एक सैन्य जनरल का शिविर बना देता था। ऐसी अनेक युक्तियाँ थीं और इनका फ़ायदा अभिनेता को मिलता था क्योंकि उसे अभिनय के लिए पूरा स्पेस मिलता था। अन्य सामग्रियों पर भी एक हल्की दृष्टि डाल ली जाये। नीले कपड़े पर चित्रित दीवार क़िला, नगर द्वार या पहाड़ी दर्रे का प्रतिनिधित्व करती थी। वहीं एक कोड़ा इस बात का संकेत था कि अभिनेता घुड़सवारी कर रहा है। दो पीले झण्डे, जिन पर पहिए चित्रित होते थे, एक रथ या गाड़ी का संकेत देते थे। कपड़े के चार टुकड़ों के साथ मंच पर एक से दूसरी ओर भागने वाला अभिनेता हवा का प्रतिनिधित्व करता था। इसी तरह अनेक संकेत थे जो भिन्न-भिन्न मंच-सामग्रियों के परिचायक होते थे।

संगीत हर प्रस्तुति का आज भी एक अभिन्न अंग बना हुआ है। अनेक गाये जाने वाले अंशों की संगत के साथ ही संगीत एक वातावरण से जुड़ी पृष्ठभूमि की भी रचना करता है। मंच पर गतियों की टाइमिंग को यह नियन्त्रित करता है और पूरी प्रस्तुति को एक समग्र लयात्मकता प्रदान करता है। चीनी संगीत के सुर अनिश्चित-अस्पष्ट हैं। अतः *बीजिंग ऑपेरा* का अधिकांश संगीत अभिनेताओं और संगीतकारों के बीच सामूहिक तौर पर मिलजुल कर तैयार किया जाता है। ऑर्केस्ट्रा का नायक ढोल बजाने के साथ समय को दर्शाता है और लय को स्थापित करता है। घण्टा-घड़ियाल, मंजीरे, कांस्य के प्याले, बाँसुरियाँ, तार वाले वाद्य यन्त्र और अन्य आकर्षक चीज़ें ऑर्केस्ट्रा का गठन करती हैं। गीतों की संगत केबल बाँसुरी या तार-वाद्यों से होती है। लेकिन मंच पर प्रवेश और प्रस्थान के लिए तालवाद्य के गगनभेदी टुकड़े बजाये जाते हैं।

इस ऑपेरा का केन्द्र, या कहें मर्म, अभिनेता है। मात्र एक-आध सामग्री वाले नंगे मंच पर महँगे और रंग-बिरंगे कपड़ों में सज्जित अभिनेता बोलते हैं, गाते हैं और कठोर पारम्परिक रूप में गति करते हैं। अभिनय की दृष्टि से भूमिकाएँ चार भागों में विभाजित हैं—पुरुष, स्त्री, रंगा हुआ चेहरा और हास्यपरक। पुरुष भूमिकाएँ—बूढ़ा आदमी (लाओ शेंग), युवक (जाओ शेंग) और सिपाहियों जैसी (वूशेंग) भूमिकाओं में उप विभाजित हैं। इन भूमिकाओं को करने वाले अभिनेताओं की रूपसज्जा सादा होती है और युवा नायकों के अतिरिक्त सभी को दाढ़ी लगायी जाती है। इसी प्रकार स्त्री भूमिकाओं के भी उप विभाजन हैं ये हैं शान्त और सम्भ्रान्त सज्जन (किंग यी), ज़िन्दादिल या स्वच्छन्द (हुआ देन),

सिपाहियों की परिचारिकाएँ (वूदेन) और बूढ़ी महिलाएँ (लाओ देन) मूल रूप से सभी 'देन' भूमिकाएँ महिला कलाकारों द्वारा ही की जाती थीं। लेकिन अठारहवीं शताब्दी के उत्तरार्द्ध से लेकर बीसवीं शताब्दी तक अभिनेत्रियों के मंच पर आने पर पाबन्दी लगा दी गयी। परिणामस्वरूप सभी देन भूमिकाएँ गौण मानी जाने लगीं। लेकिन सर्वाधिक प्रसिद्ध चीनी अभिनेत्री मेई लेन फेंग (1894-1961) ने बीसवीं सदी में इन देन भूमिकाओं को फिर से प्रतिष्ठा दिलवाई। 1911 के बाद अभिनेत्रियों का फिर से मंच पर आना शुरू हुआ और आज पुरुष देन अभिनेताओं को उन्होंने लगभग पूरी तरह से मंच से बाहर कर दिया है। भूमिका को रंगा हुआ चेहरा (जिंग) इसलिए कहा जाता है कि अभिनेताओं के चेहरे पर विस्तृत प्रतिमान चित्रित किये जाते हैं। ये चरित्र रूखे हो सकते हैं, लेकिन ये बेबाक और खुले दिमाग़ के होते हैं; या फिर धूर्त और कपटी भी हो सकते हैं। इन चरित्रों में सिपाही, डाकू, दरबारी, अधिकारी, देवता और अलौकिक व्यक्तित्व शामिल हैं। लेकिन इन सभी के मूल लक्षण हैं–उनकी अकड़ (डींग) और अतिशय शक्ति। मुख्य या गौण चरित्र, नागरिक या योद्धा के अनुसार भी उनका उप विभाजन है। साथ ही इस पर भी कि वे लड़ाई, कलाबाज़ियों और (या) गाने और अभिनय पर ज़ोर देते हैं या नहीं।

कॉमिक अभिनेता इम्प्रोवाइज़ेशन के लिए मुक्त होता है। उसकी भाषा आम दैनिक बोल-चाल की भाषा होती है। उसकी प्रस्तुति में हँसी-चुटकुलों की भरमार होती है और नाटक के सभी चरित्रों की तुलना में वह सबसे अधिक यथार्थवादी होता है। जहाँ तक उसकी भूमिकाओं में भिन्नता का प्रश्न है, नौकर या व्यापारी से लेकर वो जेलर, चौकीदार, सिपाही, धूर्त सास या विवाह कराने वाला, जोड़े बनाने वाला तक कुछ भी हो सकता है। उसके अभिनय में कौशल, माइम और कलाबाज़ी का अद्‌भुत संगम होता है। मंच पर पहली बार आने पर हर महत्त्वपूर्ण चरित्र अपनी प्रकृति (स्वभाव) के बारे में बताता है, और आधे बोलते हुए और आधे गाते हुए अपने अंश को पूरा करता है। इसके बाद आमतौर पर कलाकारों द्वारा दूसरी पंक्तियाँ बोली जाती हैं जिनमें अभिनेता कहानी का वर्णन करते हुए अपने नाम और पारिवारिक पृष्ठभूमि के बारे में बताता है और अन्य आवश्यक सूचनाएँ देता है। ये सम्भाषण दर्शक के लिए परिस्थिति और चरित्र को त्वरित रूप से स्पष्ट कर देता है और नाटक में दिलचस्पी के पलों को पूरी तरह विकसित करता है। अभिनेताओं द्वारा बोले जाने वाले अंश पूरी तरह से कठोर लयों और वेगों से संचालित होते हैं। गाये जाने वाले अंश मुक्त रूप से बोले जाने वाले एकालापों में मिल जाते हैं। इस प्रकार ये पंक्तियाँ चरम

रूप से एक शैलीबद्ध सम्भाषण का रूप ले लेती हैं। मंच की सभी गतियाँ नृत्य से सम्बन्धित होती हैं। इनमें सात मूल हस्त-मुद्राएँ हैं, भुजाओं के अनेक विशेष संकेत (गतियाँ) हैं। बीस से अधिक स्पष्ट मुद्राएँ है। पाँवों की 12 से अधिक विशेष गतियाँ हैं, और कन्धों और दाढ़ी का पूरा विस्तृत भण्डार है। मंच पर चलने या दौड़ने का ढंग हर चरित्र के अनुसार अलग होता है। निर्धारित मुद्राओं और गतियों को चरित्र, मूड, स्थिति और अन्य परिस्थितियों के अनुसार संयोजित किया जाता है।

बीजिंग ऑपेरा में वेशभूषा पर नज़र डालें तो ये पोशाकें बड़े पैमाने पर नक़्क़ाशीदार होती हैं। इनके रंग भड़कीले-चमकीले होते हैं। इन पोशाकों की डिज़ाइन पहनने वाले के चरित्र, उसके प्रकार, आयु और सामाजिक स्तर को दर्शाती हैं, जिसमें रंग, अभिकल्पना, आभूषण और अन्य सहायक सामग्री की बड़ी भूमिका होती है। रंगों के विभाजन का जहाँ तक प्रश्न है, विभिन्न रंग, विभिन्न स्तरों को प्रदर्शित करते हैं। जैसे लाल रंग वफ़ादारी या उच्च स्थिति का प्रतीक है, तो पीला रंग राजसी स्तर का प्रतिनिधित्व करता है। गहरा लाल (किरमिजी) रंग बर्बर लोगों, सैन्य सलाहकारों का प्रतिनिधि रंग है। इसी प्रकार विभिन्न ओहदों और स्तरों के अनुसार विभिन्न रंगों का चुनाव वेशभूषा में किया जाता है। पोशाकों के डिज़ाइन की भी अपनी प्रतीकात्मक विशेषताएँ हैं। ड्रैगन सम्राट का प्रतीक चिह्न है। वहीं बाघ सत्ता और पौरुष का प्रतीक है। बेर का बौर लम्बे जीवन और स्त्रियोचित आकर्षण का प्रतीक है। इस विधा में पोशाक की ही तरह सिर की पगड़ियों-टोपियों में भी विभिन्नता है।

सौ से अधिक तरह की पगड़ियों-टोपियों का अलग-अलग तरह से प्रतीकात्मक प्रयोग मिलता है। पहनने वाले के ओहदे को नज़रअन्दाज़ करते हुए हर पोशाक उत्कृष्ट सामग्री (कपड़े) की बनायी जाती है। कभी-कभी अपवाद के रूप में बहुत ही ग़रीब चरित्रों या विदूषकों की पोशाक के लिए मलमल या सूती कपड़ा प्रयोग किया जाता है। मंच पर चरित्र की उपस्थिति को मेकअप (रूपसज्जा) से विशेष बनाया जाता है। दाढ़ी वाले शेंग अभिनेता और वृद्ध व्यक्तियों के चेहरे पर बहुत कम मेकअप का इस्तेमाल किया जाता है। अन्य महिला भूमिकाओं में चेहरे को सफ़ेद रंग से रंगा जाता है। आँखों के घेरे गहरे लाल रंग से बनाये जाते हैं, जिसमें गुलाबी रंग की हल्की झलक होती है। इससे मिलते-जुलते कम विपरीतता वाले मेकअप का प्रयोग बिना दाढ़ी वाले 'रंग-चरित्रों' के लिए इस्तेमाल होता है। विदूषक-जोकर के मेकअप में उसकी आँखों के चारों ओर से सफ़ेद पैचेज बनाये जाते हैं। ये पैचेज उसे विशेषता प्रदान करते हैं।

अनेक प्रकार के विदूषकों को ख़ास तरह के काले निशानों से अलग पहचान दी जाती है। सबसे अधिक जटिल मेकअप है (बड़बोले) देशभक्ति वाले चरित्रों की भूमिकाओं का। इनके पूरे चेहरे की नक़्क़ाशी की जाती है जो किसी विशेष चरित्र की प्रतीक होती है।

अभिनेताओं के प्रशिक्षण के तहत भावी अभिनेताओं को 7 से बारह वर्ष की आयु के बीच प्रशिक्षण केन्द्र में भर्ती किया जाता है। वहाँ 6 से बारह वर्ष तक वे कठोर अनुशासन वाले प्रशिक्षण से गुज़रते हैं। शुरू में सभी अभिनेताओं को एक-सा सामूहिक प्रशिक्षण दिया जाता है। बाद में भूमिका विशेष के लिए किसी अभिनेता की योग्यता के आधार पर उसे उसी के लिए विशेषज्ञ-प्रशिक्षण दिया जाता है। अन्य रंगमंचीय परम्पराओं की ही भाँति चीनी रंगमंच में भी दर्शक की भूमिका विशिष्ट होती है। सत्रहवीं शताब्दी में अभिनेता *टी-हाउसों* में अपने प्रदर्शन दिया करते थे, जहाँ ग्राहक मेज़ों पर चाय की चुस्कियाँ लेते हुए उनकी प्रस्तुति देखते थे। बाद में जब स्थायी रंग-भवन बने तो वहाँ भी इसी व्यवस्था को बनाये रखते हुए भू-तल पर मेज़ें और स्टूल लगाये गये। इन पर नाटक देखते हुए दर्शकों को चाय परोसी जाती थी। स्थायी थिएटरों में मंच के पार्श्व और पीछे की ओर भी एक ऊपर उठे हुए प्लेटफ़ॉर्म का निर्माण किया गया। यहाँ ग़रीब दर्शक बेंचों पर बैठते थे। पश्चिमी नाट्यगृहों की ही तरह हिस्सों में बँटी बालकनी भी बनायी जाती थी। कुछ कालखण्डों में बालकनियों को धनी वर्ग के लिए इस्तेमाल करने का उल्लेख मिलता है। लेकिन अन्य कालों में प्राप्त प्रमाणों के आधार पर ये बालकनियाँ पूरी तरह से केवल महिलाओं के लिए ही आरक्षित होती थीं। 1912 में चीनी गणतन्त्र की स्थापना के बाद नाट्यगृहों के परम्परागत रूप में परिवर्तन करते हुए पश्चिमी शैली की बैठने की व्यवस्था को अपना लिया गया।

बीसवीं शताब्दी का चीनी नाटक *नया नाटक* या *आधुनिक नाटक* कहलाया। परिवर्तन के इस काल में 1912 में चीनी गणराज्य की स्थापना के बाद का दौर महत्त्वपूर्ण है। इसमें भी 1920 के बाद का समय उल्लेखनीय है, जब पारम्परिक विधा के ऑपेरा वाले अनिवार्य स्वरूप से चीनी नाटक ने अलग रूप लेना शुरू किया और इसे मौखिक नाटक कहा गया। मूल से इन संवादों युक्त नाटकों में अधिकांश विशेष रूप से शेक्सपियर, चेखव, बर्नार्ड शा, गाल्सवर्दी, इब्सन आदि जैसे पश्चिमी नाटककारों के नाटकों के अनुवाद या रूपान्तरण थे। हालाँकि अनेक चीनी लेखकों ने भी इस आयातित नाटकों की परम्परा के दौर में मौलिक चीनी नाटक-लेखन में हाथ आज़माया। इन्हीं में से एक था काओ यू (1910-1996)। इसे बीसवीं सदी का सर्वोत्कृष्ट चीनी नाटककार माना जाता है।

थण्डर स्टार्म (1933), *सनराइज* (1935) और *दि ब्रिज* (1945) जैसे उसके नाटकों को चीन में व्यापक प्रसिद्धि और लोकप्रियता प्राप्त हुई। काओ के नाटकों में अधिकांश रूप से *नये* और *पुराने* मानकों के बीच द्वन्द्व को दर्शाती समसामयिक सामाजिक समस्याओं का चित्रण देखने को मिलता है। चीन में सामाजिक और राजनीतिक परिदृश्य तेज़ी से बदल रहा था और 1949 में चीन पर कम्युनिस्ट सत्ता का नियन्त्रण हो गया। इसके बाद के समय में बीजिंग ऑपेरा अनेक परिवर्तनों के दौर से गुज़रा। चीनी शासन में नाटकों के लिए एक आधिकारिक समिति का गठन किया गया। यह समिति यह तय करती थी कि प्रस्तुति के लिए प्रस्तावित नाटकों में कम्युनिस्ट विचार को बढ़ावा दिया जा रहा है या नहीं। इस प्रक्रिया में पहले से चले आ रहे नाटकों के भण्डार में से अनेक नाटक बाहर कर दिये गये। 1960 के पूर्वार्द्ध में समसामयिक कथानकों पर अनेक नाटक (बीजिंग ऑपेरा) लिखे और मंचित किये गये। 1966 की सांस्कृतिक क्रान्ति के दौर में तमाम पारम्परिक विधाओं को कुचलने की कोशिश भी की गयी। एक समय ऐसा भी आया जब कुछ गिने-चुने अनुकरणीय नाटकों की प्रस्तुति छोड़कर, व्यावसायिक रंगमंच लगभग समाप्त-सा ही हो गया। फिर, बीसवीं सदी के 9वें दशक का समय, चीनी नाटक का एक और महत्त्वपूर्ण दौर है। 1980 के आसपास सांस्कृतिक क्रान्ति के विचार को ठुकरा देने के साथ ही एक बार फिर से पारम्परिक नाट्य-प्रस्तुतियों का मंचन शुरू हुआ। अनेक आंचलिक रंगमंचीय विधाएँ एक बार फिर मुख्य परिदृश्य में आयीं। 1980 के दशक के शुरुआती सालों में चीन में पारम्परिक रंग-कम्पनियों की संख्या 2072 थी। अकेले 1980 में इन नाटकों के 2500 से अधिक प्रदर्शन हुए जिनमें *मौखिक* नाटकों की संख्या कुल 176 थी। शेष 2200 से अधिक प्रस्तुतियाँ पारम्परिक नाटकों की थीं।

1949 में कम्युनिस्ट शासन की स्थापना के बाद के दौर में हमें प्रस्तुतियों की परम्परा में भी एक स्पष्ट परिवर्तन दिखायी देता है। अनेक अवसरों पर सीनरी (दृश्यावली-कथानक) का प्रयोग किया जाने लगा था। मंच से ऑर्केस्ट्रा पूरी तरह ग़ायब हो गया और इसकी जगह कुछ बड़े पश्चिमी वाद्यों ने ले ली। तकनीक के विकास के साथ ही 1980 के बाद के समय में अभिनेताओं की आवाज़ के लिए माइक और ऐम्लीफायर का प्रयोग बढ़ने लगा। इसी के साथ ही दर्शकों के व्यवहार में भी दिलचस्प परिवर्तन आया। पहले दर्शकों को नाटक देखते समय अपने दैनिक जीवन की खाने-पीने की आदतों को लेकर कोई रोक-टोक नहीं थी। अब प्रेक्षागृह में धूम्रपान प्रतिबन्धित कर दिया गया।

खाने-पीने की छूट अभी भी थी। दर्शकों की शोर-शराबे वाली प्रतिक्रिया का स्थान तालियों की गड़गड़ाहट ने ले लिया था। 1949 के बाद *बीजिंग ऑपेरा* को छोड़कर अन्य नाट्य-रूपों के साथ नये प्रयोग भी किये गये। इस दौर के चीनी नाटकों में सबसे लोकप्रिय नाटक है *सफ़ेद बालों वाली लड़की*। ही जिंग ची (हो चिंग चिह) और दिंगयी (या चिंग यी) के इस नाटक में एक लड़की की कहानी है जिसे ग़ुलाम के तौर पर बेच दिया गया है। उसका मालिक उससे बलात्कार करता है। वो किसी तरह छूट कर पहाड़ों में पलायन कर जाती है। क्योंकि उसके बाल सफ़ेद हो चुके हैं, इसलिए वहाँ के लोग उसे देवी मान बैठते हैं। अन्त में वो कम्युनिस्ट विद्रोहियों के दल में शामिल हो जाती है और उनकी सहायता से समाज में अपने लिए सम्मानजनक स्थिति प्राप्त करती है। अपने मूल रूप में इस प्रस्तुति में पश्चिमी ऑपेरा से सम्बन्धित परम्परागत तत्त्वों की भरमार थी। इसे बाद में एक *मौखिक* नाटक में बदला गया।

1949 के बाद *मौखिक* या *संवादपरक* नाटक जारी रहा। दिलचस्प बात यह है कि अधिकांश नाटकों का स्वरूप पार्टी (कम्युनिस्ट) की माँगों के अनुसार तय होता था। ये सभी अति नाटकीय होते थे और अपनी विचारधारा के आधार पर चरित्रों को नायक या खलनायक माना जाता था। यानि कम्युनिस्ट विचारधारा का समर्थक नायक ही होगा और उसका विरोधी अनिवार्य रूप से खलनायक। स्थायी रूप से इनमें हमेशा ही साम्यवाद के दुश्मनों का भण्डाफोड़ किया जाता था और उन्हें उनके अधिकारों से बेदखल कर दिया जाता था। इस दौर में नाटक पूरी तरह से विचारधारा का नाटक हो चुका था, जिसमें एक उबाऊ एकरसता आ गयी थी। लेकिन सांस्कृतिक क्रान्ति के बाद रंगमंच के विषयों के क्षेत्र में विशाल स्तर पर स्वतन्त्रता की छूट तो मिली। लेकिन 1989 में, थ्यानमन चौक पर छात्रों के, *लोकतन्त्र के आन्दोलन* को कुचलने के बाद इस रंगमंचीय आज़ादी पर भी रोक लग गयी। बाद में हालाँकि इन प्रतिबन्धों में छूट की शुरुआत हुई। एक बात अवश्य है कि बीसवीं सदी के तमाम घटनाक्रम के बावजूद पश्चिमी जगत में आज भी चीनी कलाओं के सन्दर्भ में इन पारम्परिक विधाओं और उनके विभिन्न रूपों के प्रति दिलचस्पी और गहन आकर्षण कहीं ज़्यादा है।

जापानी रंगमंच

जापानी रंगमंच की शुरुआत करते हुए हमारे सामने सबसे पहला जो प्रामाणिक उल्लेख मिलता है, वो शिन्तोवाद का है जिसकी शुरुआत प्रकृति और पूर्वजों की पूजा से होती है। हालाँकि जापान का शुरुआती इतिहास और इसकी रंग-परम्पराओं का लिखित प्रमाण 712 ई. के आस-पास मिलता है। जब *रिकॉर्डस ऑफ़ ऐन्शेण्ट थिंग्स* प्रकाश में आयी। हालाँकि उससे पहले के भी समय में अनगिनत अनुष्ठानों का ज़िक्र मिलता है। आज की तारीख़ में ये सभी अनुष्ठान *कागुरा* के अन्तर्गत आते हैं। इस काल में *संगाकू* संगीत पर आधारित विधा की भी प्रस्तुति का उल्लेख मिलता है। संगाकू फुटकर या इधर-उधर छितरे पड़े संगीत का-सा था। छठी शताब्दी के दौरान राजकुमार शोतोकु (573 से 621 ई.)

के शासनकाल में जब जापान में बौद्ध धर्म का आगमन हुआ उस समय जापान में अनेक परिवर्तनों का दौर शुरू हुआ। इसके बाद के लगभग 200 वर्षों में जापान ने भारत, कोरिया, चीन की संस्कृति का भी स्वागत किया जिसे कॉण्टिनेंटल संस्कृति कहा गया। इन देशों से आने वाली सांस्कृतिक विधाओं में लेखन और संगीत की अनेक विधाएँ शामिल थीं। इन्हीं में से एक था *मुखौटा नृत्य* जो बाद में जापान के उत्सवों की एक नियमित प्रदर्शन कला के रूप में विकसित हुआ। इन्हीं मुखौटा नृत्यों में से एक था *बुगाकू* जो आज तक बना हुआ है और सम्राट के दरबार और कुछ तीर्थस्थलों और मन्दिरों में महत्त्वपूर्ण अवसरों पर आज भी इसका प्रदर्शन किया जाता है। बुगाकू घराना परम्परा वाली विधा है। इनमें से कुछ नृत्य अपने मौलिक रूप में जापानी हैं, लेकिन अधिकतर कोरिया, चीन, तिब्बत, भारत जैसे देशों के नृत्यों के जापानी रूप हैं। कहा जा सकता है कि जापान इस क्षेत्र में शिया की विशाल-व्यापक समृद्ध सांस्कृतिक परम्परा के सम्मिलन का क्षेत्र है। इन नृत्यों को *दक्षिण के नृत्य* और *उत्तर के नृत्य*...की दो श्रेणियों में बाँटा गया है। *दक्षिणी* में कोरिया मूल के नृत्य हैं और *उत्तरी* में दक्षिण एशिया के देशों के नृत्य हैं। लेकिन अपनी प्रकृति में आज ये पूरी तरह से जापानी नृत्य हैं। बुगाकू कलाकार भी इस आधार पर *दक्षिणी संगीत के कलाकार* और *उत्तरी संगीत के कलाकार* की दो श्रेणियों में बँटे हुए हैं। *दक्षिणी* के कलाकार मुख्य रूप से हरे रंग की वेशभूषा धारण करते हैं और मूल रूप से वाद्य यन्त्रों की संगत में अपनी प्रस्तुति देते हैं जबकि *उत्तरी* वाले कलाकारों की पोशाकों का रंग लाल है और ये काष्ठ वाद्यों यानि लकड़ी के वाद्यों की संगत में अपनी प्रस्तुति देते हैं। वास्तव में बुगाकू एक सम्पूर्ण कहानी का सबसे अधिक दिलचस्प, एक हिस्से का प्रतिनिधित्व करता है और इसका ढाँचा जो-हा-क्यू का है जिसका अर्थ है शुरुआत, अलग होना, तीव्र, ये शब्दावली प्रस्तुति के वेग, मूड, भावनात्मक तीव्रता और जीवन्तता को अर्थ देती है। 1955 में जापानी सरकार ने *बुगाकू* और *गिगाकू* को राष्ट्रीय धरोहर के रूप में मान्यता प्रदान की। बुगाकू ने *नोह* नाटक के विकास के शुरुआती दौर में निश्चित रूप से इस पर अपना प्रभाव छोड़ा है।

नोह नाटक की बात करते हुए दो शब्द प्रधान रूप से हमारे सामने आते हैं। *सरुगाकू नो* और *देंगाकू नो*, सरुगाकू का अर्थ है बन्दर का संगीत इसकी उत्पत्ति के विषय में मत ये है कि महाद्वीपीय आनुष्ठानिक तत्त्वों, संगीत और नृत्य के साथ कलाबाज़ी और नक़ल उतारने के स्थानीय तत्त्वों के जोड़े जाने के साथ इसकी शुरुआत हुई। अपने शोर-शराबे वाली मस्ती के रूप में ये अत्यन्त

विविधतापूर्ण था और लगभग सर्कस जैसा इसका स्वरूप था और हास्यपरक मनोरंजन के सभी रूपों को सरुगाकू कहा जाने लगा। इससे अलग *देंगाकू नो* अपने मूल रूप से फ़सल कटाई से सम्बद्ध था। ये एक कोरियाई रूप था, अपनी प्रकृति में ये कलाबाज़ीपरक भी था और देहाती भी। एक नाटकीय प्रस्तुति के रूप में इसका पहला उल्लेख 1023 में ग्रामीण नृत्यों और गीतों के संयोजित रूप का मिलता है। बारहवीं शताब्दी की शुरुआत के आसपास सरुगाकू को, बौद्धों ने अपनी शिक्षाओं के प्रसार के रूप में अपनाया। ये बिल्कुल ऐसी ही भूमिका में था जैसी कि मध्यकालीन यूरोप में रहस्यवादी और नैतिक नाटकों की थी। इसकी लोकप्रियता का अन्दाज़ा इसी से लगाया जा सकता है कि अपने विकास के शुरुआती दौर में इसके नाटकों में खुद धर्मगुरु अभिनय किया करते थे। लेकिन अपने नाटकीय तत्त्वों की सहजता ने एक बड़े वर्ग को अपनी ओर आकर्षित किया और बाद में उत्सवों से अलग अवसरों पर भी व्यावसायिक कलाकारों ने इन्हें प्रस्तुत करना शुरू किया। इसकी प्रभावशीलता इतनी व्यापक थी कि व्यावसायिक कलाकारों को अपने यहाँ नियुक्त करना शुरू कर दिया। चौदहवीं शताब्दी की शुरुआत तक सुसंगठित कलाकारों के अनेक समूह बन गये थे जो नियमित रूप से इसका प्रदर्शन करते थे।

जापान में राजनीतिक परिवर्तनों का दौर चल रहा था जिसकी शुरुआत 1192 में हो चुकी थी जब सम्राट ने अपनी सेक्युलर सत्ता एक शोगुन (सैन्य तानाशाह) को सौंप दी। यहाँ से जापानी समाज में सामन्तवाद का प्रशासन शुरू हुआ और इसमें समुराई (योद्धा) को सर्वाधिक ऊँचा पद और सम्मान प्राप्त था। चौदहवीं शताब्दी में 1338 में आशिकागा परिवार ने शोगुन व्यवस्था को अपना लिया और सोलहवीं शताब्दी के उत्तरार्द्ध तक ये बरकरार रही और आशिकागा वंश का ये काल जापानी संस्कृति के सन्दर्भ में महत्त्वपूर्ण काल है। आयातित संस्कृति के शताब्दियों पुराने आधिपत्य को तोड़ते हुए जापान ने अपनी सांस्कृतिक विरासत को फिर से पाया और इस क्रम में चौदहवीं शताब्दी के उत्तरार्द्ध में जापान की पहली महान रंगमंचीय विधा *नोह* अस्तित्व में आयी। 1374 का वर्ष इस लिहाज़ से बेहद महत्त्वपूर्ण साल है। कियोत्सुगु कान आमी (1333-1384) सरुमाकू नो का प्रमुख कलाकार था। उसने योशिमित्सु आशिकागा (1385-1406) (शोगुन) के सामने अपनी प्रस्तुति दी। वो उसके प्रदर्शन से इतना प्रभावित हुआ कि उसने कानआमी और उसके पुत्र मोतोकियो ज़ियामी (1364-1444) को राज्य का संरक्षण प्रदान करते हुए उन्हें दरबार के सर्वोच्च अधिकारियों वाले विशेषाधिकार प्रदान किये। पहले से कहीं अधिक

इस रचनात्मकता के उपयुक्त काल में नोह ने अपना विशिष्ट रूप प्राप्त किया, कानआमी ने एक वर्णनात्मक गीत सरुगाकू कुसे के तत्त्वों (जिसे उसने नोह में शामिल किया और नृत्य के साथ उसको एक विशिष्ट रूप दिया) और जापानी ज़ेन बौद्ध मत के विचारों को एक ऐसी विधा रचने की प्रक्रिया में संयोजित किया जो शोगुन और उसके अनुयायियों की रुचि के अनुसार थी। बाद में ज़ियामी ने इसे एक व्यापक सम्पूर्ण प्रस्तुति रूप प्रदान किया। लेकिन जल्दी ही देंगाकू नो की लोकप्रियता गिरने लगी और अन्त में ये विधा लुप्त हो गयी और सरुगाकू नो अब मात्र नो बनकर रह गया था। ज़ियामी ने आज उपलब्ध लगभग 240 नोह नाटकों में से 100 से अधिक का लेखन किया और उसे नोह नाटककारों में सबसे अधिक प्रतिष्ठित नाटककार माना जाता है, नोह पर सबसे अधिक प्रभाव ज़ेन बुद्धवाद के मत का है, जो सभी प्राणियों की एकता की बात करते हुए व्यक्तिगत कामनाओं पर अंकुश लगाता है और मानता है कि इस संसार में कुछ भी स्थायी नहीं है। नोह नाटकों के संरचनात्मक रूप की बात करें तो अधिकांश नाटकों के नायक भूत-प्रेत, राक्षस या किसी विचार से मनोग्रस्त प्राणी मनुष्य हैं। इनकी आत्माओं को चैन नहीं है क्योंकि अपने सांस्कृतिक जीवन में ये लौकिक सम्मान, प्रेम या किसी और लक्ष्य के प्रति ही समर्पित रहे थे, और ये अपराध बोध उन्हें बार-बार पृथ्वी पर लाता है।

नोह नाटक की पाँच शैलियाँ हैं—कामिमोनो, इन नाटकों में देवताओं की स्तुति है। शुसमोनो, ये नाटक योद्धाओं के जीवन पर आधारित होते हैं। काजुरामोनो नोह नाटक महिलाओं पर केन्द्रित होते हैं। जास्सु शैली के नाटक फुटकर विषयों पर आधारित नोह है। इनमें से अधिकांश मानसिक रूप से अव्यवस्थित उन महिलाओं पर आधारित होते हैं जिन्होंने अपने जीवन में पति या बच्चे को खोने की भीषण पीड़ा झेली है। या फिर इनके विषय आत्माओं पर आधारित होते हैं, नोह का अन्तिम प्रकार है किरिमोनो, इन नोहों में राक्षस, दैत्य, अलौकिक व्यक्ति केन्द्रीय पात्र होते हैं। पारम्परिक रूप से इसी क्रम में एक साथ पाँच नाटकों की प्रस्तुति होती थी। लेकिन द्वितीय विश्वयुद्ध के बाद ये एक ज़रूरत से ज़्यादा लम्बा आयोजन माना जाने लगा और इसे पाँच की जगह तीन नाटकों का आयोजन बना दिया गया। नोह नाटक का लिखित आलेख एक संगीतमय नृत्य नाटक होता है। अपनी विशिष्टता में ये एक एकांकी से भी छोटा होता है। इसमें कोरियोग्राफी के माध्यम से कहानी कही जाती है। इसमें नृत्य करते हुए अभिनेता की पंक्तियों को छः से दस गायकों का कोरस गाता है और यही कोरस शेष नाटक के दौरान होने वाली अनेक घटनाओं का भी वर्णन करता है।

ये पंक्तियाँ गद्य या छन्द दोनों रूपों में हो सकती हैं। छन्द गायकी की संगत संगीत से की जाती है जबकि गद्य की पंक्तियाँ सामान्य रूप से बोली जाती हैं। सामान्य सम्भाषण दो अंकों के बीच में किया जाता है। इसमें पहले अंक में हुई घटनाओं का सार प्रस्तुत किया जाता है।

नोह की प्रस्तुति में तीन समूह एक साथ सहभागिता करते हैं शिते (मुख्य चरित्रों में से एक) और उसके साथी, गायक-मण्डली (कोरस) के सदस्य और कोकाता या बच्चे। आमतौर पर बाल भूमिकाएँ भी इन्हें करनी पड़ती हैं। पारम्परिक रूप से सभी नोह कलाकार पुरुष ही होते हैं। लेकिन देखा गया है कि अनेक महिला कलाकार भी नोह में सस्वर पाठ की प्रस्तुति करती हैं।

प्रस्तुति के अन्य तकनीकी पक्षों में एक है मुखौटा मुख्य चरित्र शीते और उसके साथी, जीवित मनुष्यों को भूमिका के अलावा अन्य भूमिकाओं में लकड़ी के रंगे हुए चित्रित मुखौटे पहनते हैं। ये मुखौटे भी पाँच तरह के होते हैं–उम्रशुदा, पुरुष, स्त्री, देवी-देवता और राक्षस-दैत्य, इनमें भी हर प्रकार के मुखौटे अलग-अलग विशेषताएँ लिए होते हैं। केवल मुख्य चरित्र ही मुखौटे पहनते हैं।

नोह की वेशभूषा में कानआमी और ज़ियामी को आधिकारिक पोशाक की झलक मिलती है, सुरुचिपूर्ण रंगों की ये पोशाकें रेशम के कपड़े की बनी होती हैं और इन पर भली भाँति कढ़ाई की जाती है। लेकिन चीनी रंगमंच की पोशाकों का भड़कीलापन इनमें नहीं होता, ये पोशाकें चार वर्गों में बँटी होती हैं। बाहर पहनने वाली पोशाकें या घरों के भीतर पहनने वाली पोशाकें जिनके ऊपर अन्य पोशाक नहीं होती। शरीर के नीचे के हिस्से की पोशाकें...और सिर की सज्जा या विग, इनमें भी हर वर्ग में अलग-अलग तरह की विभिन्नता होती है। अभिनेताओं से अलग कोरस या ऑर्केस्ट्रा एक सादा सा कात्वा किमोनो...पहनते हैं।

हस्त सामग्री में बहुत कम और परम्परागत वस्तुएँ ही प्रयोग की जाती हैं। इनमें हाथ का पंखा एक बेहद महत्त्वपूर्ण सामग्री है और कई प्रतीकों के रूप में इसका इस्तेमाल होता है। बहती हुई हवा, पानी की लहरें, उगता हुआ चन्द्रमा, बारिश जैसे अनेक दृश्यों की प्रस्तुति के लिए अलग-अलग रूपों में पंखे का प्रयोग किया जाता है। इसके अलावा हाथ में पकड़े पंखे को विभिन्न मुद्राओं में विभिन्न सूक्ष्म भावनाओं और प्रतिक्रिया के लिए भी इस्तेमाल किया जाता है। कभी-कभार अभिनेता तलवार या भाले का भी प्रयोग कर सकता है। जहाँ तक मंच-सामग्री का प्रश्न है वो भी बेहद साधारण ही है। लकड़ी या बाँस के एक छोटे ढाँचे से

महल, पहाड़, शयनगृह, या न्यायालय जैसी जगहों का आभास पैदा किया जाता है, बाँस के एक चौखटे को नाव के रूप में प्रयोग किया जा सकता है। एक बार मंच पर आमतौर पर एक या दो मंच-सामग्री ही होती है, इसमें कोई भी मशीनरी नहीं होती और न ही किसी चित्रित दृश्यावली का इसमें कोई प्रयोग किया जाता है, मंच पर उपस्थित अभिनेता की पोशाक या मास्क बदलने या उसमें समायोजन के लिए एक मंच सहायक हर समय मंच पर उपस्थित रहता है। ये मंच सहायक मंच पर मंच-सामग्री भी स्थित करता है या और अधिक आवश्यकता न होने पर उसे हटाता भी है। इससे भी और आगे बढ़ते हुए ज़रूरत पड़ने पर यह अभिनेता के लिए प्रॉम्टिंग भी करता है, और सबसे महत्त्वपूर्ण कार्य के रूप में, उस स्थिति में, जब मुख्य अभिनेता आगे अभिनय करने में किसी कारण से असमर्थ होता है तो ये उसकी भूमिका भी निभाता है। एक विशिष्ट अभिनेता को ही इस मंच सहायक की ज़िम्मेदारी दी जाती है।

नोह का मंच 1615 से ही निश्चित मानक स्वरूप का मंच है। इस मंच के दो प्रमुख भाग हैं। मुख्य मंच बुताई और पुल *हशिगाकारी,* दोनों की छत मन्दिरों की छत जैसी होती है। मंच की छत चार स्तम्भों पर टिकी होती है, इन चारों खम्भों के भी अपने अलग नाम और विशेष उपयोग हैं। मंच के भीतरी भाग की दायीं ओर के स्तम्भ को शितेवाशिरा या मुख्य चरित्र का खम्भा कहा जाता है। मंच पर प्रवेश करने पर शिते इस खम्भे के पास रुकता है और अपना नाम बताते हुए दर्शकों को ये भी जानकारी देता है कि वो कहाँ से आया है। अपना ये संवाद (सम्भाषण) बोलते हुए वो मंच के सामने वाले हिस्से के दायीं ओर के खम्भे मेत्सुकी वाशिरा की ओर मुँह करके खड़ा होता है। मंच के आगे वाले भाग के बायें सिरे पर स्थित स्तम्भ को वाकिवाशिरा कहा जाता है। इसका सम्बन्ध गौण चरित्रों से है। मंच के भीतरी हिस्से में बायीं ओर स्थित स्तम्भ को फुएवाशिरा (बाँसुरी का खम्भा) कहा जाता है। ये मंच पर बाँसुरी बजाने वाले की जगह को इंगित करता है।

मंच तीन मुख्य हिस्सों में विभाजित होता है। मुख्य मंच का सबसे बड़ा हिस्सा चार खम्भों से घिरा लगभग 18 वर्ग फ़ीट का होता है। इसके फ़र्श को विशेष रूप से चमकीले सनोवर से तैयार किया जाता है। इसके नीचे ध्वनि उत्पन्न करने वााले मटके या मर्तबान रखे जाते हैं। ये पैरों की लयात्मक और ज़ोरदार थाप के प्रभाव को पैदा करने में सहायक होते हैं, जो कि नोह की एक अनूठी विशेषता है। भीतरी मंच के खम्भों के पीछे की ओर पिछला मंच होता है। मंच का ये भाग ऑर्केस्ट्रा का है। इस ऑर्केस्ट्रा में एक बाँसुरी वादक

और दो या तीन ढोल वादक होते हैं। संगीतकार इस प्रकार बैठते हैं कि उन्हें मुख्य मंच और ब्रिज दिखायी देता रहे। मुख्य मंच के बायीं ओर के मंच पर वाकीजा पर पूरी प्रस्तुति के दौरान कोरस का क़ब्ज़ा रहता है। ये कोरस दो पंक्तियों में बैठता है और कोरस का नायक दूसरी पंक्ति के बीचों-बीच में स्थान ग्रहण करता है। इस मंच पर आने के लिए दो प्रवेश-द्वार होते हैं। मुख्य द्वार है हशिगाकारी या पुल, ये सज्जा कक्ष से आता हुआ 6 फ़ीट चौड़ा और 33 से 52 फ़ीट लम्बा रेलिंग से घिरा गलियारा होता है। इस पुल के सामने वाले हिस्से में देवदार के तीन छोटे पेड़ होते हैं। ये स्वर्ग, पृथ्वी और मनुष्य के प्रतीक हैं। इस पुल का इस्तेमाल संगीतकारों और सभी महत्त्वपूर्ण चरित्रों के प्रवेश के लिए किया जाता है। इसका प्रवेश-द्वार 'त्वरित द्वार' होता है। ये भीतरी मंच के दायें सिरे पर होता है। इसकी ऊँचाई मात्र 3 फ़ीट होती है। इस द्वार का इस्तेमाल कोरस, मंच सहायकों के प्रवेश और मृत चरित्रों के प्रस्थान के लिए होता है। मंच और पुल की पिछली दीवार लकड़ी की बनी होती है। ऑर्केस्ट्रा के पीछे वाली दीवार पर एक देवदार के पेड़ का चित्र बना होता है। इस पेड़ के बारे में नोह कलाकारों की मान्यता है कि ये पेड़ योगो देवदार पेड़ का प्रतीक है जिसके माध्यम से देवता ने पृथ्वी पर उतरकर नोह की पहली प्रस्तुति को शुरू करवाया था। मंच पर बायीं ओर की दीवार पर एक बाँस का चित्र बना होता है। ये बाँस उस प्राकृतिक दृश्यावली की यादें ताज़ा करता है जिसने सबसे पुरानी प्रस्तुतियों की पृष्ठभूमि की रचना की थी। जहाँ तक दर्शकों का सवाल है, वे दो ओर से मंच पर घटित हो रही घटनाओं को देखते हैं। मुख्य मंच के सामने की ओर बैठ कर और पुल के सामने के पार्श्व में बैठे हुए। आज के नोह थिएटरों में आम तौर पर 300 से 500 लोगों के बैठने की व्यवस्था होती है।

नोह के कलाकारों को इसी परम्परा में प्रशिक्षित किया जाता है और पूरा नाटक शुरू से लेकर आख़िर तक उन्हें पता होता है, इसलिए आमतौर पर नोह के प्रदर्शन से पूर्व केवल एक ही रिहर्सल की जाती है। नोह अन्तरंग रूप से क्योगेन यानि हिंसक संसारों से सम्बन्धित है, साथ ही नोह नाटकों के बीच में प्रहसन की तरह इस्तेमाल किये जाने वाले छोटे हास्यपरक प्रकरणों से, नोह की ही तरह क्योगेन सरुगाकू से ही निकला है लेकिन नोह के विपरीत ये हास्यपरक को बनाये रखता है, जो कि पूर्व की विधा की विशेषता थी। लेकिन नोह की ही भाँति क्योगेन की परम्पराएँ भी ज़ियामी के काल में ही निर्धारित हो गयी थीं। 16वीं शताब्दी तक क्योगेन कलाकारों के तीन प्रकार थे—ओकुरा, सागी और इज़ुमी। 17वीं सदी के पूर्वार्द्ध के अन्तिम वर्षों (1638-1642) तक इससे

सम्बन्धित कोई नाटक नहीं लिखा गया था। इस सदी के उत्तरार्द्ध में (1662) ओकुरा ने इनमें से 203 संकलित (रिकॉर्ड) किये। क्योगेन के रंग-भण्डार के ये महत्त्वपूर्ण नाटक हैं। 1660 में ओकुरा ने पूरी तरह से क्योगेन को समर्पित पहले आलेख को प्रकाशित किया।

क्योगेन के प्रदर्शनों में व्यापक रूप से ऐसे विषय होते हैं जिनका ज़ोर चरित्र की बजाय परिस्थिति पर अधिक होता है। इन प्रकरणों में विशेष रूप से एक ऐसी दुविधा की स्थिति पैदा होती है जिसमें विभिन्न आम चरित्र जैसे कि नशे में धुत्त शराबी, कायर समुराई, लापरवाह दम्भी मालिक, धूर्त नौकर, लालची, मक्कार औरत और ऐसे ही अन्य चरित्र अपने आपको खोजते हैं। अनेक अवसरों पर क्योगेन के नाटकों में नोह नाटकों की पैरोडी की जाती है, कभी-कभार पशु, देवता, या दैत्यों को भी चरित्रों के रूप में शामिल करते हुए, लोक-साहित्य से भी इसके विषय लिए जाते हैं। संरचनात्मक दृष्टि से अधिकतर नाटक दो या तीन चरित्रों के होते हैं। क्योगेन के अधिकांश नाटकों में संवाद गद्य में ही होते हैं, ऐसा भी होता है कि नाटकों में क्लाइमेक्स में कभी-कभी छोटे-छोटे गीत और नृत्यों को शामिल कर लिया जाता है। कई अवसरों पर इन गीत और नृत्यों की संगत नोह में इस्तेमाल होने वाले ढोलों और बाँसुरी से की जाती है। मनोविनोद के हास्यपरक संवादों और पैंटोमाइम की प्रमुखता वाले इन नाटकों को सख़्ती के साथ पारम्परिक रूप में ही किया जाता है। इनके कलाकार नोह की प्रस्तुतियों में भी हिस्सा लेते हैं। कभी ग्रामीण तो कभी किसान या आम आदमी के रूप में जिससे नोह प्रदर्शनों में सांसारिक और कभी-कभार मनोविनोद का पुट भी आ जाता है। इससे एक बात तो सिद्ध होती है कि हर दौर में रंगमंच में, वैश्विक स्तर पर गम्भीर और हास्यपरक प्रस्तुतियों की एक समानान्तर परम्परा रही है और समाज के हर वर्ग के भावनात्मक पक्ष को अपनी-अपनी तरह से महत्त्व मिला है। मध्यकालीन समय में देखा जाये तो जापान में नोह और क्योगेन दोनों ही नाट्यरूप अनिवार्य रूप से समाज के कुलीन आभिजात्य वर्ग का मनोरंजन थे। लेकिन समय-समय पर इनके सार्वजनिक प्रदर्शन भी होते थे। शोगुनों ने नोह को अपने संरक्षण में लेते हुए इसके कलाकारों को समुराई का स्तर प्रदान किया था और राष्ट्रीय माँग की एक व्यवस्था के ज़रिये उन्हें मासिक मानदेय भी दिया जाता था। इस क्रम में नोह के पाँच (घरानों) विद्यालयों को मान्यता प्रदान की गयी जिनकी कमान आज भी उसी घराने के हाथों में रही, लेकिन 1868 में जापान में शोगुन राजवंश का पतन हो गया और इसी के साथ नोह की *विशेष* स्थिति भी चली गयी और इसे एक मुश्किल दौर का सामना करना पड़ा।

द्वितीय विश्वयुद्ध के समय से ही इसे राष्ट्रीय धरोहर का दर्जा मिला हुआ है और इसका अपना एक विशिष्ट दर्शक वर्ग भी है। ऊपर नोह के पाँच स्कूलों के घराने का ज़िक्र हुआ है। इनमें से हर एक का अपना प्रदर्शन भवन या प्रेक्षागृह है। 1983 में तोक्यो में राष्ट्रीय नोह प्रेक्षागृह की शुरुआत की गयी। इस प्रेक्षागृह में सभी घरानों की प्रस्तुतियाँ की जाती हैं, और प्रशिक्षण देने के क्रम में नोह और क्योगेन दोनों ही के अभिनेताओं ने शौक़िया कलाकारों को अपनी-अपनी विधा का व्यावसायिक प्रशिक्षण देना शुरू किया और आज आर्थिक रूप से काफ़ी मज़बूत स्थिति में है।

काबुकी : 1603 के आसपास सत्रहवीं शताब्दी में जापान में रंगमंच की कहानी और समृद्ध परम्परा जन्म ले रही थी। ये है काबुकी, काबुकी की शुरुआत ओकुनी से मानी जाती है। ओकुनी इज़ुमो ग्राण्ड गृह की एक नृत्यांगना थी। उसने क्योतो में नदी की तलहटी में बनाये गये एक इम्प्रोवाइज़्ड मंच पर अपनी कला की प्रस्तुति देनी शुरू की। उसकी प्रस्तुतियों में नृत्य के दौरान बीच-बीच में छोटी-छोटी नाटिकाओं को शामिल किया जाता था, और काबुकी नोह से विपरीत एक आशावादी सुखवादी समाज की एक गम्भीर सत्य अभिव्यक्ति थी। इसमें सभी कलाकार महिलाएँ ही थीं। ये महिला कलाकार ही कभी-कभी पुरुष वेश में, आवश्यकता पड़ने पर, मंच पर उपस्थित होती थीं और इनके अन्दाज़ स्पष्ट रूप से कामुक होते थे। 1616 तक इनके सरकार से सहायता प्राप्त सात आधिकारिक थिएटर थे। लेकिन इन नाटकों में एक सामाजिक बुराई ने भी जन्म ले लिया और वेश्यावृत्ति का व्यापार भी इसकी आड़ में चलने लगा। इसलिए स्थानीय प्रशासन ने 1629 में इन कार्यक्रमों में महिलाओं के भाग लेने पर प्रतिबन्ध लगा दिया। अब इन महिलाओं की जगह युवा पुरुष काबुकियों ने ले ली। 1652 में इन्हें भी मंच पर आने से प्रतिबन्धित कर दिया गया क्योंकि ये लड़के भी महिलाओं की तरह ही कामुक रूप से लोगों को लुभाने लगे थे। इसके बाद इसमें वयस्क पुरुषों को काम करने की अनुमति दी गयी। और काबुकी का यही रूप आगे चलकर स्थायी हुआ। इन पुरुषों के साथ एक कड़ी शर्त ये लगा दी गयी कि इन्हें अपने सिर मुँडवाने पड़ेंगे और किसी भी शारीरिक आकर्षण के तत्त्व को ये मंच से दूर ही रखेंगे। 1685-1750 काबुली की प्रगति के साथ ही इसकी विशेष तकनीकें भी अस्तित्व में आयीं। अभिनय के नये तरीक़े इसमें शामिल किये गये। पूर्व के युक्तिपूर्ण (इम्प्रोवाइज़्ड) मनोरंजन की जगह पूरी तरह से विकसित नाटकों ने ले ली और कलात्मकता का अपना अलग आकर्षण इस दौर में स्थापित हुआ। 18वीं शताब्दी में काबुकी की तीन सामान्य श्रेणियाँ थीं।

इनमें विशुद्ध काबुकी सबसे ऊपर की श्रेणी में, जापान के पुतुल नाट्य बुनराकू के मुख्य नाटकों को काबुकी के ढाँचे में रूपान्तरित किया गया और तीसरी श्रेणी नृत्य-नाट्य की थी। द्वितीय विश्वयुद्ध के समय से काबुकी पर टिकट लगाया जाने लगा और ये विलासिता की चीज़ हो गयी। काबुकी नाटक अनेक परिवर्तनों के दौर से गुज़रा है। इसकी शुरुआत शहरी आम आदमी के जीवन की रूपरेखा के रूप में हुई थी। इसमें मुख्य अभिनेता प्रायः नृत्य के दृश्यों को इम्प्रोवाइज़ करते थे और ये धीरे-धीरे व्यावसायिक नाटककारों के द्वारा लिखे गये बहुदृश्यों वाले नाटकों के रूप में विकसित हुआ। पहले बहुदृश्य-नाटक का उल्लेख 1664 में मिलता है। 1670 में काबुकी के एक प्रमुख नाटककार चिकाम मोन्जेमो ने क्योतो के प्रमुख अभिनेता और दल प्रबन्धक सकता तोजुरो के लिए काबुकी का लेखन शुरू किया। 27 वर्षों तक उसने काबुकी के लिए अनेक नाटक लिखे। नाटक का महत्त्व बढ़ने के साथ ही हर दल में अपने नाटककार का होना ज़रूरी हो गया। इसी के साथ इनके कुछ सहायकों की भी स्थायी योजना अस्तित्व में आयी। ये नाटक के साल भर में होने वाली छः प्रस्तुतियों की तैयारियाँ करवाते थे। 19वीं शताब्दी के मुख्य नाटककारों में से दो प्रमुख नाटककार कवाताके और मोकुआमी (1816-1893) अपने स्थानीय नाटकों के लिए बहुत प्रसिद्ध हैं, विशेष रूप से उन नाटकों के लिए जिनमें उन्होंने चोरों और अन्य निम्न स्तरीय गौण चरित्रों को अपने नाटक की विषय-वस्तु के लिए चुना है। नाट्य गठन के तकनीकी रूप की बात करें तो काबुकी के नाटककारों ने कभी भी पश्चिमी जगत की नाट्य विधाओं को नहीं अपनाया और ना ही उनके कार्यों में गम्भीर और हास्यपरक की कोई स्पष्ट विभाजन रेखा नज़र आती है। काबुकी के सभी नाटक ढीले-ढाले रूप में एक-दूसरे से जुड़े प्रकरणों से गढ़े गये आलेख हैं और इनमें तीन-चार अलग-अलग नाटकीय जगत एक साथ आते हैं। काबुकी के कार्यक्रम परम्परागत रूप से बहुत लम्बे होते हैं। 1650 से 1850 के लगभग 200 वर्षों के बीच, एक काबुकी प्रस्तुति 12 घण्टे तक चलती थी। इसके अन्तर्गत चार भागों में इसकी प्रस्तुति होती थी। सबसे पहले भाग में ऐतिहासिक नाटक आते हैं (जिदाईमोनो)। इनमें समुराई के मूल्यों और परम्पराओं को किया जाता था। इसमें एक नृत्य प्रस्तुति भी होती थी जिसमें कभी कोई कहानी होती थी, कभी नहीं भी। इसे जिदाईमोनो का हिस्सा बना लिया जाता था। तीसरा भाग होता था एक स्थानीय नाटक 'सेवामोनो' का, इसकी कथा की पृष्ठभूमि में सौदागर, व्यापारी या दस्तकार का सामाजिक परिवेश होता था। चौथे भाग के रूप में प्रस्तुति का अन्त एक-एक अंक वाले नृत्य-नाट्य से हुआ करता था जो

आमतौर पर हास्यपरक होता था। 1868 में इस प्रस्तुति को 8 घण्टों तक सीमित कर दिया गया। 1878 तक गैस की रौशनी के आविष्कार से पहले तक रात में नाट्य-प्रस्तुतियाँ नहीं होती थीं। द्वितीय विश्वयुद्ध के बाद इसकी प्रस्तुति के घण्टे और कम कर दिये गये लेकिन इसका चार भागों वाला ढाँचा अभी बरकरार है। व्यावसायिक प्रेक्षागृहों में वर्तमान में एक दिन में दो कार्यक्रम प्रस्तुत करने की परम्परा है। एक बहुत ही दिलचस्प तथ्य इन प्रस्तुतियों में नृत्य को लेकर है। मूल रूप से केवल महिला पात्र ही प्रस्तुति के दौरान नृत्य करते थे लेकिन अठारहवीं शताब्दी के उत्तरार्द्ध तक ये नृत्य प्रस्तुति का इस कदर ज़रूरी हिस्सा हो गया था कि हर कम्पनी में व्यावसायिक कोरियोग्राफर एक अभिन्न हिस्सा बन गया था। काबुकी में नृत्य का प्रयोग हमेशा ही मौखिक पाठ्य को प्रतिबिम्बित करने के लिए किया जाता है। इसका उद्देश्य वास्तविक भावनाओं और कार्यों के सार को शैलीबद्ध मुद्राओं, गतियों और भंगिमाओं के माध्यम से दर्शक के सामने प्रस्तुत करना है। इस प्रक्रिया में रोना भी सिर की एक लयात्मक गति बन जाता है जिसमें हाथों की नपी-तुली मुद्राएँ भी शामिल होती हैं।

काबुकी नृत्य में भावात्मक और वर्णनात्मक संगीत साथ-साथ चलता है, वैसे तो ये एक चरित्र को मंच पर स्थापित होने में सहायक होता है लेकिन गौण ही बना रहता है। काबुकी में संगीत की तीन शैलियाँ होती हैं। हर किसी की पहचान ध्वनि की गुणवत्ता, रंगमंचीयता और मंच पर संगीतकारों की स्थिति से होती है। काबुकी का मूल संगीत नगाउता शैली है इसमें ढोल, बाँसुरी और गायक शामिल हैं। नगाउता शैली में संगीतकार उपस्थित नहीं होते इसलिए इस संगीत शैली का प्रयोग, प्रस्थान, संवादों और लड़ाई के दृश्यों में किया जाता है। इसकी संगीत शैली का प्रयोग नृत्य नाटकों के लिए किया जाता है। कुछ विशेष प्रकार के नृत्यों का संगीत बजाया जाता है तो कुछ में गायन भी होता है। तीसरा पुतुल शैली का संगीत है। इस संगीत का प्रयोग पुतुल रंगमंच से रूपान्तरित नाटकों के लिए किया जाता है। इसके अतिरिक्त कुछ नृत्य-नाटकों के लिए भी ये संगीत इस्तेमाल होता है। इन प्रस्तुतियों में संगीत-मण्डली मंच पर ही बैठती है। इसका नियत हिस्सा मंच का पिछला भाग या बायीं ओर का भाग होता है। मंच पर उपस्थित संगीतकार समुराई की उत्सवीय पोशाक में होते हैं। किमोनो और कन्धों पर क्षैतिज कपड़ा जिस समय उनका काम नहीं होता वे मंच के भीतर की ओर ख़ामोश बैठते हैं। नृत्य नाटकों या पुतुल नाटकों के रूपान्तरणों में गीत और वाचन काबुकी का महत्त्वपूर्ण हिस्सा है। इन प्रस्तुतियों में अभिनेता गायन नहीं करते। नृत्य-नाटकों में कोरस गीतों को गाता है, जिसमें दृश्य का विवरण

होता है और कहानी का सार भी होता है। इस तरह काबुकी के अभिनय में वाचन और नृत्य का संयोजन होता है। 6-7 वर्ष की आयु में इन अभिनेताओं का प्रशिक्षण शुरू होता है, काबुकी में बच्चों की बहुत-सी भूमिकाएँ होती हैं इसलिए ये छात्र शुरुआत से ही मंच पर अभिनय करना शुरू कर देते हैं और ये उनके प्रशिक्षण का ही भाग बन जाता है। इस क्षेत्र में अधिकांश प्रमुख अभिनेता कुछ गिने-चुने परिवारों से ही आते हैं। जहाँ पीढ़ी-दर-पीढ़ी ये परम्परा चली आ रही है और अधेड़ उम्र तक आते-आते ही अभिनेता को परिपक्व अभिनेता की पहचान मिलती है। काबुकी में भूमिकाओं का कुछ गिने-चुने आधारों पर विभाजन होता है। ये विभाजन इस प्रकार हैं। ताचियाकु इसके अन्तर्गत वफ़ादार, भले, और साहसी पुरुषों के चरित्र आते हैं। काताकियाकु इसके अन्तर्गत खलनायकीय पुरुष चरित्र होते हैं। हास्यपरक चरित्र जिनमें हास्यपरक खलनायक भी शामिल हैं, दोकेकाता के अन्तर्गत आते हैं। कोयाकू के अन्तर्गत बाल भूमिकाएँ आती हैं और विभिन्न प्रकार की महिला भूमिकाएँ ओनगाता के अन्तर्गत आती हैं। ये सभी भूमिकाएँ पुरुषों द्वारा ही की जाती हैं। काबुकी के अभिनेताओं की सज्जा की बात करें तो इसमें मुखौटों का प्रयोग नहीं होता लेकिन कुछ भूमिकाओं के लिए अभिनेता के चेहरे पर गहराई से उभरते हुए कुछ पैटर्न बनाये जाते हैं। आमतौर पर सफ़ेद रंग से पोते गये चेहरे पर काले और लाल रंगों से ये अतिरंजित पैटर्न उभारे जाते हैं। दैत्य या दुरात्माओं के चरित्रों के लिए नीले और भूरे रंगों का प्रयोग किया जाता है। महिला चरित्र 'ओनगाता' के चेहरे पर नक़ली भवें बनायी जाती हैं और इनकी आँखों के कोनों और मुख पर लाल रंग लगाया जाता है, शेष चेहरा सफ़ेद ही होता है। विवाहित महिलाओं के दाँतों को काले रंग से रंगा जाता है और उनकी भवों को साफ़ कर दिया जाता है। कुछ अधिक बलिष्ठ पुरुष-भूमिकाओं के लिए एक पारम्परिक रूप में भुजाओं और टाँगों को भरपूर मांसल दिखाने के लिए उसी के अनुसार आकार दिया जाता है। इसी तरह से हर भूमिका की अपनी परम्परागत वेशभूषा है। लगभग ये सभी पोशाकें ऐतिहासिक परिधानों पर आधारित होती हैं। बस नाटक के उद्देश्य से उनमें कुछ काट-छाँट कर ली जाती है। लोक की अपनी विशेषता को दर्शाते हुए एक ही नाटक में भिन्न-भिन्न कालों की वेशभूषा का प्रयोग होता है। ऐतिहासिक प्रामाणिकता का कोई महत्त्व इस सन्दर्भ में काबुकी में नहीं है। इनकी साज-सज्जा की बात की जाये तो कई पोशाकें तो 20 किलो तक वज़नी होती हैं और इन्हें ठीक से सँभाले रखने के लिए अभिनेता के साथ सहायक भी मंच पर उपस्थित होते हैं।

काबुकी में प्रयुक्त होने वाली मंच-सामग्री की बात करें तो ये प्रतीकात्मक से लेकर यथार्थवादी तक की विविधता वाली होती है। नोह की ही तरह, विशेष रूप से नृत्य नाटकों में हाथ के पंखे की बहुत उपयोगिता है। घुड़सवारी से लेकर धनुष-तीर चलाने और चाँद के निकलने से लेकर किसी दरवाज़े के खुलने तक की मंच-क्रियाओं के लिए इसका प्रयोग होता है। इसी प्रकार हाथ में पकड़ा रुमाल भी अनेक भावनाओं और क्रियाओं का प्रतीक बन जाता है। दूसरी ओर अनेक ऐसी भी सामग्रियाँ हैं जो प्रतिरूपात्मक हैं जैसे काबुकी में घोड़ा। ये घोड़े की तरह का लकड़ी का बना एक ढाँचा होता है, जो शनील के कपड़े से ढँका हुआ होता है। इस पर एक घुड़सवार-अभिनेता को दिखाया जाता है, भीतर छिपे हुए दो अभिनेताओं की इन्सानी टाँगें दर्शकों को स्पष्ट दिखायी देती हैं। इसी तरह अन्य भी कई प्रकार की सामग्रियाँ काबुकी में इस्तेमाल होती हैं जैसे कवच, तलवारें, मनुष्यों के सिर, बाघ, हाथी, बन्दर, घर का सामान आदि और ये इसी तरह पारम्परिक रूप से इस्तेमाल की जाती हैं।

स्थापत्य की दृष्टि से काबुकी का मंच भी यथार्थ और भ्रम का पारम्परिक ढाँचा प्रस्तुत करता है। शुरुआती काबुकी प्रस्तुतियाँ अस्थायी मंचों पर होती थीं। इनका स्वरूप आमतौर पर नोह के प्रस्तुति मंचों जैसा ही था। 1660 के दशक में बहुअंकीय नाटकों की शुरुआत के साथ मंच को दर्शकों से छिपाने के लिए एक पर्दे का प्रयोग किया जाने लगा। इसके साथ ही अभिनेता को और अधिक अभिनय-स्थल उपलब्ध कराने के उद्देश्य से पुल की चौड़ाई भी बढ़ा दी गयी। 1724 तक खुले में बैठे दर्शकों को धूप से बचाने के लिए उनके सिर के ऊपर एक चटाई तानी जाती थी। इसी वर्ष सरकार की ओर से स्थायी प्रेक्षागृहों के निर्माण की अनुमति दे दी गयी, जिनकी छतें स्थायी रूप से पक्की होती थीं। इसी बीच विशेष प्रभावों के लिए मशीनरी का प्रयोग भी शुरू हो गया था। 1736 में उसने दुनिया का परिचय घूमते हुए मंच से करवाया। 1827 के बाद घूमने वाला मंच कभी-कभी दो हिस्सों में बनाया जाता था। एक के भीतर दूसरा मंच घूमता था और स्वतन्त्रता से कार्य करता था। 1736 तक सामने का मंच काबुकी का ख़ास हिस्सा बन चुका था और ये 1745 के बाद अभिनय का प्रमुख क्षेत्र बन चुका था। 1724 से 1736 के बीच काबुकी मंच में एक उठे हुए गलियारे हानामिची को जोड़ा गया। ये गलियारा मंच को प्रेक्षागृह के पिछले हिस्से में स्थित एक छोटे कक्ष से जोड़ता था। हानामिची का प्रयोग सभी प्रमुख प्रवेशों और प्रस्थानों के साथ ही अनेक महत्त्वपूर्ण दृश्यों के लिए होता है। 1770 में काबुकी के मंच में एक और हानामिची को जोड़ा गया।

1830 तक काबुकी मंच अपना विशेष रूप धारण कर चुकी थी। इसमें से नोह वाली छत को हटाया दिया गया और प्रेक्षागृह की पूरी गहराई मंच में शामिल हो गयी थी और इसमें एक घूमने वाले मंच को और स्थापित कर दिया गया था। दोनों हानामिचियों के बीच के हिस्से को अनेक चौकोर घेरों या बॉक्सों में बाँट दिया गया था। इसमें दर्शक चटाइयों पर बैठते थे, इन बॉक्सों के दो तल प्रेक्षागृह के प्रत्येक सिरे तक पहुँचते थे। 1908 में प्रोसिनियम आर्क से रंगमंच का परिचय हुआ और पश्चिमी शैली की बैठने की व्यवस्था की शुरुआत हुई। दूसरे हानामिची को हटा दिया गया। उड़ने वाली मशीनरी, बिजली की प्रकाश व्यवस्था और प्रोसिनियम आर्क के अतिरिक्त, मंच आज भी लगभग अपरिवर्तनीय है। टोकियो में स्थित वर्तमान काबुकी का प्रोसिनियम आर्क 93 फ़ीट चौड़ा है। इसकी ऊँचाई मात्र 20 फ़ीट है और प्रेक्षागृह की गहराई 60 फ़ीट है। इससे मंच और दर्शक के बीच का स्थलीय सम्बन्ध पश्चिमी रंगमंच से अच्छा-ख़ासा भिन्न है। नोह के विपरीत काबुकी में दृश्यावली का व्यापक प्रयोग होता है, हर स्थल को दृश्यावली के रूप में दिखाया जाता है। दृश्यबन्ध कभी भी त्रिआयामी नहीं होते और लगभग सारी दृश्यावली मंच के अग्रभाग के समानान्तर रखी जाती है। चित्रकारी त्रिआयामी न होकर सपाट होती है। पिछले हिस्से में मंच से जुड़े फ्लैट पर दूर का दृश्य चित्रित होता है। कभी-कभी मंच पर अपेक्षाकृत यथार्थवादी जापानी भवन खड़े किये जाते हैं। अनेक दृश्यावली के अंशों का प्रतीकात्मक प्रयोग होता है। सफ़ेद जाली बर्फ़ का प्रतिनिधित्व करती है, तो नीली पानी, और स्लेटी मैदान धरातल का। विभिन्न तरह के पेड़ परिवर्तित स्थलों का प्रतिनिधित्व करते हैं, प्रचलित के साथ पारम्परिक का ये मेल काबुकी को एशिया की सभी पारम्परिक विधाओं के बीच पश्चिम के कहीं अधिक निकट ला खड़ा करता है।

पश्चिम का रंगमंच

यूनान

रोम

मध्यकालीन

रिनेसाँ

एलिज़ाबेथकालीन

स्तानिस्लाव्स्की

ब्रेष्ट

एब्सर्ड का रंगमंच

ग्रीक रंगमंच (यूनान)

पश्चिम की प्राचीन सभ्यताओं में बेबीलोन, मिस्र (इजिप्ट) और मैसोपोटामिया की सभ्यता का नाम लिया जाता है, जहाँ गीत, नृत्य और कुछ सीमा तक नाट्य-गतिविधियों की भी थोड़ी बहुत जानकारी मिलती है, लेकिन जिस देश में पहली बार विधिवत रंगमंचीय कार्यकलाप की ठोस सूचनाएँ प्राप्त होती हैं, उसका नाम ग्रीस या यूनान है। आज से लगभग ढाई हज़ार वर्ष पहले वहाँ औपचारिक रूप से नाटकों का मंचन आरम्भ हुआ लेकिन उससे भी कम-से-कम एक-डेढ़ हज़ार वर्ष पूर्व वहाँ कला, साहित्य, खेल आदि की गतिविधियों से हमारा परिचय होने लगता है। जिस प्रकार हमारे यहाँ वाल्मीकि और व्यास आदि कवि के रूप में जाने जाते हैं, उसी प्रकार का सम्मान यूनान में होमर को दिया जाता है।

होमर का समय आठवीं शती ई. पू. निश्चित किया गया है। होमर ने दो महाकाव्यों की रचना की—*इलिएड* और *ओडेसी* जिसमें यूनानी लोगों द्वारा पूजे जाने वाले देवी-देवताओं से जुड़ी कथाओं को लिपिबद्ध किया गया है। जिस प्रकार हमारे यहाँ रामायण और महाभारत को परवर्ती नाट्य-साहित्य अपने कथानकों के लिए इन्हीं दोनों महाकाव्यों को स्रोत के रूप में लेता है, ठीक यही बात होमर के दोनों महाकाव्यों के विषय में कही जा सकती है। यूनान में 776 ई. पू. में ही आज पूरे विश्व में प्रतिष्ठित ओलम्पिक खेलों का आरम्भ हुआ। छठी शती ई. पू. अर्थात 509 ई. पू. में विश्व में पहली बार यूनान में ही गणतान्त्रिक, राजनैतिक पद्धति को अपनाया गया। कला, शिक्षा, खेल, दर्शन, सौन्दर्यशास्त्र के क्षेत्र में तब तक यूनान एक उन्नत देश के रूप में स्थापित हो चुका था।

यूनान अलग-अलग नगर-राज्यों का एक समूह था। वहाँ की राजनैतिक व्यवस्था पोलिस कहलाती थी अर्थात हर नगर एक राज्य माना जाता था और वह सभी निर्णयों में एकदम से स्वतन्त्र था। हर नगर-राज्य के प्रतिनिधि चुनकर सीनेट या पार्लियामेंट में जाते थे। हर नगर-राज्य की सारी व्यवस्थाएँ स्वतन्त्र होने के कारण उनमें आपस में एक-दूसरे से आगे बढ़ने की स्पर्धा रहती थी, चाहे वह खेल हो, शिक्षा हो, दार्शनिक वाद-विवाद हो, कला हो, सौन्दर्य-प्रतियोगिताएँ हों—यूनानी समाज हर क्षेत्र में बढ़-चढ़कर भाग लेता था। एथेंस, हेलेना, स्पार्टा, कोरिन्थ, थीब्स—अलग-अलग नगरों में उपर्युक्त क्षेत्रों की प्रतियोगिताएँ होती रहती थीं। एथेंस यूनान की राजधानी था, इसलिए इन सब गतिविधियों का मुख्य केन्द्र था—खेलों की शुरुआत यहीं हुई, शिक्षा की अकादमियों की स्थापना यहीं हुई। यूनान के सभी मुख्य त्यौहार और समारोह यहीं मनाये जाते थे—ऐसे में रंगमंच के जन्म और विकास का श्रेय भी एथेंस को ही मिला लेकिन उससे पहले उनके यहाँ हर साल होने वाले त्यौहारों के अवसर पर किये जाने वाले नृत्यों एवं गायन का बहुत बड़ा योगदान है जिसने अन्ततः रंगमंच को जन्म दिया।

यूनानी समाज का सबसे बड़ा देवता था डायनोसिस। उसे शराब यानि मौज-मस्ती का देवता माना जाता है। इसी के साथ वह फ़सल यानि उपज का देवता भी है—फ़सल भी दोनों प्रकार की—यानि अनाज और मनुष्य के जन्म से सम्बद्ध। हर साल मार्च के महीने में उसका जन्मदिन मनाया जाता था। यूनान के लोग उसकी समाधि के चारों ओर समूहों में नृत्य करते थे और डायनोसिस देवता की प्रशंसा में उसके जीवन से जुड़े प्रसंगों से सम्बद्ध मन्त्रों का उच्चार करते थे जिन्हें डिथिरैम्ब मन्त्र कहा जाता है। विद्वानों का मत है कि किसी दिन एक व्यक्ति उस समूह अथवा कोरस से बाहर निकल आया और वह अपने

अभिनय से उन मन्त्रों का एक दृश्य-संसार रचने लगा। इस तरह से आज से लगभग ढाई-तीन हज़ार वर्ष पहले यूनान में रंगमंच का आरम्भ हुआ। इसी के समानान्तर एक दूसरा मत यह भी है कि यूनान में पहले एक व्यक्ति ने अभिनय के माध्यम से रंगमंच की शुरुआत की और बाद में उसने प्रस्तुति को प्रभावशाली बनाने के लिए अपने साथ एक कोरस को जोड़ा। बहरहाल हम इन दोनों मतों में से किसी को भी स्वीकार करें यह स्पष्ट है कि ग्रीक रंगमंच का जन्म उनके अपने देवता डायनोसिस के जन्मदिन पर गाये जाने वाले मन्त्रों, गीतों और नृत्य की गतिविधियों से हुआ।

वह पहला अभिनेता थेसपिस था जो बैलगाड़ी में सामान लादकर नगर के चौराहों पर जाकर प्रदर्शन किया करता था। थेसपिस को पाश्चात्य रंगमंच का पहला अभिनेता माना जाता है। उसका महत्त्व इतिहास में इस सीमा तक है कि आज भी किसी बड़े अभिनेता को थेस्पियन की संज्ञा से अभिहित किया जाता है। इस प्रकर जो रंगमंचीय गतिविधि डायनोसिस के जन्मदिन के अवसर पर मात्र एक घटना के रूप में सामने आयी, वह धीरे-धीरे इतनी लोकप्रिय हो गयी कि 534 ई. पू. में यूनान के बादशाह ने उसे औपचारिक मान्यता प्रदान कर दी अर्थात हर साल मार्च के महीने में तीन दिन की नाटक प्रतियोगिता आयोजित की जायेगी। डायनोसिस के जन्मदिन का समारोह प्रायः मार्च के अन्तिम सप्ताह में मनाया जाता था। यह सात दिन तक चलने वाला सार्वजनिक समारोह था। पूरे यूनान में सात दिन के लिए सरकारी अवकाश घोषित कर दिया जाता था। बहुत बड़ी संख्या में लोग एथेंस में एकत्रित होते थे। पहले चार दिन डिथिरैम्ब मन्त्रों के उच्चारण की प्रतियोगिताएँ, वाद-विवाद प्रतियोगिताएँ और खेल आदि की प्रतियोगिताओं का आयोजन किया जाता था और अन्तिम तीन दिन नाटक-प्रतियोगिताओं के लिए रखे जाते थे। प्रत्येक दिन एक नाटककार के चार नाटकों का प्रदर्शन किया जाता था। इस प्रकार कुल मिलाकर बारह नाटकों की प्रस्तुति की जाती थी।

हर साल कौन-से नाटककार प्रतियोगिता में भाग लेंगे, इसके लिए हर नाटककार एक साल पहले अपने चार नाटकों के आलेख शासन के पास जमा करवाता था। शासन द्वारा नियुक्त कमेटी अन्तिम रूप से तीन नाटककारों का चयन करती थी। इन नाटककारों को शासन की ओर से अभिनेता उपलब्ध कराये जाते थे। ये अभिनेता कोई प्रशिक्षित अभिनेता नहीं होते थे वरन यूनानी समाज में प्रचलित दास प्रथा से जुड़े लोग होते थे। नाटक की तैयारी की पूरी ज़िम्मेदारी नाटककार की होती थी। यदि वह चाहे तो स्वयं भी नाटक में अभिनय

कर सकता था। उस समय के जो चित्र मिले हैं, उनसे इस तथ्य की पुष्टि होती है कि नाटककार स्वयं अभिनय करता ही था। यह इसलिए ज़रूरी था कि जो भी अभिनेता थे, वे बिल्कुल भी नाटक और रंगमंच की कला में पहले से प्रशिक्षित नहीं होते थे—तभी उन्हें पूरा एक वर्ष तैयारी के लिए दिया जाता था ताकि नाटककार की देखरेख में उन्हें संवाद-अदायगी, संगीत, गति-विधान आदि प्रस्तुति के अलग-अलग पक्षों की ठीक से जानकारी दी जा सके। एक साल तक चलने वाले पूर्वाभ्यास-प्रस्तुति का सारा व्यय शासन द्वारा चयनित *कोरिगीज़* समूह द्वारा उठाया जाता था। ये कोरिगीज़ यूनान के बड़े-बड़े धनी मानी व्यवसायी लोग होते थे जो इस वार्षिक समारोह में इसलिए शासन के साथ सम्मिलित होते थे ताकि बाद में वे अपने निजी हितों के लिए शासन से ढेर सारी सुविधाएँ प्राप्त कर सकें। प्रतियोगिता में एक पुरस्कार बेस्ट प्रबन्धन के लिए भी दिया जाता था जो कि किसी एक कोरिगीज़ को मिलता था। क्या आज भी हम अपने समय में ऐसा सम्बन्ध नहीं देखते जब बड़े-बड़े व्यवसायी राजनैतिक दलों को चुनाव के दौरान आर्थिक सहायता पहुँचाते हैं ताकि उस दल के सत्ता में आने के बाद वे अपने लिए बड़े-बड़े अनुबन्ध प्राप्त कर सकें?

प्रतिदिन जो चार नाटक खेले जाते थे उनमें से पहले तीन नाटक दुखान्त हुआ करते थे और अन्तिम नाटक कॉमेडी या सैटायर होता। यदि पहले तीनों नाटक आपस में मिलकर एक ही कथा को आगे बढ़ाते हैं तो वे *ट्रियोलाजी* अर्थात त्रयी कहलाते थे। यदि चौथा नाटक भी उस कहानी का ही हिस्सा हो तो चारों मिलकर *टेट्रालाजी* कहलायेंगे। हमारे सामने सत्यजित राय की पहली तीनों फ़िल्में—*पाथेर पांचाली, अपराजितो* और *अपूर संसार* एक ही कथा पर आधारित हैं यानि विभूति भूषण वन्द्योपाध्याय का उपन्यास *पाथेर पांचाली*। हॉलीवुड में सातवें-आठवें दशक में फ्रांसिस फोर्ड कोपोला द्वारा मारियो पूजो के उपन्यास *गाड फादर* पर इसी नाम से बनी *गॉड फादर* पार्ट वन और टू का उदाहरण दिया जा सकता है। ऐसा उल्लेख मिलता है कि पहली प्रतियोगिता में नाटककार, अभिनेता और प्रस्तुति—ये तीनों पुरस्कार थेसपिस को मिले।

इसके बाद तो ग्रीक रंगमंच का कम-से-कम तीन सौ वर्ष लम्बा प्रस्तुतिपरक इतिहास है जिसने तीन बड़े नाटककारों को जन्म दिया—एस्किलस, सोफोक्लीस और यूरीपीडिज़। ये तीनों दुखान्त नाटकों के रचनाकार हैं और इतिहास में एक के बाद एक इसी क्रम में आते हैं। इनके साथ-साथ अरिस्टोफेनिस आदि उन नाटककारों का नाम भी आता है जिन्होंने कॉमेडी अथवा सैटायर लिखे। ग्रीक रंगमंच में जितने भी नाटककार हुए उन सबने मिलकर चार-पाँच सौ नाटक

लिखे होंगे लेकिन आज हमें सभी के मिलाकर कुल जमा तीस-इकतीस नाटक ही मिलते हैं और उनमें से भी कुछ अधूरे हैं। फिर भी हम उनके शिल्प और संरचना पर गहराई से विचार कर सकते हैं। विशेष रूप से दुखान्त नाटकों को लेकर। यदि हमारे यहाँ भरत ने यहाँ की शास्त्रीय नाट्य-परम्परा को परिभाषित किया है और *नाट्यशास्त्र* जैसी रचना का प्रणयन किया तो पश्चिम में यही काम यूनान के महान विचारक और दार्शनिक अरिस्टोटल अथवा अरस्तू ने किया है। वे यूनान के बादशाह सिकन्दर के राजनैतिक सलाहकार थे। जब सिकन्दर चौथी शती ई. पू. में सारी दुनिया को जीतने के लिए यूनान से रवाना हुआ तो अरस्तू भी उसके साथ थे और 327 ई. पू. में भारत की सीमा पर पहुँचे थे। अरस्तू ने राजनीति, दर्शन, कला, साहित्य—लगभग हर विषय पर अपने विचार अभिव्यक्त किये हैं। कला के उद्देश्य को लेकर अपने गुरु प्लेटो के साथ अरस्तू का वाद-विवाद और संवाद जग-ज़ाहिर है। उन्होंने अपने समय में सक्रिय और उससे पहले लिखे और मंचित नाटकों का अध्ययन करके अपनी पुस्तक *द पोयटिक्स* में ग्रीक नाटकों और रंगमंच का एक शास्त्र तैयार किया। इसीलिए जैसे हमारे यहाँ पहली विधिवत नाट्य-परम्परा को शास्त्रीय कहा जाता है, उसी अर्थ में ग्रीक नाट्य-परम्परा भी शास्त्रीय कहलाती है। हम अरस्तू द्वारा प्रतिपादित विचारों के सन्दर्भ में ही ग्रीक नाटकों के शिल्प एवं संरचना पर चर्चा करेंगे।

सभी ग्रीक नाटक मात्र एक अंकीय हैं। यदि एक-आध नाटक इससे अलग है भी तो उसे अपवाद मानकर छोड़ा जा सकता है। इन नाटकों में एक अंक का होना मात्र इसी कारण से है कि अरस्तू ने एक नाटक में तीन इकाइयों की उपस्थिति को अनिवार्य माना है। ये तीन इकाइयाँ हैं—समय की इकाई अर्थात एक नाटक में मात्र एक दिन की अवधि को रखा जाना चाहिए। स्थान की इकाई अर्थात नाटक आरम्भ से लेकर अन्त तक मात्र एक क्षेत्र में ही स्थित रहना चाहिए और कार्य-व्यापार की इकाई यानि नाटक में मात्र एक मुख्य कथा ही रहनी चाहिए और सारी घटनाएँ उसी कथा से सम्बद्ध रहें। हम समझ सकते हैं कि इन तीन इकाइयों के सन्दर्भ में यह उचित ही जान पड़ता है कि नाटक एक अंक से ज़्यादा बड़ा न हो। यदि एक अंक से ज़्यादा बड़ा होगा तो कार्य-व्यापार की अवधि और क्षेत्र बढ़ सकता है और यह भी सम्भव है कि उसमें और भी बहुत-सी कथाओं-उपकथाओं को जोड़ना पड़े।

नाटक की कथा या कथानक के विकास के कम-से-कम तीन प्रस्थान बिन्दु अवश्य हों—आरम्भ, मध्य और अन्त। आज बेशक हम नाटक के कथानक के पाँच प्रस्थान बिन्दुओं की बात करते हैं लेकिन ग्रीक नाटकों की एक अंक

की अवधि वाली सीमा को ध्यान में रखा जाये तो तीन प्रस्थान बिन्दुओं की परिकल्पना उचित ही जान पड़ती है।

अरस्तू ने त्रासदी नाटकों के छः तत्त्वों पर विस्तार से विचार किया है। ये तत्त्व हैं—प्लॉट यानि कथानक, कैरेक्टर यानि चरित्र, थॉट यानि विचार, डिक्शन यानि संवाद, म्यूज़िक यानि संगीत और स्पेक्टेकल यानि दृश्यता अथवा भव्यता। प्रायः हम लोग स्टोरी (कथा) और प्लॉट (कथानक) को एक ही अर्थ में लेते हैं जबकि ऐसा नहीं है। अरस्तू ने इस बात पर बल दिया है कि नाटक के लिए कथा की बजाय कथानक का चयन महत्त्वपूर्ण है। उदाहरण के लिए सोफोक्लीस के नाटक *किंग इडीपस* की तीन चौथाई कहानी नाटक आरम्भ होने से पहले ही घटित हो चुकी है। नाटककार ने एक बड़ी कथा में से मात्र एक दिन के घटनाक्रम को अपने नाटक के कथानक के रूप में चुना है। एक और उदाहरण से कथा और कथानक के अन्तर को स्पष्ट किया जा सकता है। रामायण अपने आप में पूरी एक कथा है लेकिन यदि उसका मात्र एक प्रसंग लिया जाये तो वह कथानक कहलायेगा। नाटक के लिए कथानक की इसीलिए ज़रूरत है ताकि कथा के विस्तृत और अनावश्यक ब्यौरों से बचा जा सके क्योंकि एक दृश्य-विधा होने के कारण उसे एक निश्चित समय सीमा के भीतर आरम्भ से लेकर अन्त तक पहुँचना होता है। नाटक के अन्य तत्त्वों के विषय में अलग से कुछ स्पष्टीकरण देना अनिवार्य नहीं है क्योंकि उनका महत्त्व स्वयं-सिद्ध है। कथानक को आगे लेकर चलने वाले चरित्र उतने ही बड़े और गहरे होने चाहिए तभी तो वे किसी विचार अथवा सन्देश को दर्शकों तक पहुँचा सकेंगे। विचार सम्प्रेषण के लिए संवादों का बहु-अर्थीय एवं बहु-आयामीय होना नितान्त आवश्यक है। संवादों के उच्चारण में निहित संगीत और अलग से दिये जाने वाला संगीत भी अनदेखा नहीं रह सकता और अन्त में दृश्यता का अर्थ किसी ठोस दृश्य-विधान से नहीं है वरन कथानक, चरित्र, विचार, संवाद और संगीत के परस्पर घात-प्रतिघात से निर्मित दृश्य-संसार की भव्यता जो दर्शकों को भीतर तक अभिभूत कर सके।

लगभग सभी दुखान्त ग्रीक नाटकों का कथ्य नियति और मनुष्य के संघर्ष पर आधारित है। यहाँ नियति पहले से पूर्व निर्धारित है, मनुष्य उसको लेकर अन्धकार में रहता है। अपने अज्ञान के कारण यदि वह उस नियति को बदलने की कोशिश भी करता है तो उसमें असफल रहता है और उसका दुखद अन्त होता है। इसीलिए सभी ग्रीक नाटक महानायकों की त्रासदी को रेखांकित करते हैं। त्रासदी के माध्यम से दर्शक पर पड़ने वाले प्रभाव को अरस्तू ने कैथारसिस यानि विरेचन की प्रक्रिया से जोड़ा है। कैथारसिस चिकित्सा शास्त्र का शब्द है,

जिसका अर्थ है चीर-फाड़ करना, काटकर अलग फेंक देना और शरीर के विकृत अंग को ठीक कर देना। अरस्तू के पिता एक चिकित्सक थे, अतः यह शब्द उन्हें वहीं से मिला होगा। अरस्तू के अनुसार त्रासदी का मुख्य एवं एकमात्र उद्देश्य यही है कि वह दर्शक का कैथारसिस करे। उनके अनुसार आदमी में दीनता एवं भय की दो क्षुद्र भावनाएँ अपना वर्चस्व जमाये रहती हैं—अर्थात वह अपने आप को हमेशा दीन-हीन समझता है और दूसरों से दया और करुणा की अपेक्षा रखता है। इतना ही नहीं, वह सदैव भीतर से भयभीत रहता है। त्रासदी नाटक अपने कथानक में बड़े-बड़े नायकों के पतन की गाथा को दिखाकर दर्शकों के भीतर से दीनता एवं भय की क्षुद्र भावनाओं को बाहर निकाल फेंकता है और दर्शक के जीवन में निखार लाता है। एक त्रासदी नाटक को देखते हुए सामान्य दर्शक इस अनुभव से गुज़रता है कि यदि इतने महान नायकों के साथ इतना कुछ हो गुज़रता है तो उसे स्वयं को दीन-हीन और भयभीत होने की क्या ज़रूरत है? एक तरह से वह अपने भीतर के इन क्षुद्र भावों से मुक्त होकर हल्का हो जाता है और उसके दिन-प्रतिदिन के जीवन में निखार आता है। अन्ततः कैथारसिस की अन्तिम परिणति भी आनन्दवादी है, बेशक वह दुखान्त नाटक के भीतर से होकर गुज़रती है। भरत का रस सिद्धान्त भी नाटक देखने के अनुभव को आनन्द, मनोरंजन अथवा रसास्वादन से जोड़ता है। इस दृष्टि से कैथारसिस और रस एक ही समान भाव-भूमि पर स्थित हैं चाहे एक की प्रक्रिया दुखान्त नाटक और दूसरे की प्रक्रिया सुखान्त नाटक के भीतर से होकर आती है। वास्तव में दुखान्त एवं सुखान्त जीवन दृष्टि के पीछे उनके अपने संस्कार, विश्वास एवं आस्थाओं का हाथ है—पश्चिम में मान्यता है कि जीवन का अन्त होता है, इसीलिए वहाँ दुख है। इसीलिए वे लोग मृत शरीर को स्मृति की तरह से ज़मीन में गाड़कर सुरक्षित रखना चाहते हैं। इसीलिए जब वे किसी की मृत्यु पर उपस्थित होते हैं तो काले वस्त्र पहनते हैं जो कि दुख का सूचक है, इसके विपरीत पूर्व, विशेष रूप से हिन्दू दर्शन में यह मान्यता है कि जीवन का अन्त नहीं होता, हम बार-बार जन्म लेकर लौटते हैं, इसलिए हमारा जाना दुख का नहीं आनन्द का सूचक है। हमारे यहाँ मृत्यु एक उत्सव है और दाह-संस्कार के बाद मृत की याद में महाभोज किया जाता है। कोई कारण नहीं कि इन जीवन दृष्टियों ने अपने-अपने ढंग से कला, रंगमंच, साहित्य को भी प्रभावित न किया हो? यही वह पृष्ठभूमि है जो पश्चिम में दुखान्त नाटक और हमारे देश में सुखान्त नाटक का आधार है। कैथारसिस और रस निष्पत्ति—ये दोनों अवधारणाएँ पश्चिम और पूर्व में कला के अन्तिम उद्देश्य को परिभाषित करती हैं। यह अलग बात है कि एक शब्द चिकित्साशास्त्र

और दूसरा पाकशास्त्र से लिया गया और दोनों ने मिलकर विश्व के प्राचीनतम रंग-सिद्धान्तों को जन्म दिया।

एक ओर ग्रीक नाट्य-साहित्य में दुखान्त नाटक जीवन और नियति को लेकर इतने गम्भीर रूप में विमर्श करते हैं तो कॉमेडी या सैटायर नाटक जीवन के बिल्कुल स्थूल पक्षों को अपना कथ्य बनाते है। उनमें एक खुलापन है, बेबाकी है, यौन, लिंग, सेक्स का खुला चित्रण है। इसका एक कारण तो यही दिया जा सकता है कि ग्रीक समाज में स्वयं में ही दो ध्रुवान्त आरम्भ से दिखायी पड़ते हैं—एक तरफ़ शिक्षा एवं दर्शन तो दूसरी तरफ़ मानव जीवन की आदिम एवं पाशविक वृत्तियाँ—क्या हमें डायनोसिस के जन्मदिन पर होने वाले उत्सव में भी यही कुछ दिखायी नहीं पड़ता—डायनोसिस की वेदी पर बकरे की बलि देना और दूसरी ओर आनन्द में सराबोर होकर शराब, मस्ती एवं खुले सेक्स में लिप्त होना। कॉमेडी नाटकों में प्राप्त ऐसे कथानकों का एक-दूसरा कारण यह भी दिया जा सकता है कि तीन-तीन दुखान्त नाटकों के गहरे, किसी हद तक बोझिल और मर्मान्तक अनुभव से गुज़रने के बाद दर्शकों को ऐसे नाटकों से राहत मिलती होगी।

अब हम स्वाभाविक रूप से ग्रीक नाटकों की मंचन प्रक्रिया की ओर बढ़ सकते हैं। जैसा कि आरम्भ में ही स्पष्ट किया जा चुका है कि डायनोसिस का जन्मदिन एक बड़े उत्सव के रूप में मनाया जाता था। पूरे एक सप्ताह का सरकारी अवकाश। बहुत बड़ी संख्या में लोग एथेंस में जुटते। इसके लिए ज़रूरी था कि किसी बहुत बड़े *स्पेस* को काम में लाया जाये। जब पहली बार 534 ई. पू. में नाट्य प्रतियोगिता का आयोजन किया गया तो उसके लिए यूनान की सीमा पर स्थित एक्रोपलिस पर्वत को काट-काट कर दर्शकों के बैठने की अस्थायी व्यवस्था की गयी और पर्वत की घाटी में मंच अर्थात अभिनय क्षेत्र और उसके सामने एक घेरे के रूप में संगीत-मण्डली के बैठने का स्थान निश्चित किया गया। इसी घेरे पर कोरस के लोग भी रहते थे। यह कोरस वही लोगों का समूह है जो आरम्भ में डायनोसिस की वेदी के चारों ओर नाचता और गाता था। जब बाद में लिखित नाटकों की शुरुआत हुई तो यह समूह हर नाटक में एक अनिवार्य तत्त्व की तरह से जुड़ गया जिसे कोरस नाम दिया गया अर्थात ऐसे लोगों का समूह जो ग्रीक समाज के आम आदमी, बुज़ुर्ग आदमी और अलग-अलग वर्गों का प्रतिनिधित्व करते थे। बाद में जब प्रदर्शन के लिए स्थायी प्रेक्षागृहों का निर्माण होने लगा तो उसका एक निश्चित आकार-प्रकार सामने आया। इस दौर में ऐपीडॉरस नामक स्थान पर निर्मित ग्रीक रंगमंच को इस पूरी रंग-परम्परा का

आदर्श प्रतिमान माना जाता है। हम उसी को ध्यान में रखकर अपने समय में होने वाली ग्रीक नाटकों की प्रस्तुति की विशेष रूढ़ियों की चर्चा करेंगे।

आरम्भ में ही यह बता देना होगा कि ग्रीक नाटकों का मंचन खुले में होता था। प्रेक्षागृह इतने विशाल होते थे कि उनमें पन्द्रह-बीस हज़ार दर्शक आसानी से बैठ सकें। अपने आकार-प्रकार में यह आजकल के किसी स्टेडियम की याद दिलाता है, अन्तर इतना ही है कि इसमें दर्शक ज़मीन से ऊपर जाती सीढ़ियों पर तीन तरफ़ बैठते थे, सामने मंच रहता था और इन दोनों के बीच में संगीत-मण्डली का घेरा। दर्शकों के बैठने का स्थान, मंच और बीच का घेरा—ये तीनों अलग-अलग ऊँचाई पर स्थित थे। एक तरह से ग्रीक प्रेक्षागृह एक जुड़ी हुई बिल्डिंग न होकर तीन अलग-अलग इकाइयों का संगम था। दर्शकों के बैठने का स्थान ज़मीन से बहुत ऊपर तक जाती सीढ़ियों के रूप में बनाया गया जो मंच के तीन तरफ़ फैला हुआ था। इस स्थान को थियेट्रॉन कहा जाता था। इसका अर्थ ही है देखना अर्थात वह जगह जहाँ बैठकर सामने होते प्रदर्शन को देखा जा सके। दर्शकों के लिए पहली सीढ़ी से ऊपर तक जाने के लिए बीच-बीच में रास्ते बनाये गये थे, जिन्हें डायज़ोमा कहते थे। नीचे पहली सीढ़ियों के ठीक सामने पर्वत की घाटी की तरह का बड़ा घेरा जो अपने व्यास में काफ़ी बड़ा होता था। यह ज़मीन से लगभग एक-डेढ़ फ़ीट ऊँचा होता था। घेरे के बीचों-बीच डायनोसिस की वेदी बनी रहती है। इस स्थान को आर्केस्ट्रा सर्कल कहा जाता था अर्थात वह स्थान जहाँ संगीतकार और कोरस बैठते थे। घेरे के सामने लगभग दस-बारह फ़ीट ऊँचा एक लम्बा प्लेटफ़ार्म रहता था जो लम्बाई में लगभग तीन सौ फ़ीट होता होगा। इसके दोनों सिरों पर बायें और दायें दो ढालुवाँ धरातल रहते थे जो प्लेटफ़ार्म की ऊँचाई को ज़मीन से जोड़ते थे। इन दोनों धरातलों पर दो-दो प्रवेश-द्वार बने होते थे, जिन्हें पैराडॉस कहते थे। पैराडॉस का अर्थ ही है प्रवेश-द्वार। जो प्रवेश-द्वार ढालुवाँ धरातल से बाहर की तरफ़ होते थे, उससे दर्शक प्रवेश करते थे और जो प्रवेश-द्वार ठीक धरातल पर बने रहते थे, उससे नाटक के पात्र प्रवेश करते थे। मंच पर भीतर से आने-जाने के लिए तीन द्वार बने होते थे। इन द्वारों के पीछे नेपथ्य रहता था। इन द्वारों और नेपथ्य के हिस्से पर झोंपड़ीनुमा ढालुवाँ छत का प्रावधान था। मंच के इस भाग को स्कीन बिल्डिंग या सीन बिल्डिंग कहा जाता था यानि वह जगह जहाँ दृश्य प्रस्तुत किये जाते हैं।

इस प्रकार ग्रीक थिएटर अपने स्थापत्य में एक विशाल एम्फी थिएटर का रूप प्रस्तुत करता है जहाँ दर्शक, कोरस और अभिनेता खुले में रहते हैं।

अपनी बनावट में यह रंगमंच बहुत ही सादगी लिए हुए है। किसी भी तरह की सजावट नहीं। ऐसे ही सादे मंच पर ग्रीक नाटकों का मंचन भव्य हो सकता था, जिसे अरस्तू ने स्पेक्टेक्ल कहा है। आइए, इस मंच पर एक ग्रीक नाटक के प्रदर्शन की पूरी प्रक्रिया को साकार करने की कोशिश करें।

ग्रीक रंगमंच में नाटकों का मंचन सूर्य की पहली किरण से लेकर सूर्य की अन्तिम किरण तक चलता था अर्थात पहला नाटक सुबह-सुबह शुरू हो जाता था और अन्तिम नाटक संध्या होते-होते समाप्त हो जाता था। एक दिन में चार नाटक होते थे। बीच-बीच में बड़े-बड़े अन्तराल होते थे ताकि दर्शक बाहर जाकर या वहीं बैठे-बैठे अपना खाना-पीना कर सकें। दर्शकों के बैठने के बाद नाटक का आरम्भ *पैराडॉस* नामक गतिविधि से होता था जिसमें सबसे पहले संगीतकार और उनके पीछे-पीछे कोरस प्रेक्षागृह में प्रवेश करता था और ऑर्केस्ट्रा सर्कल में अपना स्थान ग्रहण करता था। ऐसी जानकारी मिलती है कि संगीतकार संख्या में तीन होते थे—बाँसुरी से मिलता-जुलता यन्त्र ल्यूट बजाने वाला, नगाड़ा बजाने वाला और शायद झाँझ जैसा कोई यन्त्र बजाने वाला। कोरस की संख्या के विषय में कोई निश्चित सूचना नहीं मिलती। कहीं उसे पचास, कहीं बारह और कहीं पन्द्रह बताया जाता है। ऐसा कहा जाता है कि एस्क्लिस ने अपने नाटकों में बारह लोगों का कोरस रखा था, जिसे बाद में सोफोक्लीस ने पन्द्रह लोगों का कर दिया और फिर वह पन्द्रह की संख्या पर ही अन्त तक स्थित रहा।

संगीतकारों और कोरस के प्रवेश के पश्चात प्रोलॉग से नाटक का आरम्भ होता है। प्रोलॉग अर्थात प्रस्तावना कि नाटक आरम्भ होने से पूर्व क्या-क्या घटित हो चुका है, इसका परिचय कोरस द्वारा आपसी वार्तालाप के माध्यम से दर्शकों को दिया जाता है। कभी-कभी यह प्रस्तावना नाटक के मुख्य पात्र अथवा किसी अन्य पात्र द्वारा भी की जा सकती थी। एक तरह से देखें तो ग्रीक नाटकों का प्रोलॉग संस्कृत नाटकों की प्रस्तावना की ही याद दिलाता है। यहाँ इसे कोरस द्वारा सम्पन्न किया जाता है, वहाँ सूत्रधार और नटी के माध्यम से किया जाता था। दोनों का मुख्य उद्देश्य यही है कि दर्शकों को नाटक की भावभूमि के आरम्भिक बिन्दु के लिए तैयार किया जाये।

ग्रीक रंगमंच की परम्परा जब तक जीवित रही, उसमें मात्र पुरुष अभिनेताओं ने ही भाग लिया। आरम्भ में मात्र एक अभिनेता पूरा नाटक प्रस्तुत किया करता था। फिर एस्क्लिस ने दूसरा अभिनेता जोड़ा और सोफोक्लीस ने तीसरा अभिनेता जोड़ा। इसके बाद अन्त तक कुल मिलाकर

तीन अभिनेता ही नाटक के सभी पात्रों की भूमिका निभाते थे। इसके लिए अभिनेता मुखौटे का प्रयोग करते थे। एक दृश्य समाप्त करने के बाद अभिनेता नेपथ्य में जाता और मुखौटा और वेशभूषा बदलकर एक नये पात्र के रूप में पुनः प्रवेश करता था। ग्रीक रंगमंच में मुखौटों की अनिवार्यता इसलिए भी पड़ी क्योंकि विशाल प्रेक्षागृह में दूर तक बैठे दर्शक को अभिनेता को 'लार्जर देन लाइफ' दिखने में मदद करता था। यही काम वेशभूषा के रूप में लम्बे-लम्बे चोगे और पैरों में पहने जाने वाले एक फ़ीट-डेढ़ फ़ीट ऊँची ऐड़ी वाले सैंडिल या चप्पल भी करते थे। चेहरे पर मुखौटे होने के कारण चेहरे के हाव-भाव का कोई महत्त्व नहीं रह गया था, अतः सारा बल वाचिक पर आता था। अरस्तू ने इसीलिए त्रासदी के छः तत्त्वों में डिक्शन या कि संवाद को बराबर का स्थान दिया है। ग्रीक नाटक पूरी तरह कविता में लिखे हुए थे तो अपने आप में सम्भाषण में एक गेयता, शैलीबद्धता और अतिरंजिता का आ जाना स्वाभाविक था। इसके साथ उनका आंगिक अभिनय—कल्पना कीजिए कि तीन सौ फ़ीटे लम्बे प्लेटफ़ॉर्म पर दो या अधिक-से-अधिक तीन अभिनेता यदि खड़े-खड़े सपाट स्वर में अपने संवादों का उच्चारण करेंगे तो वह कितना एकरस हो जायेगा। अतः ज़रूरी था कि शैलीबद्ध गतिचर्या, नृत्य और संगीत के माध्यम से अभिनय को मोहक और आकर्षक बनाया जाये—दूसरे शब्दों में मात्र तीन अभिनेता भी मिलकर अपनी गतियों, गायन और वाचन से दर्शकों को एक समूह का आभास करा सकें। जब पहली बार नाट्य प्रतियोगिता हुई थी तब उसमें मात्र एक अभिनेता थेसपिस ने हिस्सा लिया था और उसने मुखौटे, वेशभूषा बदलने के साथ-साथ अपने अभिनय को किस प्रकार भव्यता प्रदान की होगी, इसकी हम सहज ही कल्पना कर सकते हैं।

ग्रीक नाटक बेशक एक अंक के होते थे लेकिन अपनी संरचना में वे कम-से-कम छः दृश्यों या ऐपीसोड में बँटे रहते थे। हर दृश्य में या तो एक पात्र, या दो पात्र या अधिक-से-अधिक तीन पात्र हो सकते थे। इन छः दृश्यों में वर्णित घटनाओं और संवादों के माध्यम से नाटक अपने अन्त तक पहुँचता था। जिस प्रकार नाटक का आरम्भ कोरस द्वारा प्रोलॉग द्वारा किया जाता था, उसी तरह नाटक के अन्त में कोरस द्वारा *ऐपीलॉग* के माध्यम से अन्तिम निष्कर्ष, उपसंहार या सन्देश दिया जाता है। इस ऐपीलॉग की तुलना हमारी शास्त्रीय नाट्य-परम्परा में प्रचलित भरत वाक्य से की जा सकती है, यद्यपि वहाँ इसके लिए अलग से कोई कोरस का प्रावधान नहीं है। मंच पर अन्त में उपस्थित पात्र ही अभिनेता

के रूप में भरत वाक्य का गान करते हैं। यहाँ तक कि सूत्रधार और नटी भी मंच पर प्रवेश नहीं करते।

ग्रीक नाटकों में कोरस की भूमिका को अलग से रेखांकित किया जाना चाहिए। यह समूह आरम्भ से अन्त तक ऑर्केस्ट्रा सर्कल पर ही रहता था, और कभी भी मंच पर नहीं आता था। वहीं से मंच पर खड़े पात्रों से संवाद कर सकता था, उनके व्यवहार पर टिप्पणी कर सकता था अथवा सीधे दर्शकों को सम्बोधित कर सकता था। ये भी मुखौटा पहने होते थे और अलग-अलग आयु एवं वर्ग का प्रतिनिधित्व कर सकते थे। प्रायः एक सदस्य उनका नेता होता था। पूरे घेरे में अपने संवादों के साथ वे एक समूह में नाचते, गाते, स्थिर होते या गतिशील रहते थे। इस प्रकार दर्शकों के सामने एक चित्रात्मक सौन्दर्य की अभिव्यक्ति होती रहती थी। ग्रीक नाटकों में प्रयुक्त कोरस एक ऐसी नाटकीय युक्ति साबित हुई जिसने लगातार नाटककारों को अपनी ओर आकर्षित किया है, चाहे वह ब्रेष्ट हों या धर्मवीर भारती। आज के नुक्कड़ नाटकों का तो कोरस अपरिहार्य अंग है।

मंच पर बने तीन द्वार भी अलग-अलग रूप से प्रयोग में लाये जाते थे। बीच का दरवाज़ा जो सबसे बड़ा है, उसका प्रयोग केवल नायक द्वारा भीतर से आने-जाने के लिए किया जायेगा। बायें-दायें के दोनों द्वार शेष पात्रों के आने-जाने के लिए होते थे। उनमें भी एक उच्चवर्ग के पात्रों द्वारा और दूसरा निम्न वर्ग के पात्रों द्वारा काम में लाया जाता था। इसी प्रकार मंच के दोनों सिरों पर बने ढालुवाँ प्लेटफ़ॉर्म पर जो द्वार बने हैं, वे उन पात्रों द्वारा प्रयोग में लाये जाते थे जो बाहर से आ रहे हैं। बाहर से आने वाले पात्र भी दो प्रकार के हो सकते थे—एक द्वार ऐसे पात्रों के लिए होगा जो हैं तो बाहरी लेकिन उसी नगर के हैं और दूसरा ऐसे पात्रों के लिए जो किसी दूसरे नगर से आ रहे हैं। दूर से मंच पर प्रवेश करते पात्र के आगमन की काफ़ी पहले ही मंच पर उपस्थित कोई पात्र या कोरस सूचना दे देता था ताकि दर्शकों का ध्यान पूरी तरह से उधर केन्द्रित हो सके। उदाहरण के लिए इस तरह का संवाद—वो देखिए किसी के कन्धे का सहारा लिए टाइरिसीयस इधर ही आ रहे हैं। क्या हमारी शास्त्रीय परम्परा में भी मंच पर प्रवेश के लिए कुछ ऐसी ही रूढ़ियों से साक्षात्कार नहीं होता?

ग्रीक रंगमंच में मंच पर दृश्यसज्जा को लेकर भी अलग-अलग विचार मिलते हैं। कुछ विद्वानों ने अरस्तू द्वारा स्पेक्टेक्ल शब्द से अनुमान लगाया है कि वहाँ मंच पर भव्य दृश्यविधान होता होगा। लेकिन ऐसा कोई प्रमाण नहीं मिलता। हाँ मंच के पिछले भाग में प्रिज़्म से मिलते-जुलते तीन-तीन रंगे हुए

काँच पर दृश्यों का उल्लेख अवश्य मिलता है, जिन्हें पेरियाकतोइ कहा जाता था। ये काँच किसी चक्रदार चीज़ पर घुमाये जा सकते थे। जब जिस दृश्य में पृष्ठभूमि के आभास के रूप में जिस चित्रित काँच की आवश्यकता होती थी, उसे सामने कर दिया जाता था। लेकिन इस पद्धति के प्रयोग किये जाने के भी कोई पुख्ता प्रमाण नहीं मिलते। हाँ, एक-दूसरे रूप में प्रस्तुति में भव्यता अवश्य उत्पन्न की जा सकती थी। ग्रीक नाटकों में प्रायः उनके देवी-देवता भी पात्रों के रूप में आते हैं तो उनके प्रवेश के लिए उनके पास *ड्यूएक्स मशीना* नाम की यान्त्रिक व्यवस्था रहती थी। यह आज के क्रेन या पुली से मिलता-जुलता यन्त्र था जिसकी सहायता से वे देवी-देवताओं जैसे दैवी पात्रों को मंच की झोंपड़ीनुमा छत पर उतार देते थे। वे वहीं से मंच पर खड़े पात्रों से संवाद करते थे। इसी प्रकार अभिनेताओं द्वारा पहने जाने वाले मुखौटों के बारे में भी ऐसा कहा जाता है कि उनके भीतर कुछ ऐसे यन्त्र लगे रहते थे जो अभिनेताओं की आवाज़ को दूर तक बैठे दर्शकों तक पहुँचा सकते थे। लेकिन इधर की ताज़ा खोजों ने इस अनुमान को ग़लत साबित कर दिया है कि मुखौटों के भीतर कोई तकनीकी यन्त्र होते थे। यदि हम ग्रीक रंगमंच के प्रेक्षागृह के प्राकृतिक भूगोल को ध्यान में रखें तो हमें आसानी से समझ में आ जायेगा कि इस तरह के यन्त्रों के लिए वहाँ कोई अनिवार्यता नहीं थी। चारों तरफ़ पर्वत से घिरा हुआ और बीच में घाटी-अभिनेताओं की आवाज़ की ध्वनिता के लिए किसी भी प्रकार के तकनीकी यन्त्रों की कोई आवश्यकता नहीं थी। आवाज़ अपने आप दर्शकों तक पहुँच जाती थी। यह अवश्य था कि वे मुखौटे अलग-अलग चरित्रों के साथ-साथ अलग-अलग आयु को भी दर्शाते थे। एक नाटक में पात्रों की संख्या दस, पन्द्रह या बीस भी हो सकती थी लेकिन उन्हें मात्र तीन अभिनेता ही मिलकर प्रस्तुत करते थे। यह अध्ययन काफ़ी दिलचस्प हो सकता है कि नाटककारों ने अपने नाटकों की संरचना तीन अभिनेताओं की उपलब्धता के आधार पर निर्मित की या नाटककारों ने ही पहले एक, फिर दो और अन्त में तीन अभिनेताओं का प्रावधान किया और फिर, उसके हिसाब से नाटकों की रचना की। हमें यह मत ज़्यादा सही जान पड़ता है। इतिहास भी इस तथ्य की पुष्टि करता है क्योंकि आरम्भ में थेसपिस मात्र एक अभिनेता था, वही नाटककार भी था और पूरे नाटक की एकल प्रस्तुति करता था। फिर नाटककार एस्क्लिस ने अपने साथ दूसरे अभिनेता को जोड़ा और अन्त में सोफोक्लीस ने तीसरे अभिनेता को जोड़ा। ग्रीक रंगमंच में नाटककार केन्द्र में है–वही मुख्य अभिनेता भी और निर्देशक भी। वास्तव में निर्देशक की उपस्थिति का आरम्भ

ग्रीक रंगमंच से ही होता है। नाटककार एस्क्लिस द्वारा अपने साथी अभिनेता और कोरस को पूर्वाभ्यास के दौरान कुछ निर्देश देने का उल्लेख मिलता है।

हम जानते हैं कि दुखान्त नाटकों का जन्म आदिम रंगमंच में ही हो गया था लेकिन उसे एक निश्चित स्वरूप ग्रीक रंगमंच में ही प्राप्त हुआ। अंग्रेज़ी के ट्रैजिडी शब्द का जन्म लेटिन भाषा के ट्रैगोस शब्द से हुआ है जिसका अर्थ बकरा होता है। विचारकों ने ट्रैजिडी शब्द के अस्तित्व को डायनोसिस की वेदी पर दी जाने वाली बकरे की बलि से जोड़ा है। एक ओर यह बलि यदि आनुष्ठानिक त्याग को दर्शाती है तो उसके साथ-साथ जीव-जन्तु के मारे जाने के दुख को भी साथ लेकर चलती है। एक-दूसरी धारणा यह भी पायी जाती है कि नाटक प्रतियोगिता के बाद पुरस्कार के रूप में जो ट्रॉफी या स्मृति चिह्न दिये जाते थे, वे बकरे के सिर के आकार में होते थे। इस प्रकार ट्रैजिडी और ट्रैगोस का परस्पर सम्बन्ध जोड़ा जाता है।

आरम्भ में ही इसका उल्लेख किया गया था कि जब यूनान में रंगमंच की शुरुआत हुई तो उसकी परिकल्पना और आयोजन एक नाटक प्रतियोगिता के रूप में किया गया था। शासन द्वारा राज्य के गण्यमान्य नागरिकों को निर्णायकों के तौर पर नियुक्त किया जाता था। ये संख्या में कितने होते थे, इस विषय में निश्चित रूप से कुछ नहीं कहा जा सकता। अनुमान ही लगाया जा सकता है कि ये संख्या में कम-से-कम तीन और अधिक-से-अधिक पाँच या सात रहते होंगे। पूरे तीन दिन ये सभी नाटकों को एक साथ बैठकर देखते थे। इनके लिए प्रेक्षागृह की पहली पंक्ति में बैठने के लिए विशेष प्रबन्ध रहता था। ये लोग नाटकों को देखने के बाद आपस में तो विचार-विमर्श करते ही थे, साथ-साथ मण्डली के सदस्यों और कई बार तो दर्शकों के साथ भी संवाद करते थे। राज्य की प्रतिष्ठित प्रतियोगिता होने के कारण निर्णायकों पर अतिरिक्त दबाव रहता था। ये दबाव शासन की तरफ़ से तो होता ही था, कई बार दर्शक भी अपनी ज़ोरदार प्रतिक्रियाओं से उन्हें प्रभावित करने की कोशिश करते थे। कुल मिलाकर पूरे वातावरण में उत्सव ही उत्सव छाया रहता था—भारी-भरकम भीड़ का शोर, खान-पान, मौज-मस्ती और इसके बीच सुबह से शाम तक चार नाटक—नाटक मण्डलियों, नाटककारों और अभिनेताओं के लिए सबसे बड़ी चुनौती यही होती थी कि कैसे अपने अभिनय से ऐसा प्रभाव पैदा किया जाये कि दर्शक चुपचाप बैठकर एकाग्रता के साथ नाटक देखने का आनन्द लें। जब भी जिस प्रस्तुति में ऐसे क्षण आते होंगे, वह निर्विवाद रूप से सबसे अच्छी प्रस्तुति मानी जाती होगी। प्रतियोगिता में प्रत्येक वर्ष

सर्वश्रेष्ठ नाटककार, सर्वश्रेष्ठ प्रस्तुति, सर्वश्रेष्ठ अभिनेता और सर्वश्रेष्ठ प्रबन्धन के पुरस्कार दिये जाते थे।

इस प्रकार ग्रीक नाट्य-परम्परा 534 ई. पू. से लगभग तीन सौ वर्षों तक लगातार सक्रिय रही। इसके बाद ग्रीक साम्राज्य पर रोमन लोगों का अधिकार हो जाता है और पश्चिम में रोमन रंगमंच की शुरुआत होती है, जिसका समय 240 ई. पू. माना जाता है। बेशक यह परम्परा मात्र तीन सौ साल तक जीवित रही लेकिन इतने कम समय में ही ग्रीक रंगमंच ने विश्व रंगमंच को वह कुछ दे दिया, जो अगले दो-ढाई हज़ार वर्षों तक स्वीकृत होता रहा। सबसे पहले अरस्तू के *काव्यशास्त्र* के रूप में एक सम्पूर्ण शास्त्र, जिसकी ज़्यादातर अवधारणाएँ आज भी उसी रूप में स्वीकार की जाती हैं। उदाहरण के लिए नाटक के कथानक के विकास के तीन चरण—आरम्भ, मध्य और अन्त। पश्चिम के आलोचक और नाटककार उन्नीसवीं शताब्दी में ही कथानक के पाँच चरणों की अवधारणा तक पहुँच सके। अरस्तू द्वारा त्रासदी के छः तत्त्वों के रूप में कथानक, चरित्र, विचार, भाषा एवं संवाद, संगीत एवं दृश्यता या भव्यता—क्या आज भी हम जब किसी नाटक की प्रस्तुति की समीक्षा करते हैं तो इन्हीं तत्त्वों को ध्यान में नहीं लाते? इसीलिए अरस्तू का *द पोयटिक्स* आज भी एक मानक, प्रतिमान और आदर्श के रूप में लिया जाता है। ग्रीक रंगमंच का सबसे बड़ा योगदान यह भी है कि उसके नाटककारों ने ट्रैजिडी जैसी विधा को आज से ढाई-तीन हज़ार साल पहले प्रतिष्ठित किया। उनके कथ्य इतने शाश्वत और सार्वकालिक हैं कि आज भी समकालीन जान पड़ते हैं और अलग-अलग देशों में, अलग-अलग भाषाओं में खेले जाते हैं।

नाटकों के क्रम में ही ग्रीक रंगमंच के प्रेक्षागृह का भी उतना ही महत्त्व है। यद्यपि इस प्रकार के तीन तरफ़ा खुले प्रेक्षागृह का आविर्भाव आदिम युग में ही हो गया था, चाहे कितने ही झीने रूप में क्यों न हो, लेकिन उसका विधिवत, औपचारिक और स्थायी रूप ग्रीक रंगमंच में ही देखने को मिलता है। इस प्रेक्षागृह ने अपने परवर्ती प्रेक्षागृहों—रोमन, एलिज़ाबेथकालीन और यहाँ तक कि आधुनिक युग में प्रोसोनियम प्रेक्षागृह की बनावट और स्थापत्य को भी प्रभावित किया। पश्चिम में उन्नीसवीं शताब्दी तक जितने भी प्रोसीनियम थिएटर बनाये गये, वे ग्रीक रंगमंच की तरह तीन तरफ़ा दर्शक-दीर्घा के प्रावधान का ही अनुसरण करते हैं। वह चाहे 1618 में इटली के पारमा नगर में निर्मित प्रोसीनियम हो, उन्नीसवीं शती के लन्दन में निर्मित ड्रूरी लेन थिएटर हो और मास्को का विश्व

प्रसिद्ध बोलशोई थिएटर हो—बन्द प्रेक्षागृह होने के बावजूद दर्शक तीन तरफ़ ही बैठते हैं।

कुल मिलाकर नाट्य-लेख, काव्यशास्त्र और प्रदर्शन स्थल—हम किसी भी दृष्टि से विचार करें ग्रीक रंगमंच का अपना विशिष्ट स्थान है। इसलिए नहीं कि वह पाश्चात्य रंगमंच के इतिहास में सबसे पहले आता है, वरन इसलिए कि इतने वर्ष पूर्व उसने भावी रंगमंच के लिए कितना कुछ एक साथ निश्चित कर दिया था।

रोमन रंगमंच

यूरोपीय रंगमंच में रोमन रंगमंच के काल और उसके इतिहास ने विश्व रंगमंच पर अपना बेहद गहरा प्रभाव छोड़ा है। रोमन रंगमंच ग्रीक रंगमंच के बाद शुरू होता है, जिसने रोमन रंगमंच के लिए एक रचनात्मक ज़मीन तैयार की।

रोम शहर की स्थापना 753 ई.पू. में हुई थी। ये वो समय था जब यूनान यानि ग्रीस दक्षिणी इटली और सिसिली को अपना उपनिवेश बना रहा था। जब भी कोई संस्कृति किसी दूसरी संस्कृति पर नियन्त्रण करती है तो उसका प्रभाव नियन्त्रित पर पड़ता ही है। इससे रोमन रंगमंच भी अछूता नहीं रह सका। हालाँकि रोम में अपनी सांस्कृतिक गतिविधियाँ पहले से ही मौजूद थीं। सार्वजनिक प्रदर्शनों के रूप में वहाँ, मुख्य रूप से मनोरंजनपरक गतिविधियों, कलाबाज़ियों,

प्रशिक्षित पशुओं-मदारियों के करतबों के साथ-साथ खेलकूद के आयोजन, संगीत और नृत्य, नाटकीय प्रहसनों, छोटे-छोटे फूहड़ नाट्यों–फ़ार्स और पूर्णकालिक नाटकों की अपनी एक बहुत ही विशाल परम्परा पहले से मौजूद थी। एक ही आयोजन-क्षेत्र में अनेक भिन्न-भिन्न प्रकार के मनोरंजन के साधन एक ही समय में दर्शकों के लिए वहाँ उपलब्ध होते थे और दर्शक एक ही समय में एक से दूसरी विधा के प्रदर्शन का आनन्द लेने के लिए निर्बाध रूप से जा सकते थे।

राज्य की ओर से ये आयोजन जनता के आनन्द के लिए होते थे। लेकिन इसे रंगमंच नहीं कहा जा सकता। हालाँकि नाट्य से जुड़ी गतिविधियाँ भी इसमें शामिल थीं लेकिन ये काफ़ी गौण थीं। छोटा-सा शहर रोम यूनानी साम्राज्य के अन्तर्गत एक मुख्य केन्द्र बना रहा। 508 ई.पू. में रोम गणराज्य की स्थापना हुई। इतिहास में देश-काल की घटनाएँ और परिवर्तन समानान्तर चलते हैं। यह वही काल है जब यूनान में एथेंस भी गणराज्यीय रूप ले रहा था और इसने 265 ई.पू. तक उत्तर के एद्रुशियाई क्षेत्रों (यूनानी साम्राज्य के) और दक्षिण में यूनानी क्षेत्रों समेत पूरे इतालवी पेनिन्सुला पर अपना नियन्त्रण कर लिया था। ईसा पूर्व चौथी शताब्दी में शुरू हुआ यह विस्तार लगभग एक-डेढ़ सौ वर्षों के काल तक फैला हुआ है। फिर 264-241 के मध्य रोम ने सम्पूर्ण सिसिली पर क़ब्ज़ा कर लिया। इस सारी प्रक्रिया में रोम ने यूनान के कुछ उन क्षेत्रों को भी अपने नियन्त्रण में ले लिया था, जहाँ पूर्व में रंगमंच ख़ूब फला-फूला था। और इस प्रकार रोम को रंगमंच की यह धरोहर एक सशक्त सांस्कृतिक परम्परा के रूप में प्राप्त हुई। ई.पू. 240 तक ग्रीक कथाओं और रंगमंच से भली-भाँति परिचित हो चुके रोमनों ने नियमित नाटक की शुरुआत कर दी थी। ये प्रदर्शन आमतौर पर ग्रीक नाटकों के अनुवाद या उनके अनुकरण पर आधारित थे। तो, इस तरह कहा जा सकता है कि ई.पू. 240 में रोम में विधिवत नाटक की शुरुआत हुई।

इस अध्याय की शुरुआत में ही रोम में होने वाले सार्वजनिक आयोजनों का उल्लेख किया गया है, जिसमें दर्शकों के मनोरंजन से सम्बन्धित विविध प्रकार की कलाओं के प्रदर्शन का ज़िक्र किया गया है। इन कलाओं का मात्र प्रदर्शन ही नहीं होता था, बल्कि इनकी प्रतियोगिताएँ भी आयोजित की जाती थीं। इनमें से कुछ कलाएँ तो शताब्दियों तक बनी रहीं। कुछ समय के साथ धुँधली पड़ती चली गयीं।

रोम के इतिहास के शुरुआती दौर में ही रोमन रंगमंचीय गतिविधियों पर एट्रुरिया का विशेष प्रभाव रहा है। और यह एट्रुरिया (यूनानी साम्राज्य) ही था जिससे रोमन धार्मिक उत्सवों की बहुत-सी विशेषताएँ मिलती हैं। अध्याय में पूर्व में जिन सार्वजनिक मनोरंजन-गतिविधियों की चर्चा की गयी है वे धार्मिक उत्सवों-अनुष्ठानों का ही हिस्सा थीं। रोम की तरह एट्रुरिया में भी अनुष्ठानों का समापन अभिनय, नृत्य, बाँसुरी-वादन, बाज़ीगरी, घूँसेबाज़ी, घुड़दौड़, कलाबाज़ी और प्रतियोगी खेल-कूद के आयोजनों के साथ ही होता था।

इन उत्सवों में धार्मिक अनुष्ठान बेहद सतर्कता के साथ पूरे किये जाते थे। उत्सव के दौरान धार्मिक अनुपालनों में अगर किसी प्रकार की कोई भी कमी किसी भी बिन्दु पर पायी गयी तो अनिवार्य रूप से पूरा उत्सव नये सिरे से शुरू होता था। ये पूरा एक मेले जैसा आयोजन होता था जो कई दिनों तक चलता था। लगभग सभी उत्सवों में संगीत और नृत्य की व्यापक भूमिका होती थी जो आगे चलकर रोमन रंगमंच के विकास में बहुत महत्त्वपूर्ण साबित हुई।

रोमन कवि हारेस (65-वी ई.पू.) का मानना है कि लैटिन ड्रामा का जन्म फैसिनिन छन्द यानि अत्यधिक अश्लील व्यंग्यात्मक प्रबन्ध से हुआ था, जिसमें कि फ़सल और विवाह के उत्सवों पर मुखौटाधारी विदूषकों के मध्य इम्प्रोवाइज़्ड, अपमानजनक और प्रायः अश्लील संवाद हुआ करते थे। रोमन इतिहासकार लिवी (59 ई.पू.-17 ई.) का कहना है कि 364 ई. पूर्व में जब शहर प्लेग की महामारी की चपेट में था उस समय देवताओं को प्रसन्न करने के लिए एट्रुरिया से संगीत और नृत्य के कलाकारों को बुलाया गया था। वह इसे पहले रंगमंचीय प्रदर्शन की संज्ञा देता है। रोम के अभिनेताओं के लिए शब्द *हिस्त्रियोन्स* के प्रयोग को भी इन्हीं अभिनेताओं के साथ जोड़ा जाता है, जिन्हें एट्रुरियाई इस्तर कहते थे। लिवी का कहना है कि एक नयी शैली रचने की प्रक्रिया में संगीत और नृत्य के साथ इम्प्रोवाइज़्ड संवादों का समावेश किया गया। इसे पहले-पहल अशिक्षित शौक़िया कलाकारों ने प्रस्तुत किया और बाद में व्यावसायिक कलाकार इससे जुड़े।

इसी क्रम में सर्वाधिक महत्त्वपूर्ण नाम है रोम के एट्रुरियाई शासक वरिष्ठ तारक्विन (616-579 बी.सी.) का जिसने रथ-दौड़ों, मुक्केबाज़ी प्रतियोगिताओं और अन्य विविध मनोरंजन-गतिविधियों वाले *लूडी रोमानी* उत्सव की शुरुआत की। इसका मुख्य आकर्षण रथों की दौड़ था और बाद में इसी *लूडी रोमानी* आयोजन में ही पहले ग्रीक नाटक की प्रस्तुति की गयी थी।

रोम के प्रारम्भिक रंगमंच में दक्षिणी इटली का भी योगदान है। यहाँ हम देखते हैं कि मूल प्रभाव शब्द *ऐटेलन फ़ार्स* से ग्रहण किया गया है जिसका नामकरण आज के नेपल्स के पास के आस्कन भाषी नगर से हुआ है। फ़ार्स रोमन रंगमंच में एक अलग जगह हथियाए हुए है और इसके बिना रोमन रंगमंच की कल्पना मुश्किल है। 275 ई.पू. तक आस्कन भाषायी क्षेत्र पर रोमनों का निर्विवाद आधिपत्य हो चुका था। इसलिए ये माना जा सकता है कि रोम में फ़ार्स का आगमन सम्भवतः तीसरी शताब्दी के पूर्वार्द्ध में हो चुका था। यद्यपि प्रारम्भिक *ऐटेलन फ़ार्स* के बारे में बहुत प्रामाणिक जानकारी नहीं है, फिर भी ये तर्क दिया जाता है कि इसका जन्म दक्षिणी इटली के फ्लिएक्स (Flyakes) या अन्य दूसरी मूकाभिनय विधाओं से हुआ है। शैलीबद्ध चरित्रों वाले इस फ़ार्स की विशेषताएँ थीं—इसका लघुरूप, अधिकांश इम्प्रोवाइज़्ड रूप और इसका घरेलू-स्थानीय परिस्थितियों या पौराणिक उद्धरणों पर आधारित होना।

इस प्रकार हम देखते हैं कि 240 ई.पू. तक रोम में ग्रीक नाटक का आगमन हो चुका था। रोमन उत्सवों के दौरान आयोजित होने वाले विविध कला-प्रदर्शनों की परम्परा पहले से ही मौजूद थी, और कहा जा सकता है कि इनमें नियमित नाटक का मात्र समावेश भर किया गया था।

रोमन रंगमंच के बड़े परिप्रेक्ष्य का जहाँ तक प्रश्न है, वो दो भागों में बँटा हुआ है। मुख्य रूप से रोमन गणराज्य का काल और राजशाही। 509 ई. पू. में ग्रीस (यूनान) गणतन्त्र में तब्दील हो चुका था। वहीं रोम में गणतन्त्र की शुरुआत 508 ई. पू. में हुई और इस व्यवस्था को इस काल में बहुत सम्मान मिला है और इसी काल में रंगमंच को भी अपने पाँव पसारने का भरपूर मौक़ा मिला। ये वो समय है जिसे रोमन उत्थान का काल कहा जा सकता है। यह रोम में सभ्यता, विज्ञान और संस्कृति के परिमार्जन का काल है, और इसी में थिएटर अपना उचित स्पेस हासिल करता दिखायी देता है।

रोमन लोग यूनानी संस्कृति से गहरे तक प्रभावित थे। रोम में यूनानी शिक्षकों का बेहद सम्मान था। अनेक रोमन अध्ययन के लिए यूनान जाया करते थे। 240 ई. पू. में रोमनों में यूनानी कला और साहित्य के प्रति सम्मान पैदा हो चुका था। फिर भी ये नहीं मान लेना चाहिए कि वे यूनानियों का विस्तार मात्र थे। उन्होंने अनेक ग्रीक अवधारणाओं को निःसंकोच रूप से नकारा भी है। रोमन मूलतः योद्धा थे। इसके साथ ही उनकी पहचान उस दौर के महान इंजीनियरों, सेना-तकनीशियनों और महान प्रशासकों के रूप में है।

ऊपर यह उल्लेख किया जा चुका है कि रोमन इतिहास दो भागों में बँटा हुआ है। गणतन्त्र काल—जो कि 508 से 27 ई. पू. तक फैला है और दूसरा राजशाही साम्राज्य काल—जिसका फैलाव 27 ई. पू. से 476 ई. पू. तक का है। रोमन गणतन्त्र काल के दौरान भ्रष्टाचारहीनता, गणतन्त्र के प्रति लोगों का समर्पण भाव और क़ानून और व्यवस्था में रोमनों का विश्वास चरम पर था। जनता को मुफ़्त अनाज का वितरण होता था, रोमन सेनाएँ व्यावसायिक हो चुकी थीं और नौकरशाही सरकार का हिस्सा बन चुकी थी। संस्कृति का उत्थान अपने चरम पर था।

लेकिन 27 ई. तक हालात तेज़ी से बदल रहे थे और रोम की सत्ता का हस्तान्तरण सम्राट को हो चुका था। निश्चित रूप से शासन-व्यवस्था के परिवर्तन के साथ ही हर क्षेत्र में परिवर्तन आया और इसका असर उस समय के रंगमंच पर भी पड़ा। रोमन रंगमंच हमेशा से ही उत्सवों से जुड़ा रहा था, जिनमें अधिकतर धार्मिक उत्सव थे, और ये देवताओं की तुष्टि से सम्बन्धित थे। रोमन मूलरूप से धर्म-भीरु अन्धविश्वासी लोग थे और उनके देवताओं की सूची में नये-नये नाम जुड़ रहे थे। सर्वशक्तिमान की सत्ता के प्रति उनकी आस्था अटूट थी। यही कारण था कि उत्सवों के दौरान होने वाली गतिविधियों के परिप्रेक्ष्य में यह स्पष्ट होता है कि विशुद्ध यूनानी नाट्य परम्परा (पाँचवीं शताब्दी) की तुलना में रोमन नाट्य उस स्तर तक नहीं पहुँचता दिखायी देता। लेकिन साथ ही इस बात से भी इनकार नहीं किया जा सकता कि किसी भी संस्कृति की तुलना में इस दौर का रोमन रंगमंच कहीं अधिक विकसित, विविधतापूर्ण और व्यापक था।

लूडी रोमानी रोमनों का सबसे महत्त्वपूर्ण उत्सव था जो सितम्बर के महीने में आयोजित किया जाता था। ई. पू. छठी शताब्दी में ज्यूपिटर के सम्मान में आयोजित होने वाली इस गतिविधि की शुरुआत हुई। यह वो ज़मीन है जहाँ से कॉमेडी और ट्रैजेडी की एक स्पष्ट यात्रा से हम रू-ब-रू होते हैं। 364 ई. पू. में इसमें विभिन्न प्रदर्शन शैलियों का समावेश हुआ और धीरे-धीरे लगभग सवा सौ वर्षों के अन्तराल में 240 ई. पू. में कॉमेडी और ट्रैजेडी ने अपना नियमित स्वरूप ग्रहण किया।

उस दौर में इन उत्सवों में विशेषकर ग़ुलाम बनाये गये लोग हिस्सा लिया करते थे। भाग लेने वालों में किसी वर्ग विशेष पर कोई पाबन्दी नहीं थी। यहाँ तक कि उन आयोजनों में वेश्याएँ भी भागीदारी करती थीं—ये ग़ुलाम स्त्रियाँ होती थीं। उनकी सामाजिक हैसियत शून्य होते हुए भी ये आयोजन उनके लिए एक महत्त्वपूर्ण मंच हुआ करता था। इस प्रकार हम कह सकते हैं कि उस समय

का रोमन राज्य, आज से लगभग सवा दो ढाई हज़ार वर्ष पूर्व भी, अपने चरित्र में सेक्युलर था। 214 से 200 ई. पू. के बीच 11 वर्ष ऐसे रहे जब लूडी रोमानी *इन्स्तारेशियो* (दोबारा पूरे आयोजन की शुरुआत) से प्रभावित हुआ।

रोमन नाट्य के 900 वर्षों के विकास-क्रम में, तीसरी शताब्दी ई. पू. के मध्य से लेकर पहली शताब्दी के पूर्वार्द्ध के लगभग 200 वर्षों का समय ऐसा है जो नाटक की दृष्टि से महत्त्वपूर्ण है। यही वह समय है जब मंच पर प्रदर्शन के लिए नाटकों को लिखे जाने का क्रमिक उल्लेख मिलता है। लिवियस ऐन्ड्रोनिकस (240 से 204 ई. पू.) के बारे में कहा जाता है कि उससे रोमन साहित्य की शुरुआत होती है। उसके द्वारा रचित साहित्य को लैटिन के प्रथम महत्त्वपूर्ण साहित्य के रूप में सम्मान हासिल है। उसमें उसने कॉमेडी और ट्रैजिडी लिखीं, बहुत-सी साहित्यिक कृतियों का अनुवाद और रूपान्तरण किया। वह एक युद्ध बन्दी था जो बाद में मुक्त कर दिया गया था। इसी क्रम में आगे नीयस मेवियस (270-201) रोम में जन्मा पहला नाटककार था। लगभग 235 ई. पू. में उसने लेखन की शुरुआत की। उसे कॉमेडी पर विशेषज्ञता हासिल थी। लेकिन उसने उस दौर के सामाजिक-सांस्कृतिक माहौल की माँग को भाँपते हुए ट्रैजेडी भी लिखी हैं। उसने बहुत से मौलिक ग्रीक हवालों को रोम के नाटक में शामिल किया और रोमन कहानियों पर भी नाटक लिखे। इन दोनों की मृत्यु के समय तक रोम में नाटक पूरी तरह स्थापित हो चुका था। इसके बाद ट्रैजेडी और कॉमेडी ने अपनी-अपनी अलग राह पकड़ी क्योंकि बाद के नाटककारों ने विधा विशेष में ही हाथ आजमाया।

लेकिन रोमन नाटक जिन दो नामों पर अपनी बुनियाद पुख़्ता करता है, वे हैं प्लाटस और टैरेन्स। प्लाटस को कॉमेडी के परिप्रेक्ष्य में ऐन्ड्रोनिकस और नेवियस का उत्तराधिकारी माना जा सकता है। 204-184 तक के अपने 70 वर्ष के जीवन काल में उसने लगभग 130 नाटकों की रचना की। उसके वर्तमान में उपलब्ध नाटकों की संख्या 20 है। प्लाटस अपने लैटिन संवादों, विविधतापूर्ण काव्य-छन्दों और अपने सरस चुटकलों (जोकों) के लिए प्रसिद्ध है जो बड़ी सहजता से दर्शक को बाँध लेते थे।

टैरेन्स ने अपने नाटकों में, एक ही नाटक में एक से अधिक ग्रीक मौलिक कृतियों का रूपान्तरण और संयोजन किया है। अपने नाटकों में षड्यन्त्र को गौण रखते हुए चरित्र और दोहरे प्लॉटों पर ज़ोर दिया है, जिसमें वह मानव-व्यवहार की विपरीतताओं को एक साथ लक्षित करने का प्रयास करता है। इसी क्रम में उसने ग्रीक प्लॉटों में रोमन हवालों को उपेक्षित किया है।

साहित्यिक विशेषताओं के स्तर पर उसके नाटकों की आम बोलचाल की भाषा में उस सशक्त छन्दीय विविधता का अभाव मिलता है जो प्लाटस में भरपूर दिखायी देती है। कलात्मक सिद्धान्तों को लेकर उसमें झुकाव नज़र आता है, लेकिन प्लाटस के स्तर से वे दूर ही दिखायी देते हैं। इस दौर के अन्य कॉमेडी-लेखकों में मार्कस ऐटिलियस, ऐक्विलियस, लूशियस लैनुविनस, सैक्टस तुर्पिलियस सहित अन्य नाम हैं।

पहली शताब्दी ई.के बाद कॉमेडी एक जीवन्त विधा के रूप में अपनी चमक खो रही थी। आज की अधिकांश रोमन कॉमेडियों को देखा जाये तो वे ग्रीक नाटकों के ही रोमन रूपान्तरण हैं। प्लाटस के बारे में कहा जा सकता है कि मात्र एक अनुवादक होने की बजाय वो एक रचनात्मक रूपान्तरकार था। स्वदेशी संरचना में रोमन नाटककारों द्वारा नाट्य-गठन में किये गये कुछ परिवर्तन उल्लेखनीय भूमिका निभाते हैं। उन्होंने कोरस को ख़त्म कर दिया जिसकी वजह से नाटक अनेक कड़ियों (अंकों) में बँट गया। इसके साथ ही रोमन में एक और प्रमुख प्रयोग हुआ है–संवादों के साथ संगीत की संगत। प्लाटस के नाटकों में लगभग दो तिहाई पंक्तियाँ संगीत की संगत के साथ प्रस्तुत की जाती थीं। जबकि टैरेन्स के संवादों की लगभग आधी पंक्तियों को संगीत के साथ प्रस्तुत किया गया है। सारा नाट्य नुक्कड़ पर होता था और कान लगाकर संवाद सुनने और प्रस्तुति को बाधित करने वाली बातचीत जैसे अनेक व्यवधान इसमें पैदा होते थे।

यह एक सही बात है कि रोमन नाटक चाहे वो कॉमेडी हो या ट्रैजेडी, उस पर ग्रीक नाटक का भारी प्रभाव है। लेकिन नाटक और रंगमंच के क्षेत्र में जिस विधा ने अपना सार्वकालिक महत्त्व स्थापित किया वो ट्रैजेडी है। मंच पर प्रस्तुति से लेकर दृश्यबन्ध और संगीत तक सम्प्रेषण की तकनीक में कॉमेडी से अलग और विपरीत होते हुए भी ये ट्रैजेडी ही है, जिसका दर्शकों के मानस पटल पर एक लम्बा प्रभाव रहा है। ट्रैजेडी के परिप्रेक्ष्य में रोमन रंगमंच के स्वर्ण युग में तीन नाम शुरुआती दौर में नज़र आते हैं। क्विंटस एनियस (239-169 ई. पू.) मार्कस पेक्युवियस (320-130 ई. पू.) और लुसियस एकियस (117-86 ई. पू.)। इनके कोई नाटक तो उपलब्ध नहीं हैं, लेकिन उस समय के प्राप्त कुछ उदाहरणों के आधार पर यह कहा जा सकता है कि इनकी रचनाएँ मूल ग्रीक नाटकों का रूपान्तरण भर ही थीं जिसे *फेब्युला क्रेपिदाता* (Fabula Crepidata) कहा गया है। बाद के समय में बहुत ही कम संख्या में ऐसी रचनाएँ हैं जो रोमन विषयों पर आधारित हैं। उन्हें *फेब्युला प्रेतेक्सता* (Fabula Pretexta) नाम दिया गया है।

ग्रीक ट्रैजेडी से अलग जो थोड़ी बहुत देशज गन्ध इनमें मिलती है उसमें नैतिकता, सद्गुण, अधर्म, भय और महान कार्य, अतिनाटकीय कथावस्तु और आलंकारिक आडम्बरपूर्ण भाषा और भव्य दर्शनीय प्रदर्शन की अधिकता प्रमुख है। हालाँकि अन्य ढाँचागत रूप में ये ग्रीक मौलिक नाटकों जैसे ही हैं। लेकिन यह भी सच है कि रोमन स्थानीयता ने भी अब इनमें अपना दख़ल शुरू कर दिया था। अगर साम्राज्यवाद के युग से पहले की ट्रैजेडी-परम्परा की बात करें तो विशुद्ध रूप से प्रस्तुति को ध्यान में रखकर लिखी गयी अन्तिम नाट्य-रचना *थीस्तस* (Thyestus) है। एटिकन पर रोमन विजय के उपलक्ष्य में आयोजित महोत्सव में वारियस रुफूस द्वारा रचित इस नाटक का प्रदर्शन 29 ई. पू. में हुआ था।

साम्राज्यवादी रोम के दौर में ओविड (Ovid) के *मीडिया* जैसे पाठ्य-नाटकों के अलावा पुराने नाटकों के लघु अंशों या चुने हुए उद्धरणों की प्रस्तुति की जाती थी। इस दौर में प्रदर्शन को ध्यान में रखकर लिखे गये नाटक लगभग नगण्य हैं। लेकिन आज उपलब्ध रोमन ट्रैजेडी नाटक, जो कुछ भी हैं, इसी—बाद के दौर के हैं। इनमें भी एक को छोड़कर अन्य सभी, स्पेन में जन्मे और रोम में शिक्षा प्राप्त करने वाले लूसियस ऐनियस सेनेका (4-5 बी.सी-65ए.डी) की रचनाएँ हैं। नीरो के गुरु सेनेका की कृतियाँ शब्दाडम्बर और अपने दार्शनिक पक्ष के लिए प्रसिद्ध हैं। सेनेका के वर्तमान में नौ नाटक उपलब्ध हैं—ये सभी ग्रीक मौलिक रचनाओं के रूपान्तरण हैं। इनमें मात्र *आक्टेविया* ऐसा नाटक है, जिसे भ्रमपूर्वक सेनेका का नाटक मान लिया गया था। यह नीरो की पत्नी की मृत्यु पर आधारित है और सेनेका इसमें एक चरित्र के रूप में मौजूद है। रोम के सम्राट नीरो से सम्बद्धता का ख़ामियाज़ा सेनेका को भुगतना पड़ा और 65 ई. पू. में उसने आत्महत्या कर ली। लेकिन ये भी सच है कि ये सेनेका ही था जिसके प्रभाव ने शेक्सपियर काल में ट्रैजेडी के रूपाकार को गढ़ने में मदद की।

पुनर्जागरण काल में अधिकांश ट्रैजेडीज़ में पाँच अंकों का ढाँचागत रूप मिलता है। ये सेनेका की रचना-कल्पना का प्रभाव है क्योंकि सेनेका के सभी नाटक पाँच कड़ियों में विभाजित हैं। हर कड़ी के बाद एक कोरस-गायन का अन्तराल है। बाद के काल में ये कोरस मात्र एक ही चरित्र तक सीमित कर दिया गया, जो या तो ऐक्शन की सूचना देता है या उस पर टिप्पणी करता है। रेनेसाँ की नाटकीय विशेषताओं में लम्बे-लम्बे न्यायिक सम्भाषण, नैतिकता पर ज़ोर,

व्यक्ति के मन-मस्तिष्क को घेर लेने वाली बुराइयाँ जो मनोवैज्ञानिक रूप से उसे पतन की ओर ले जाती हैं, हिंसा और भयावहता, जादू-टोना, मृत्यु, अतिमानवीय चरित्रों और दुरात्माओं की दुनिया, षड्यन्त्र, चरित्रों का किसी एक मनोभाव (जैसे कि प्रतिशोध) से ग्रसित होना, एकालाप, स्वगत, महिला विश्वासपात्र या हमराज़ शामिल हैं। ये सभी नाटकीय तकनीकें सेनेका के बाद के युग के नाटककारों ने अपनी त्रासदियों में अपनायी हैं।

इसी दौर का एक महत्त्वपूर्ण नाटकीय रूप है माइम। माइम पहले भी रोमन रंगमंच का हिस्सा था लेकिन पहली शताब्दी ई. के बाद बड़ी-बड़ी पूर्णकालिक कॉमेडी और ट्रैजेडी के कुछ पृष्ठभूमि में जाने के बाद, कुछ गौण विधाएँ जो बची रह गयी थीं उनमें फ़ार्स और माइम महत्त्वपूर्ण हैं। विशेषकर माइम जो कि शास्त्रीय नाट्य-प्रस्तुति की तकनीक के विपरीत बिना मुखौटे की एक प्रस्तुति विधा है। इस दौर में इसकी प्रस्तुतियों के बाकायदा आलेख लिखने की शुरुआत हुई। फ़ार्स भी इस दौर में एक नये पायदान पर चढ़ता दिखायी देता है। प्रथम शताब्दी ई. पू. में इस ओर विशेष रुझान दिखायी देता है। मुख्यतया *फेब्युला एटेलाना* या *एटेलाना फ़ार्स* जिन्हें *ऑस्कन खेलों* के नाम से भी जाना जाता है। ये मुखौटे वाले इम्प्रोवाइज़्ड फ़ार्स हुआ करते थे। प्राचीन रोम में आमतौर पर लम्बे पैंटोमाइम नाटकों के बाद इनका प्रदर्शन हुआ करता था। ये 300 से 400 पंक्तियों के होते थे। 100-75 ई. पूर्व में पाम्पोनियस और नोवियस ने एटेलाना फ़ार्स को साहित्यिक रूप देने की शुरुआत की। एटेलाना की संरचना में ग्रामीण पृष्ठभूमि की प्रमुखता होती थी और उसी रूप में सम्भाषण और चरित्रों का गठन होता था। हिंसा, धोखेबाज़ी, लोलुपता, मारधाड़ या यौन-शोषण इसके प्रमुख विषय होते थे। इसकी देहाती पृष्ठभूमि के कारण रोमन प्रायः इसे व्यंग्य नाटक की संज्ञा देते थे। इसके चार स्थायी चरित्र थे—बड़ी-बड़ी डींगें हाँकने वाला शेख़ीखोर-बुको, एक हँसोड़ बूढ़ा पापस, मूर्ख पेटू माकस और एक डरावना-सा कुबड़ा डोसेनस। इनकी पोशाकें भी नियत थीं। अगर 16वीं शताब्दी में इटली में उद्‌भूत *कॉमेदिया देल आर्ते* का विश्लेषण करें तो इसकी जड़ें 1500 वर्ष पूर्व के इसी *फेब्युला एटेलाना* में मिलती हैं। दूसरी शताब्दी में माइम ने फेब्युलाना एटेला को पृष्ठभूमि में धकेल दिया।

साम्राज्यवादी दौर में इसकी लोकप्रियता इतनी बढ़ गयी थी कि इसने अन्य सभी विधाओं को मंच से दूर कर दिया। इसका विषय कॉमिक या ट्रैजिक कुछ भी हो सकता था। प्रायः छोटी किन्तु एक नाटकीय विधा माइम में दैनिक जीवन के विषयों को उठाया जाता था। विश्लेषकों का एक वर्ग ऐसा भी था जिसने

इसे हिंसा और अश्लीलतापरक भी माना है क्योंकि रोमन राजशाही के काल में सम्राट हीलियो गैबेलस (218-222 ए. डी.) ने ये आदेश जारी कर दिया था कि यौन-क्रियाओं को मंच पर यथार्थवादी रूप में प्रस्तुत किया जाये। पूरी राजशाही के दौरान यह माइम की एक चारित्रिक विशेषता बनी रही। इसके अतिरिक्त मारपीट, युद्ध, मृत्यु सहित अन्य हिंसक, तात्कालिक सामाजिक विषय भी इसमें प्रस्तुत किये जाते थे। अपने चरम काल में माइम के दलों ने तनी हुई रस्सी और उड़न झूलों पर करतब, गेंदों, खंजरों और अन्य वस्तुओं के साथ बाज़ीगरी, मुँह से आग उगलना, तलवार निगलना, लम्बे बाँसों पर पैरों को बाँधकर चलना जैसे विविध मनोरंजनों को भी अपने प्रदर्शनों में शामिल किया। इसके अतिरिक्त प्रशिक्षित पशुओं के करतब भी थे जो कभी-कभी नाटक के बीच में दिखाये जाते थे। नाटक के अंश के रूप में, इनके अतिरिक्त गायन और नृत्य भी इसमें शामिल था।

क्रिश्चियन ईरा की शुरुआत हो चुकी थी और माइम ईसाइयों के लिए अप्रिय विषय था। सम्भवतः धर्म और नैतिकता की नवीन स्थापनाओं के कारण, उन्हें ये भी लगता था कि मंच पर उनकी आस्था का मज़ाक़ उड़ाया जा रहा है! प्रदर्शन-विधा का दायरा धीरे-धीरे बढ़ता हुआ रंगमंच को एक निश्चित आकार प्रदान कर रहा था।

यहाँ पैंटोमाइम का ज़िक्र करना बहुत ज़रूरी है। आज हम जिस आधुनिक नृत्य-नाट्य या बैले को देखते हैं, उसकी जड़ें 2000 वर्ष से अधिक समय पूर्व के ग्रीक और रोमन रंगमंच में नज़र आती हैं। इसमें अनिवार्य रूप से कथा-वाचन या प्रस्तुति की नियमितता होती थी। 'ग्रीक' और 'रोमन' में इस विधा के अमल में जो फ़र्क है, वो यह कि ग्रीस में, आमतौर से पैंटोमाइम में 2 या अधिक नर्तक होते थे जबकि रोम ने नर्तकों की संख्या 1 तक सीमित कर दी थी। इसकी प्रस्तुति में पूरे ऐक्शन के दौरान संगीत से इसकी संगत की जाती थी। रोमन राजशाही के दौरान अत्यधिक लोकप्रिय इस विधा के कथानक आमतौर पर इतिहास या पुराणों से उठाये जाते थे। पैंटोमाइम ने पूर्वकाल की ट्रैजेडी का स्थान ग्रहण कर लिया था। यहाँ एक दिलचस्प बात ये भी है कि तमाम सम्राटों और कुलीन लोगों के अपने-अपने पैंटोमाइम कलाकार उस दौर में अपने-अपने अलग प्रदर्शन किया करते थे और गुणवत्ता को लेकर प्रायः उनमें एक प्रतिस्पर्धा की स्थिति बनी रहती थी। लेकिन ये कॉमेडी थी, जो आम दर्शक को सीधे-सीधे अपने प्रभाव में लेती थी।

रंगमंच के साथ ही साथ उस काल में मनोरंजन की और भी अनेक विधाएँ मौजूद थीं। अध्याय में पूर्व में रोमनों के सबसे बड़े उत्सव लूडी रोमानी की चर्चा की गयी है। अन्य लूडी भी रोमनों की संस्कृति में महत्त्वपूर्ण थे लेकिन देवी वीनस के सम्मान में आयोजित किया जाने वाला लूडी रोमानी इनका सबसे महत्त्वपूर्ण उत्सव था। बड़े पैमाने पर इसका भव्य आयोजन किया जाता था। रोमन योद्धा थे। अतः ऊर्जा और जोश से भरे खेल उनके जीवन का हिस्सा बन चुके थे। इन खेलों में सबसे पुराना खेल था रथ-दौड़। माना जाता है कि एस्ट्रुस्कन राजा तारक्विन वरिष्ठ ने 616-578 बी. सी. में इन खेलों का आयोजन शुरू करवाया। राजशाही के दौरान रथ-दौड़ की लोकप्रियता अपने चरम पर थी और लगभग 549 ई. तक यह जारी रही। रथ-दौड़ के लिए तैयार अखाड़े या परिसर में अन्य भी कुछ मनोरंजक विधाओं का आयोजन होता था, जैसे घुड़दौड़, घुड़सवारों की नकली लड़ाइयाँ, पैदल दौड़, कलाबाज़ी, प्रतियोगी घूँसेबाज़ी, मल्ल युद्ध, जंगली प्रशिक्षित पशुओं का प्रदर्शन और पशुओं एवं मनुष्यों के मध्य लड़ाई (Venationes)। इन्हीं में 264 में अन्तिम संस्कार के खेलों के रूप में तलवारबाज़ी की प्रतियोगिताएँ भी शुरू की गयीं। ये आम लोगों का ख़ूब मनोरंजन करती थीं। पूरी राजशाही में यह एक लोकप्रिय खेल हो गया और 109 ई. में युद्ध में विजयोत्सव के रूप में, कहा जाता है कि 5000 जोड़ों ने एक ही उत्सव में भाग लिया था। समय के साथ ये और भी विस्तृत होती गयीं। इन लोगों को, जिनमें से अधिकांश ग़ुलाम थे, विशेष स्कूलों में प्रशिक्षित किया जाता था। ज़िन्दगी और मौत के इस खेल में रोमन लोगों को बहुत आनन्द आता था, जिसमें हर जोड़े का कम-से-कम एक व्यक्ति हमेशा ही मरणासन्न हो जाता था, अगर उसे जनता का समर्थन नहीं मिलता था। जंगली पशुओं की लड़ाई के साथ ही तलवारबाज़ी का आयोजन भी ऐम्फी थिएटर में होता था। पशु-युद्ध व्यापक रूप से इतना लोकप्रिय हो गया था कि 80 ई. में 100 दिन के उद्घाटन समारोह में नौ हज़ार पशु मारे गये थे। पूरे विश्व भर से पशुओं का आयात किया जाता था और वातावरण को यथार्थवादी रूप देने के लिए एरेना में छोटी पहाड़ियाँ, टीले और पेड़ों का दृश्य निर्मित किया जाता था। ये हिंसक खेल थे और विशेष रूप से तलवारबाज़ी और पशु और मानव-पशु युद्ध से रोम की प्रतिष्ठा *रक्तपिपासु* की हो गयी थी, जिसमें हथियारबन्द समूहों को निरीह पशुओं के क़त्ल के लिए मैदान में उतार दिया जाता था। इसी तरह एक खेल था समुद्र युद्ध। सभी मनोरंजनपरक खेलों में सर्वाधिक दर्शनीय यह खेल भी अपने आप में हिंसक तत्त्व लिए हुए था। इसकी शुरुआत 46 ई. पू. में

जूलियस सीज़र द्वारा मानी जाती है। इस उत्सव के लिए एक झील की खुदाई की गयी थी। इस खेल युद्ध में 2000 नौसैनिक और 6000 नाविकों ने भाग लिया था। बाद में समुद्र का वातावरण निर्मित करने के लिए ऐम्फी थिएटर को पानी से लबालब भरा जाने लगा। सबसे बड़े समुद्री युद्ध-खेल का उल्लेख 52 ई. में मिलता है। पानी की पाइपलाइन-परियोजना पूरी होने के उपलक्ष्य में पूर्वी रोम की फ्यूसिन (Fucine) झील पर आयोजित इस खेल में 19000 लोगों ने भाग लिया और काफ़ी बड़ी संख्या में लोग इस दौरान मारे गये। उन दिनों लगभग सभी बड़े शहरों में विशाल अखाड़ानुमा एरेना या रंगभूमि मौजूद थे। कभी-कभी बन्द थिएटरों में भी इन खेलों की प्रस्तुति की जाती थी जिसमें प्रायः कोरस के नृत्य स्थल 'ऑर्केस्ट्रा' को समुद्री युद्ध के लिए पानी से भर दिया जाता था या तलवारबाज़ उस स्थल में अपने करतब दिखाते थे। लेकिन विशाल ऐम्फी थिएटर की अपेक्षा इस स्थल में न वो सहजता थी न भव्यता। इसके विपरीत रंग-मंचीय प्रस्तुतियों को बाद में ऐम्फी थिएटर में भी आयोजित किया जाने लगा, जहाँ दृश्यबन्ध-तत्त्वों को ऊपर-नीचे करने का मैकेनिज़्म बहुत विकसित था और प्रस्तुति की भव्यता को बढ़ाता था।

राजशाही के अन्तर्गत इन खेलों के प्रति दर्शकों को बाँधे रखने की ज़रूरत ने रंगमंच के शुरुआती अपरिष्कृत बेढब रूप की नींव रखी।

रोम में इन उत्सवों-मनोरंजनों के आयोजन के लिए मजिस्ट्रेट नियुक्त किये जाते थे। उत्सवों के अच्छे आयोजन से उनकी राजनीतिक सम्भावनाएँ मज़बूत होती थीं। प्रस्तुति दल भी अपने नाटकों के चयन के लिए सिफ़ारिशें करवाते थे। हर दल के मुखिया को स्वयं ही संगीत, मंच-सामग्री और वेशभूषा का प्रबन्ध करना पड़ता था। अन्तिम प्रदर्शन से पहले नाटक मैजिस्ट्रेट के सामने प्रस्तुत किये जाते थे। सभी दलों को एक निश्चित रकम दी जाती थी। दर्शकों को खुश करने वाले दलों, अभिनेताओं और नाटककारों को विशेष पुरस्कार दिये जाते थे। नाटकों में दृश्य-अन्तराल के दौरान भी कुछ छोटे-मोटे माइम वग़ैरह के प्रदर्शन किये जाते थे। राज्य प्रायोजित उत्सवों में प्रवेश निःशुल्क था। प्लाटस के मुताबिक़, दर्शकों में बच्चे, नर्सें, ग़ुलाम, वेश्याएँ, मैजिस्ट्रेटों के कर्मचारी और महिलाएँ शामिल हुआ करते थे। कुछ अवसरों पर ऑर्केस्ट्रा क्षेत्र में ही सेनेटरों के लिए कुछ स्थान आरक्षित रहते थे। इसी तरह सम्मानित व्यक्तियों की भी एक अलग पंक्ति निर्धारित थी। थिएटर में हज़ारों लोगों के बैठने की व्यवस्था होती थी। एक ही थिएटर में आमतौर पर सभी नाटक प्रस्तुत किये जाते थे।

प्रस्तुति के दौरान दर्शकों को आने-जाने यहाँ तक कि खाने का सामान लेने जाने की भी छूट होती थी। दर्शक अपने स्तर पर मनोरंजन का पूरा लुत्फ़ उठाते थे। दर्शक बेझिझक होकर किसी भी प्रस्तुति की सराहना या आलोचना कर देते थे। दर्शकों की प्रतिक्रिया के आधार पर प्रस्तुति-दलों के इनाम और अतिरिक्त भुगतान निर्भर करते थे।

रोम और यूनान में एक समानता यह रही है कि दोनों के ही रंगमंच के मूल में धार्मिक प्रेरणाएँ हैं। धार्मिक और पौराणिक प्रतीकों के इस्तेमाल से इनका रंग-स्थल भी अछूता नहीं रहा। रोम का पहला स्थायी रंग-स्थल एक मन्दिर की शक्ल में था जिसके शिखर पर रोम की देवी वीनस की मूर्ति स्थापित की गयी थी। स्थायी थिएटर के निर्माण के प्रति सीनेटरों के विरोध से बचने के लिए यह रास्ता अपनाया गया। नियमित नाटक की शुरुआत के लगभग 200 और वर्तमान में उपलब्ध अन्तिम कॉमेडी-लेखन के 100 वर्षों बाद का यह समय रंगमंच में बहुत महत्त्वपूर्ण है। लगभग तीसरी शताब्दी ई. पू. में एट्रुस्कन एटेलन और यूनानी वास्तुशिल्प की मौजूदगी के प्रमाण मिलते हैं। प्रारम्भिक यूनानी अवधारणा के विपरीत रोमन अनेक देवताओं के सम्मान में नाटक प्रस्तुत किया करते थे, और एक देवता के स्थल पर अन्य देवताओं की स्तुति सम्भव नहीं थी। धीरे-धीरे उत्सवों के धार्मिक तत्त्व कम हुए। नाट्य-प्रदर्शन मन्दिरों के भीतर की बजाय, मन्दिरों के सामने किये जाने लगे। इसमें ईसाई धर्म का उद्‌भव भी एक कारण बना, जिसका मानना था कि ये नाटक उनकी आस्था के साथ खिलवाड़ करते हैं। नतीजतन जो सुविधाएँ नाटक वालों को भीतर निःशुल्क मिला करती थीं, उनके लिए उन्हें अब अलग से अपने स्तर पर प्रयास करने होते थे। अस्थायी ढाँचों को खड़ा करना और फिर बाद में उन्हें तोड़ना भी एक समस्या थी। अब इसका निदान ढूँढ़ना था। मार्कस एमिलियस द्वारा 58 बी. सी. में एक थिएटर के निर्माण का उल्लेख है। यह एक तीन मंज़िला थिएटर था, जिसका पहला तल संगमरमर, दूसरा काँच और तीसरा मढ़ी हुई चमकीली लकड़ी का था। पूरे थिएटर में 360 स्तम्भ थे और 3000 मूर्तियाँ। इसमें लगभग 80,000 दर्शकों के बैठने की व्यवस्था थी। प्लिनी का कहना है कि गेयस स्क्रिबोनियस ने एक दूसरे से सटे दो थिएटरों का निर्माण किया था। प्रत्येक एक केन्द्रीय धुरी पर निर्मित था। इसमें दर्शकों की स्थिति स्थिर थी और थिएटर के दोनों भाग ऐम्फी थिएटर का निर्माण करते हुए अपनी धुरी पर घूमते थे। इस सदी के अन्त तक 8000 क्षमता वाले *थिएटर ऑफ़ बालबस* (13 बी. सी.)

के भी रोम में निर्माण का उल्लेख मिलता है। राजशाही साम्राज्य के 1000 शहरों में अधिकांश में स्थायी या अस्थायी थिएटर थे। राजशाही के दौर के थिएटर मूल रूप से एक से ही हैं। ग्रीक और रोमन प्रेक्षागृह की मूल परिकल्पना की बात करें तो जो फ़र्क़ सीधा-सीधा दिखायी देता है वो यह कि यूनानी प्रेक्षागृह पहाड़ी में ही, उसे काट कर बहुत ही सीधे-सादे ढंग से बनाये गये थे और एक प्राकृतिक निर्माण का-सा आभास देते थे, जबकि रोमनों के प्रेक्षागृह स्थापत्य और इंजीनियरिंग का बहुत ही विलक्षण नमूना थे। रोमनों के बारे में पहले ही उल्लेख किया जा चुका है कि वे महान योद्धा थे जिसमें वर्बरता का भी तत्त्व शामिल है। नाटक या रंगमंच उनके लिए ग्रीक लोगों की तरह एक सांस्कृतिक प्रतिष्ठा का प्रश्न नहीं था, बल्कि उनके अपनी ज़िन्दगी के अनिवार्य क्रिया-कलापों के बीच मन बहलाव का एक सामान्य-सा माध्यम था। लेकिन प्रतिस्पर्धा और ग्रीकों की तुलना में अपनी श्रेष्ठता सिद्ध करने की भावना ने उन्हें यूनानी रंगभूमि से अलग अपनी विशिष्टता को दुनिया के सामने लाने के लिए प्रेरित किया। इसीलिए उन्होंने यूनानी से अलग अपने प्रेक्षागृह की कल्पना की जिसे उनके इंजीनियरों और वास्तुकारों ने साकार किया।

स्थापत्य

यूनान में डायनोसिस देवता की स्तुति में खेलकूद, अन्य मनोरंजक कार्यक्रमों के आयोजन की ही भाँति रोम में भी देवी वीनस के सम्मान में *लूडी रोमानी* जैसे आयोजन की शुरुआत हुई थी। रोम में धर्म-प्रतिष्ठानों और शासक वर्ग दोनों के ही द्वारा नाटक या रंगमंच को हेय दृष्टि से देखने के कारण शुरुआती दौर में लूडी रोमानी के आयोजन खुले क्षेत्रों में होते थे। ये विशाल मैदान हुआ करते थे। फिर इन्हें कोलिसियम में करने की परम्परा शुरू हुई। यही बाद में एक तरह से रोमनों के स्थायी प्रेक्षागृह की बुनियाद थी, रोमनों के बाद में निर्मित नियमित प्रेक्षागृह भी परम्परागत खेल-कूदों और अन्य प्रतियोगिताओं के एक भाग के रूप में ही थे।

इस दिशा में सबसे पहला महत्त्वपूर्ण क़दम पोम्पी द्वारा उठाया गया। 55 ई. पू. में पोम्पी ने एक प्रेक्षागृह का विस्तृत निर्माण किया। क्योंकि धर्म और शासन रंगमंच के ख़िलाफ़ था, इसलिए उसने इसे बाहर से एक मन्दिर जैसा दिखायी देने वाले भवन के रूप में बनाया और इसके ऊपर वीनस की एक मूर्ति स्थापित कर दी।

रोमन प्रेक्षागृहों का अध्ययन करने पर हमें पता चलता है कि ये ग्रीक प्रेक्षागृहों के मुक़ाबले काफ़ी छोटे होते थे। पहाड़ी पर बनाये गये प्राकृतिक यूनानी प्रेक्षागृहों में जहाँ 20-30 हज़ार दर्शक एक साथ बैठ सकते थे, वहीं रोमन प्रेक्षागृहों में दर्शकों की बैठ पाने की सीमा 4-5 हज़ार ही थी। ऊँची-नीची ज़मीन पर निर्मित यूनानी प्रेक्षागृहों की तीन स्वतन्त्र इकाइयों की तुलना में रोमन प्रेक्षागृह समतल ज़मीन पर निर्मित एक समग्र इकाई का निर्माण हैं। वहीं यूनानी प्रेक्षागृह के अर्ध चन्द्राकार स्वरूप को रोम में ओवल (अण्डाकार) का रूप दे दिया गया। यूनानी प्रेक्षागृह का *ऑर्केस्ट्रा सर्किल* काफ़ी बड़ा होता था। उसे भी रोमनों ने लगभग आधा कर दिया। यूनानी ऑर्केस्ट्रा का प्रयोग कोरस के लिए होता था। रोमन ऑर्केस्ट्रा का प्रयोग मुख्य रूप से समुद्री लड़ाइयों के लिए किया जाने लगा। इसके लिए इस ऑर्केस्ट्रा में कुछ और परिवर्तन भी किये गये। रोमन प्रेक्षागृह में ग्रीक प्रेक्षागृह की ही तरह दर्शकों के बैठने के लिए ऊपर की ओर जाती सीढ़ियाँ बनायी गयीं थीं। यह क्षेत्र *केविया* कहलाता था। सम्भवतः खुले में, दर्शकों को बारिश से बचाते हुए, निर्विघ्न रूप से नाटक देखने की सुविधा के लिए जहाँ अन्तिम सीढ़ियों के ठीक ऊपर एक खुला बरामदा बनाया गया था, वहीं नीचे की सीढ़ियों के ठीक सामने के क्षेत्र में बना *ऑर्केस्ट्रा सर्किल* एक गड्ढे जैसा क्षेत्र था। इस ऑर्केस्ट्रा सर्किल के बिल्कुल सामने ही मुख्य मंच *पुल्पितम* था। यह लगभग डेढ़ फ़ीट ऊँचा सपाट धरातल था। इस फ़र्श की पीछे वाली भीतरी दीवार में पाँच दरवाज़े थे जिन्हें मंच पर प्रवेश के लिए इस्तेमाल किया जाता था। इन दरवाज़ों पर जड़ी गयीं या उकेरी गयीं मूर्तियाँ इन्हें एक अलग ही भव्यता प्रदान करती थीं। यूनानी प्रेक्षागृहों में मंच के दोनों ओर दो-दो दरवाज़े होते थे। रोमनों ने इन दरवाज़ों को ढँक कर विंग्ज़ का रूप दे दिया था। जहाँ तक दर्शक दीर्घा में दर्शकों के प्रवेश का प्रश्न है इसके लिए दर्शक दीर्घा (केविया) के तीन तरफ़ ऊपर की ओर जाती दीवार में बराबर-बराबर दूरी पर तीन प्रवेश-द्वार थे। ग्रीक की ही तरह रोमन प्रेक्षागृह भी खुले स्थान पर ही होते थे। क्योंकि प्रदर्शन दिन के समय ही होते थे, इसलिए दर्शकों को कड़ी धूप और बारिश का भी सामना करना पड़ता था। रोमनों ने इसके लिए विकसित होती तकनीक का सहारा लिया और विशेषकर पानी की निकासी की व्यवस्था इस प्रकार बनायी कि प्रेक्षागृहों के नीचे पानी नहीं रुकता था।

अपनी राष्ट्रगत पहचान की प्रतिस्पर्धा और अपनी स्थापत्य और इंजीनियरिंग की प्रतिभा के चलते रोमनों ने स्थापत्य कला की दृष्टि से अद्वितीय प्रेक्षागृहों का निर्माण किया। लेकिन रचनात्मक दृष्टि से उनका नाटक और प्रदर्शन उतना स्तरीय न होकर सामान्य श्रेणी का ही था। कारण साफ़ है। रोमन योद्धा होने के साथ ही साथ महान वास्तुशिल्पी, इंजीनियर और वैज्ञानिक तो थे लेकिन नाटक उस तरह से उनके जीवन में एक प्रतिष्ठा और सम्मान का तत्त्व नहीं था, जिस तरह यूनानी लोगों के जीवन का यह अभिन्न हिस्सा था।

मध्यकालीन रंगमंच

पाँचवीं शताब्दी में रोम साम्राज्य के पतन के बाद अगले पाँच-छः सौ साल तक पश्चिम में रंगमंच की कोई परम्परा दिखायी नहीं देती। इस कालखण्ड को रंगमंच की दृष्टि से *डार्क एज* अथवा अन्धकार युग या अन्धायुग भी कहा जाता है। रंगमंच के नाम पर यदि कोई सूचना मिलती भी है तो उसे यायावर क़िस्म के तमाशबीनों द्वारा कलाबाज़ी, बाज़ीगरी अथवा ऐसे ही छोटे-छोटे खेल-तमाशों के अलावा कुछ नहीं कहा जा सकता। रोम साम्राज्य के पतन में और उसके साथ ही रोमन रंगमंच की समाप्ति में यदि वहाँ के गृहयुद्ध का बहुत बड़ा हाथ था तो ईसाई धर्म ने भी उसमें कम भूमिका नहीं निभाई। जैसा कि पहले भी उल्लेख किया जा चुका है कि सत्ता और धर्म आरम्भ से ही रंगमंचीय गतिविधियों के विरुद्ध थे।

ऐसा मात्र रोम में ही दिखायी नहीं देता। हमारे यहाँ भी बौद्ध धर्म और बाद में इस्लाम में इसकी मनाही रही है। यहाँ तक कि सोलहवीं शती के एलिज़ाबेथ कालीन इंग्लैंड में भी लगभग ऐसा ही प्रतिबन्ध था।

लेकिन मानव का स्वभाव है कि वह किसी भी प्रकार के लादे गये प्रतिबन्ध को बहुत दिनों तक बर्दाश्त नहीं कर पाता। हम अपने यहाँ मुस्लिम और अंग्रेज़ शासकों द्वारा लागू किये गये प्रतिबन्ध के विरोध में क्रमशः लोक रंगमंच, पारसी रंगमंच और शौक़िया रंगमंच के जन्म और विकास की गाथा से पहले ही गुज़र चुके हैं। कुछ ऐसा ही पश्चिम में भी हुआ।

कहना तो यह चाहिए कि वहाँ रंगमंच को लेकर एक अद्‌भुत घटना हुई जो वहाँ रंगमंच के पुनर्जन्म का कारण साबित हुई। लगभग एक हज़ार ईस्वी के आसपास यूरोप के एक चर्च में, सम्भवतः स्विट्ज़रलैंड के एक चर्च में वहाँ के पादरी लोगों ने तय किया कि क्यों न ईसा मसीह, ईसाई धर्म और दूसरे धार्मिक सन्त-महात्माओं के जीवन से जुड़ी घटनाओं और प्रसंगों को आधार बनाकर नाटकों के माध्यम से ईसाई धर्म की शिक्षा दी जाये। हम सभी जानते हैं कि रविवार के दिन सुबह चर्चों में एक बड़ी जनसभा का आयोजन किया जाता है जहाँ पादरी उपस्थित श्रोताओं को धार्मिक प्रवचन देते हैं। ईसाई धर्म के जन्म से लेकर पिछले एक हज़ार वर्ष से यह प्रथा नियमित रूप से चर्च की औपचारिक कार्यवाही का हिस्सा थी। शायद उन पादरियों ने अनुभव किया होगा कि हमारे प्रवचनों का लोगों पर उतना असर नहीं पड़ रहा है, अतः इन प्रवचनों को लोगों तक सम्प्रेषित करने के लिए किसी नयी पद्धति का सहारा लेना चाहिए। संयोग से वह नयी पद्धति एक नाटक जैसी विधा के रूप में उनके सामने आयी—उन्होंने *थ्री मेरीज़ और ऐंजिल* नाम के प्रसंग को नाट्य प्रदर्शन के लिए चुना। यह प्रसंग ईसा मसीह की मृत्यु से जुड़ा हुआ है। ईसा मसीह का मृत शरीर एक ताबूत के भीतर रखा हुआ है, और एक देवता उसके पास खड़ा है। तभी वहाँ पर तीन मेरी अर्थात परियाँ आती हैं और देवता से प्रार्थना करती हैं कि वह ताबूत का ढक्कन हटाकर उन्हें ईसा मसीह के अन्तिम दर्शन करने दे। देवता ताबूत का ढक्कन हटा देता है तो दिखायी देता है कि ताबूत एकदम खाली है। स्पष्ट है कि यह प्रसंग ईसा मसीह की महानता को लेकर प्रचलित एक मिथ है। लगभग सभी बड़े-बड़े सन्त-महात्माओं के विषय में ऐसे मिथ मिल जायेंगे। हमारे अपने देश में कबीर से जुड़ा एक प्रसंग है जिसका बार-बार उल्लेख किया जाता है। जब उनकी मृत्यु हुई तो उनका शरीर एक सफ़ेद चादर से ढँका हुआ था। हिन्दू और मुसलमान अनुयायी अपनी-अपनी परम्परा के अनुसार उनका अन्तिम संस्कार

करना चाहते थे—हिन्दू लोग उनके शरीर को जलाना चाहते थे तो मुस्लिम उसे दफ़नाना चाहते थे। इसी विवाद में जब चादर हटाई गयी तो वहाँ कुछ भी नहीं था—सिवाय कुछ फूलों के।

बहरहाल, पादरियों द्वारा प्रस्तुत उस नाटक की ओर लौटा जाये। रविवार की सुबह। सभी लोग आ चुके हैं। एक बड़े हॉल में एक तरफ़ वे लोग बैठे हैं जो धार्मिक प्रवचन सुनने के लिए आये हैं और उनके सामने एक ऊँचा धरातल जहाँ खड़े होकर पादरी को प्रवचन देना है। उन्हें नहीं बताया गया है कि आज मंच पर क्या होने वाला है। वे हर रविवार को होने वाले प्रवचन की प्रतीक्षा कर रहे हैं कि अचानक उनके सामने कुछ नया घटित होता है—प्रवचन के बदले उन्हें एक नाटक देखने को मिलता है जो उनकी ज़िन्दगी में कभी घटित नहीं हुआ था। उनकी ज़िन्दगी क्या, पूरे पाश्चात्य जगत में 476 ई. के बाद पहली बार किसी नाटक का मंचन हुआ था। सभी श्रोता पहली बार दर्शक की भूमिका में परिवर्तित हो गये। इससे पहले भी वे धार्मिक प्रवचनों को सुनते थे लेकिन ज़रूरी नहीं कि वे उनमें रुचि लेते हों। आज का अनुभव तो बिल्कुल निराला था—वे सुन भी रहे थे और साथ-साथ देख भी रहे थे। कहने की ज़रूरत नहीं कि वे इस अनुभव से अभिभूत रह गये। पादरी लोगों ने भी इस बात की कल्पना नहीं की थी कि उनका यह प्रयोग इतना सफल रहेगा। उन्होंने निश्चय किया कि अब से वे धार्मिक प्रवचनों को लोगों तक पहुँचाने के लिए इसी माध्यम का इस्तेमाल करेंगे। चर्च के बड़े अधिकारियों को भी इसमें कोई आपत्ति नहीं थी। उन्होंने भी पहले प्रदर्शन के प्रभाव को स्वयं अनुभव किया था—नाटक जैसी विधा का यदि इतना गहरा प्रभाव पड़ता है तो क्यों न नियमित स्तर पर इसका प्रयोग किया जाये और इसमें अतिरिक्त रूप से कोई व्यय का प्रावधान भी नहीं करना पड़ता था।

प्रस्तुति के स्तर पर भी कोई तामझाम की आवश्यकता नहीं थी। वही हॉल, जिसमें प्रवचन होता था, एक प्रेक्षागृह का काम दे रहा था। कक्ष के अन्दर की अपनी साज-सज्जा ही नाटक के परिवेश की सज्जा मान ली जाती थी। दर्शकों के बैठने का स्थान तो निश्चित ही था, सामने पादरी के लिए बना धरातल मंच के रूप में मान लिया जाता था। कोई लिखित आलेख भी नहीं चाहिए था—सभी धार्मिक प्रसंग पादरी लोगों को अच्छी तरह से याद थे और वे आवश्यकतानुसार मंच पर उनकी प्रस्तुति कर लेते थे। चर्च में काम करने वाले पादरी और दूसरे कर्मचारी अभिनेताओं के रूप में आ जाते थे। वेशभूषा के नाम पर प्रतिदिन के व्यवहार में पहने जाने वाले वस्त्रों का इस्तेमाल कर लिया जाता था।

इस प्रकार एक छोटी-सी प्रस्तुति का यह परिणाम निकला कि अब हर रविवार को ऐसी प्रस्तुतियाँ होने लगीं। ऐसा भी नहीं कि ये प्रस्तुतियाँ मात्र स्विट्ज़रलैंड के उसी चर्च में हो रही थीं, जहाँ पहली बार एक नाटक का मंचन हुआ था। धीरे-धीरे यूरोप के अलग-अलग देशों और नगरों के चर्चों में ऐसे नाटकों का मंचन आम बात हो गयी थी। इसे एक नाटकीय विडम्बना भी कहा जा सकता है कि जिस ईसाई धर्म ने नाटक और रंगमंच पर प्रतिबन्ध लगा दिया था, वही दुबारा से उनके जन्म का कारण बना और वह भी चर्च के भीतर।

काफ़ी दिनों तक यह गतिविधि बहुत अच्छे से सम्पन्न होती रही लेकिन फिर इसमें गड़बड़ी होनी शुरू हो गयी। यह सर्वविदित है कि ईसाई धर्म में स्वर्ग और नरक की कल्पना के साथ-साथ *सेटन* अर्थात शैतान के अस्तित्व को भी स्वीकार किया गया है। अतः नाटक करने वाले पादरियों ने अपनी प्रस्तुतियों के लिए ऐसे कथानकों को लेना आरम्भ कर दिया जिनमें नरक और शैतान की भूमिका ज़्यादा-से-ज़्यादा हो। वे जानते थे कि ऐसे प्रसंगों में दर्शकों का मन ख़ूब रमेगा और हुआ भी ऐसा ही। जब भी शैतान मंच पर आता तो दर्शक ज़ोर से ताली बजाकर उसका स्वागत करते, शैतान की भूमिका करने वाला अभिनेता भी उत्साहित होकर बढ़ा-चढ़ाकर हरकतें करने लगता और उनकी वाह-वाही लूटता। नतीजा यह हुआ कि धार्मिक नाटकों में धर्म का स्थान मनोरंजन ने ले लिया। इस पर चर्च के अधिकारियों ने घोर आपत्ति दर्ज की। उनका कहना था कि इस तरह की प्रस्तुतियाँ चर्च की पवित्रता को नष्ट करती हैं। अतः इन्हें चर्च के भीतर नहीं बल्कि चर्च के बाहर किया जाना चाहिए। उन्होंने व्यवस्था की कि चर्च की चारदीवारी के भीतर जो खुला प्रांगण रहता है, वहाँ बाहर इन नाटकों का मंचन किया जाये। बाहर से आने वाले धर्मानुयायी पहले बाहर इन नाटकों का मंचन देख लें और उसके बाद चर्च के भीतर आकर धार्मिक प्रवचनों पर अपना ध्यान केन्द्रित करें।

चर्च के हॉल से बाहर आते ही नाटकों की प्रस्तुति शैली में काफ़ी अन्तर आ गया। जब तक नाटक चर्च के हॉल में हो रहे थे तो अलग से किसी प्रकार की कोई व्यवस्था करने की ज़रूरत नहीं थी। मात्र कभी-कभार कोई मंच उपकरण, वेशभूषा और शैतान के लिए शैलीबद्ध रूपसज्जा अथवा मुखौटे। लेकिन यहाँ तो सब कुछ करना ज़रूरी था। सबसे पहले मंच के नाम पर एक ऊँचे धरातल की आवश्यकता थी। उसके लिए चर्च की दीवार को पृष्ठभूमि में रखकर उसके सामने लकड़ी का एक लम्बा धरातल बना लिया जाता था। इस धरातल पर सीधी रेखा में या आगे-पीछे नाटक की कथा से जुड़े स्थानों एवं परिवेश का

निर्माण कर लिया जाता था। मंच पर दृश्यविधान की कई इकाइयाँ बन जाती थीं, जिन्हें मेंशन कहा जाता था। इन इकाइयों में स्वर्ग और नरक के दृश्य बहुत ही आकर्षक होते थे—स्वर्ग जितना सुन्दर, नरक उतना ही घोर विकराल। इस धरातल और इकाइयों के इर्द-गिर्द नाटक का कार्य-व्यापार चलता था।

इस बाहरी व्यवस्था में दर्शकों के लिए कोई अलग से व्यवस्था नहीं थी। वे खड़े होकर देख सकते थे, घास पर बैठकर देख सकते थे, चर्च की चारदीवारी पर बैठ सकते थे, चर्च में लगे पेड़ों पर बैठ सकते थे यानि वे हर लिहाज़ से उन्मुक्त थे। उन पर किसी ख़ास जगह पर बैठने का कोई प्रतिबन्ध नहीं था। उनकी प्राथमिकता थी एक मनोरंजक नाटक देखना और वह उन्हें भरपूर मिल रहा था। लेकिन कुछ दिनों बाद चर्च के अधिकारियों को नाटकों के मंचन की इस पद्धति से भी आपत्ति होने लगी। उन्होंने सोचा था कि चर्च के खुले प्रांगण में नाटकों को देखने के बाद वे दर्शक चर्च के अन्दर आकर प्रवचन पर अपना ध्यान केन्द्रित करेंगे। लेकिन हुआ ठीक इसके उलट। दर्शक आते, बाहर हो रहे नाटकों का जी भरकर आनन्द लेते और बाहर ही बाहर लौट जाते। ईसाई धर्म के प्रचार-प्रसार का जो बीड़ा उठाया गया था, यह सब कुछ तो उसके विरुद्ध जा रहा था। अन्ततः एक बार फिर से चर्च के अधिकारियों को कठोर निर्णय लेना पड़ा कि चर्च की चारदीवारी में नाटकों का मंचन नहीं किया जा सकता। ये नाटक पूरी तरह से बाहर जाकर किये जायें। अब तक इनके मंचन की जो व्यवस्था पादरी लोग कर रहे थे, उसे भी बदल दिया गया। अधिकारी वर्ग ने इनके मंचन का सारा प्रबन्ध *गिल्ड्स* को सौंप दिया। ये गिल्ड व्यापारियों का समूह होते थे। नाटकों के कथानक उसी धार्मिक, पौराणिक अथवा मिथक से सम्बद्ध रहे अर्थात ईसाई धर्म से जुड़े सन्तों और महात्माओं के जीवन प्रसंग लेकिन उनमें अब पादरी लोग अभिनय नहीं करेंगे। नाटकों के मंचन से जुड़े सारे प्रबन्ध *गिल्ड* को करने होंगे। इनमें सबसे बड़ा सवाल यही सामने आया कि यदि पादरी लोग अभिनय नहीं करेंगे तो अभिनय के लिए किन लोगों को लाया जाये? इसके लिए गिल्ड ने अलग-अलग व्यवसाय से जुड़े आम लोगों को इसके लिए अनुबन्धित किया जैसे मोची, लोहार और सुनार आदि। ये वे लोग रहे होंगे जो अभी-अभी ईसाई धर्म में दीक्षित हुए होंगे। दूसरी आवश्यकता ऐसे स्थलों को निश्चित करने की थी जहाँ इन नाटकों का मंचन किया जा सके। इस दृष्टि से चर्च के अधिकारियों ने पहले ही पल्ला झाड़ लिया था अर्थात न तो इन नाटकों का मंचन चर्च के भीतर और न ही चर्च की चारदीवारी में खुले प्रांगण में किया जायेगा।

इन सारी स्थितियों-परिस्थितियों में मध्यकाल की यह धार्मिक नाट्य-परम्परा मंचन की दृष्टि से बहुत ही रोचक विकल्प प्रस्तुत करती है—कम-से-कम तीन विकल्प इस पूरे दौर में अलग-अलग देशों में व्यवहार में लाये गये। पहले एक-एक करके इन तीनों विकल्पों के विषय में चर्चा की जाये।

सबसे पहला विकल्प एक खुले मैदान में एक घेरे या दायरे के रूप में दिखायी पड़ता है। ज़मीन का एक बहुत बड़ा खण्ड लेकर एक घेरे में उसकी खुदाई की जाती थी। खुदाई से निकली मिट्टी से ही दर्शकों के लिए बैठने की जगह बना दी जाती थी। बीच-बीच में दर्शकों और अभिनेताओं के आने-जाने के लिए रास्ता छोड़ दिया जाता था। घेरे के बीच में नाटक के कथानक से जुड़े प्रसंगों के लिए अलग-अलग कार्यक्षेत्र निश्चित कर लिए जाते थे और वहाँ लकड़ी के ढाँचे जैसे बूथ बना लिए जाते थे। दर्शक खुदाई से निकाली गयी मिट्टी से बने अस्थायी स्थान पर बैठते थे। अपने आकार-प्रकार में मध्यकाल का यह प्रदर्शन स्थल आदिम युग के घेरे की याद दिलाता है जहाँ बीच में कार्य-व्यापार चलता था और चारों तरफ़ दर्शक बैठते थे। यद्यपि आदिम युग में नाटकों के लिए ऐसे दृश्य विधान का आविर्भाव नहीं हुआ था। आज हमारे देश में लगभग हर शहर, क़स्बे और महानगर में होने वाले नुक्कड़ नाटकों से भी इसकी तुलना की जा सकती है, यद्यपि यहाँ भी उस तरह के दृश्यबन्ध का कोई ठोस रूप दिखायी नहीं देता। इसका एकमात्र कारण यही है कि नुक्कड़ नाटक अपनी मूल प्रकृति में यायावर है—अर्थात एक ही दिन में वे किसी शहर के कई चौराहों पर जाकर मंचन कर सकते हैं, जबकि मध्यकाल के ये नाटक एक ही जगह पर कई-कई दिन और महीनों तक होते रह सकते थे। इसलिए एक स्थायी दृश्यबन्ध का प्रावधान रहता था। घेरे में होने वाले मध्यकाल के नाटकों की इस मंचन-पद्धति को *कोरनिश राउंड* कहा जाता था। यह नाम इसलिए पड़ गया क्योंकि पहले-पहल कोर्नवैल नाम के शहर में मंचन की इस पद्धति की शुरुआत हुई थी। इस पद्धति में दर्शक एक घेरे में आरम्भ से लेकर अन्त तक बैठे रहते हैं और उनके सामने बने कार्यक्षेत्रों अथवा मेंशन में नाटक का कार्य-व्यापार चलता रहता था।

इस पद्धति से मिलती-जुलती और काफ़ी हद तक अलग एक और पद्धति को भी मध्यकाल में आज़माया गया। इसे *बूथ स्टेज* कहा जाता है। एक बहुत बड़े मैदान में नाटक की घटनाओं से जुड़े प्रसंगों के लिए लकड़ी के ढाँचों का निर्माण कर लिया जाता था जो एक-दूसरे से काफ़ी दूरी पर होते थे। दर्शक घूम-घूमकर कभी एक बूथ पर और कभी दूसरे बूथ पर जा-जाकर नाटक की

अलग-अलग घटनाओं को देखते थे। किसी एक बूथ पर जब घटना समाप्त हो जाती होगी तो वे अगले बूथ की तरफ़ बढ़ जाते होंगे, जहाँ अगली घटना उनका इन्तज़ार कर रही होगी। इस प्रकार घटना-दर-घटना, बूथ-दर-बूथ के बीच दर्शकों की यात्रा चलती रहती थी। हमारे अपने देश में भी रामनगर की रामलीला में इसी पद्धति से रामलीला का मंचन किया जाता है। बनारस में गंगा के दूसरे किनारे बसे रामनगर के क़स्बे को रामलीला के अलग-अलग प्रसंगों से जुड़े कार्य क्षेत्रों में हमेशा के लिए निश्चित कर दिया गया है। क़स्बे का कोई महलनुमा भवन राजा दशरथ का महल हो गया है, जहाँ राम और दूसरे भाइयों का जन्म होता है। दर्शक उस प्रसंग को उस महल में आकर देखते हैं। जब विश्वामित्र राम-लक्ष्मण को लेकर जंगल की ओर प्रस्थान करते हैं तो दर्शक भी उनके पीछे-पीछे जंगल की ओर यात्रा करते हैं। इस प्रकार पूरी रामलीला में चालीस दिनों तक अभिनेताओं और दर्शकों की यात्रा साथ-साथ चलती रहती है। पश्चिम के मध्यकाल के नाटकों का मंचन इससे थोड़ा भिन्न है। वहाँ अलग-अलग घटना के लिए अलग-अलग बूथ की जानकारी तो मिलती है, लेकिन एक बूथ के अभिनेता ही दूसरे बूथ पर जाते होंगे, इसका कोई उल्लेख नहीं मिलता। *कोरनिश राउंड* और बूथ स्टेज में एक समानता तो है कि नाटक का कार्यक्षेत्र अपने आप में एक स्थान पर स्थिर है और दर्शक उसे देखने के लिए अपने घरों से आते हैं। उसमें भी फिर एक अलगाव यह दिखायी देता है कि एक पद्धति में दर्शक आने के बाद अपने स्थान पर स्थिर, बैठकर नाटक देखते हैं। जबकि दूसरी पद्धति में दर्शक एक कार्यक्षेत्र से दूसरे कार्यक्षेत्र तक की यात्रा करते हैं। कहने की आवश्यकता नहीं कि घटनाओं के बूथ या कार्यक्षेत्र अपनी-अपनी जगह पर स्थिर हैं। इस प्रकार अभिनेता और दर्शक के आपसी सम्बन्धों के दो अलग-अलग रूप देखने को मिलते हैं।

चर्च से बाहर आने के बाद मध्यकालीन नाटक और रंगमंच का एक और रूप बाज़ारों के चौराहों पर देखने को मिलता है। बड़े-बड़े नगरों के बाज़ारों के खुले चौराहों पर नाटक की घटनाओं से जुड़े कार्यक्षेत्र लकड़ी से बना लिए जाते थे। दर्शकों के बैठने की व्यवस्था भी लकड़ी से बनी ऊपर जाती सीढ़ियों के रूप में कर ली जाती थी। पूरे कार्यक्षेत्र के चारों तरफ़ दर्शक बैठकर या खड़े होकर देख सकते थे। ज़रूरी नहीं कि बैठने के लिए सीढ़ियाँ चारों तरफ़ बनी हों। कई बार सिर्फ़ एक तरफ़ ही स्थायी सीढ़ियों का प्रावधान रहता था। नाटक क्योंकि चौराहे पर खेला जा रहा है तो दर्शकों के पास नाटक देखने के कई विकल्प थे। वे कार्यक्षेत्र के सामने बनी सीढ़ियों पर बैठकर देख सकते थे, बाज़ार में

आते-जाते खड़े होकर देख सकते थे—जैसा कि हम आज अपने यहाँ होने वाले नुक्कड़ नाटकों में भी देखते हैं। दर्शकों के लिए सुविधाजनक रास्ता यह था कि वे चौराहे के आसपास बने अपने ऊँचे-ऊँचे मकानों की खिड़कियों से या छतों पर खड़े होकर देख सकते थे। उन्हें नाटक देखने के लिए बाहर नीचे चौराहे पर आने की कोई ज़रूरत नहीं थी। यह दोहराने की ज़रूरत नहीं कि ऐसे मंचन दिन की रोशनी में ही किये जाते थे। यहाँ तक कि *कोरनिश राउंड* और बूथ स्टेज की प्रस्तुतियाँ भी दिन में ही होती थीं। इनमें काम करने वाले लोग सिर्फ़ पुरुष ही होते थे। किसी भी प्रकार के तकनीकी यन्त्रों की अनुपस्थिति में भी इन नाटकों के प्रस्तुतकर्ता हर सम्भव कोशिश करते थे कि नाटक में दिखाये जाने वाले सभी चमत्कार और प्रभाव दर्शकों को पूरी तरह से यथार्थवादी लगें। कहा जाता है कि किसी प्रस्तुति में ईसा मसीह को सलीब पर लटकाये जाने के दृश्य को ज़्यादा-से-ज़्यादा जीवन्त और प्रामाणिक बनाने के लिए ईसा की भूमिका कर रहे अभिनेता के हाथों और पैरों में सचमुच में ही कीलें ठोंक दी गयी थीं। बेचारा अभिनेता मरते-मरते बचा था।

इन नाटकों के मंचन का एक अन्तिम विकल्प, और शायद सबसे ज़्यादा रोचक और नाटकीय विकल्प, इंग्लैंड के लन्दन शहर में देखने को मिलता है। लन्दन बहुत ही भीड़-भाड़ वाला शहर था और घनी आबादी के चलते वहाँ ऐसे खुले मैदान मिलना सम्भव नहीं था, जैसा कि अब तक दर्शाये गये विकल्पों में दिखायी पड़ता है। इसीलिए वहाँ नाटकों के आयोजकों ने एक बिल्कुल नयी और अद्भुत पद्धति का आविष्कार कर लिया—नाटक की कथा से जुड़ी अलग-अलग घटना को अलग-अलग घोड़ागाड़ी के ऊपर बने छोटे से मंच पर प्रस्तुत करने की पद्धति। जब इन नाटकों का मंचन होता था तो लोग शहर के अलग-अलग कोनों पर खड़े होकर इन्तज़ार करते रहते थे—घोड़ागाड़ी उनके पास पहुँचती थी। अभिनेता लोग गाड़ी के ऊपर बने छोटे से मंच पर अभिनय करते थे। यदि आवश्यकता पड़े तो नीचे उतरकर ज़मीन पर भी अभिनय कर सकते थे। अपना प्रसंग दर्शकों के सामने प्रस्तुत करने के बाद गाड़ी किसी अगले मोड़ की ओर चल देती थी। यहाँ के दर्शक वहीं अपने स्थान पर खड़े रहेंगे और कोई दूसरी गाड़ी एक नयी घटना के साथ वहाँ पहुँच जायेगी। इस प्रकार दिन भर अलग-अलग घटनाएँ अलग-अलग चौराहों पर आती-जाती रहती थीं। इस विकल्प ने अभिनेता और दर्शक के बीच एक नये प्रकार के सम्बन्ध को स्थापित किया। अभी तक के लगभग सभी विकल्पों में रंगमंच एक स्थान पर ही स्थित रहता था और दर्शक अपने घरों से उसके पास आते थे

अथवा अभिनय क्षेत्र में एक जगह से दूसरी जगह के लिए प्रस्थान करते थे। लेकिन यहाँ स्थिति बिल्कुल उलट है। दर्शक अपने स्थान पर स्थिर रहते हैं और मंच उनके पास आता है।

मंचन की इस पद्धति को *पैजेन्ट वैगन* के नाम से जाना जाता है—अर्थात झाँकियों वाली गाड़ियाँ। आज हमारे यहाँ गणतन्त्र दिवस के अवसर पर इसी तरह की झाँकियाँ निकाली जाती हैं। हर गाड़ी का अपना-अपना थीम होता है और वे एक के बाद एक, दूर तक खड़े दर्शकों के सामने से गुज़रती जाती हैं। आज तो घोड़ागाड़ी का स्थान बड़ी-बड़ी मोटर गाड़ियों ने ले लिया है। यदि हम उन दिनों की घोड़ागाड़ी को देखें तो नाटकों का कार्य क्षेत्र बहुत सीमित होता था। गाड़ी पर दो धरातल बना लिए जाते थे। नीचे वाला धरातल परदों से ढँका रहता था और ग्रीन रूम के रूप में प्रयोग में लाया जाता था। वहाँ से तैयार होकर अभिनेता पीछे की ओर से एक छोटी-सी सीढ़ी की सहायता से दूसरे धरातल पर पहुँचकर दृश्य का मंचन करते थे। इस पद्धति में कम-से-कम अभिनेता और दूसरे तामझाम भी बहुत कम रहते थे, क्योंकि इतनी कम जगह में सब कुछ को ले आना सम्भव नहीं था। आज के रंगमंच में *मोबाइल थिएटर* जैसे शब्दों का बहुत प्रयोग किया जाता है। यह सही है कि ये शब्द आधुनिक रंगमंच में अलग अर्थों में इस्तेमाल किये जाते हैं लेकिन इस बात से इनकार नहीं किया जा सकता कि यदि उसका कोई पहला रूप रहा होगा तो मध्यकाल की इन पेजेन्ट वैगन से उसकी एक पहचान और समानता अवश्य जोड़ी जा सकती है।

इस प्रकार लगभग एक हज़ार ईस्वी से आरम्भ होकर यह मध्यकालीन नाट्य-परम्परा अगले तीन-चार सौ वर्षों तक पश्चिम में यूरोप के अलग-अलग देशों और नगरों में लगातार सक्रिय रही। इसमें मंचित नाटकों को *मोरेलिटी प्ले, पेस्टोरल प्ले* आदि के नाम से जाना जाता है। जब इस तरह के नाटकों का जन्म और शुरुआत हुई तो नाटकों के लिखित आलेख नहीं होते थे। बाद में कहीं-कहीं नाटकों का लेखन भी होने लगा। उस दौर का एक बहुत ही प्रचलित नाटक *एवरीवन* अथवा *एवरीमैन* के नाम से प्रकाशित रूप में मिलता है और आज भी कभी-कभी मंचित किया जाता है। लेकिन कुल मिलाकर इन नाटकों पर साहित्यिक दृष्टि से कभी कोई विचार-विमर्श नहीं किया गया। ये सभी नाटक अपनी मूल प्रकृति में धार्मिक थे। उनके कथानक बाइबिल अथवा ऐसे ही दूसरे ग्रन्थों में पायी जाने वाली ईसा मसीह और अन्य सन्त-महात्माओं के जीवन से जुड़ी ऐसी घटनाओं पर आधारित होते थे जिनमें ज़्यादा-से-ज़्यादा चमत्कार

दिखाये जाने की सम्भावनाएँ हों। इनका एकमात्र उद्देश्य यही था कि देखने वालों को ईसाई धर्म के प्रति आकर्षित किया जाये। शायद अपने इस उद्देश्य में यह मध्यकालीन नाट्य-परम्परा सफल भी रही। पन्द्रहवीं-सोलहवीं शताब्दी तक ईसाई धर्म ने पश्चिम में अपना ऐसा प्रभाव जमा लिया था कि वहाँ सत्ता और धर्म में कौन पहले नम्बर पर है, इसको लेकर विवाद की शुरुआत भी हो गयी थी, जिसका अन्तिम रूप सोलहवीं शती के इंग्लैंड में देखने को मिलता है जब वहाँ की तत्कालीन महारानी एलिज़ाबेथ प्रथम के नेतृत्व में चर्च के ख़िलाफ़ लड़ाई में ईसाई धर्म दो भागों में बँट गया–दि प्रोटेस्टैंट्स और दि कैथोलिक्स अर्थात उदारवादी और अनुदारवादी। आज वहाँ की दो बड़ी राजनैतिक पार्टियों, लेबर पार्टी और कंज़र्वेटिव पार्टी के अस्तित्व को भी इसी सन्दर्भ से जोड़कर देखा जा सकता है।

नाटकों के कथानक और आलेख की गुणवत्ता की दृष्टि से बेशक हम मध्यकालीन नाट्य-परम्परा को कोई महत्त्व न दें लेकिन यदि मंचन की दृष्टि से विचार किया जाये तो निश्चित रूप से यह परम्परा गहरे अध्ययन का विषय बनती है। सबसे पहले तो पश्चिम में पाँच सौ वर्षों के अन्धकार युग को समाप्त करने का श्रेय दिया जाना चाहिए इस परम्परा को। हम अपने देश की लोक-नाट्य-परम्परा से भी इसकी तुलना कर सकते हैं। हमारे यहाँ भी एक हज़ार ईस्वी के बाद इस लोक-नाट्य-परम्परा का जन्म होता है। इसके आलेख भी मौखिक हैं। यह भी अपनी मूल प्रकृति में लगभग धार्मिक है। बेशक इसका जन्म मन्दिरों में नहीं हुआ। इसमें भी सिर्फ़ पुरुष ही अभिनय करते हैं। यह भी अलग-अलग गाँवों, क़स्बों, शहरों में घूम-घूमकर अपनी रंगयात्रा पूरी करती है। यदि पश्चिम की मध्यकालीन परम्परा का जन्म रोमन रंगमंच के पतन के बाद हुआ, तो हमारे यहाँ भी शास्त्रीय रंगमंच के अवसान के बाद इस लोक-नाट्य-परम्परा का आरम्भ होता है। दोनों के मंचन खुले में किये जाते हैं–यह अलग बात है कि एक का मंचन दिन में और दूसरी का मंचन रात में किया जाता था। मंचन की पद्धतियों में भी कुछ बातों में समानता दिखायी पड़ती है जैसा कि हमने रामनगर की रामलीला के मंचन के सन्दर्भ में उल्लेख किया था। हाँ, यह अवश्य है कि पश्चिम की इस नाट्य-परम्परा पर अन्त तक आधिपत्य चर्च का ही रहा, बेशक उसका प्रबन्धन *गिल्ड* के लोग करने लगे थे। लेकिन हमारे यहाँ असम या केरल को छोड़कर कहीं भी किसी धार्मिक आधिपत्य का आभास नहीं मिलता। वहाँ भी यदि थोड़ी बहुत धार्मिकता दिखायी पड़ती भी है तो धर्म विशेष में दीक्षित करने का उद्देश्य तो हरगिज़ नहीं जान पड़ता।

संक्षेप में, पश्चिम की इस मध्यकालीन नाट्य-परम्परा के, मंचन की अलग-अलग पद्धतियाँ क्या हो सकती हैं—इसी दृष्टि से जाँचा-परखा जाना चाहिए। सबसे बड़ी बात तो यह है कि इन सारी मंचन-पद्धतियों की खोज पहली बार हुई। जब इस परम्परा की शुरुआत हुई तो उनके सामने इतिहास के नाम पर कुछ भी नहीं था। मान लीजिए कि वे अपने पूर्ववर्ती रंगमंचीय इतिहास से परिचित होते भी, तो भी उसमें प्रयुक्त किसी मंचन-पद्धति का यहाँ कोई उल्लेख नहीं मिलता—न यहाँ कोरस है, न मुखौटे हैं, न मात्र तीन अभिनेता हैं, न गीत, संगीत और नृत्य है अर्थात ग्रीक और रोमन परम्परा का कोई चिह्न यहाँ दिखायी नहीं पड़ता। ऐसे में यह रंग-परम्परा बहुत ही कल्पनाशील और प्रयोगशील मानी जा सकती है। मध्यकालीन रंग-परम्परा का सबसे बड़ा योगदान इस रूप में भी स्वीकार किया जा सकता है कि पश्चिम में यथार्थवाद के आविर्भाव से कम-से-कम आठ सौ वर्ष पूर्व उन लोगों ने अपनी प्रस्तुतियों को ज़्यादा-से-ज़्यादा यथार्थवादी और प्रामाणिक बनाने की दिशा में पहला क़दम रख दिया था। कुल मिलाकर भले ही नाट्यालेख की दृष्टि से इस परम्परा का कोई नोटिस न लिया जाये, लेकिन उसके व्यावहारिक पक्ष अर्थात मंचन-पद्धति के सन्दर्भ में उसे हमेशा याद रखा जायेगा।

रिनेसाँकालीन इतालवी रंगमंच

विश्व रंगमंच में रिनेसाँ (पुनरुउत्थान) काल एक महत्त्वपूर्ण काल है। 15वीं 16वीं शताब्दी तक इटली में रंगमंच का ये पुन-रुउत्थान काल अपने चरम पर था। लेकिन इसकी शुरुआत उससे भी लगभग 300 वर्ष पूर्व हो चुकी थी। हालाँकि इस दौर में मध्यकालीन तत्त्वों का रंगमंच पर प्रभाव अधिक था। वास्तव में ये सामन्तवाद के समाप्त होने या पतन के समानान्तर शुरू होता है। इस समय तक पश्चिमी समाज में चर्च को चुनौती दिये जाने की शुरुआत हो चुकी थी। शास्त्रीय जगत के मानवतावादी आदर्श को प्रमुखता देने वाले इस विचार में धार्मिक आस्थाएँ बची हुई तो थीं, लेकिन समाज निरर्थक नैतिकतावादी शिकंजे से बाहर आ रहा था। ग्रीस और रोम की शास्त्रीय सक्रियता का प्रभाव पश्चिमी यूरोप पर पड़ रहा था।

रंगमंच में रिनेसाँ की शुरुआत का यह दौर भौगोलिक पड़तालों, वैज्ञानिक प्रयोगों, दार्शनिक पड़तालों और कलात्मक रचनात्मकता के विस्तार का दौर है; और इसने सीधे-सीधे रंगगंच पर भी अपना प्रभाव छोड़ा है। इस दौर में पुरातन से जुड़े रहते हुए भी नये की तलाश की उत्सुकता अधिक मुखर है। रिनेसाँ या पुनरुउत्थान (पुनर्जागरण) की शुरुआत इटली से होती है। एशिया और अफ्रीका का मुख्य व्यापार मार्ग होने के कारण बाइज़ेरियन, इस्लाम और अन्य संस्कृतियों का स्वाभाविक रूप से इटली पर भी असर हुआ। दूसरे ईसाईयत की सर्वोच्च धर्मपीठ, रोमन कैथोलिक भी इटली में ही थी। पोपवाद के भ्रष्टाचारों से चर्च पर भी आने वाले दिनों में अनेक सेक्युलर प्रभाव पड़े। सम्राट के बाद सर्वोच्च सत्ता का केन्द्र पोप था। इस दौर में इन तानाशाहियों से बाहर आने का मार्ग दिखाने वाला एकमात्र वर्ग था—विद्वानों, लेखकों और कलाकारों का समाज। और यही आगे चलकर रिनेसाँ के फलने-फूलने का कारण बना।

हमारा विषय रंगमंच या नाटक है, तो हम उसी दिशा में आगे बढ़ेंगे। लेकिन क्योंकि रंगमंच विभिन्न कला-विधाओं का एक मंच पर संयोजित रूप है, तो अन्य विधाओं को भी साथ लेकर चलेंगे। व्यक्तिगत प्रतिभा को सम्मान मिलना शुरू होने के कारण मध्यकालीन कला-जगत में कलाकारों का महत्त्व बढ़ा। एक छोटा-सा परिचय उस समय के कला-आन्दोलन का देकर हम अपने मूल विषय पर आयेंगे।

रिनेसाँ का दौर मूल रूप से तेरहवीं-चौदहवीं शताब्दी के आस-पास दान्ते (1265-1321) से शुरू होता है जिसकी रचना *दि डिवाइन कॉमेडी*, मातृभाषा में लिखी गयी पहली प्रमुख साहित्यिक कृति मानी जाती है। इसी दौर में पेंटिंग में गियोटो ने मध्यकालीन या मीडिएवल कला की रूढ़ सज्जापरक शैली को तोड़ते हुए चित्रकारी में नये प्रतिमान गढ़े। और आगे बढ़ते हुए, हम पेट्रार्क के लेखन से रू-ब-रू होते हैं। पेट्रार्क (1304-1374) ने पौराणिक विषयों की जगह *मानव* पर बल दिया है। उसने पुरानी पाण्डुलिपियाँ इकट्ठी कीं। छात्रों को यूनानी प्रभाव का अध्ययन करने के लिए प्रेरित किया और सिसेरो और सेनेका की मूल अवधारणा पर अपनी शैली को विकसित किया। इसी क्रम में बोकेसियो (1313-1375) का भी ज़िक्र ज़रूरी हो जाता है, क्योंकि उसने शास्त्रीय मिथकों के बारे में सूचनाएँ एकत्रित कीं और शास्त्रीय रचनाओं के अध्ययन को बढ़ावा दिया। सेक्युलर (निष्पक्ष) लेखकों का बचाव किया और अपनी यौनपरक कहानियों के संग्रह *दि डेकामेरल* में जीवन के लिए मनुष्य की लालसा को ऊँचा स्थान दिया है।

साहित्य से लेकर चित्रकला और कलाओं के अन्य क्षेत्रों में भी पहले से चली आ रही परम्पराओं से अलग एक नया कला-विचार आकार ले रहा था। नाटक के सन्दर्भ में पहला परिवर्तन रोमन नाटकों के अध्ययन से पैदा होने वाली, नाट्य के प्रति एक जागरूकता के रूप में सामने आता है। 1390 ई. में अन्तोनियो लैशी की रचना *ऐशिलस* में पहली बार शास्त्रीय विधा और विषय को एक साथ संयोजित किया गया। इसे *प्रथम रिनेसाँ ट्रैजेडी* के नाम से पहचाना जाता है। इसी के समानान्तर, इसी काल में कॉमेडी का भी शास्त्रीय रूप सामने आया। 1390 में पियर पाओलो वर्जेरियो की रचना *पॉलस* तत्कालीन छात्र-जीवन पर एक व्यंग्य है। पन्द्रहवीं शती में अनेक मानवतावादियों ने कॉमेडी-लेखन शुरू कर दिया था। हालाँकि मूल रूप से लैटिन भाषा में लिखी गयीं इस दौर की अधिकांश कॉमेडी और ट्रैजेडी रचनाएँ मंचित नहीं हुईं लेकिन निरन्तर बढ़ते हुए शास्त्रीय प्रभाव के इसी दौर में 1429 में प्लाटस के 12 नाटकों को पुनः खोजा गया।

रिनेसाँ का सबसे महत्त्वपूर्ण वर्ष है 1453। इस वर्ष *कॉन्सतेन्तिनोपल* के पतन के बाद अनेक विद्वान, अध्येताओं को इटली में शरण लेनी पड़ी। ये अपने साथ ग्रीक नाटकों की पाण्डुलिपियाँ भी ले आये थे। इसी बीच 1465 में छापेखानों के अस्तित्व में आने के बाद नाटकों का छपना भी शुरू हो गया था और 1472 से 1518 के बीच उस समय के ज्ञात सभी रोमन और ग्रीक नाटक प्रकाशित हो चुके थे। 1485 के आसपास इटली के शासकों ने रोमन नाटकों की प्रस्तुति के लिए आर्थिक मदद देनी भी शुरू कर दी थी। अधिक-से-अधिक दर्शकों तक पहुँच बनाने के लिए रोमन नाटकों का इतालवी में अनुवाद भी शुरू हो गया था और इसने अन्ततः मातृभाषा में नाट्य-लेखन की ज़मीन तैयार की। 1500 में फरेरा के दरबार में *ला कसारिया* (La Casaria) की प्रस्तुति की गयी। मातृभाषा में लिखित इस नाटक का कलेवर कॉमेडी था; और रोमन कथानक वाली इस प्रस्तुति में प्रेमियों का मिलन दिखाया गया था, जिसमें लड़की अन्त में एक धनाढ्य व्यक्ति की खोयी हुई सन्तान निकलती है। 1518 में निकोलो मैकियावेली (1469-1627) के कॉमेडी नाटक *दि मैण्ड्रेक* में विषय-वस्तु नयी है लेकिन इसका फॉर्म रोमन कॉमेडी से ही लिया गया है। 1540 तक इटली में देशीय (Native) कॉमेडी पूरी तरह से स्थापित हो चुकी थी। इस दौर में तात्कालिक अभिरुचियों के हिसाब से लैटिन कॉमेडी की तकनीकों के रूपान्तरण का दौर शुरू हो चुका था। इसके बाद फ्रांस और इंग्लैंड में इटली के नाटकों को नियमित रूप से पढ़ा जाने लगा और उसका प्रभाव भी उनकी नाट्य-संस्कृति पर पड़ा। सुखद अन्त के साथ गम्भीर नाटकों का भी लेखन शुरू हो गया था।

यह शुरुआत सिन्थियो ने की थी। सिन्थियो की उपन्यासिका पर ही बाद में शेक्सपियर ने *ऑथेलो* की रचना की है। सैटायरिक नाटकों की परम्परा ने इटली में देहाती ड्रामा की भी नींव रखी। *प्रेम* इस काल का सर्वाधिक लोकप्रिय विषय था जो अनेक बाधाओं को पार करते हुए अपनी मंज़िल तक पहुँचता था।

इस प्रकार चौदहवीं शताब्दी के उत्तरार्द्ध से लेकर सोलहवीं शती के उत्तरार्द्ध के बीच के इन 200 वर्षों में इटली को रिनेसाँ की लहर ने पूरी तरह से अपनी गिरफ़्त में ले लिया था। रंगमंच को फिर से स्थापित करने के इस दौर में पुरानी ग्रीक और रोमन परम्पराओं को सामने रखते हुए, तकनीक, विषय-वस्तु और प्रस्तुति के स्तर पर अनेक प्रयोग हुए। तुर्की में 1453 के कोन्स्तेन्तिनोपल पर आक्रमण के बाद इटली पलायन कर गये लोगों में अनेक आर्किटेक्ट्स और अन्य क्षेत्रों के विशेषज्ञ थे जिन्होंने नये स्तर पर प्रयास करते हुए रंगमंच के एक नये रूप का विकास किया। बाद के दिनों में प्रोटेस्टैंट में अलगाव के दौरान वैचारिक स्वतन्त्रता पर पंजा कस गया।

इटली के लिए 16वीं शताब्दी का समय कुछ उथल-पुथल का रहा। नाटक में भी नवशास्त्रीयवाद में यथार्थ, नैतिकता और वैश्विकता के विचार तेज़ी से उभरकर सामने आ रहे थे। इस दौर में नाटक में ज़ोर इस बात पर था कि इसके माध्यम से जीवन की यथार्थ घटनाओं को प्रदर्शित किया जाये। फन्तासी और अतिमानवीय तत्त्वों की विदाई शुरू हो चुकी थी। एकालाप की जगह, अन्तरंग साथी के साथ संवाद ने ले ली थी। युद्ध, भीड़-भाड़ के दृश्य, हिंसा, मृत्यु : ये सभी मुख्य मंच से ग़ायब हो रहे थे। यथार्थवाद पर ज़ोर के कारण पूरा नाटक नियमित दो शैलियों—कॉमेडी और ट्रैजेडी में विभाजित हो चुका था। इनके भी अपने अलग-अलग ढाँचे बन चुके थे। कॉमेडी में जहाँ मध्य और निम्न वर्ग के चरित्र होते थे और सुखद अन्त के साथ घरेलू स्थानीय और निजी विषयों की प्रमुखता होती थी, वहीं ट्रैजेडी के चरित्र शाही शासक-वर्ग के होते थे और इसके विषय ऐतिहासिक या पौराणिक होते थे। इसमें कॉमेडी की आम बोलचाल की भाषा के विपरीत ऊँची और काव्यमयी भाषा पर ज़ोर होता था। अन्त त्रासद या दुखद होता था। कॉमेडी में जहाँ हास्यास्पद कार्य-व्यवहार (Action) को प्रमुखता दी जाती थी, उसी से शिक्षा भी दी जाती थी, वहीं ट्रैजेडी में ग़लतियों और बुरे कामों के भयावह परिणाम दिखाये जाते थे। सोलहवीं शताब्दी के दौरान ही कार्य-व्यवहार, समय और स्थल की तीन इकाइयाँ भी अस्तित्व में आयीं। इसी काल में नाटकों को अनिवार्य रूप से पाँच अंकों में विभाजित करने के तकनीकी पक्ष की भी स्थापना हुई।

इस दौर में कॉमेडी ख़ूब फली-फूली। ट्रैजेडी के विपरीत कॉमेडी के प्रदर्शन दरबार में आयोजित होते थे और इसका एकमात्र उद्देश्य था—विशुद्ध मनोरंजन। इतालवी *कॉमेदिया देल आर्ते* या कॉमेडी की कला के विकास का ये महत्त्वपूर्ण काल है। कॉमेदिया पर इस अध्याय में आगे विस्तार से चर्चा की जायेगी।

क्योंकि कॉमेडी का उद्देश्य सिर्फ़ मनोरंजन होता था इसलिए *इंटरमेज़ी* और *ऑपेरा* का इसमें महत्त्व बढ़ गया था। पन्द्रहवीं शताब्दी में कॉमेडी में इंटरमेज़ी का प्रवेश हुआ। ये छोटे-छोटे मनोरंजक प्रहसन हुआ करते थे, जो दो अंकों के बीच में मन-बहलाव के लिए इस्तेमाल किये जाते थे। दृश्यांकन, वेशभूषा, प्रकाश, संगीत, नृत्य की विभिन्नता वाले इन प्रकरणों में संवादों का इस्तेमाल तभी होता था जब रूपक सम्बन्धी कथावस्तु के वर्णन की ज़रूरत होती थी। पौराणिक चरित्रों और समकालीन व्यक्तियों की तुलना के माध्यम से सामाजिक मूल्यों की विवेचना इनका रोचक पक्ष हुआ करता था। नाटक की शुरुआत से पूर्व प्रस्तावना के रूप में, पाँचों अंकों के बीच चार बार, और नाटक के सम्पन्न होने के बाद—इस क्रम में इन इंटरमेज़ियों को छः हिस्सों में प्रदर्शित किया जाता था। एक समय ये इंटरमेज़ी नाटक से भी अधिक लोकप्रिय हो गये थे, क्योंकि अपनी प्रस्तुति में ये विविधतापूर्ण और भव्य होते थे। मनोरंजन के साथ-ही-साथ मंच पर सीनरी की शिफ्टिंग में भी ये सहायक होते थे। इटली में सम्भ्रान्त वर्ग की अनेक अकादमियाँ थीं और इनमें कॉमेडी के प्रदर्शन निजी हुआ करते थे। धीरे-धीरे ऑपेरा ने इंटरमेज़ी को पृष्ठभूमि में धकेल दिया, और ऑपेरा मनोरंजन की सर्वाधिक लोकप्रिय विधा बन गया। यूनानी संगीत और नाटक से जुड़े लोगों ने ग्रीक ट्रैजेडी के पैटर्न पर ही नये नाटकों की रचना शुरू की। इसमें संवाद और गायन के अंशों की प्रस्तुति संगीत की संगत में होती थी। इससे नाटक में संवाद की प्रभावशीलता बढ़ती थी।

1637 तक ऑपेरा दरबारों और अकादमियों का मुख्य मनोरंजन था। इसी वर्ष आम पब्लिक के लिए वेनिस में एक ऑपेरा हाउस की शुरुआत की गयी और वहाँ नियमित रूप से इसकी प्रस्तुति होने लगी। कालान्तर में ऑपेरा की लोकप्रियता इटली से होते हुए यूरोप भर में फैल गयी। ऑपेरा का पहला महान संयोजक क्लॉडियो मोन्तेवर्दी था जिसने मंच-प्रस्तुतियों में वाद्य-संगीत की भूमिका को बढ़ाया और *नाटकीय* की जगह *सांगीतिक* मूल्यों में लोगों की दिलचस्पी पैदा की। सुखद अन्त को प्राथमिकता देते हुए, दरबारी इंटरमेज़ी के दृश्य-सौन्दर्य को इसमें समाहित कर दिया गया।

16वीं शताब्दी के उत्तरार्द्ध तक नाटक दरबार के सभी समारोहों का अभिन्न हिस्सा बन गये थे। धनी मध्यम वर्ग में भी कभी-कभार नाटकों की निजी प्रस्तुतियाँ होती थीं। इटली में नाटकों की प्रस्तुति के सन्दर्भ में वित्रुवियस की भूमिका पर विचार करना भी ज़रूरी है। वित्रुवियस एक रोमन आर्किटेक्ट (वास्तुशिल्पी) था, जिसने रोमन वास्तुशिल्प को दुबारा से स्थापित किया था। उसकी पुस्तक *दे आर्किटैक्चुरा* 1414 में फिर से खोजी गयी थी और 1486 में इसका प्रकाशन हुआ। 1500 ई. तक वास्तुशिल्प से सम्बन्धित सभी विषयों पर यह पुस्तक प्रामाणिक उपलब्धि के तौर पर मानी जाने लगी। अभी तक केवल रोमन क्रिया-कलापों का अनुकरण करने वाले लोग प्रेक्षागृह और मंच की अपनी जिज्ञासाओं के लिए उसकी ओर देखने लगे थे। 1486 में रोमन अकादमी ने अपने यहाँ नाटकों का मंचन शुरू किया और इसके लिए वित्रुवियस से मार्गदर्शन लेने की शुरुआत हुई। पाम्पोनियस लैट्स के नेतृत्व में अपनी प्रस्तुतियों के लिए रोमन थिएटर की पुनर्रचना का निर्णय लिया गया।

वित्रुवियस का मुख्य उद्देश्य नगरों का खाका खींचना था और एक आदर्श नगर की अपनी कल्पना में, रिनेसाँ के दौर के कलाकारों ने मंच-दृश्य-बन्ध के लिए वित्रुवियस के खाके के अनेक पक्षों को अपनी दृश्य-रचना में शामिल कर लिया। इनमें ट्रैजेडी दृश्यों में राजसी और उत्सवीय पक्षों का चित्रण होता था और कॉमिक दृश्यों में उन पक्षों का जो जन-साधारण से सम्बद्ध होते थे। इस विषय में सेबेस्तियानो सर्लियो (1475-1554) का नाम सबसे आगे रखना ग़लत नहीं होगा। वास्तुशिल्प पर उसकी पुस्तक *आर्किटैक्चुरा* एक महत्त्वपूर्ण पुस्तक है। इसका दूसरा भाग 1545 में प्रकाशित हुआ था। रंगभूमि या थिएटर के विधिवत विभाजन प्रस्तुत करती इस पुस्तक में वित्रुवियस की व्याख्याओं पर आधारित ट्रैजिक, कॉमिक और सैटायरिक दृश्यों को भी शामिल किया गया है। 1547 के बाद वित्रुवियस के *दे आर्किटैक्चुरा* के नये संस्करण में सेबेस्तियानो के ट्रैजिक, कॉमिक और सैटायरिक दृश्यों के त्रिआयामी रेखाचित्रों को भी छापा गया था। सेबेस्तियानो का मानना था कि रंगभूमि की स्थापना पहले से मौजूद भवनों में की जानी चाहिए। वित्रुवियस के अर्द्ध चन्द्राकार प्रेक्षागृह को सेबेस्तियानो ने एक आयताकार जगह में स्थित किया। इसमें ऑर्केस्ट्रा को घेरे हुए एक स्टेडियम जैसी बैठने की व्यवस्था है। इस ऑर्केस्ट्रा का इस्तेमाल आमतौर पर केवल राजा और उसके परिचारकों के बैठने के लिए होता था। प्रदर्शन-मंच का निर्माण राजा के आई लेवल के अनुसार ऊँचाई तक का किया जाता था और त्रिआयामी दृश्य-रचना इस प्रकार की जाती थी कि

अपनी कुर्सी पर बैठे हुए राजा को यह पूरी तरह दिखायी दे सके। मंच का आगे वाला भाग अभिनेताओं के प्रयोग के लिए निर्धारित होता था। इसलिए ये समतल होता था। जबकि इसका पृष्ठ भाग एक तीव्र कोण पर ऊपर की ओर ढलवाँ रखा जाता था। ये दर्शकों में दूरी का भ्रम या प्रभाव पैदा करता था। इसी समतल-चिकने हिस्से में पूरी सीनरी लगायी जाती थी। सेबेस्तियानो का मत था कि वित्रुवियस की तीन दृश्यों की—उसकी प्रस्तुति या चित्रण सभी नाटकों की ज़रूरतों के लिए पर्याप्त था। उसके सभी तीनों दृश्य-बन्धों में एक ही फ्लोर-प्लान का इस्तेमाल होता था। इन तीनों के लिए चार जोड़ी विंग्ज़ इस्तेमाल किये जाते थे जिनमें पहले तीन जोड़ी विंग्ज़ कोणीय होते थे और चौथा सपाट होता था। इसके अतिरिक्त एक बैक ड्रॉप या पृष्ठ पट्ट होता था। दर्शकों के सबसे निकट के विंग्ज़ पर अनेक त्रिआयामी चित्रण होते थे, जिनमें से कइयों में तो खुले मेहराबदार रास्ते और गलियारे बने होते थे। मंच के आगे वाले हिस्से वाले विंग्ज़ प्रायः प्रेक्षागृह की दीवार तक विस्तारित होते थे, और इस आभास को बनाये रखने के लिए सिर के ऊपर की दृश्यता को सीमित करने के लिए एक झालर लगायी जाती थी। सेबेस्तियानो की पुस्तक के प्रकाशित होने के बाद देखने वालों के दिलों में ऐसी दृश्य-बन्ध-व्यवस्था के प्रति दिलचस्पी बढ़ने लगी जिसमें प्रस्तुति के दौरान दृश्य-सामग्री को हटाया और नये सिरे से परिवर्तित किया जा सकता था।

सीनरी को परिवर्तित करने की विधाओं के बारे में जानने का एक और मुख्य स्रोत है निकोला सबातीनी (1574-1654) की पुस्तक *मैनुअल फॉर कन्स्ट्रक्टिंग थिएट्रिकल सीन्स ऐंड मशीन्स* (1638)। इसमें दृश्यावली को बदलने के तीन सिद्धान्तों का उल्लेख किया है। पहला सिद्धान्त *पेरियाक्तोई* की ज़रूरत को बताता है, जबकि अन्य दोनों—कोणीय विंगों को बदलने के बारे में हैं। इनमें से पहले वाले में पूर्व से ही मौजूद विंगों को घेरते हुए नये विंगों की परिकल्पना की गयी है जबकि दूसरे वाले में पूर्व में दिखायी देने वाले दृश्यों को छिपाने के लिए विंग्ज़ के चारों ओर तुरन्त ही चित्रित पर्दों को लगा देने का उल्लेख है। इसके अतिरिक्त सबातीनी ने पृष्ठ मंच के सपाट विंगों को ग्रूव्स (झालरों) में खिसका देने की प्रणाली दी थी या फिर उसमें से कुछ को इस तरह लगाया जाता था कि एक पुस्तक के पृष्ठों की तरह उन्हें पलटा जा सके।

1638 आते-आते सेबेस्तियानो की त्रिआयामी सीनरी की जगह लगभग पूरी तरह से चित्रांकित सीनरी ने ले ली। पूरी सोलहवीं शताब्दी के दौरान कोणीय विंग्ज़ अपनी जगहों पर चित्रित किये जाते थे। इसका विलोप बिन्दु (Vanishing point)

मंच की पृष्ठ दीवार पर बनाया जाता था और एक तार इसके साथ जोड़ दिया जाता था। उसके बाद इस तार या डोर को मंच के आगे वाले हिस्से की ओर खींचा जाता था। इसका इस्तेमाल कोणीय विंगों पर चित्रित किये जाने वाले तमाम विवरणों की सापेक्ष ऊँचाई और आकार को नापने के लिए किया जाता था। लेकिन कोणीय विंगों की बनावट, उनके चित्रांकन और उनके आयामी परिदृश्यों की जटिलता के कारण धीरे-धीरे 1650 तक इनका प्रयोग लगभग शून्य हो गया। इसका कारण यह था कि सपाट विंगों के इस्तेमाल से दृश्य-बन्ध को आसानी से बदला जा सकता था। 17वीं शताब्दी के शुरुआती दौर में दृश्य-बन्ध के तीन मूल तत्त्व आकार ले चुके थे। पार्श्व के विंग्ज़, बैक शटर्स और ऊपरी किनारे। और इन सभी को एक साथ बदला जा सकता था। जब तक कोणीय विंग्ज़ चलन में रहे, तब तक हर विंग के माध्यम से एक अलग भवन को प्रदर्शित किया जाता था। लेकिन 17वीं शताब्दी के दौरान इन भवनों की श्रृंखला का स्थान, खम्भों, बरामदों और उन अन्य वास्तुशिल्पीय विशेषताओं ने ले लिया जिन्हें एक एकाकी ढाँचे के हिस्सों के रूप में माना गया। स्टेज-सेटिंग में आये इस परिवर्तन ने इसके गठन और इसके उपयुक्त आकार में वृद्धि की। सत्रहवीं शताब्दी के उत्तरार्द्ध में इटली में तीन ओर से बन्द और छत वाली बॉक्स सेटिंग (दृश्य-बन्ध) पूरी तरह विकसित हो चुकी थी। लेकिन 19वीं शताब्दी आते-आते बॉक्स सेटिंग का प्रचलन भी कम होने लगा था।

याद रखना चाहिए कि यह वो समय था जब इटली में कला अपने विभिन्न पक्षों के साथ अपने चरम को छू रही थी। विशेषकर चित्रकारों और वास्तुकारों के मेल ने उस दौर के दृश्य-बन्ध और मंचीय अभिकल्पना के रेखाचित्रों से लेकर उनके त्रियामी चित्रांकन तक मंच और सीनरी को नये आयाम दिये हैं। जहाँ सबातीनी, सेबेस्तियानो सर्लियो जैसे आर्किटैक्ट्स हुए, वहीं दा विंची जैसे विश्व प्रसिद्ध चित्रकार भी उसी दौर की देन हैं। इन्होंने अपने समय के रंग-संस्कार को पहचाना भी, और उसे नयी दिशा भी दी।

रंगकर्म के माध्यम से प्रतिष्ठा हासिल करने की चाहत के चलते शासकों ने भी रंगमंच को भरपूर संरक्षण दिया। इटली के फ्लोरेंस पर शासन करने वाले शक्तिशाली व्यापारियों और बैंकरों के समूह *मेडिसी* के अन्तर्गत, दृश्यिक भव्यता उस समय अपने विकास के चरम पर थी, और बर्नार्डो बोन्तालेन्ती (1536-1608) के कार्यों में ये अपने शिखर पर दिखायी देती है। बर्नार्डो लगभग 60 वर्षों तक मेडिसी-दरबार में मनोरंजन का वास्तुशिल्पी और पर्यवेक्षक रहा था। उसकी उच्च कल्पनाशीलता का उस समय कोई तोड़ नहीं था और वेशभूषा, सीनरी, मशीनरी

से लेकर विशिष्ट प्रभावों (स्पेशल इफेक्ट्स) में उसकी क्षमता और खोजी नज़र बेमिसाल है। अभी तक इस सीनिक भव्यता का आनन्द दरबारों और व्यक्तिगत स्तर पर आयोजित होने वाली प्रस्तुतियों में ही अधिक उठाया जा सकता था। क्योंकि यही वह सम्भ्रान्त वर्ग था जो अपने मनोरंजन के लिए इसे प्रोत्साहित और प्रायोजित करता था। लेकिन इसी के समानान्तर ही 17वीं शताब्दी के पूर्वार्द्ध में चौथे दशक में आम जनता के लिए भी इस दृश्य-भव्यता के रसास्वादन के द्वार खुले। वेनिस में सार्वजनिक *ऑपेरा हाउसेज़* की शुरुआत हुई और इसके साथ ही आम लोगों को इटली के रंगमंच में आ रहे इस क्रान्तिकारी परिवर्तन का साक्षी बनने का मौक़ा मिला। ऑपेरा से रंगमंच (नाटक) के रास्ते ये नयी तकनीकी विशेषताएँ यूरोप भर में फैल गयीं।

रंगमंच-वास्तुशिल्प के विषय में विशेष ध्यान देने वाली यह बात है कि अब तक हुए विकास में प्रदर्शन-कलाओं की प्रस्तुति के लिए मंच और दृश्यसज्जा के क्षेत्र में वास्तुकार की अपेक्षा पेंटर (चित्रकार) का दखल ज़्यादा हो चुका था। नाटक आगे बढ़ तो रहा था, लेकिन अभी भी उसका आयोजन विशिष्ट अवसरों पर ही किया जाता था। वो भी राजदरबार या फिर अकादमियों के माध्यम से ही होता था। उस समय की अनेक प्रस्तुतियाँ खुले मैदानों और बागों में भी आयोजित की गयी थीं। इस दृष्टि से वर्तमान में मौजूद पहला रिनेसाँ थिएटर था *तिएत्रो ओलिम्पिको*। ओलिम्पिक ॲकॅडमी ऑफ़ विसेन्जा ने 1580 से 1584 के मध्य इसका निर्माण कराया था। ग्रीक ट्रैजेडी के अध्ययन के लिए स्थापित इस अकादमी में कभी-कभार ही कोई प्रस्तुति होती थी। स्थायी थिएटर बनाने के निर्णय के बाद वित्रुवियस के शिष्य आन्द्रिया पैलादियो ने पहले से ही मौजूद एक भवन को एक शास्त्रीय थिएटर का रूप देने का बीड़ा उठाया। इस *ओलिम्पिको* में एक छोटे ऑर्केस्ट्रा को घेरते हुए अर्द्धवृत्ताकार रूप में बैठने की व्यवस्था थी। इसके आयताकार मंच पर पीछे की ओर, और इसके सिरों पर—खम्भों, आलों, मूर्तियों और उभारदार नक़्क़ाशियों की सज्जा है। इसमें गलियारे में पाँच दरवाज़े हैं जिनमें से मंच के दोनों ओर एक-एक दरवाज़ा है और तीन दरवाज़े मंच की पिछली दीवार में खुलते हैं। इसका कुल प्रभाव कुछ ऐसा था, मानो रोमन थिएटर के लघु रूप को बन्द दरवाज़ों के भीतर ले आया गया हो। इस थिएटर के बनने से पहले ही पैलादियो की मृत्यु हो गयी और इसके बाद उसके इस कार्य को विन्सेन्जो स्कैमोज़ी (1552-1616) ने आगे बढ़ाया। स्कैमोज़ी ने इस अभिकल्पना में मंच को एक बड़े शहर के चौराहे का-सा रूप देकर स्टेज के हर दरवाज़े के पर्स्पेक्टिव में गली के दृश्यों का निर्माण किया, जिनसे ये आभास

होता था कि इस चौराहे से अलग-अलग रास्ते निकलते थे। 1585 में इस थिएटर की शुरुआत ऐंजेलो इगेग्नरी द्वारा प्रस्तुत नाटक *इडिपस रेक्स* के साथ हुई थी। तिएत्रो ओलिम्पिको के भव्य गलियारे और सज्जित गलियाँ आज भी इस मंच के स्थायी भागों के रूप में मौजूद हैं।

ओलिम्पिको के बाद स्कैमोज़ी ने ही 1588 में सैबियोनेता में भी एक छोटे रंग-भवन का निर्माण किया। इस पूरे थिएटर-भवन की अभिकल्पना एक इकाई के रूप में की गयी थी। लेकिन जहाँ तक आन्तरिक सज्जा का प्रश्न है इसमें उसने सर्लियो की अभिकल्पना का ही अनुकरण किया है। इसमें बिना प्रोसीनियम आर्क वाले मंच के ठीक साथ ही अर्द्धवृत्तीय या अर्द्धचन्द्राकार दर्शक-दीर्घा थी। यह रिनेसाँ काल के वर्तमान में मौजूद, गिने-चुने थिएटरों में से एक है जिसमें वास्तुशिल्पीय मूल्यों के महत्त्व को समझा जा सकता है।

1618 में *तियोत्रो फारनेस* का निर्माण पूरा हुआ। इसकी अभिकल्पना गियोवान बतिस्ता अलेओती ने की थी। इस थिएटर का प्रयोग 10 वर्षों बाद 1628 में शुरू हुआ था। इनमें स्थायी प्रोसीनियम आर्क का निर्माण किया गया था और यह, इस तरह का, वर्तमान में मौजूद सबसे पुराना ढाँचा है। प्रोसीनियम आर्क का चित्रण इससे भी आधी सदी पहले, 1560 के लगभग बार्तोलोनियो नीरोनी के ड्रॉइंग में मिलता है। लेकिन यह आर्क सम्भवतः अस्थायी थी। 1586 में फ़्लोरेन्स के उफीजी के महल में बॉन्तालेन्ती ने एक थिएटर का निर्माण किया था। इसमें इटली ही नहीं, बल्कि शायद यूरोप का भी पहला स्थायी प्रोसीनियम आर्क था। प्रोसीनियम आर्क यथार्थ का भ्रम बनाये रखने में समर्थ था। यह उस यान्त्रिकता को ढँकने में भी सहायक बना जिस पर ये निर्भर था। सत्रहवीं शताब्दी के दौरान प्रोसीनियम आर्क रंगमंच में एक मानक बन गया। *तियोत्रो फारनेस* 300 वर्षों तक आगामी मंच के लिए एक उदाहरण रहा लेकिन ये भी सही है कि इसका प्रेक्षागृह पारम्परिक दरबारी थिएटर वाला था। इसमें घोड़े की नाल के आकार वाली स्टेडियम जैसी सीट-व्यवस्था थी, जो एक विशाल खुले स्थल को घेरती थी। यह वो स्थल था जिसे नृत्य या और किसी दर्शनीय कला की प्रस्तुति के लिए इस्तेमाल किया जा सकता था।

इटली में व्यावसायिक रूप से सार्वजनिक रंगमंच का उभार सोलहवीं शताब्दी के उत्तरार्द्ध में शुरू हुआ। इटली में पहले सार्वजनिक थिएटर-भवन के प्रमाण 1565 में वेनिस में मिलते हैं। 17वीं शताब्दी के प्रारम्भिक काल में अनेक सार्वजनिक रंग-भवन बन चुके थे। लेकिन बड़ा वास्तुशिल्पीय इनोवेशन, 1637 के आसपास शुरू होता है, जबकि व्यावसायिक ऑपेरा की प्रस्तुतियाँ शुरू हो चुकी थीं।

इसी कड़ी में वेनिस में *सैन कैसियानो* का निर्माण हुआ। इसकी भारी सफलता के कारण 1641 तक तीन अन्य थिएटर-भवन बन चुके थे। ऑपेरा आम जन में बहुत लोकप्रिय था। इसके दर्शकों में सभी वर्ग के लोग शामिल थे। नयी-नयी खोजों के इसी सिलसिले में एस.एस. गियोवानी पाओलो ने 1639 में एक वेनिसी ऑपेरा भवन का निर्माण किया जिसमें पाँच बालकनियाँ थीं और हर बालकनी में 29 बॉक्स थे। इनमें से नीचे वाली पहली दो पंक्तियाँ धनी वर्ग के लोगों के लिए आरक्षित होती थीं, और बाद की ऊपर वाली तीन क़तारें कम ओहदे वालों और कम पैसे वालों के लिए थीं। ऑपेरा की लोकप्रियता ने 19वीं शताब्दी के अन्त तक ऑडिटोरियम की अभिकल्पना के प्रतिमानों को प्रभावित किया। इन ऑपेरा हाउसों में प्रोसीनियम आर्क का इस्तेमाल होता था। विभिन्न प्रकार की मशीनें और पर्स्पेक्टिव सीनरी भी उसका हिस्सा थीं। सभी विशेषताओं से युक्त वे पहले सार्वजनिक थिएटर थे।

इस काल में पुरानी परम्परा से हटकर मशीनों, और साथ ही विशेष प्रभावों का भी इस्तेमाल खुलकर होने लगा था। यहाँ दिलचस्प यह है कि देवताओं और अन्य पौराणिक चरित्रों का मंच पर रथ, बादल या फिर किसी पशु या पक्षी की सवारी करते हुए आना बन्द कर दिया गया था और बादलों से बने दमकते हुए प्रकाशमान—एक स्वर्ग (ग्लोरी) में, एक से लेकर पचास तक आकृतियों को दिखाया जा सकता था। इन आकृति-ढाँचों को, जैसे कि—रथ, घोड़े या बादल : इन्हें लकड़ी या कैनवास से सही रूप देते हुए बनाया जाता था। फिर उन्हें रंगों से चित्रित किया जाता था क्योंकि इस काल के रंगमंच में ऊपरी स्थल बहुत ही सीमित था, इसीलिए मंच के ऊपर की ओर ट्रैक्स के साथ कड़ियाँ (Beam) लगायी जाती थीं जिनका संयोजन स्टेज के किनारे—आधार टेकों, डोरियों और पुलियों के साथ होता था। इस युक्ति का इस्तेमाल चरित्रों और वस्तुओं को उड़ते हुए अन्दर आते हुए दिखाने और नज़रों से ओझल हो जाने के लिए किया जाता था। अन्य अनेक प्रभाव भी मंच में ही बने हुए चोर दरवाज़ों पर निर्भर करते थे। क्योंकि प्रोसीनियम में मंच की ऊँचाई चार से छः फ़ीट तक थी इसलिए मंच के भीतर नीचे का हिस्सा अभिनेताओं के लिए निषिद्ध था। लेकिन इस हिस्से का प्रयोग प्रायः विशेष प्रभावों, यहाँ तक कि चरित्रों के रूप-परिवर्तन के लिए भी किया जाता था। मंच पर आग और धुआँ दिखाना उस समय के आम प्रयोग थे। सबातीनी ने ऐसी युक्तियाँ खोज ली थीं कि धरती से ज्वाला उठती दिखायी देती थी या अभिनेताओं के सामने और पीछे आग की युक्ति इस प्रकार प्रयोग की जाती कि लगता था कि वे आग की लपटों के बीच नृत्य कर रहे हैं।

इसी प्रकार समुद्र आदि के प्रभावों के लिए भी युक्तियाँ खोज ली गयी थीं, कि कैसे लहरें उठती-गिरती दिखायी देती हैं; या फिर एकाएक जल-प्रलय का-सा दृश्य भी उपस्थित हो जाता था। समुद्री जीवों के इन लहरों के मध्य आवागमन को भी डिवाइस कर लिया गया था। इसी तरह भवन के गिरने के दृश्यों में, भागों में बनाये गये ब्लॉक्स के पीछे तार जोड़े जाते थे। इनके ज़रिये उन्हें गिराते ही भवनों के भी भरभराते हुए गिरने का प्रभाव पैदा होता था। प्रभावों के इसी क्रम में ध्वनि के विभिन्न प्रभावों की युक्तियाँ भी खोज ली गयी थीं। इसी प्रकार सामने का परदा भी एक विशिष्ट प्रभाव का माध्यम बन जाता था क्योंकि इधर परदा हटा और उधर एक विचित्र और आकर्षक दृश्यावली दर्शक के सामने होती थी। बाद के समय में ऊपर उठने वाले या साइड में खींचे जाने वाले परदा अधिक चलन में आ गये थे।

बिल्कुल इतालवी उत्सवों की ही भाँति 1600 से पूर्व संगीत *इंटरमेज़ी* में ख़ासतौर पर महत्त्व रखता था। यह गायन और वादन दोनों रूपों में प्रस्तुति का प्रमुख भाग होता था। ऑपेरा की शुरुआत के साथ ही संगीत की भूमिका और बढ़ गयी थी। नृत्य का जहाँ तक प्रश्न है, तो रंगमंचीय मनोरंजन में इसका योगदान काफ़ी हद तक बढ़ चुका था और इसी काल में आधुनिक बैले (नृत्य-नाटिका) की नींव पड़ चुकी थी। इस दौर में आयोजित होने वाले उत्सवों के बारे में हम देखते हैं कि वे एक सधे हुए रूप में एक विशेष थीम पर आधारित होने लगे थे। इन उत्सवों के लिए इटली के राजदरबार ने रोमन साम्राज्य के दौर के अनेक प्रदर्शनों की फिर से शुरुआत करवाई और मध्य युग की कुछ अन्य रंगमंचीय मनोरंजक प्रस्तुतियों को भी जारी रखा। प्रस्तुतियों की भव्यता को बनाये रखा गया था। 1566 में फ्लोरेन्स में आयोजित *अ मास्क ऑफ़ दि जेनिलॉजी ऑफ़ दि गॉड्स* (A Mask of the ganilogy of the gods) में प्रस्तुति के लिए 21 प्रदर्शन-गाड़ियों का जुलूस शामिल हुआ था और इसमें पौराणिक चरित्रों की वेशभूषा में 392 अभिनेताओं ने भाग लिया था। 1600 ई. के बाद, पूर्व में इंटरमेज़ी के अन्तर्गत विकसित हुए प्रदर्शन, नाटकों से अलग, स्वतन्त्र प्रदर्शनों के रूप में प्रस्तुत किये जाने लगे। यहाँ यह ध्यान देने की बात है कि हर उत्सव की देख-रेख का पूरा ज़िम्मा एक व्यक्ति का होता था और यह व्यक्ति प्रायः दरबारी वास्तुकार होता था जिसकी ज़िम्मेदारी दरबारी प्रस्तुतियों की अभिकल्पना करना और इनका मंचन कराना होती थी।

रिनेसाँ का काल थिएटर के आगे बढ़ने का काल है और इसकी कलात्मकता और दृश्य-सौन्दर्य को इस काल में नये-नये आयाम मिले। इन्हीं में से एक है–

मंच-प्रकाश या स्टेज-लाइटिंग। उस समय तक बिजली का आविष्कार नहीं हुआ था, लेकिन विविध रंगीय और प्रभावशाली प्रकाश-व्यवस्था की कल्पना अस्तित्व में आ चुकी थी। इसका एक बड़ा कारण था कि मध्यकालीन दरबारी मनोरंजन, बाहर के खुले मैदानों से उठकर चारदीवारी की छतों में अन्तरंग प्रस्तुति का रूप ले चुके थे। ऐसे में ज़ाहिर है कि प्रेक्षागृह और मंच को प्रकाशित करने की युक्तियों की खोज हुई। रोशनी के लिए उस समय तेल और मोमबत्ती का प्रयोग किया जाता था। पूरे ऑडिटोरियम के साथ ही मंच के एक भाग को भी प्रकाशित किया जाता था। मंच के सामने के हिस्से में एक कम ऊँचाई की मुँडेर या रेलिंग लगायी जाती थी। इसके पीछे फुट लाइट्स लगायी जाती थीं। मंच की लाइट्स को ऊपर की तरफ़ की न दिखायी देने वाली युक्तियों के पीछे छिपाया जाता था। कुछ तेल-लैम्पों को खड़े खम्भों में जड़े हुए घेरे में रखा जाता था। ये खम्भे प्रोसीनियम के पीछे वाले हिस्से और हर विंग में स्थापित किये जाते थे। इसी प्रकार अन्य लैम्पों को सामने वाली झालर के पीछे की ओर हर सिरे पर क्षैतिज अवस्था में रखा जाता था। प्रकाश की तीव्रता को बढ़ाने के लिए चमकीली पन्नी, अबरी, माँजी हुई चमकती परात जैसे बर्तनों को रिफ्लेक्टर की तरह लैम्पों के पीछे रखा जाता था। प्रकाश के विविध रंगों के प्रभाव के लिए, जैसा भी प्रभाव देना हो वैसे ही, शीशे के अलग-अलग रंगों के पारदर्शी कवर से लैम्पों को ढँक दिया जाता था। इसी प्रकार सूर्य की रोशनी, चाँद की शीतलता, बिजली का कड़कना जैसे अनेक अलग-अलग प्रभावों के लिए अलग-अलग युक्तियाँ उस समय अस्तित्व में आ चुकी थीं। सबातीनी का तो मानना था कि मुख्य रूप से मंच पर एक ओर (पार्श्व) से प्रकाश की योजना—सामने से मंच को प्रकाशित करने की अपेक्षा कहीं अधिक सुहाने प्रभाव की उत्पत्ति करती है। धीरे-धीरे तकनीक में विकास हो रहा था लेकिन फिर भी रिनेसाँ काल के कलाकारों को सामान्य प्रकाश-योजना पर ही निर्भर होना पड़ रहा था क्योंकि रंगों, प्रकाश-विभाजन और उसकी तीव्रता को कुछ ही हद तक नियन्त्रित किया जा सकता था। लेकिन अठारहवीं शताब्दी के उत्तरार्द्ध तक इस दिशा में काफ़ी प्रगति हो चुकी थी।

सोलहवीं शताब्दी के पूर्वार्द्ध तक नाटक की स्थिति पर नज़र डालने पर पता चलता है कि उस दौर की नाट्य-प्रस्तुतियों का रूप अधिकांश रूप में दरबारी रहा। उन्हें लिखने वाले भी दरबारी कवि हुआ करते थे। उनकी अभिकल्पना और अभिनय-निर्देशन भी दरबारी व्यक्तियों के ही हाथ में था और इन प्रस्तुतियों का दर्शक भी बहुत उच्चकुलीन अधिकारी वर्ग हुआ करता था।

पूरी तरह दरबारी प्रस्तुतियों के इस दायरे को तोड़ती हुई, रिनेसाँ की सबसे बड़ी रचनात्मक और क्रान्तिकारी घटना थी *कॉमेदिया देल आर्ते*। रिनेसाँ काल की सबसे महत्त्वपूर्ण रंगमंचीय घटना, इटली के आम आदमी का व्यावसायिक रंगमंच। इसे व्यावसायिक इसलिए कहा जायेगा क्योंकि इससे पहले की नाट्य-प्रस्तुतियाँ दरबारों, अकादमियों और धनाढ्य वर्ग के नागरिकों के आवासों में शौक़िया कलाकारों द्वारा की जाती थीं। *कॉमेदिया* उन पूर्व की प्रस्तुतियों से भिन्न है।

इटली से शुरू हुई यह मुखौटे वाली नाट्य रंग-परम्परा 16वीं से 18वीं शताब्दी तक पूरे यूरोप में बेहद लोकप्रिय मंचीय कला रही है। इसके अतिरिक्त रंगमंच में इस कला का जो एक और महत्त्वपूर्ण योगदान है, वो ये कि मंच पर महिला कलाकारों, यानि अभिनेत्रियों को उतारने का श्रेय भी कॉमेदिया देल आर्ते को ही जाता है। यह यूरोप का पहला व्यावसायिक रंगमंच था। उस समय में अंग्रेज़ी में इसका नामकरण किया गया था, हैलियन कॉमेडी (Halian Comedy), इसके अतिरिक्त कॉमेदिया एला माशेरेस (Comedia alla mosheres) कॉमेदिया इम्प्रोविसो (Comedia improviso), कॉमेदिया देल आर्ते (Comedia dellArte), कॉमेदिया एला इम्प्रोविसो (Comedia alla improviso) भी इसके अन्य नाम थे।

अपने मूल रूप में ये खाकों (Sketches) और दृश्य-योजनाओं या कथानकों (Scenaris) पर आधारित एक पूरी तरह से बिना आलेख की इम्प्रोवाइज़्ड प्रस्तुति हुआ करती थी। इस सन्दर्भ में पहले आलेख के रूप में *दि टूथ पुलर* का उल्लेख मिलता है जो कि लिखित और इम्प्रोवाइज़्ड का संयोजन था। इसमें चरित्रों के प्रवेश और प्रस्थान स्पष्ट रूप से उल्लिखित हैं। इसकी प्रमुख विशिष्टताएँ होती हैं Lazzy। ये छोटे-छोटे मज़ाक़िया प्रकरण हुआ करते थे, जिसमें कुछ मूर्ख या कुटिल क़िस्म के चरित्र होते थे। कॉमेदिया की एक और विशेषता थी पैंटोमाइम। इस पैंटोमाइम का इस्तेमाल अधिकांश आर्लेशिनो (Arlechinno) या हार्लेक्विन (Harlequine) ही करते थे। कॉमेदिया देल आर्ते की सबसे बड़ी विशेषता थी उसके नियत चरित्र या *स्टाक कैरेक्टर्स*; इनका परिचय इस प्रकार है : एक मूर्ख बूढ़ा, कुटिल-चालबाज़ नौकर, या डींग मार बहादुरी से ओत-प्रोत सैन्य अधिकारी, अतिरंजित यथार्थ चरित्र, जैसे कि सर्वज्ञाता डाक्टर, लालची बूढ़ा पैंटालोन और पूरी तरह से पारस्परिक, समर्पित सम्बन्धों वाले चरित्र—इनामोराती (प्रेमी-युगल)।

कॉमेदिया की उत्पत्ति के विषय में 1570 में वेनिस में आयोजित कार्निवल (कैथोलिक ईसाइयों का महत्त्वपूर्ण त्यौहार) को महत्त्वपूर्ण माना जा सकता है।

इसमें प्रदर्शित नाट्य-मंचन के लिए लेखक-अभिनेता आन्द्रिया काल्मो ने *इल मैग्निफिको* चरित्र की रचना की थी, ये वेशियो-बूढे पैंटालोन का आदि पूर्व रूप कहा जा सकता है। हालाँकि काल्मो के चरित्र, जिनमें स्पेनिश कैपितानो और दोतोर की तरह के चरित्र शामिल हैं, मुखौटे नहीं पहनते थे लेकिन यह लगभग तय है कि यह कॉमेदिया का मूल रूप था। यह निश्चित करना मुश्किल है कि कॉमेदिया में मुखौटों का चलन कब से शुरू हुआ लेकिन ईसाइयों के उत्सवों एपिफेनी (Epiphany) और ऐश वेनूज़ डे (Ash Wednesday) के बीच के समय के कार्निवल से कॉमेदिया की सम्बद्धता से ये संकेत ज़रूर मिलते हैं कि मुखौटा पहनना कार्निवल की परम्परा थी और ऐसे ही किसी बिन्दु पर इसे लागू किया गया था।

कॉमेदिया की परम्परा उत्तरी इटली के मैन्तुआ (Mantua) और वेनिस में ही केन्द्रित रही थी। दूसरी ओर इसकी *नेपल्सीय* (Napalitan) परम्परा दक्षिणी इटली में जन्मी और वहीं फली-फूली। इसने एक महत्त्वपूर्ण मंच-चरित्र पुल्सिनेला (Pulcinella) से रंग-जगत का परिचय करवाया। नेपल्स की परम्परा से जुड़ा पुल्सिनेला का चरित्र भिन्न-भिन्न जगहों में अनेक नाट्य-चरित्रों की प्रेरणा बना जिनमें सबसे प्रसिद्ध चरित्र है पंच (Panch) यह इंग्लैंड के प्रसिद्ध पुतुल-प्रदर्शन *पंच ऐंड जूडी* (Panch and Judy) का विशिष्ट चरित्र है।

कॉमेदिया के मूल के बारे में एक मत यह भी है कि रोमन गणराज्य के समय की Pleutione या राजशाही के समय की Atellan farce जैसी विधाओं से कॉमेदिया की उत्पत्ति हुई। ऐटेलन फ़ार्स की प्रस्तुतियों के अनगढ़ चरित्र मुखौटे पहने हुए होते थे। इन मुखौटों पर भरपूर रूप से अतिरंजित आकृतियाँ चित्रित होती थीं। इन *फ़ार्स* के कथानक इम्प्रोवाइज़्ड होते थे। यह भी एक मत है कि ऐटेलन के ही स्टॉक चरित्र पापस (Pappus) मैकस+बूकस (Macus+Buccus) और मैन्दुकस (Manducus) कालान्तर में कॉमेदिया देल आर्ते के चरित्रों— पैंटालोन, पुल्सिनेला और इल कैपितानों में रूपान्तरित हो गये।

कॉमेदिया का परिपक्वता लेता रूप 1568 के बाद दिखायी देता है। यहाँ कॉमेदिया के एक प्रसिद्ध दल *गैलोसी* का उल्लेख ज़रूरी होगा जिसने उत्तरी इटली और फ्रांस में प्रस्तुतियाँ दी थीं। फ्रांस के राजा के संरक्षण में *गैलोसी* ने *कॉमेदिया* में आये अनेक उतार-चढ़ावों के बावजूद कॉमेदिया के *नियमित 10* (Usual 10) के स्थायित्व को बनाये रखा। ये *नियमित 10*, कॉमेदिया के चरित्र थे। इनमें दो वेच्ची (बूढ़े), चार इनामोराती (दो प्रेमी और दो प्रेमिकाएँ), दो जानी, एक कैप्टन और एक सर्वेता/परिचारिका थे। कॉमेदिया का प्रदर्शन दरबार (Court)

या थिएटर के हॉल के भीतर होता था। इसके अतिरिक्त कुछ नियत थिएटर भी थे। वहीं कॉमेदिया देल आर्ते के प्रदर्शन देखने को मिलते थे। 17वीं शताब्दी की शुरुआत के आसपास गैलोसी के एक गौण अभिनेता फ्लोमिनियोस्काला ने कॉमेदिया देल आर्ते के सीनारियो को प्रकाशित करवाया।

यह पहले ही कहा जा चुका है कि अभिनेत्रियों को मंच पर उतारने का श्रेय कॉमेदिया को ही है। लुक्रेज़िया दी सिएना (Lacrezia Di Siena) अपने नाम से जानी जाने वाली पहली इतालवी अभिनेत्री हैं। 1560 के दशक में 10 अक्तूबर 1564 का अभिनेताओं का एक अनुबन्ध-पत्र उपलब्ध है, जिसमें उनका नाम शामिल है। अभिनेत्रियों को उस दौर में हेय दृष्टि से देखा जाता था और समीक्षक उनकी भर्त्सना करते थे। 1570 के दशक के अन्त तक इतालवी प्रिलेट (लाट पादरी) ने कॉमेदिया में महिला कलाकारों पर प्रतिबन्ध लगाने का प्रयास किया लेकिन आगामी 20-30 सालों तक 16वीं शताब्दी के अन्त तक अभिनेत्रियाँ इतालवी मंच का मूल आकर्षण और अभिन्न भाग बनी रहीं। बाद में इनकी मंच-उपस्थिति को चर्च के *नैतिकतावाद* पर आक्रमण मानते हुए इन्हें प्रतिबन्धित कर दिया गया।

यह उल्लेख किया जा चुका है कि कॉमेदिया दरबार या थिएटर के हॉल में ही मंचित होता था। इससे इसका प्रसार सीमित ही था। 17वीं शताब्दी की शुरुआत में *कॉमेदिया* ने नगर की सीमाओं से बाहर निकलकर *थिएत्र दे'ला फॉइर* (Thearra de'la foire) का रुख किया। यह, पेरिस में सेंट जर्मेन और सेंट लारेंट (Geriman & Loulrent) में आयोजित होने वाले, वार्षिक मेले में प्रदर्शित होने वाली रंगमंच-प्रस्तुतियों का सामूहिक नाम है। कॉमेदिया का फ्रांस में एक लम्बा दौर रहा है लेकिन 1797 में नेपोलियन ने इसे ग़ैर-क़ानूनी घोषित कर दिया। हालाँकि 1979 में वेनिस में फिर से इसकी शुरुआत हुई।

अब इसके प्रदर्शन पर एक नज़र डाल ली जाये। कॉमेदिया के अनेक दल थे। अभिनेताओं में अनेक की पृष्ठभूमि रंगमंच की नहीं होती थी। इनमें डॉक्टर, पादरी, सैनिक जैसे लोग भी होते थे जो इटली में कॉमेदिया की लोकप्रियता से इसकी ओर आकर्षित हुए थे। कुछ कम्पनियाँ पूरे यूरोप की यात्रा करती थीं। हर दल का अपना ख़ास Impress (बाजुओं वाले कोट जैसा) होता था जो दल की पहचान और प्रकृति का प्रतीक होता था। जैसे कि गैलोसी दल का इम्प्रैस रोमन देवता जेनस (Janus) के दो सिरों वाले चेहरे की विशेषता लिए होता था। ये दल महीनों के राशन-पानी के साथ बड़े-बड़े छकड़ों में एक-से-दूसरी जगह की यात्रा करते थे। इनकी प्रस्तुतियों में प्रायः कामुक विषयों की अधिकता होती थी

और अभिनेता और अभिनेत्रियाँ लगभग निर्वस्त्रता की सीमा तक मंच पर अपने कपड़े उतार देने में भी नहीं हिचकते थे। इससे चर्च, नागरिक प्राधिकरण और प्रतिद्वन्द्वी रंग-दलों को इन पर उँगली उठाने का अवसर मिल जाता था। जिससे एक जगह ये दल ज़्यादा दिन नहीं रुकते थे। लगातार यायावरी करने वाले इन दलों में कॉमेदिया के नियत 10 चरित्रों के अलावा बढ़ई, मंच-सामग्री-विशेषज्ञ; नर्सें और प्रॉम्प्टर भी होते थे।

जहाँ तक कॉमेदिया के चरित्रों का प्रश्न है तो इसमें हर चरित्र एक मूड को साकार करता है। इनमें उदासी, प्रफुल्लता, नक़ल उतारना, द्वन्द्व, उलझन, प्रेम, विछोह जैसे विभिन्न भाव शामिल हैं। जो चरित्र जिस अंचल या नगर का प्रतिनिधित्व करता था वहीं की विशिष्ट बोली उसकी ख़ासियत होती थी। मंच पर शादी-शुदा चरित्र वास्तविक जीवन में भी पति-पत्नी होते थे। इनका मानना था कि इससे प्रस्तुति अधिक वास्तविक बन पड़ती है। हर चरित्र का अपना अलग–एक अकेला परिधान और मास्क होता था।

कॉमेदिया की प्रस्तुति में स्टाक चरित्र के चार समूह हैं–नौकर या जानी–अलग-अलग प्रदर्शनों में ये आर्लेचिनो, ब्रिघेला, पुल्सिनेला और पैद्रोलिनो के नाम से आते हैं। ये सभी मुखौटे वाले चरित्र हैं। दूसरा समूह है बूढ़े या वेच्ची का–इसमें पैंटालोन और इल दोतोर जैसे चरित्र हैं। ये भी मुखौटाधारी चरित्र हैं। तीसरे समूह में बिना मुखौटे के प्रेमी या इनामोराती के चरित्र हैं। इन चरित्रों के सर्वाधिक लोकप्रिय नाम हैं–फ्लेवियो और ईसाबेला। चौथे समूह में कैप्टेन्स या कैपितानी के चरित्र हैं। ये ला सिंगोरा (महिला चरित्र) भी हो सकता है। मुखौटे वाले चरित्रों को आमतौर पर *माशेरे* (इतालवी-मुखौटा) कहा जाता था। नौकरों के चरित्र सहित महिला चरित्र मुखौटा धारण नहीं करते थे। डेंजमत समूह की महिला को प्रिमा दोना (Prima Dona) कहा जाता था। एक और महिला चरित्र है कार्तिसेन (Courtesane) जिसका एक नौकर भी हो सकता है। महिला नौकर बिना किनारे की टोपी पहनती है। ऐमोरोसी (Amorosi) मास्टर के समूह के किसी पुरुष चरित्र के बच्चे होते हैं, महिला चरित्रों के नहीं। नौकर या विदूषक जानी कहलाते थे। इनमें आर्लेचिनो (Arlecchino) या हार्लेक्विन, ब्रिघेला, स्कैपिनो (स्कैपिनो), पुल्सिनेला, और पैद्रोलिनो जैसे चरित्र शामिल हैं। कॉमेदिया देल आर्ते के कुछ अधिक प्रसिद्ध चरित्र हैं–पिएरोत (Pierrotte) और पिएरेते पैंटालोन, इल दोतोर (IL Dottore), ब्रिघेला, इल कैपितानो (IL Capitano), कोलोम्बिना (Sandrone Colomibina), इनामोराती (Inamorati), पैद्रोलिनो, सान्द्रोन स्कारामिशिया (Scarammeccia) या ला सिंगोरा और तारताग्लिया।

जहाँ तक चरित्रों के परिधान का प्रश्न है तो हर चरित्र की अपनी विशिष्ट पोशाक तय थी। पहले मुखौटे वाले चरित्रों को लें—आर्लेचिनो जो कई बार एक साथ ही दो मालिकों का नौकर होता था, रंग-बिरंगी टाइट फिटिंग की जैकेट और उससे मिलता-जुलता पाजामा पहनता था। मकान मालिक इल दोतोर की पोशाक काले रंग का एक सम्भ्रान्त कुलीन वर्ग का परिचय देता हुआ चोगा होता था। कंगाल अविवाहित इल कैपितानो का परिधान सेना की वर्दी थी; जबकि धनवान बूढ़े पैंटालोन के परिधान में गहरे रंग के बिना बाँह वाले लबादे और लाल रंग का पाजामा शामिल थे। अपने मुँह मियाँ मिट्ठू-बड़बोले नौकर/नौकरानी का परिधान आर्लेचिनो जैसा रंग-बिरंगा (पुरुष) या फिर काली-सफ़ेद पोशाक (महिला) था। उदास विदूषक या नौकर पिएरोत की पोशाक, बड़े-बड़े बटनों वाली सफ़ेद रंग की बहुत ज़्यादा ढीली-ढाली लटकने वाली पोशाक होती थी।

इन सभी शैलीबद्ध परिधानों से अलग, बिना मुखौटे वाले स्थायी चरित्रों—उच्च वर्ग के हताश प्रेमी-युगल इनामोराती की पोशाक समय या चलन के अनुसार अभिरुचिपूर्ण, सम्भ्रान्त यथार्थवादी परिधान होती थी।

कॉमेदिया देल आर्ते की लोकप्रियता का ये प्रभाव था कि 17वीं शताब्दी में फ्रांस में इसकी प्रसिद्धि के बाद कोलम्बाइन और हार्लेक्विन चरित्रों को परिष्कृत कर उन्हें अनिवार्य रूप से *पेरिस के* चरित्र बना दिया गया।

एलिज़ाबेथकालीन रंगमंच और उसके बाद

इंग्लैंड के इतिहास में सोलहवीं शताब्दी का उत्तरार्द्ध महारानी एलिज़ाबेथ के समय के रूप में जाना जाता है। 1550 से लेकर 1604 तक का समय इंग्लैंड के स्वर्ण युग के रूप में भी माना जाता है। इस दौरान 1556 में एलिज़ाबेथ प्रथम, इंग्लैंड की महारानी बनी और उसने लगभग पचास वर्ष तक शासन किया। उसका काल कई ऐतिहासिक कारणों के परिप्रेक्ष्य में इंग्लैंड के इतिहास में एक महत्त्वपूर्ण पड़ाव के रूप में रेखांकित किया जाता है। सबसे बड़ा कारण तो यही है कि स्पेन के साथ हुए बहुत बड़े युद्ध में इंग्लैंड ने स्पेन को बुरी तरह से पराजित किया और पूरे यूरोप में अपने आधिपत्य को स्थापित किया। यह युद्ध इतिहास में *स्पेनिश आरमेडा* के नाम से प्रसिद्ध है। एक और युद्ध में भी महारानी एलिज़ाबेथ

को बड़ी भारी जीत मिली और वह था चर्च के आधिपत्य को सीमित कर देना। जब से ईसाई धर्म का आविर्भाव हुआ, धीरे-धीरे चर्च सत्ता में भी हस्तक्षेप करने लगा था। यहाँ तक कि पश्चिम में रंगमंच जैसी कला के अवसान का सबसे बड़ा कारण भी चर्च और ईसाई धर्म द्वारा लगाया गया प्रतिबन्ध था। यह अलग बात है कि बाद में उसी चर्च में नाट्यकला का एक लम्बे अन्तराल के बाद पुनर्जन्म हुआ। जब एलिज़ाबेथ ने इंग्लैंड का राज्य सँभाला उस समय चर्च और सत्ता की लड़ाई अपने उत्कर्ष पर थी—झगड़ा इस बात को लेकर था कि चर्च सर्वोपरि है या सत्ता? एलिज़ाबेथ स्वयं चर्च की सत्ता के विरुद्ध थी। उसका मानना था कि राजनैतिक सत्ता ही सर्वोपरि है और बाक़ी सारी चीज़ों को उसके अधीन होना चाहिए—जैसे धर्म, समाज और कला-शिक्षा आदि। अन्ततः चर्च दो भागों में बँट गया—एक भाग 'प्रोटेस्टैंट' कहलाया जो चर्च की सत्ता के विरोध में था और दूसरा कैथोलिक्स जो अपने आपको मूल संस्थापक मानता था। देखा जाये तो इस प्रकार के वाद-विवाद और लड़ाइयाँ विश्व के हर धर्म का अभिन्न अंग रही हैं। हिन्दू धर्म में सनातन और वैष्णव धर्म हैं, तो इस्लाम में शिया और सुन्नी के रूप में दो अलग-अलग छोर दिखायी देते हैं—एक अपने आप को कट्टर मानता है और दूसरा उदारवादी। बहरहाल, इंग्लैंड में महारानी स्वयं उदारवादियों अर्थात प्रोटेस्टैंट्स के साथ थी। जब सत्ता स्वयं चर्च के विरोध में खड़ी हो तो फिर उसे कौन रोक सकता है।

यदि एक ओर स्पेनिश आरमेडा को हराकर महारानी एलिज़ाबेथ ने अपने राजनीतिक आधिपत्य को सुदृढ़ किया तो दूसरी ओर चर्च को पीछे धकेलकर अपनी धार्मिक सत्ता का वर्चस्व भी कायम किया। फिर क्या था, उसके काल में कला, साहित्य और रंगमंच की बहुत उन्नति हुई। महारानी स्वयं रंगमंच को लेकर उत्साहित रहती थी। उसने अपने दरबार में अभिनेताओं की मण्डली को संरक्षण दे रखा था। शिक्षा के साथ रंगमंच को इस रूप में जोड़ा गया था कि कैम्ब्रिज और आक्सफोर्ड जैसे विश्वविद्यालयों में तब तक किसी छात्र को डिग्री नहीं दी जाती थी, जब तक वह कम-से-कम एक नाटक में भाग न ले। बहुत ही विरोधाभास की स्थिति थी—एक ओर स्वयं महारानी और शिक्षण संस्थान नाटक और रंगमंच को बढ़ावा दे रहे थे तो दूसरी ओर लन्दन शहर के अधिकारी लोग शहर में किसी भी प्रकार के प्रेक्षागृह बनाने के विरुद्ध थे। उनका तर्क था कि लन्दन जैसे भीड़-भाड़ वाले शहर में पहले ही जगह बहुत कम है, यदि नाटकों के लिए स्थायी प्रेक्षागृह बनाने की परमिशन दे दी जायेगी तो लोगों के लिए रहने की जगह कम पड़ जायेगी। यही नहीं, उनका यह भी मानना था कि नाटक देखने के

बहाने जब भीड़ इकट्ठी होगी तो वहाँ चोरी चकारी का डर बना रहता है। यही नहीं, इतने सारे लोगों के एक साथ एकत्रित होने से छूत की बीमारियाँ फैलने की सम्भावना भी बनी रहती है। इन सब तर्कों के चलते नगर के अधिकारी वर्ग ने लन्दन शहर में किसी भी प्रेक्षागृह को बनने नहीं दिया।

लेकिन जैसा कि हम पहले भी इतिहास में बार-बार देख चुके हैं कि जब भी कोई सत्ता कला पर प्रतिबन्ध लगाती है तो समाज उसका सामना करने के लिए अपने विकल्प स्वयं तलाश कर लेता है। यह साफ़ था कि हर कोई महारानी के दरबार में नाटक देखने नहीं पहुँच सकता था। यहाँ तो स्वयं महारानी और राजदरबार के दूसरे लोगों को ही जाने की सुविधा मिली होगी। अधिकारीवर्ग शहर में कोई प्रेक्षागृह बनने की परमिशन नहीं दे रहा—ऐसे में समाज के बाक़ी लोगों ने नाटकों के मंचन की अलग-अलग विधियाँ खोज डालीं। सबसे पहले उन्होंने बड़े-बड़े सामन्त लोगों के डाइनिंग हॉल को नाटकों के मंचन के लिए इस्तेमाल किया। लम्बे-चौड़े हॉल के एक भाग को दर्शकों के लिए और उसके सामने वाले भाग को मंचन के रूप में प्रयोग में लाया जाता था। पीछे की दीवार में बने रसोईघर के दो दरवाज़ों को अभिनेताओं के प्रवेश-प्रस्थान के लिए इस्तेमाल किया जाता था। हॉल में बड़ी-बड़ी फ्रेंच विंडोज़ में भी दर्शक बैठकर नाटक देख सकते थे। हॉल के अन्दर की अपनी बनावट, साज सजावट ही नाटक के परिवेश का काम भी देती थी, जैसा कि एक हज़ार ईस्वी के आसपास चर्च के अन्दर होने वाले नाटकों के साथ हुआ था। सामन्त लोगों के अपने मित्र और उनके परिवार नाटक देखने के लिए आमन्त्रित होते थे। पहले नाटक का मंचन होता और फिर उसी हॉल में एक साथ रात्रि भोज। हाँ, इस बात की जानकारी अवश्य नहीं मिलती कि उन नाटकों में सामन्त लोग स्वयं अभिनय किया करते थे या कि वे नाट्य-मण्डलियों को बुलाकर नाटकों का मंचन करवाते थे। ज़्यादा सम्भावना इसी बात की है कि राजदरबार की तर्ज़ पर नाटक-मण्डलियाँ ही आमन्त्रित की जाती होंगी।

एक दूसरे विकल्प के विषय में शहर में यात्रियों के रात में ठहरने के लिए बनी सरायों के खुले प्रांगण में नाटकों के मंचन की जानकारी मिलती है। जो भी चित्र इस दौर के मिले हैं, उनसे पता चलता है कि सराय की बनावट ऐसी रहती थी कि अलग-अलग धरातलों पर यात्रियों के ठहरने के कमरे बने होते थे और नीचे सराय में प्रवेश करते ही एक खुला-सा प्रांगण होता था। इस प्रांगण का प्रयोग भी नाटकों के मंचन के लिए किया जाता था। इस प्रकार के परिवेश में सुविधा यह थी कि दर्शक अलग-अलग मंज़िल पर अपने कमरों के सामने

बनी बालकनी से भी नीचे हो रहे नाटक को देख सकते थे। नीचे आकर देखने की सुविधा तो थी ही। ऐसे मंचनों में कई बार सचमुच के घोड़ों के इस्तेमाल का उल्लेख भी मिलता है।

इसी प्रकार कई बार वे लोग टैनिस कोर्ट का भी नाटकों के मंचन के लिए इस्तेमाल करते थे। जब आपके सामने कोई स्थायी प्रेक्षागृह न हो तो नाटक करने वाले अपने लिए मंचन की कितनी पद्धतियाँ खोज सकते हैं—सोलहवीं शती के इंग्लैंड में यह बखूबी देखा जा सकता है। कम-से-कम महारानी एलिज़ाबेथ के शासन के पहले बीस वर्षों में इंग्लैंड में रंगमंच की यही स्थिति थी।

बाद में स्थिति में परिवर्तन आया। शायद महारानी के दबाव में अधिकारी वर्ग ने अस्थायी प्रेक्षागृह बनाने के आदेश दे दिये। लेकिन शर्त थी कि ये प्रेक्षागृह शहर में नहीं बल्कि उसके बाहरी हिस्से में बनाये जायेंगे। हम जानते हैं कि लन्दन शहर के बीचों-बीच टेम्ज़ नदी के उत्तरी किनारे पर बसा हुआ था और दक्षिणी किनारे के पार घने जंगल थे। आदेश यह था कि नाटकों के मंचन के लिए जो भी प्रेक्षागृह बनाये जायें, वे टेम्ज़ नदी के दक्षिण किनारे पर बनें और वहाँ के जंगलों से लकड़ी काटकर लकड़ी के ही प्रेक्षागृह बनाये जायें। लकड़ी के इसलिए कि वे अस्थायी रहें और अधिकारी जब चाहें उन्हें आकर तोड़ सकते थे। टेम्ज़ नदी के उत्तरी और दक्षिणी किनारों को एक पुल जोड़ता था, जो आज भी मौजूद है। पुल की विशेषता है कि जब-जब जहाज़ों विशेषकर बड़े-बड़े जहाज़ों को उसके नीचे से गुज़रना होता है तो उसे ऊपर उठा दिया जाता है।

लोग जैसे इस आदेश के इन्तज़ार में ही थे। एक साथ टेम्ज़ के दक्षिणी किनारे पर लकड़ी के बने प्रेक्षागृहों की क़तार लग गयी। ये सभी प्रेक्षागृह अपने आकार-प्रकार में लगभग एक जैसे थे अर्थात बाहर से देखने पर एक अष्टकोणीय भवन का आभास देते थे। इनमें सबसे पहला प्रेक्षागृह 1576 ई. में बना जिसे *दि थिएटर* नाम दिया गया। इसका निर्माण जेम्स बर्बेज नाम के स्थापत्यकार ने किया था। एलिज़ाबेथकालीन रंगमंच की मंचन पद्धतियों का प्रतिनिधि माना जाता है यह प्रेक्षागृह। कहा जाता है कि एक बार मंचन के दौरान गोला-बारूद के इस्तेमाल में इस प्रेक्षागृह में आग लग गयी क्योंकि लकड़ी का बना हुआ था। परिणाम यह हुआ कि पूरा भवन जलकर राख हो गया। जब यह घटना हुई, तब तक जेम्स बर्बेज की मृत्यु हो चुकी थी। उसके दो पुत्र—रिचर्ड बर्बेज और कुथबर्ट बर्बेज वयस्क हो चुके थे, और वही प्रेक्षागृह की देख-रेख में लगे थे। उन्होंने उसी राख में से जो कुछ बच गया था, उसको इस्तेमाल करके दुबारा से इस प्रेक्षागृह का निर्माण किया और इसका नया नाम *दि ग्लोब थिएटर* रखा।

इस नये प्रेक्षागृह के निर्माण की पूरी प्रक्रिया में उनके साथ एक और आदमी भी जुड़ गया था जिसे हम विलियम शेक्सपियर के नाम से जानते हैं।

शेक्सपियर 1564 में पैदा हुआ था और जब यह प्रेक्षागृह 1599 में बनकर तैयार हुआ तो इसका उद्घाटन शेक्सपियर के ही नाटक *मैकबेथ* के मंचन से हुआ। 1616 ई. में अपनी मृत्यु तक शेक्सपियर इसी प्रेक्षागृह की कम्पनी से जुड़ा रहा जिसमें वह रिचर्ड और कुथबर्ट के साथ बराबर का हिस्सेदार था। उसके हर नाटक का पहला मंचन इसी प्रेक्षागृह में हुआ। *दि ग्लोब थिएटर*, शेक्सपियर और उसके नाटकों का मंचन—यही वे तीन बिन्दु हैं जो एलिज़ाबेथकालीन रंगमंच का प्रतिनिधित्व करते हैं। ऐसा नहीं कि उस दौर में दूसरे नाटककार नहीं हुए। बेन जॉनसन तो शेक्सपियर का समकालीन ही था, इन दोनों से पहले क्रिस्टोफर मार्लो का नाम भी आता है, जिसने *डॉ. फास्ट्स* नाम का नाटक लिखा, जो आज भी खेला जाता है। वह एलिज़ाबेथकालीन रंगमंच से पहले का नाटककार है और अपने समय में बहुत ज़्यादा नहीं खेला गया था। बहुत कम उम्र में किसी शराबख़ाने में हुए आपसी झगड़े में वह मारा गया था। इसमें कोई सन्देह नहीं कि दुरूह होने के बावजूद उसके नाटकों ने परवर्ती नाटककारों को प्रभावित किया। स्वयं शेक्सपियर पर ही उसके प्रभाव को काफ़ी दूर तक देखा जा सकता है।

शेक्सपियर के नाटक और *दि ग्लोब थिएटर* के स्थापत्य को एक साथ मिलाकर देखें तो कई बातें ध्यान में आती हैं। शेक्सपियर स्वयं उस कम्पनी का हिस्सेदार था, जिसने ग्लोब थिएटर का निर्माण किया था तो क्या अपने नाटकों की संरचना के अनुरूप ही उसने उस प्रेक्षागृह के स्थापत्य को भी प्रभावित किया होगा? लेकिन ग्लोब स्वयं पहले बनाये गये *दि थिएटर* का हू-ब-हू अनुकरण था, ऐसे में यह सम्भावना कम ही दिखती है कि शेक्सपियर ने उसके स्थापत्य में हस्तक्षेप किया होगा। इसके विपरीत यह अवश्य माना जा सकता है कि *दि थिएटर* में मंचित कुछ दूसरे नाटकों को देखने के बाद ही उसके मन में अपने नाटकों के शिल्प, शैली और संरचना का विचार आया होगा। शेक्सपियर के अपने समय में उसके नाटकों का ग्लोब थिएटर में कैसे मंचन हुआ होगा, उस पर चर्चा करने से पहले उन नाटकों पर ही विचार करना ज़्यादा सही होगा।

शेक्सपियर ने अपने नाटकों के कथानक प्रायः होलिनशेड की इतिहास कथाओं से लिए हैं। उनमें लोक कथाओं का भी काफ़ी योगदान है। समाज में सर्वस्वीकृत लोक तत्त्व जैसे भूत, चुड़ैलें, भविष्यवाणियाँ और अन्धविश्वास भी उसके नाटकों में अपना विशेष स्थान रखते हैं। कहने का अर्थ यह है कि यहाँ वे सब मोहक, आकर्षक और मनोरंजक तत्त्व मौजूद हैं, जो कि एक विशाल

जनमानस को अपनी गिरफ़्त में ले सकें। इस मायने में वे आज की हिन्दी फ़िल्मों की याद दिलाते हैं जहाँ प्यार, घृणा, बदला, साज़िश, ख़ून, हत्या और भटकती आत्माओं जैसे कथ्यों के भीतर से नाटक का ताना-बाना तैयार किया जाता है। ये नाटक आज भी इसीलिए खेले जाते हैं क्योंकि इनके कथ्य तात्कालिक न होकर शाश्वत हैं चाहे वह *किंग लियर* हो, *मैकबेथ* हो, हैमलेट हो, *रोमियो जूलियट* हो और *ओथेलो* हो। जिस ट्रैजिडी का आरम्भ ग्रीक नाटकों से हुआ, उसे शेक्सपियर ने चरमोत्कर्ष तक पहुँचाया। ग्रीक नाटककारों की भाँति उसने भी कॉमेडी अर्थात हास्य नाटक लिखे और वे भी उतनी ही उच्च गुणवत्ता लिए हुए हैं, जितना कि उसके दुखान्त नाटक। *दि मरचेंट ऑफ़ वेनिस* इस कड़ी का सबसे अच्छा नाटक है। इन ऊपरी समानताओं के होते हुए भी उसके नाटकों में ऐसा बहुत कुछ है जिसका श्रेय एकमात्र शेक्सपियर को ही दिया जा सकता है। आइए देखें कि वे कौन-से बिन्दु हैं जो शेक्सपियर को अपने पूर्ववर्ती नाटककारों से अलग करते हैं। सबसे पहले तो शेक्सपियर ने ग्रीक और रोमन नाटकों के एक अंक वाले ढाँचे को छोड़कर अपने नाटकों में एक नये शिल्प और संरचना का प्रयोग किया और वह था कि एक की बजाय पाँच अंकों का प्रयोग करना। उसने ग्रीक नाटकों की तीन इकाइयों अर्थात समय, स्थान और कार्य-व्यापार की अन्विति को भी तोड़ दिया। उसके नाटक एक दिन की घटनाओं में सीमित न होकर वर्षों के अन्तराल में समाहित हो सकते थे। उसके नाटक एक स्थान पर स्थित न होकर न जाने कितने कार्यक्षेत्रों में घटित हो सकते थे। उसके नाटकों के मुख्य कथानक मात्र एक कथा पर केन्द्रित न होकर बहुत-सी छोटी-बड़ी कथाओं को समानान्तर रूप में अपने साथ लेकर चलते थे और वे अन्त में जाकर ही मुख्य कथा में मिलती थीं। उसके नाटकों में पात्रों की भरमार रहती थी और उन्हें मात्र तीन अभिनेता नहीं वरन बहुत बड़ी संख्या में अभिनेता मिलकर उनकी प्रस्तुति करते थे।

ये तो हुईं नाटकों के शिल्प और संरचना से जुड़ी कुछ बातें जो सहज ही दिखायी दे जाती हैं। लेकिन सबसे बड़ा अन्तर नाटक के कथ्य को लेकर है। ग्रीक नाटकों में नायक की नियति पहले से निर्धारित रहती थी लेकिन वह उससे अनभिज्ञ रहता था और अन्त में उसका परिणाम उसे भुगतना पड़ता था। नियति शेक्सपियर के नाटकों में भी पहले से निर्धारित रहती है लेकिन उसके नायक उसे बदलने के लिए संघर्ष करते हैं। यह अलग बात है कि अन्त में वे हार जाते हैं। लेकिन एक जिजीविषा, एक संघर्ष और अन्त तक लगातार उसे अपने पक्ष में मोड़ने की कोशिश करते रहना—यही वह केन्द्रीय बिन्दु है जो शेक्सपियर के नाटकों को ग्रीक नाटकों से बिल्कुल अलग कर देता है।

दो अलग-अलग युगों के नाटककारों की जीवन दृष्टि के पीछे तत्कालीन सामाजिक, सांस्कृतिक और राजनैतिक आस्थाओं, विश्वासों और परिस्थितियों का भी बड़ा हाथ है। ग्रीक समाज कला, खेल, दर्शन आदि क्षेत्रों में प्रगतिशील होते हुए भी अन्धविश्वासों में ग्रस्त था जबकि सोलहवीं शती का समाज बहुत बड़े-बड़े बदलावों से गुज़र चुका था। पन्द्रहवीं शताब्दी में रिनेसाँ का दौर, चर्च के साथ विचारधारा की लड़ाई—बेशक अभी भी समाज जड़ताओं, कुरीतियों और अन्धविश्वासों से मुक्त नहीं हुआ था फिर भी वहाँ नये युग की आहट सुनाई देने लगी थी। शेक्सपियर के नाटकों के कथ्य में इस आहट की गूँज सुनी जा सकती है। राजसी चरित्रों के साथ *फ़ूल* यानि मसखरे जैसे पात्र की परिकल्पना शेक्सपियर की अपनी मौलिक सूझ है, जिसका ग्रीक या रोमन नाटकों में कहीं दूर-दूर तक कोई चिह्न नहीं मिलता। यद्यपि हमारे यहाँ की शास्त्रीय और लोक-नाट्य-परम्परा में नायक के साथ विदूषक आरम्भ से ही उपस्थित रहा है। यद्यपि यह कल्पना करना बेमानी होगा कि शेक्सपियर को फ़ूल जैसे पात्र की प्रेरणा हमारे यहाँ की नाट्य-परम्पराओं से मिली होगी। यों भी हमारे यहाँ के विदूषक और शेक्सपियर के फ़ूल में ज़मीन-आसमान का अन्तर है। विदूषक एक स्टाक कैरेटर-सा है और वह नायक के साथ मात्र एक युक्ति की तरह से अन्त तक रहता है। एक चरित्र के तौर पर उसमें कोई परिवर्तन नहीं होता—जिस बिन्दु से उसके चरित्र का आरम्भ होता है, अन्त तक वह वहीं स्थित रहता है। इसके विपरीत शेक्सपियर का फ़ूल बहुआयामी है। *हैनरी दि फोर्थ* जैसे नाटक में जब तक हैनरी राजकुमार है, फ़ूल उसका सबसे निकट का दोस्त है और चौबीस घण्टे उसके साथ रहता है लेकिन जैसे ही हैनरी राजा बनकर एक जुलूस में नगर से गुज़र रहा होता है तो फ़ूल उसका स्वागत करने के लिए सड़क पर खड़ा है। जैसे ही हैनरी की सवारी उसके सामने से गुज़रती है वह चिल्ला-चिल्लाकर उसका ध्यान अपनी ओर आकृष्ट करने की कोशिश करता है, हैनरी एक बार उसे देखता भी है किन्तु तुरन्त ही आगे बढ़ जाता है अर्थात वह फ़ूल को पहचानता तक नहीं। जब तक वह राजा नहीं था, फ़ूल ही उसका एकमात्र साथी था, लेकिन राजा बनते ही सम्बन्धों में एकदम से बदलाव आ जाता है अर्थात सत्ता अपने सिवाय किसी को नहीं पहचानती—फ़ूल जैसे पात्र को लेकर आपसी सम्बन्धों में आये परिवर्तन का ऐसा दृश्य शेक्सपियर के यहाँ ही मिल सकता था।

इस प्रकार शेक्सपियर के नाटक अपने कथ्य, शिल्प और संरचना में जितने जटिल है, उतने ही वे अपनी मंच प्रस्तुति में भी जटिल दिखायी देते हैं। इससे पहले कि हम शेक्सपियर के नाटकों की मंचन पद्धति पर बात करें,

हमारे लिए यह जानना ज़रूरी होगा कि *दि ग्लोब थिएटर* का आकार-प्रकार कैसा था? जैसा कि आरम्भ में ही उल्लेख किया जा चुका है, यह थिएटर टेम्ज़ नदी के दक्षिणी किनारे पर समतल ज़मीन पर बनाया गया था। बाहरी दीवार से यदि उसका एक पूरा चक्कर लगाया जाये तो अपने आकार में यह *हैक्सागोनल* यानि अष्टकोणीय के रूप में दिखायी देता है। भीतर जाने पर इसका पूरा आकार-प्रकार हमारे सामने आता है। आठ कोणों में से तीन मंच के लिए और पाँच दर्शकों के बैठने के लिए होते थे। मंच के लिए तीन कोणों का अर्थ यही है कि उनके बीच की भूमि पर मंच बनाया जाता था और उसके सामने तीन तरफ़ तक फैले पाँच कोणों के बीच के क्षेत्र में दर्शक बैठते थे। इस प्रेक्षागृह में कई धरातल एक साथ दिखायी पड़ते हैं—सबसे पहले तो मंच का मुख्य धरातल जो ज़मीन से लगभग चार-पाँच फ़ीट ऊँचा है। उसके दोनों कोनों पर दो ऊँचे-ऊँचे गोल स्तम्भ बने हुए हैं जो मंच की छत को भी सहारा देते हैं। मंच की पिछली दीवार में एक अन्तरंग कक्ष रहता था जिसे *इनर स्टडी* कहा जाता था। सूचना मिलती है कि *ऑथेलो* नाटक में डेस्डीमोना और ऑथेलो के बीच का अन्तिम दृश्य इसी स्टडी में खेला गया था जहाँ औथेलो डेस्डीमोना की हत्या करता है। मंच के बीचों-बीच ट्रैप डोर बने हुए थे जहाँ से पात्र मंच के नीचे से भी प्रवेश कर सकते थे। हम याद करना चाहें तो *हैमलेट* नाटक में क़ब्र के दृश्य के लिए इसी स्थान का प्रयोग किया गया होगा।

मंच की ऊँचाई के बराबर ही तीन तरफ़ यानि बायें, दायें और सामने दर्शकों के बैठने की पहली बालकनी रहती थी। इस बालकनी में सामने वाले हिस्से के बीचों-बीच दर्शकों के आने का मुख्य द्वार रहता था। वहाँ से अन्दर आकर दर्शक पहली बालकनी में दायें-बायें जाकर बैठ सकते थे। इस बालकनी के ठीक ऊपर दूसरी और तीसरी बालकनी रहती थी जहाँ दर्शक बैठते थे। जो दर्शक नाटक देखने के लिए जितने पैसे देता था उसके हिसाब से उसके बैठने की व्यवस्था निश्चित की जाती थी अर्थात जो सबसे ज़्यादा पैसे देगा, वह सबसे निचली बालकनी में बैठेगा, उससे कम वाला दूसरी बालकनी और इसी क्रम में तीसरी बालकनी का नम्बर आता था। जैसे मंच के ऊपर छत रहती थी, उसी प्रकार बालकनी के ऊपर भी। बीच की भूमि खुली रहती थी यानि उसके ऊपर कोई छत नहीं होती थी। न ही यहाँ दर्शकों के बैठने के लिए कुर्सियों का प्रावधान रहता था। जो दर्शक सबसे कम पैसे अर्थात पैनी देते थे वे यहाँ ज़मीन पर बैठकर अथवा पीछे खड़े होकर नाटक देख सकते थे। ऐसे दर्शकों को *ग्राउंडलिंग* यानि ज़मीन पर बैठने वाले कहा जाता था। प्रेक्षागृह के मुख्य द्वार के बाहर

एक आदमी एक बॉक्स लेकर खड़ा रहता था। दर्शक उसमें पैसे डालते थे। जो जितना पैसा देगा, उसी हिसाब से उसके बैठने की जगह पक्की की जायेगी। यही बॉक्स बाद में बॉक्स ऑफ़िस के नाम से जाना जाने लगा। कुछ विशिष्ट दर्शक जो बहुत ज़्यादा पैसे दे सकते थे, उनके लिए मंच पर ही एक कोने में बैठने की व्यवस्था कर दी जाती थी। नाटक ठीक से दिखायी दे या न दे लेकिन मंच पर कलाकारों के इतने निकट बैठना ही उनके लिए मान, गौरव और प्रतिष्ठा की बात थी। हमारे यहाँ आज भी शास्त्रीय संगीत के कार्यक्रमों में इस तरह की व्यवस्था रहती है जहाँ विशिष्ट श्रोता मुख्य गायक की बगल में बैठकर संगीत सुनने का आनन्द लेते हैं।

मंच पर दोनों स्तम्भों और बालकनी के बीच दायें-बायें छज्जेनुमा दो अभिनय क्षेत्र बने रहते थे, जिन्हें बालकनी स्टेज कहा जाता था। *रोमियो ऐंड जूलियट* नाटक में रोमियो जूलियट से मिलने के लिए इसी छज्जे का प्रयोग करके जूलियट की बालकनी में पहुँचता था। आज हमारी हिन्दी फ़िल्मों में ऐसे दृश्य प्रायः दिखायी दे जाते हैं। मंच की छत पर एक और कार्यक्षेत्र रहता था जहाँ संगीतकार बैठते थे। यह कार्यक्षेत्र दूसरी बालकनी के समानान्तर मंच के बीच के हिस्से में रहता था। इस धरातल के ऊपर एक और धरातल रहता था जिसे अभिनय के लिए प्रयोग में लाया जाता था। तीसरी बालकनी और इस धरातल के ऊपर बीचों-बीच झोंपड़ीनुमा तीन छोटे-छोटे कमरे बने रहते थे, जिनमें युद्ध के दृश्यों में गोला-बारूद के प्रभाव उत्पन्न करने का प्रावधान रहता था। यहीं पर आग लग जाने के कारण ग्लोब थिएटर का पूर्व संस्करण द थिएटर जलकर खाक़ हो गया था। यहीं से कभी-कभी रस्सी के सहारे किसी चरित्र को मुख्य मंच पर उतारा भी जा सकता था। बीच की झोंपड़ी सबसे ऊँची होती थी। उसके ऊपर एक बैनर लगा रहता था जिस पर उस दिन मंचित होने वाले नाटक का नाम और दूसरी सूचनाएँ लिखी रहती थीं ताकि दूर से आने वाले दर्शक पहले ही नाटक के नाम से परिचित हो सकें। ग्लोब थिएटर में नाटक दोपहर के ढाई बजे शुरू होता था और अँधेरा घिरने से पहले समाप्त हो जाता था ताकि लोग नदी के पार सुरक्षित अपने घरों को पहुँच सकें, क्योंकि उन दिनों के लन्दन में चोर, लुटेरों और ऐसे ही बदमाश लोगों का बहुत आतंक था।

दि ग्लोब थिएटर अपने आकार-प्रकार में ग्रीक और रोमन रंगमंच का संगम था। यह ग्रीक रंगमंच जैसा विशाल नहीं था और रोमन रंगमंच की तरह प्रेक्षागृह के काफ़ी बड़े हिस्से पर छत का प्रावधान था। ग्लोब थिएटर की अपनी रेपर्टरी कम्पनी थी जिसमें अभिनेताओं को व्यावसायिक रूप से अनुबन्धित किया जाता था।

यहाँ भी सारी भूमिकाएँ पुरुष अभिनेताओं द्वारा ही अभिनीत की जाती थीं। स्त्री भूमिकाओं के लिए प्रशिक्षण की दृष्टि से कम उम्र के अभिनेताओं को लिया जाता था और बहुत दिनों तक उन्हें स्त्री की आवाज़, चाल-ढाल, जेसचर-पॉसचर के लिए तैयार किया जाता था। शेक्सपियर स्वयं इस थिएटर से एक नाटककार और शेयर होल्डर की तरह भी जुड़ा था। अतः यह स्वाभाविक ही था कि वह भी अभिनेता के प्रशिक्षण में सहयोग करता था। ग्रीक नाटकों की तरह शेक्सपियर के नाटक भी काव्य में ही लिखे गये थे, अतः यह बहुत आवश्यक था कि काव्य में संवादों का उच्चारण, वाचन और अदायगी कैसे की जाये—इसका सही प्रशिक्षण दिया जाये। इसके लिए भाषा विशेषज्ञों को भी अनुबन्धित किया जाता था अथवा आमन्त्रित किया जाता था।

शेक्सपियर के नाटकों के शिल्प और ग्लोब थिएटर के स्थापत्य पर विचार करने के बाद हम इस विषय में चर्चा कर सकते हैं कि उसके नाटकों की मंचन पद्धति क्या रही होगी, किस प्रकार की अभिनय-शैली का प्रयोग किया गया होगा और तकनीकी तत्त्वों के नाम पर मंच पर क्या कुछ रहता होगा। हम देखते हैं कि ग्लोब थिएटर में आने-जाने के लिए बहुत से प्रवेश और प्रस्थान द्वार हैं तो उसी हिसाब से कार्य-व्यापार को अलग-अलग धरातलों पर भी संयोजित किया जा सकता होगा। दो स्तम्भों, ट्रैप डोर, इनर स्टडी से बना मुख्य मंच, दोनों कोनों पर बालकनी स्टेज, पहले और दूसरे धरातल—नाटक के कार्य-व्यापार के लिए बहुत सी सम्भावनाएँ खुल जाती हैं। इसीलिए शेक्सपियर के नाटकों में एक-एक अंक में बहुत से दृश्य होते हैं और वे अलग-अलग जगहों पर घटित होते हैं। यदि हम उसके किसी भी नाटक के अलग-अलग दृश्यों को ध्यान से देखें तो हम पायेंगे कि हर बार हर दृश्य में नये चरित्र प्रवेश करते हैं। इसका बहुत बड़ा व्यावहारिक कारण है। मान लीजिए, पहला दृश्य नीचे वाले मुख्य धरातल पर है तो यह कभी सम्भव नहीं हो सकता था कि वही चरित्र तुरन्त दूसरे धरातल पर पहुँच जाये। याद रहे कि नाटक दिन की रोशनी में खेले जाते थे, इसलिए अन्धकार कर पाने का विकल्प ही नहीं था। यों भी तब तक बिजली का आविष्कार भी नहीं हुआ था और मंच पर किसी प्रकार के परदे का भी प्रावधान नहीं था कि उसके पीछे होकर चरित्र नये दृश्य में पहुँच जायें। अतः नाटककार के लिए सुविधाजनक रास्ता यही था कि हर दृश्य में नये चरित्र उपस्थित रहें या कम-से-कम उसका आरम्भिक अंश पूरा करें ताकि तब तक वे चरित्र भी वहाँ पहुँच जायें जो पिछले दृश्य में थे। हर बार नये चरित्रों से दृश्य का आरम्भ करने में सुविधा यही रहती है कि वे पहले से दृश्य क्षेत्र के आसपास तैयार रहेंगे।

यह स्वयं सिद्ध है कि किस प्रकार से शेक्सपियर ने ग्लोब थिएटर की बनावट को अपने नाटकों के शिल्प का अपरिहार्य तत्त्व बना लिया था।

यही सम्बन्ध नाटककार और प्रेक्षागृह के बीच एक-दूसरे स्तर पर भी देखने को मिलता हे। ग्लोब थिएटर रेपर्टरी कम्पनी में कौन-कौन-से अभिनेता थे, यह शेक्सपियर के सामने था। यहाँ तक कि वह उनके चयन के लिए बनायी गयी समिति का सदस्य भी रहा हो। अपने नाटकों के चरित्रों को लेकर उन अभिनेताओं का व्यक्तित्व, क्षमताएँ और सम्भावनाएँ सब कुछ उसके सामने स्पष्ट रहता होगा। कई बार तो किसी भावी नाटक के कथानक पर काम करते समय भी ये अभिनेता उसके ज़ेहन में रहते होंगे। जब-जब इतिहास में नाटककार और मण्डली का ऐसा सम्बन्ध रहा है तो सशक्त और जीवन्त रंगमंच होने के प्रमाण मिलते हैं। हमारे सामने ग्रीक रंगमंच की परम्परा उपस्थित है, शेक्सपियर के बाद हमारे यहाँ पारसी रंगमंच का उदाहरण दिया जा सकता है। यद्यपि हमारे यहाँ शास्त्रीय नाट्य-परम्परा में नाटककार और मण्डली के ऐसे सम्बन्धों के कोई प्रमाण नहीं मिलते तो भी नाटकों में उपलब्ध प्रस्तावना से यह अनुमान लगाया जा सकता है कि वहाँ भी नाटककार मण्डली से जुड़ा होता था। मण्डली से सीधे-सीधे न भी सही, वह एक राजकवि के रूप में उस राजदरबार का अभिन्न अंग था जहाँ उसके नाटक का मंचन होता था। क्या इस बात से इनकार किया जा सकता है कि अपने नाटकों का पहला पाठ वह मण्डली के सदस्यों के सामने ही करता होगा, उनके पूर्वाभ्यासों में नियमित रूप से उपस्थित रहता होगा और आवश्यकता पड़े तो अभिनय अथवा प्रस्तुति को लेकर अपने सुझाव भी देता होगा।

यह दोहराने की आवश्यकता नहीं कि शेक्सपियर के नाटकों में *एक्शन* अथवा कार्य-व्यापार बहुत तेज़ी से घटित होता है। ग्रीक नाटकों या संस्कृत नाटकों की तरह यहाँ भी कोई बड़े-बड़े रंग-निर्देश नहीं हैं और सीधे चरित्रों के संवादों से दृश्य की शुरुआत होती है। इसलिए दर्शकों के लिए ज़रूरी है कि उनका ध्यान एकाग्र रहे। इस दृष्टि से शेक्सपियर के हर नाटक का आरम्भ बहुत ही नाटकीय ढंग से होता है, चाहे हैमलेट में भूत का पहला प्रवेश हो, मैकबेथ में चुड़ैलों का दृश्य हो अथवा ऑथेलो में इयागो और रोदरीगो का चिल्लाते हुए आना—ज़ाहिर है कि नाटक के आरम्भ में ही ऐसे दृश्यों का संयोजन दर्शकों के ध्यान को एकदम से एकाग्र कर देता है और जैसे-जैसे नाटक आगे बढ़ता है, इसमें और बढ़ोतरी होती जाती है। उसके नाटकों में बार-बार द्वन्द्व युद्ध, हत्या, युद्ध, षड्यन्त्र आदि के दृश्य आते हैं। ये सब मुख्य मंच पर ही खेले जाते थे।

अन्तरंग दृश्य जैसे कि ऑथेलो और डेस्डीमोना, रोमियो और जूलियट, मैकबेथ आदि के दृश्य इनरस्टडी, बालकनी स्टेज आदि पर किये जा सकते थे। मंच पर सामने दोनों कोनों पर स्थित ऊँचे दो स्तम्भ भी अभिनय के लिए प्रयोग में लाये जाते थे। शेक्सपियर के नाटकों में प्रायः ऐसे दृश्य आते हैं। जब कोई पात्र मंच पर अकेला है और अपने आप से बात करता है—लम्बा एकालाप जिसे अंग्रेज़ी में 'सोलिलिकी' कहा जाता है। इन एकालापों के लिए चरित्र इन दो स्तम्भों का इस्तेमाल करते थे। कभी वह स्तम्भ से टेक लगाकर खड़े हो जाते थे, कभी नीचे बैठे हुए उससे अपनी पीठ टिकाकर अपना संवाद पूरा करते थे और कभी उन दोनों स्तम्भों के बीच की जगह में व्यग्रता से टहलते हुए, फिर स्तम्भ के पास जाकर उस पर बँधी हुई मुट्ठियों से प्रहार करने लगते थे। इस प्रकार ठीक मंच के अगले भाग में मात्र एक अभिनेता के एकालाप बहुत ही तीव्र गहराई और अन्तर्मुखता के साथ प्रस्तुत किये जाते थे। यह कहना ज़्यादा सही होगा कि दौड़-भाग, मार-धाड़, ख़ून आदि के दृश्यों के बाद इन एकान्त दृश्यों को देखना दर्शकों के लिए बहुत ही गहरा अनुभव होता होगा। इस प्रकार शेक्सपियर अपने नाटकों में अभिनय के कई आयाम प्रस्तुत करते हैं—एक तरफ़ यदि अतिरंजित मैलोड्रामा है तो दूसरी तरफ़ बहुत ही सूक्ष्म, मार्मिक और गहरा अभिनय। यही वह अभिनय शैली है, जिसे शेक्सपियर स्टाइल ऑफ़ एक्टिंग कहा जाता है।

ज़ाहिर है कि इस तरह की अभिनय और प्रस्तुति शैली में मंच पर किसी प्रकार की दृश्य सज्जा की कोई आवश्यकता नहीं रहती। यों भी यहाँ दृश्य इतने तेज़ी से आरम्भ, समाप्त और फिर आरम्भ होते हैं कि किसी भी प्रकार के दृश्य-बन्ध को लाने-ले जाने के लिए अवकाश ही नहीं था। ऐसे में अभिनय ज़्यादा-से-ज़्यादा वाचिक पर निर्भर था और उसके बाद आंगिक। आंगिक से अभिप्राय यह नहीं कि उसमें शास्त्रीय नाटकों जैसा कोई मुद्राविधान रहता होगा। सभी नाटकों की पृष्ठभूमि और परिवेश चूँकि राजदरबारों, सामन्तों, राजकुमारों और धनाढ्य सम्पन्न लोगों के इर्द-गिर्द का होता था, इसलिए आंगिक अभिनय के नाम पर उसी देहभाषा का प्रयोग किया जाता था, जैसी कि वे अपने नित्य प्रति के आचार-व्यवहार में भी काम में लाते होंगे। उदाहरण के लिए जब कोई राजा जैसा पात्र एक समूह को सम्बोधित करता था तो अपने दोनों हाथ फैलाकर अपने संवाद की शुरुआत करता था, जैसे कि *जूलियस सीज़र* नाटक में सीज़र का पहला संवाद—'ओ, माय कंट्रीमैन...' जब कोई छोटे वर्ग का चरित्र अपने से बड़े चरित्र के सामने आता था तो आधा झुककर अभिवादन करता था। जब कोई प्रेमी अपनी प्रेमिका से विवाह का प्रस्ताव रखता था तो उसके सामने

घुटनों के बल बैठता था। ज़ाहिर है कि इस आंगिक अभिनय में किसी प्रकार की शास्त्रीयता नहीं है। ये उनके अपने जीवन की स्वीकृत और अनिवार्य गतियाँ और परिचर्या थी जो सहज रूप से उनके अभिनय का भी हिस्सा बन गयी थी। ऐसा माना जाता है कि राजसी चरित्रों के व्यवहार में ऐसी गरिमा, आभिजात्यपन और एक तरह का अभिमान एलिज़ाबेथ के समय में स्पेन को पराजित करने के बाद उनके जीवन में आया, जिसे अंग्रेज़ी में *सुपीरियोरिटी कॉम्पलैक्स* भी कहा जाता है।

कुल मिलाकर शेक्सपियर के नाटक और रंगमंच एलिज़ाबेथकालीन समाज की ऐसी तस्वीर प्रस्तुत करते हैं जो एक तरफ़ यदि भव्य है, सम्पन्न है और आभिजात्य है तो दूसरी तरफ़ मानव मन के भीतर सदियों से उपस्थित महत्त्वाकांक्षा, द्वेष, ईर्ष्या, षड्यन्त्र जैसी क्षुद्र भावनाओं को भी साथ लेकर चलती है। इसीलिए ये नाटक सार्वकालिक हैं। हर युग के लिए समकालीन हैं। शेक्सपियर के नाटकों को किसी शास्त्र में नहीं बाँधा जा सकता। ऐसा माना जाता है कि उसने अपना शास्त्र स्वयं बनाया। इसीलिए उसे *नियो क्लासिकल* अर्थात *नव्य शास्त्रवादी* कहा जाता है।

जिस प्रकार एलिज़ाबेथ प्रथम के शासनकाल को इंग्लैंड के इतिहास का राजनैतिक स्वर्णयुग माना जाता है, उसी प्रकार शेक्सपियर और ग्लोब थिएटर को भी वहाँ के रंगमंच का स्वर्ण युग कहा जाता है। एलिज़ाबेथ के शासनकाल की तुलना भारत में अकबर के समय से की जा सकती है। हमारे यहाँ मुग़ल शासन में अकबर युग को ही सबसे अच्छा माना जाता है। संयोग से एलिज़ाबेथ और अकबर का समय भी लगभग एक-दूसरे के समानान्तर है अर्थात सोलहवीं शताब्दी के उत्तरार्द्ध के आसपास। दोनों ही धर्म को लेकर उदार दृष्टिकोण वाले थे और दोनों ही कला और साहित्यानुरागी भी थे। अकबर के दरबार में नवरत्नों की नियमित उपस्थिति और एलिज़ाबेथ द्वारा नाटक मण्डलियों को राजकीय संरक्षण देना—ऐसे कई समान्तर दोनों में देखे जा सकते हैं।

एलिज़ाबेथ की मृत्यु 1604 ई. में हुई और उसके बाद इंग्लैंड का राजनीतिक इतिहास फिर तेज़ी से बदलना आरम्भ करता है। शेक्सपियर अपनी मृत्युपर्यन्त अर्थात 1616 ई. तक ग्लोब थिएटर के साथ जुड़ा रहा और उसके लगभग सभी नाटक वहाँ मंचित हुए। लेकिन एलिज़ाबेथ और फिर शेक्सपियर के जाने के बाद इंग्लैंड पहले जैसा न रहा। अगले लगभग पच्चीस वर्षों में राजनीतिक अस्थिरता बढ़ गयी। पुनः शासन और धर्म के आधिपत्य के फलस्वरूप मनोरंजन के कार्यक्रमों पर प्रतिबन्ध लगने की शुरुआत हो गयी, इंग्लैंड के तत्कालीन

राजा चार्ल्स प्रथम के ख़िलाफ़ जनता ने विद्रोह कर दिया और इंग्लैंड में राजसत्ता को उखाड़ने के लिए गृहयुद्ध छिड़ गया। परिणाम यह हुआ कि 1642 ई. में इंग्लैंड के राजा चार्ल्स प्रथम को सार्वजनिक रूप से जनता द्वारा फाँसी पर चढ़ा दिया गया। जनता के नेता ओलिवर क्रामवेल ने सत्ता सँभाल ली और अगले अठारह वर्ष तक वहाँ के प्रधानमन्त्री के रूप में शासन चलाया। ओलिवर का शासन फिर एक बार इंग्लैंड के इतिहास में चर्च के सर्वाधिपत्य के इतिहास के रूप में जाना जाता है। सभी प्रकार के सार्वजनिक मनोरंजन पर हमेशा के लिए प्रतिबन्ध लगा दिया गया, जनता पर भारी-भरकम टैक्स लगा दिये गये और उसका हर तरह से शोषण किया जाने लगा। स्वाभाविक था कि जनता इसे बहुत दिनों तक बरदाश्त न कर सकी। उन्होंने अपने ही चुने हुए नेता क्रामवेल के ख़िलाफ़ विद्रोह कर दिया और दोबारा से इंग्लैंड में राजसी व्यवस्था स्थापित करने की माँग की। यह विद्रोह इतना बढ़ गया कि क्रामवेल को सत्ता का त्याग करना पड़ा और 1660 ई. में चार्ल्स प्रथम के पुत्र चार्ल्स द्वितीय को गद्दी पर बिठाया गया। यहाँ इस तथ्य का उल्लेख करना अप्रासंगिक न होगा कि जब 1642 ई. में चार्ल्स प्रथम को फाँसी दी गयी थी तो उस समय उसका पुत्र बहुत छोटा था। कुछ राजभक्तों द्वारा उसे चोरी-चोरी फ्रांस पहुँचा दिया गया था और अगले अठारह वर्षों तक वह वहीं रहा। एक युवा राजकुमार के रूप में उसे वहाँ रहते हुए फ्रांस के रंगमंच को देखने का खुलकर अवसर मिला—किस तरह मंच पर अलग-अलग तरह के प्रभाव पैदा किये जा सकते थे। मंच पर विंग्स, बार्डर और परदों का प्रयोग होने लगा था। अतः जब 1660 ई. में उसने इंग्लैंड के राजा के रूप में राज्याभार ग्रहण किया तो वहाँ के रंगमंच के ये सारे अनुभव उसके साथ चले आये। इतने साल फ्रांस में रहने के कारण स्वयं उसका भी रंगमंच से गहरा लगाव हो गया था। अतः यह स्वाभाविक ही था कि राजा बनते ही उसने पहला काम यह किया कि मनोरंजन के कार्यक्रमों पर लगे प्रतिबन्धों को पूरी तरह से हटा दिया।

1660 ई. के बाद का समय अर्थात सत्रहवीं शताब्दी का उत्तरार्द्ध इंग्लैंड के इतिहास में *दि रेस्टोरेशन थिएटर* यानि रंगमंच की पुनः बहाली के दौर के रूप में जाना जाता है। शासन की ओर से किसी भी प्रकार के प्रतिबन्ध को हटाये जाने के बाद यहाँ के रंगमंच में एक नयी लहर दिखायी पड़ती है। एकदम से नये स्थायी प्रेक्षागृहों के निर्माण की प्रक्रिया आरम्भ होती है। अब टेम्ज़ नदी के दक्षिणी किनारे पर अस्थायी प्रेक्षागृहों का कोई अर्थ नहीं रहा। यों भी ग्लोब थिएटर के टूटने और नष्ट हो जाने के बाद, शासन द्वारा रंगमंच पर प्रतिबन्ध लगा दिये जाने

के बाद, नदी पार करके रंगमंच देखने जाने की परम्परा का लगभग अन्त ही हो गया था। नयी-नयी अभिनय शैलियों के आविर्भाव ने शेक्सपियर के नाटकों को भी अलग-अलग ढंग से मंचित किये जाने वाले प्रयोगों की ओर प्रेरित किया। ऐसे में ग्लोब थिएटर दर्शकों और रंगकर्मियों के अनुभव से दूर होता गया और लोग उसे लगभग भूल ही गये। बीसवीं शताब्दी के अन्तिम दशकों में लन्दन की जनता ने अपनी ओर से धन एकत्रित करके पुनः उसी स्थान पर ग्लोब थिएटर का निर्माण करवाया। वहाँ आज भी शेक्सपियर के नाटक खेले जाते हैं। प्रेक्षागृह में प्रवेश करने से पहले एक बहुत बड़ा म्यूज़ियम बनाया गया है, जिसमें उस दौर में हुए शेक्सपियर के नाटकों के आलेख, स्मारिकाएँ, वेशभूषा, मंच उपकरण आदि सामग्री सुरक्षित है।

यदि हम सत्रहवीं शताब्दी की ओर लौटें तो तब तक विश्व रंगमंच में कई नये परिवर्तन हो चुके थे। पन्द्रहवीं-सोलहवीं शताब्दी में इटली में रेनासाँ का दौर आ चुका था। वहाँ के तत्कालीन शोधकर्ताओं, स्थापत्यकारों, चित्रकारों आदि ने प्राचीन शास्त्रीय रंग-परम्परा कैसी रही होगी—इसकी खोज करते-करते एक नये रंगमंच को ही जन्म दे दिया था। नाटक के लिए हर बार एक नया दृश्य-बन्ध होना चाहिए—इस विषय में चिन्तन और व्यावहारिक स्तर पर परिकल्पना का आरम्भ हो गया था। उस समय के स्थापत्यकार सरलियों ने कम-से-कम तीन प्रकार के नाटकों के लिए दृश्य-बन्ध का प्रारूप अवश्य प्रस्तुत किया था—दुखान्त नाटक, हास्य नाटक और व्यंग्य नाटक। इन दृश्य-बन्धों में कुछ भाग रंगे हुए परदों अथवा विंग्स के रूप में रहता था और शेष भाग ठोस रूप में तैयार किया जाता था। इसी क्रम में एक दूसरे अभिकल्पक सेबेटिनी ने मंच पर अभिनेता के साथ-साथ चल सकने वाले मंच उपकरणों और दृश्यबन्धों की अवधारणा को सामने रखा था। उसी दौर ने *कामेदिया देल आर्ते* नाम की एक नाट्य शैली को भी जन्म दिया था जिसमें लिखित आलेख के बिना ही आशु अभिनय के माध्यम से हास्य नाटकों का मंचन किया जाता था। रेनासाँ की सबसे बड़ी उपलब्धि थी कि उसने ऑपेरा जैसी नाट्य शैली का आविष्कार किया। ये सारे नये तत्त्व पहले फ्रांस तक पहुँचे और फिर वहाँ से यूरोप के दूसरे देशों में जिनमें इंग्लैंड भी एक है। जैसा कि पहले ही उल्लेख किया जा चुका है, युवा राजकुमार चार्ल्स फ्रांस निर्वासन के दौरान इन सारे रंगमंचीय तत्त्वों से परिचित हो चुका था तो उसके साथ-साथ वे सब इंग्लैंड में भी चले आये। इसमें *कामेदिया देल आर्ते* शैली में नाटक करने वाली कम्पनियों का भी बहुत योगदान है कि उनके अलग-अलग देशों में किये जाने वाले दौरों के कारण वहाँ के लोग उन सब बातों से रू-ब-रू

हुए और अपने यहाँ के नाटकों में उनका प्रयोग करने लगे। फ्रांस में मोलियर के नाटकों पर कामेदिया देल आर्ते का प्रभाव साफ़ देखा जा सकता है। इंग्लैंड में बाद के दौर में नाटक की पृष्ठभूमि के रूप में रंगे हुए परदों का इस्तेमाल इसी प्रभाव का परिणाम है। इंग्लैंड का यही रंगमंच जब अठारहवीं-उन्नीसवीं शताब्दी में ईस्ट इंडिया कम्पनी के निमन्त्रण पर भारत आया तो उसने वहाँ आरम्भ होने वाले पारसी नाटकों की दृश्य सज्जा को प्रभावित किया। अठारहवीं शती के अन्त में ही इंग्लैंड के पहले प्रोसीनियम थिएटर का लन्दन में निर्माण हुआ जिसे ड्रूरीलेन थिएटर के नाम से जाना जाता है। यह थिएटर आज के प्रेक्षागृहों की तरह प्रोसीनियम आर्च, विंग्स, बार्डर और मुख्य परदे से पूरी तरह से लैस है यद्यपि दर्शकों के बैठने की व्यवस्था अभी भी ग्रीक, रोमन अथवा ग्लोब थिएटर की तरह से ही तीन तरफ़ा है।

कुल मिलाकर एलिज़ाबेथ प्रथम के समय से लेकर अगले ढाई-तीन सौ साल तक का समय रंगमंच के अलग-अलग रूप प्रस्तुत करता है। ग्लोब थिएटर से पहले नाटकों को मंचित करने की पद्धतियाँ, फिर ग्लोब थिएटर के माध्यम से विश्व के सबसे बड़े नाटककार शेक्सपियर के नाटकों के मंचन का दौर, फिर रंगमंच पर सरकारी प्रतिबन्ध और अन्त में रिनेसाँ थिएटर के प्रभाव में आविष्कृत नये-नये रंगमंचीय तत्त्वों का इंग्लैंड के रंगमंच में भी खुलकर प्रयोग। अन्ततः बीसवीं शताब्दी में गार्डन क्रेग जैसे अभिकल्पक निर्देशक, रॉयेल अकादमी ऑफ़ ड्रामाटिक आर्ट्स की स्थापना, जार्ज बर्नार्ड शॉ जैसे नाटककार-आलोचक, लारेंस ओलिवियर, चार्ली चैपलिन जैसे अभिनेता और पीटर ब्रुक जैसे प्रयोगशील निर्देशकों द्वारा किये गये कामों से इंग्लैंड का रंगमंच अपनी परिणति तक पहुँचता है और दुनिया के दूसरे देशों के लिए प्रतिमान बनता है।

स्तानिस्लाव्स्की

पिछले सौ-डेढ़ सौ वर्षों में जिस एक अभिनेता-निर्देशक-चिन्तक और सिद्धान्तकार ने पूरे विश्व रंगमंच पर सबसे ज़्यादा प्रभाव डाला है, उसे हम कोंसतांतिन स्तानिस्लाव्स्की के नाम से जानते हैं। स्तानिस्लाव्स्की का जन्म 1863 में मास्को के एक सम्भ्रान्त परिवार में हुआ था। उनकी माँ भी मंच पर अभिनय किया करती थी। छोटी उम्र से ही स्तानिस्लाव्स्की को मंच पर आने का मौक़ा मिलने लगा। 1877 से 1889 के बीच वह एक शौकिया नाट्य-मण्डली के साथ जुड़े रहे और 1888 से 1898 के बीच उन्होंने *सोसायटी फॉर आर्ट ऐंड लिटरेचर* नामक की मण्डली की स्थापना की जिसके लिए वह मंच प्रस्तुतियों के निर्देशक के रूप में ज़िम्मेदार थे और अन्ततः उन्होंने 1898 में नेमिरोविच दांचेन्को के साथ मिलकर *मास्को आर्ट थिएटर*

नाम की संस्था को जन्म दिया और 1938 में मृत्युपर्यन्त इसी संस्था से जुड़े रहे और अपने सभी नाटकों की प्रस्तुतियाँ इसी मण्डली के साथ प्रस्तुत कीं। इसे एक संयोग कहा जा सकता है कि 1898 में यदि स्तानिस्लाव्स्की ने *मास्को आर्ट थिएटर* को जन्म दिया तो उसी वर्ष में रंगमंच की दुनिया के एक दूसरे बड़े नाटककार सिद्धान्तकार और निर्देशक बर्टोल्ट ब्रेष्ट भी पैदा हुए थे।

1906 में स्तानिस्लाव्स्की अपनी मण्डली के साथ अपने पहले विदेशी दौरे पर जर्मनी की यात्रा पर निकले। तब तक स्तानिस्लाव्स्की अपने देश रूस के साथ-साथ दूसरे देशों में भी एक अभिनेता और निर्देशक के रूप में पर्याप्त चर्चित हो चुके थे। दौरा समाप्त होने पर वह लौटते हुए फिनलैड में काफ़ी समय के लिए अवकाश पर रुके। यही वह समय था जब उन्होंने वहाँ रहकर स्वयं अपने काम का विश्लेषण किया, दुनिया के दूसरे बड़े अभिनेताओं की प्रतिभा और रचना प्रकिया का आकलन किया और अभिनय को लेकर उन्होंने कई नयी खोजें कीं जो उनकी अलग-अलग पुस्तकों में संकलित हैं। इस दृष्टि से विशेष रूप से *माई लाइफ इन आर्ट, एन एक्टर प्रीपेअर्स, बिल्डिंग ए कैरेक्टर* और *क्रिएटिंग ए रोल* का नाम लिया जा सकता है। ये सारी पुस्तकें उनके अपने अभिनेताओं के साथ किये गये वर्कशॉप के भीतर से निकले हुए निष्कर्षों पर आधारित हैं जिसे आज *मैथड एक्टिंग* के नाम से जाना जाता है अर्थात अभिनय कला के प्रशिक्षण की एक निश्चित प्रकिया अथवा पद्धति।

इस पद्धति की खोज स्तानिस्लाव्स्की ने पहले तो स्वयं द्वारा किये गये प्रदर्शनों की समीक्षा और विश्लेषण के साथ-साथ अपने समकालीन दूसरे अभिनेताओं के काम और अपने साथ काम कर रहे नये और युवा अभिनेताओं के माध्यम से की। उन्होंने अनुभव किया कि कुछ शुरू के प्रदर्शनों के बाद हमारे प्रदर्शन बासी, यान्त्रिक और दोहराव से भरे होने लगते हैं। रंगमंच जैसी जीवन्त कला में यदि कुछ प्रदर्शनों के बाद ऐसा ठहराव आने लगे तो हमें समझ लेना चाहिए कि हमारे अभिनय का स्तर लगातार गिरता जा रहा है। अतः ज़रूरत इस बात की है कि अभिनय में उस ऊँचाई को कैसे बरकरार रखा जाये, जो हमने पहले प्रदर्शनों में हासिल की थी। उस दिशा में काम करते हुए उन्होंने बहुत-सी नयी चीज़ों को रेखांकित किया जिन्हें अभ्यास में लाकर एक अभिनेता अपने अभिनय में सुधार ला सकता है।

स्तानिस्लाव्स्की द्वारा प्रतिपादित कुछ महत्त्वपूर्ण तत्त्वों को विमर्श के दायरे में लाया जा सकता है। ये तत्त्व इस प्रकार हैं—तनावरहित होना (रिलैक्सेशन) कल्पना शक्ति (इमेजिनेशन), एकाग्रता (अटैंशन), जादुई अगर (मैजिक इफ),

प्रदत्त परिस्थितियाँ (गीवन सरकमस्टांसेज), सच्चाई और विश्वास (ट्रूथ ऐंड बिलीफ), भावनात्मक स्मृति (इमोशनल मेमोरी), पाँच डब्लू (Five W's) आन्तरिक, अचेतन, मनोवैज्ञानिक आदि (Inner, Subconscious, Psychological etc.) स्तानिस्लाव्स्की की अभिनय पद्धति मुख्य रूप से इन्हीं उपर्युक्त तत्त्वों पर आधारित है जिसे उन्होंने अपने अभिनेताओं के साथ लगातार व्यावहारिक अभ्यास करते हुए प्राप्त किया और हम लोगों के साथ शेयर किया। हम इनके विषय में विस्तारपूर्वक चर्चा करने की कोशिश करेंगे।

सबसे पहली बात जिस पर स्तानिस्लाव्स्की ने ध्यान दिया, वह यह थी कि अभिनेता मंच के बाहर तो तनाव में रहता ही है, मंच पर भी वह उससे मुक्त नहीं हो पाता। यही कारण है कि न तो वह ठीक से साँस ले पाता है, न ठीक से बोल पाता है और न ही ठीक से सोच पाता है। यद्यपि वह बाहर से सब कुछ ठीक-ठाक होने का भ्रम बनाये रखता है अर्थात वह अपने संवादों को बहुत अच्छे से बोल रहा होता है, एक स्थान से दूसरे स्थान तक जाने की गतियाँ भी निश्चित रहती हैं और मंच पर उपस्थित दूसरे अभिनेताओं के साथ भी उसकी क्रिया प्रतिक्रिया चलती रहती है। लेकिन इसके बावजूद वह भीतर से बेहद नर्वस, डरा हुआ और तनाव में होता है और मंच पर वह अपने भीतर के इन भावों को छुपाने की कोशिश करता रहता है। यही कारण है कि उसका अभिनय बेहद बनावटी होने लगता है। इससे मुक्त होने के लिए आवश्यक है कि अभिनेता मंच पर जाने से पहले अपने स्तर पर ऐसे शारीरिक अभ्यास से गुज़रे जिसे आज हम वार्मअप के नाम से जानते हैं। यह वार्मअप अभिनेता की मांसपेशियों को ढीला करता है, उसकी साँस लेने की प्रक्रिया को नियमित करता है और उसे हर प्रकार से तनाव मुक्त कर हल्का-फुल्का होने का अहसास कराता है। एक नयी तरह की स्फूर्ति और ताज़गी भर देता है उसमें। इसके बाद वह जब मंच पर आता है तो अपने साथ एक नयी ऊर्जा लेकर आता है जो उसके उस दिन के प्रदर्शन को और दिनों से अलग कर देती है। यह अकारण नहीं है कि स्तानिस्लाव्स्की द्वारा सुझाया वार्मअप आज लगभग सभी नाट्य प्रशिक्षण संस्थानों और मण्डलियों के दिन-प्रतिदिन के पूर्वाभ्यास का आवश्यक अंग बन चुका है। इसमें कोई दो राय नहीं कि इस वार्मअप से यदि अभिनेता के शरीर में फुर्ती बनी रहती है तो मानसिक स्तर पर भी वह उतना ही जागरूक रहता है। इसे दोहराने की ज़रूरत नहीं कि यदि हम शारीरिक रूप से लचीले और फुर्तीले हैं तो हमारा मन उतना ही स्वस्थ रहेगा। अभिनेता के सन्दर्भ में तो यह और भी ज़रूरी है क्योंकि उसके पास आवाज़ और शरीर, मात्र यह दो ही यन्त्र हैं अपनी कला को लोगों तक

सम्प्रेषित करने के लिए। अतः स्वयं सिद्ध है, जो कुछ भी स्तानिस्लाव्स्की द्वारा अभिनेता के तनावरहित होने को लेकर अपेक्षा की गयी है।

अभिनेता के भीतर तीव्र कल्पनाशक्ति की क्षमता होनी चाहिए। माना जाता है कि एक अच्छे अभिनेता में कम-से-कम तीन गुण अवश्य होने चाहिए। पहला गुण है पर्यवेक्षण अर्थात उसके चारों ओर जो दृश्य संसार और लोग दिखायी पड़ते हैं, उसे लगातार उनका अध्ययन करते रहना चाहिए ताकि जब भी उसे मिलते-जुलते विन्दुओं को अपने अभिनय में शामिल करना हो तो वह उस अध्ययन सामग्री को उपयोग में ला सके। यह भी सम्भव है कि यदि किसी अभिनेता को इस तरह के अध्ययन का ज़रा भी अवसर न मिला हो तो ऐसे में अपनी कल्पना शक्ति का सहारा लेना चाहिए। अभिनेता के लिए उर्वर कल्पना शक्ति इसलिए भी ज़रूरी है क्योंकि हम मंच पर जो कुछ भी प्रस्तुत करते हैं वह कभी भी सचमुच का संसार नहीं होता वरन हमारी अपनी कल्पना से तैयार की हुई दुनिया ही होती है। ऐसे में जितनी तीव्र हमारी कल्पना होगी उतनी ही सशक्त और जीवन्त होगी हमारी मंच प्रस्तुति। इसके लिए व्यावहारिक अभ्यास और पूर्वाभ्यास के दौरान अभिनेताओं के साथ कई तरह की प्रक्रिया की जा सकती है, जिनसे उसकी सोयी हुई कल्पना को जगाया जा सके अथवा पहले से उपस्थित कल्पना को ज़्यादा-से-ज़्यादा क्रियाशील बनाया जा सके। कुछ व्यावहारिक अभ्यास इस प्रकार के हो सकते हैं—सभी अभिनेता एक दायरे में बैठे हैं। कोई एक अभिनेता कोई कहानी सुनाना शुरू करता है तो एक के बाद एक सभी अभिनेता उस कहानी को आगे बढ़ाते हैं और आख़िरी आदमी को उसे पूरा करना है। इसी प्रकार अगला चरण यह भी हो सकता है कि कोई एक अभिनेता जब पूरी कहानी को शुरू से अन्त तक सुनाये।

एक दूसरा व्यावहारिक अभ्यास इस तरह भी हो सकता है—उनके सामने कोई एक प्रॉपर्टी पड़ी है और हर एक को उससे जुड़ी कहानी सुनानी है। इसे भी दो रूप में किया जा सकता है—एक में प्रॉपर्टी वही रह सकती है और कहानी सबकी अपनी-अपनी हो सकती है। इसका दूसरा पक्ष यह भी हो सकता है कि सब की प्रॉपर्टी भी अलग-अलग हो और फिर कहानी तो अलग हो ही जायेगी। तात्पर्य यह है कि प्रॉपर्टी से जुड़ी क्रिया को किसी रूप में किया जाये अभिनेता की कल्पना के लिए हर बार एक नया अवसर उपलब्ध हो जाता है।

कभी प्रॉपर्टी के साथ संवाद के बिना भी एक अभ्यास किया जा सकता है। अभिनेता से कहा जा सकता है कि वह किसी प्रॉपर्टी के मूल आकार और प्रयोग को छोड़कर उसके कम-से-कम पाँच तरह से अलग-अलग उपयोग करके दिखाये।

उदाहरण के लिए एक छोटी-सी ट्रे को बिना उसके आकार में परिवर्तित किये अभिनेता कई तरह से प्रयोग कर सकते हैं—वह दीवार पर लगी एक पेंटिंग हो सकती है। वह वाशवेसिन के ऊपर लगा एक आईना हो सकता है। वह एक स्लेट हो सकती है। वह एक छोटी-सी चटाई हो सकती है आदि। अभिनेता हर बार एक नयी प्रॉपर्टी के साथ अपने लिए नयी-नयी चुनौतियों को जन्म दे सकता है। यदि उसके पास अच्छा पर्यवेक्षण और कल्पना है तो तीसरे गुण में उसे इन्हें मंच पर कैसे इस्तेमाल किया जाये इसका भी ज्ञान होना चाहिए। इस प्रकार देखते हैं कि अभिनेता के लिए कल्पना का कितना महत्त्व है। आज की अभिनय प्रशिक्षण पद्धति में अभिनेता के ऊपर जितना भी काम किया जा रहा है वह प्रत्यक्ष और परोक्ष—हर दृष्टि से कल्पना के इर्द-गिर्द ही बुना गया है।

किसी भी आलेख में नाटककार द्वारा प्रदत्त स्थितियाँ-परिस्थितियाँ उस आधार भूमि का काम करती हैं जिस पर नाटक की अन्तिम बुनियाद को तैयार किया जा सकता है। प्रदत्त परिस्थितियाँ अर्थात नाटक की कथा-कहानी क्या है, वह किन लोगों के बीच घटित होती है, वह कहाँ घटित होती है, वह कब घटित होती है, और सबसे ज़्यादा अहम यह प्रश्न है कि क्यों घटित होती है? इन सबको लेकर मंच पर तैयार किया गया दृश्य-बन्ध, पात्रों की वेशभूषा, मंच उपकरण, ध्वनि, संगीत, मंच पर पात्रों की गतिविधि, प्रकाश, अँधेरा, अन्तराल, अर्थात वह सब कुछ जो हमारे सामने दृश्य रूप में घटित होता है, वही अभिनेता के लिए प्रदत्त परिस्थितियाँ हैं। उसे इन सबके साथ आरम्भ से एक सम्बन्ध बनाना होता है जो प्रस्तुति के अन्त तक बना रहना चाहिए। उसे स्वयं को मंच पर उपस्थित संसार का एक अनिवार्य और अपरिहार्य अंग मानना चाहिए तभी उसके प्रदर्शन में मार्मिकता और गहराई आयेगी।

इसी के साथ जुड़ा है *जादुई अगर* यानि *मैजिक इफ* का रहस्य। स्तानिस्लाव्स्की द्वारा अभिनेता को जितने भी मन्त्र दिये गये हैं, उन सबमें सबसे अद्‌भुत मन्त्र है *जादुई अगर*। वह कहता है कि जब अभिनेता मंच पर किसी नाटक के एक चरित्र के रूप में नाटककार द्वारा प्रदत्त परिस्थितियों में प्रवेश करता है तो उसे तुरन्त अपने आप से प्रश्न करना चाहिए अथवा कल्पना करनी चाहिए कि यदि चरित्र के स्थान पर मैं स्वयं ऐसी परिस्थितियों में होता तो मेरी प्रतिक्रिया, मेरा अनुभव और मेरी यात्रा कैसी होती। हम हमेशा मंच पर एक काल्पनिक संसार में जीते हैं। बनावटी चरित्रों की रचना करते हैं और दर्शकों से अपेक्षा करते हैं कि वह हमें वास्तविक रूप में लें। लेकिन यह तब तक सम्भव नहीं है जब तक कि हम स्वयं को उन परिस्थितियों में रखकर ना देखें।

जैसे ही हम *जादुई अगर* की प्रक्रिया से गुज़रेंगे, तभी हमारे चरित्र की बनावट बदल जायेगी। वह एक अपरिचित, अजनबी और काल्पनिक चरित्र न होकर एक जीता-जागता सचमुच का हाड़-मांस का एक मनुष्य बन जायेगा क्योंकि तब तक उसमें वे भाव, अनुभूतियाँ और अनुभव भी शामिल हो चुके होंगे जो उसने *जादुई अगर* की प्रक्रिया से गुज़रने के बाद प्राप्त किये होंगे।

लेकिन ये सब कुछ तभी कारगर होगा जब अभिनेता पूरी तरह से ध्यान केन्द्रित होगा। प्रायः देखा गया है कि अभिनेता का ध्यान मंच पर एकाग्र न होकर इधर-उधर भटका रहता है, इसलिए उसका अभिनय बिल्कुल सतही लगता है। स्तानिस्लाव्स्की इसलिए अभिनेता से यह अपेक्षा करते हैं कि वह प्रदर्शन से कम-से-कम तीन-चार घण्टे पहले आकर ग्रीन रूम में एकान्त कोने में ध्यान मग्न हो जाये। ध्यान मग्न होने का आशय है कि वहाँ आने से पहले जितनी भी तरह की समस्याएँ, परेशानियाँ और दुविधा है, धीरे-धीरे उनसे मुक्त होकर अपनी भूमिका पर अपना ध्यान केन्द्रित करने की प्रक्रिया की ओर बढ़े। इसी दौरान अपनी वेशभूषा पहनते, मेकअप करते और अपना सामान एकत्र करके ग्रीनरूम में लगे बड़े-बड़े आदमकद आईने के सामने जाकर बैठ जाये। अपने आपको आईने में देखते हुए चेहरे की छोटी-सी-छोटी रेखा का अध्ययन करे। वह स्वयं को पहले ही भीतर से निस्संग बना चुका है तथा अब वेशभूषा और मेकअप के बाद एक दूसरे चरित्र में स्थानान्तरित हो चुका है। आईने के सामने वह स्वयं नहीं वरन एक दूसरा चरित्र बैठा है। आईने के सामने बैठने का अर्थ है उस दूसरे चरित्र का गहराई से अध्ययन करना। इसलिए उस आईने को *स्टडी मिरर* नाम दिया गया है। हमारे विचार में इस *स्टडी मिरर* की प्रेरणा स्तानिस्लाव्स्की को शास्त्रीय नाट्य शैली नोह से मिली होगी। वहाँ भी अभिनेता घण्टों ऐसे आमने-सामने बैठा रहता है, अपने चेहरे को पूरी तरह से तटस्थ अथवा निस्संग बनाता है और फिर उस मुखौटे को धारण करता है। उसका ऐसा विश्वास है कि मुखौटा पहनते ही वह किसी दूसरे चरित्र में परिवर्तित हो जाता है। चाहें तो हम अपने देश के कथकलि अभिनेता का उदाहरण भी ले सकते हैं। उसका मेकअप बहुत जटिल होता है। जब उसके चेहरे और शरीर पर मेकअप किया जाना होता है तो वह ज़मीन पर चित लेट जाता है और एक गहरी निद्रा में लीन हो जाता है। मेकअप ख़त्म होने के बाद वह उठकर खड़ा होता है तो वह पूरी तरह से किसी दूसरे चरित्र में प्रवेश कर चुका होता है अथवा उसके भीतर किसी दूसरे चरित्र की आत्मा का जन्म हो चुका है। शायद परकाया प्रवेश इसी को कहा जाता है। एक संयोग ही माना जाये कि रूस, जापान और भारत—तीनों

की नाटक की परम्पराओं में ध्यान को लेकर कितना चिन्तन-मनन किया गया है और उसे रंगमंच में अभिनय कला का अभिन्न अंग स्वीकार किया गया है।

यदि अभिनेता चाहता है कि उसका सचमुच में दर्शकों के साथ तादात्म्य स्थापित हो तो ज़रूरी है कि मंच पर वह जो कुछ भी कर रहा है, उसे सच्चाई और विश्वास के साथ प्रस्तुत करे। इसका सीधा-सादा अर्थ यही है कि पहले वह सब कुछ उसे सत्य और विश्वसनीय लगना चाहिए। वह यह मान कर न चले कि बस उसे अपना चरित्र किसी भी तरह से निभा देना है चाहे भीतर से उसका उस चरित्र के साथ कोई लगाव न भी हो। यदि वह ऐसे नकारात्मक रास्ते पर चल पड़ता है तो निश्चित रूप से उसके अभिनय का दर्शकों पर कोई प्रभाव नहीं पड़ेगा। अच्छे अभिनय की पहचान यही है कि पहले वह स्वयं अभिनेता के लिए विश्वसनीय होना चाहिए। फिर कोई कारण नहीं है कि वह दर्शकों के लिए भी विश्वसनीय न हो। अभिनय का मर्म यही है कि सब कुछ झूठ होते हुए भी हमारे लिए वह सच और विश्वसनीय होता है।

जिस तरह से *जादुई अगर* जैसे तत्त्व को स्तानिस्लाव्स्की ने अभिनय के साथ जोड़कर अभिनय को एक नयी अर्थवत्ता प्रदान कर दी, उसी प्रकार दूसरी अवधारणा भी स्तानिस्लाव्स्की की अभिनय पद्धति के साथ घनिष्ठ रूप से सम्बद्ध है और वह है *भावनात्मक स्मृति* अथवा *इमोशनल मेमोरी*। इससे पहले भी यह शब्द *इफेक्टिव मेमोरी* के नाम से चलन में था लेकिन स्तानिस्लाव्स्की ने इसके लिए *इमोशनल मेमोरी* का ही चयन किया। वह अपने अनुभव से स्पष्ट करते हैं कि किसी नाटक में एक चरित्र विशेष का अभिनय करते हुए उसमें बहुत-सी बाहरी और भीतरी चीज़ें ऐसी चली आयीं जो उन्होंने वर्षों पहले किसी व्यक्ति में देखी थीं और जो उनके ज़ेहन में दबी पड़ी थीं। यह भूमिका करते-करते वे सब चीज़ें अनायास ही उस चरित्र का हिस्सा बनती चली गयीं। इस तरह से उन्होंने अभिनय कला का एक नया बिन्दु खोज लिया अर्थात जीवन भर हमारे अपने साथ अथवा दूसरों के संसर्ग में जो अनुभव विशेष होते रहते हैं, वे हमारी स्मृतियों में सुरक्षित होते रहते हैं। जब हम मंच पर अभिनय की प्रक्रिया से गुज़रते हैं तो उस प्रक्रिया से मिलते-जुलते अनुभव को यदि हम पुनः याद के दायरे में ले आयें तो हमारा अभिनय और ज़्यादा सच्चा, गहरा और प्रामाणिक हो जायेगा। उन्होंने अपने अभिनेताओं के साथ व्यावहारिक स्तर पर भी ऐसे परीक्षण किये जिनसे इस प्रक्रिया पर उनका और ज़्यादा विश्वास होता गया। उन्होंने इस सन्दर्भ में एक उदाहरण का उल्लेख किया है। एक बार वह अपने अभिनेताओं के साथ किसी दृश्य रचना का पूर्वाभ्यास कर रहे थे। उसमें एक मृत्यु का प्रसंग था।

उनके साथ काम कर रही अभिनेत्री को मृत शरीर के पास जाकर ज़ोर-ज़ोर से रोना था। स्तानिस्लाव्स्की ने उसे कई बार समझाया और करके भी दिखाया लेकिन वह अभिनेत्री रो नहीं पा रही थी। जब उन्होंने उसकी समस्या को जानने की कोशिश की तो पता चला कि आज तक उसने कभी भी मृत्यु जैसे अनुभव का सामना ही नहीं किया था, इसीलिए वह इस अवसर पर दुखी नहीं हो पा रही थी। उन्होंने उससे पूछा क्या तुम्हें कभी भी इतना दुख हुआ है? उसने उत्तर दिया—हाँ सर जब मैं छोटी थी तो मेरा एक बहुत क़ीमती पैन खो गया था और मैं उससे बिछड़ कर फूट-फूट कर रोयी थी। स्तानिस्लाव्स्की ने सुझाव दिया—तो बस, जब तुम उस दृश्य में आती हो तो उसी घटना को याद करो। तुम्हें अपने आप रोना आ जायेगा। बस, फिर क्या था अभिनेत्री उस दृश्य में उतर गयी और फूट-फूट कर रो पड़ी क्योंकि उसकी स्मृति में सुरक्षित पड़ी पैन खो जाने की घटना की तुरन्त याद आ गयी। और उस दुख, उस दर्द की स्मृति अपने सामने घटित दुर्घटना से मिलकर एक हो गयी। संक्षिप्त में मनोविज्ञान में *इफेक्टिव मेमोरी* अथवा *प्रभावित स्मृति* की चर्चा बेशक पहले से होती रही हो लेकिन स्तानिस्लाव्स्की ने जिस रूप में उसे अभिनय के लिए इस्तेमाल किया निश्चित रूप से उससे अभिनेता को सही क्षण पर सही संवेदना को याद करने के माध्यम से एक नया रास्ता मिल गया।

अभिनेता जब भी कोई चरित्र की तैयारी करता है तो उसके लिए स्तानिस्लाव्स्की ने पाँच डब्ल्यू का एक बहुत ही सरल और सहज-सा फ़ार्मूला दिया है। ये पाँच डब्ल्यू हैं—हू (Who), व्हेयर (Where), व्हेन (When), व्हाई (Why) और व्हाट (What) जब भी किसी चरित्र को अभिनीत किया जाना है तो उसे चरित्र को लेकर पाँच डब्ल्यू के बहाने अपने आप से पाँच प्रश्न पूछना चाहिए जो इस प्रकार हैं—वह कौन है? (Who is He), वह कहाँ पर है? (Where is He), वह कब है? (When is He), वह क्यों है? (Why is He), वह क्या करता है? (What does He do) देखा जाये तो यह प्रश्न बहुत ही सामान्य और साधारण से लगते हैं लेकिन ऐसा है नहीं। एक-एक प्रश्न के भीतर से गुज़रते हुए अभिनेता के लिए उस चरित्र की पूरी यात्रा तैयार हो जाती है। आइए इन प्रश्नों पर उसी दृष्टि से विचार करने की शुरुआत करें—वह कौन है? अर्थात उसका नाम क्या है, उसकी उम्र क्या है, उसका व्यवसाय क्या है, उसका आर्थिक, सामाजिक और सांस्कृतिक स्तर क्या है, उसकी शिक्षा-दीक्षा क्या है, उसकी पारिवारिक स्थिति क्या है, नाटक के अन्य पात्रों के साथ उसके क्या सम्बन्ध हैं आदि। यह कहने की ज़रूरत नहीं है कि मात्र तीन शब्दों के

प्रश्न के पीछे इतनी विस्तृत पृष्ठभूमि के अध्ययन की अपेक्षा है। वह कहाँ पर है से आशय यह है कि नाटक कहाँ घटित हो रहा है। कौन-सा देश, कौन-सा शहर, ऑफ़िस, घर, रेलवे स्टेशन, बाज़ार—नाटक का पूरा वातावरण और परिवेश सजीव हो उठता है। वह कब यानि नाटक का समय। आज का घटना चक्र या सालों पहले का। समय इस रूप में भी कि सुबह, दोपहर, संध्या या रात। इस प्रश्न में वेशभूषा, प्रकाश इत्यादि को निश्चित करने में मदद मिलती है। वह क्यों है—यह इस क्रम में सबसे महत्त्वपूर्ण प्रश्न है। नाटककार ने इस चरित्र को नाटक में क्यों रखा है? क्या उसके बिना काम नहीं चल सकता है? यदि वह वहाँ है तो नाटक के कथ्य और कथानक में वह किस रूप में योगदान करता है? अब अन्तिम प्रश्न है कि वह क्या करता है अर्थात नाटक में आरम्भ से लेकर अन्त तक वह क्या करता है, वह किस बिन्दु से शुरू करता है और कहाँ तक पहुँचता है, उसकी सोच में क्या परिवर्तन आता है। यदि नाटक के आरम्भ से लेकर अन्त तक भी उसकी सोच में कुछ नहीं बदलता तो समझ लेना चाहिए कि वह एकायामी चरित्र है, उसमें कोई गहराई नहीं है और वह एक टाइप चरित्र होकर रह गया। इसके विपरीत यदि उस चरित्र का सचमुच में कोई विकास होता है तो अभिनेता को भी उसे प्रस्तुत करने में ज़्यादा ख़ुशी और सन्तुष्टि मिलेगी।

स्तानिस्लाव्स्की ने नये अभिनेता के लिए एक और बहुत ही अच्छा सुझाव दिया है कि वह पूरे नाटक को छोटी-छोटी इकाइयों में विभाजित कर ले। हर इकाई को एक छोटा-सा शीर्षक भी दे दे ताकि उसे यह याद रखने में आसानी होगी कि उस इकाई के माध्यम से उसे किस विचार को दर्शकों तक सम्प्रेषित करना है। इतना ही नहीं, हर इकाई में विचारों की यात्रा को भी सही रूप में पकड़ा जा सकता है यानि चरित्रों के संवाद और उनके सम्बन्ध आपस में क्या रूप लेते हैं—कहाँ उनमें संघर्ष पैदा होता है और कहाँ वे एक ही धरातल पर आकर मिलते हैं। एक अभिनेता को चरित्र की पूरी यात्रा के लिए इकाइयों के भीतर मिलने वाले ये संकेत बहुत ही सहायक होते हैं।

अभी तक हमने स्तानिस्लाव्स्की द्वारा प्रतिपादित अभिनय पद्धति के विषय में जितना भी विवेचन किया है उससे कहीं यह लग सकता है कि वह अभिनेता के लिए केवल बाहरी उपकरणों या उपादानों पर काम करने की एक तालिका प्रस्तुत कर रहे हैं। लेकिन इसे तस्वीर का एक ही पक्ष कहा जा सकता है। उनकी पूरी कोशिश यही रही है कि यह बाहरी यात्रा मात्र एक माध्यम है अभिनेता के लिए अपने अन्तरतम तक पहुँचने के लिए जिसे वह अन्तश्चेतना का नाम भी देते हैं। उनका मानना है कि इस पद्धति के भीतर से गुज़रकर अभिनेता को

चरित्र की आत्मा तक पहुँचना है, तभी उसका अभिनय एक सार्थक अभिव्यक्ति में परिवर्तित होगा। इस पद्धति से गुज़रने के अभ्यास में वह अन्तःस्फूर्ति में बदल जाये अर्थात प्रशिक्षण की यह पूरी प्रक्रिया उसके जीवन के लिए एक सहज और स्वाभाविक प्रक्रिया में बदल जाये। जब हम उस अभिनेता को मंच पर अभिनय करते हुए देखें तो हमें कभी भी ऐसा नहीं लगना चाहिए कि हम अभिनय देख रहे हैं वरन वह सचमुच में एक ज़िन्दगी को देखने जैसा अनुभव होना चाहिए। इसे यूँ भी समझ सकते हैं कि बेशक मंच पर अभिनेता एक झूठे संसार की सृष्टि कर रहा है लेकिन उसकी आन्तरिक अभिव्यक्ति इतनी सहज और अनायास हो कि दर्शकों को वह अभिनय जैसी नहीं वरन उन्हें स्वयं अपने जीवन की प्रतिछाया जैसी लगने लगे।

चरित्र के मनोवैज्ञानिक पक्ष को लेकर स्तानिस्लाव्स्की इसकी अपेक्षा इस हद तक करते थे कि अभिनेता प्रस्तुतीकरण में उस चरित्र की किसी ऐसी मुद्रा का प्रयोग बार-बार करे जो उसका स्थायी भाव जैसा हो जाये, जिसे वह *मास्टर जेस्चर* अथवा *साइकोलॉजिकल जेस्चर* कहा करते थे। इस तरह की चीज़ों के पीछे उनका तर्क यही था कि आम ज़िन्दगी में भी हर आदमी की कोई-न-कोई ऐसी क्रिया, मुद्रा अथवा भाव होते हैं, जिससे उसके चरित्र को गहरे में समझने में मदद मिलती है तो फिर जब हम मंच पर अभिनय करते हैं, वहाँ भी अभिनेता को इसके बारे में बहुत सचेत रहना चाहिए।

अभिनेता की रचना प्रक्रिया और उसकी प्रशिक्षण पद्धति पर इतनी गहराई से चिन्तन मनन करने के बाद भी उन्होंने यह कभी नहीं चाहा था कि उनकी पद्धति एक ऐसे निश्चित और बँधे-बँधे फ्रेम की तरह से जानी जाये। वह हमेशा चाहते हैं कि यह पद्धति या प्रक्रिया अभिनेता के जीवन का एक सहज लेकिन अनिवार्य अंग बन जाये, इसके भीतर से गुज़र कर वह चरित्र के साथ एकाकार हो जाये। यही कारण है कि उन्हें अभिनेता से सदैव चरित्र की आत्मा तक पहुँचने की अपेक्षा थी। यदि ऐसा नहीं होता तो आपका पूरा प्रदर्शन निहायत ही बाहरी, बनावटी और यान्त्रिक होने लगता है।

इसमें कोई सन्देह नहीं है कि स्तानिस्लाव्स्की की अभिनय पद्धति ने पूरे विश्व के रंगमंच को बहुत प्रभावित किया और वह प्रभाव आज तक बरकरार है। इसके बावजूद उनके अपने समय और बाद में आने वाले रंग चिन्तकों और निर्देशकों ने उनकी इस अभिनय प्रक्रिया पर प्रश्नचिह्न लगाने शुरू कर दिये। इनमें सबसे ज़्यादा मुखर स्वर था मेयरहोल्ड का जिसने स्तानिस्लाव्स्की के विरोध में अपनी एक निजी पद्धति का सूत्रपात किया जिसे उसने *थिएटर ऑफ़ बायोमैकेनिक्स*

अर्थात *जैवयान्त्रिक का रंगमंच* के नाम से प्रचारित किया। उसका मानना था कि अभिनेता के लिए भावनात्मक यात्रा के बजाय तकनीकी कौशल का होना ज़्यादा ज़रूरी है। इसे हम यूँ भी समझ सकते हैं कि स्तानिस्लाव्स्की की पद्धति अन्ततः नाटक के कथ्य पर आश्रित है तो मेयर होल्ड ने उसकी फार्म पर ज़्यादा ज़ोर दिया। इसीलिए उसके रंगमंच में बाज़ीगरों के जैसे करतब, मशीनों की मूवमेंट और उन्हीं की ध्वनियाँ, सर्कस के जोकर से मिलती-जुलती गतिचर्या आदि के माध्यम से नाटक के कथ्य को सम्प्रेषित करने पर आग्रह है। मंच पर दृश्य सज्जा के नाम पर किसी भी प्रकार की यथार्थवादी मंच सज्जा की बजाय रस्सियों की सीढ़ियों, पाइप आदि चीज़ों से अमूर्त-सी चित्रात्मकता जिसे अभिनेता अपनी गतियों से अर्थ प्रदान करते थे। यह कहना ज़्यादा सही होगा कि उसका रंगमंच पूरी तरह से कलात्मक था और अपने रूपायन में किसी भी तरह के यथार्थवाद के विरुद्ध था। अपने इन क्रान्तिकारी विचारों के कारण उसे अपने देश में तत्कालीन सत्ता का विरोध सहना पड़ा। उसे एक नाटकीय विडम्बना ही कहा जा सकता है कि जिस स्तानिस्लाव्स्की के साथ काम करते-करते मेयरहोल्ड अलग हो गया था उसी स्तानिस्लाव्स्की ने उसे काम करने के लिए स्थान और आर्थिक संसाधन उपलब्ध कराये जब सत्ता ने पूरी तरह से मेयरहोल्ड का बहिष्कार कर दिया था।

इसी क्रम में दूसरा नाम आन्तोनिन आर्तो का लिया जा सकता है जिसने पिछली शताब्दी के पूर्वार्द्ध में प्रचलित रंगमंच विशेष रूप से यथार्थवादी रंगमंच के विरोध में क्रूरता का रंगमंच की अवधारणा को जन्म दिया। उनका कहना था कि दर्शक बहुत आरामतलब होकर नाटक देखते हैं जबकि उन्हें डिस्टर्ब किये जाने की ज़रूरत है। इसीलिए ऐसे रंगमंच की ज़रूरत है जो उन्हें देखने के क्षण में चैन से न बैठने दे, उन्हें झिंझोड़ कर रख दे। इसके लिए आम ज़िन्दगी के चित्र के बजाय सपनों की भाषा पर काम किया जाये। यद्यपि आर्तो अपनी अवधारणाओं को व्यावहारिक स्तर पर मात्र एक ही प्रस्तुति के माध्यम से जाँच-परख पाये और वह भी कोई बहुत ज़्यादा सफलता के साथ नहीं। लेकिन यह मानना पड़ेगा कि उनके विचार उस समय के रंगमंच और रंगकर्मियों को गहरे तक सोचने के लिए बाध्य करने में कामयाब रहे।

स्तानिस्लाव्स्की के विरोध में मेयरहोल्ड और आर्तो बेशक पूरी तरह से सफल न रहे हों लेकिन बर्टोल्ट ब्रेष्ट ने सचमुच एक नये सिद्धान्त को जन्म ही नहीं दिया वरन अनेकानेक प्रस्तुतियों के माध्यम से उसका व्यावहारिक परीक्षण भी किया। उनके बाद भी आज तक उनके सिद्धान्त और उनका रंगमंच चर्चा

का विषय बना हुआ है। देखा जाये तो पिछली शताब्दी में इन्हीं दोनों रंगचिन्तकों और निर्देशकों का सबसे ज़्यादा प्रभाव रहा है। रोचक तत्त्व यह भी है कि यदि एक चरित्र में गहरे तक डूब जाने की बात करता है तो दूसरा चरित्र में डूबने की बजाय एक तीसरे पुरुष के रूप में एक दूरी से उसका अध्ययन करने की बात करता है। स्तानिस्लाव्स्की की पद्धति चरित्रपरक है तो ब्रेष्ट प्रस्तुतिपरक पद्धति का अनुसरण करते हैं। अंग्रेज़ी में इन दोनों के लिए क्रमशः रिप्रेज़ेंटेशनल और प्रेज़ेंटेशनल नाम दिया गया अर्थात एक पद्धति में अभिनेता चरित्र का प्रतिनिधित्व करता है तो दूसरे में चरित्र की बजाय प्रस्तुति पर ज़्यादा ज़ोर रहता है। यहाँ यह उल्लेख करना प्रासंगिक न होगा कि आज से दो-ढाई हज़ार साल पहले हमारे यहाँ भरत ने अपने नाट्यशास्त्र में लोकधर्मी और नाट्यधर्मी—इन दो शीर्षकों के अन्तर्गत उपर्युक्त दोनों पद्धतियों का संकेत कर दिया था। यह मान लेने में कोई दुविधा नहीं होनी चाहिए कि इन दोनों रंगचिन्तकों को भरत की इन अवधारणाओं को अध्ययन करने का अवसर मिला हो।

संक्षेप में, हम कह सकते हैं कि स्तानिस्लाव्स्की की पद्धति का कितना ही विरोध हुआ हो लेकिन इस तथ्य से इनकार नहीं किया जा सकता कि आधुनिक युग में अभिनय को लेकर इतना गहरा, इतना विस्तृत, इतना सजग और स्पष्ट चिन्तन किसी और ने नहीं किया है। सचमुच में उनके विचारों और अवधारणाओं में गहराई नहीं होती तो उनके विरोध में नये सिद्धान्त का जन्म क्यों होता। इससे भी ज़्यादा रेखांकित किया जाने वाला सत्य और तथ्य यह भी है कि आज हम किसी भी अभिनय शैली में क्यों न काम कर रहे हों उसकी तैयारी के लिए सबसे ज़्यादा मदद हमें स्तानिस्लाव्स्की द्वारा प्रस्तुत पद्धति और प्रक्रिया से ही मिलती है।

ब्रेष्ट

19वीं और 20वीं शताब्दियों में यदि विज्ञान और औद्योगिकी के क्षेत्र में नयी-नयी खोजें और आविष्कार हमारे सामने आते हैं तो साहित्य, कला और रंगमंच में भी एक साथ कितनी ही नयी अवधारणाओं और सिद्धान्तों से हमारा साक्षात्कार होता है। हम अपने को रंगमंच तक ही सीमित रखें तो भी स्तानिस्लाव्स्की की *मैथड अभिनय पद्धति*, मेयरहोल्ड का *बायोमैकेनिक्स रंगमंच*, आर्तो का *क्रूरता का रंगमंच*, बर्टोल्ट ब्रेष्ट का *ऐपिक थिएटर* और *एलिएनेशन इफेक्ट*, ग्रोतोव्स्की का *पूअर थिएटर* और अगस्तो बोल का *थिएटर ऑफ़ दि आपरेस्ड* कम-से-कम उपर्युक्त सात धाराएँ अलग से दिख जाती हैं। यों तो ये सभी अवधारणाएँ विश्व रंगमंच में अपनी विशिष्ट पहचान और प्रभाव के कारण

बहुत दिनों तक याद रखी जायेंगी लेकिन इनमें भी जो सबसे ज़्यादा चर्चित, विवादास्पद और दीर्घजीवी रही हैं, वे हैं स्तानिस्लाव्स्की की *मैथड अभिनय पद्धति* और ब्रेष्ट का *ऐपिक थिएटर* और *एलिएनेशन इफेक्ट*। जहाँ दूसरी सभी अवधारणाएँ और सिद्धान्त अपने समय के बाद धीरे-धीरे पृष्ठभूमि में चले गये वहाँ स्तानिस्लव्स्की और ब्रेष्ट अपनी पद्धतियों के कारण आज भी उतने ही सार्थक और समकालीन हैं। देखा जाये तो दोनों पद्धतियाँ एक-दूसरे के विरोध में खड़ी हैं—स्तानिस्ताव्स्की की पद्धति अभिनेता से अपेक्षा करती है कि वह अपने चरित्र के साथ इतना तादात्म्य स्थापित कर ले कि दर्शक को वह सच में उसी चरित्र का विश्वास दिला दे और उसके माध्यम से दर्शक को लगे कि वह मानो स्वयं को ही मंच पर देख रहा है। मंच पर घटित होता सब कुछ जैसे उसका अपना जीवन है, वह उसके साथ हँसता है, रोता है और भावनात्मक स्तर पर पूरी तरह से उसके साथ बह जाता है अर्थात उसकी सोचने की क्षमता निष्क्रिय हो जाती है।

इसके विपरीत ब्रेष्ट यह चाहते हैं कि उनका अभिनेता अपने चरित्र के साथ कभी एकाकार न हो। वह एक दूरी से, तीसरे पुरुष की शैली में अपने चरित्र का आलोचनात्मक अध्ययन प्रस्तुत करे। अपने एक शुरुआती आलेख में ब्रेष्ट ने *ऐपिक थिएटर* को कुछ इस तरह से स्पष्ट करने की कोशिश की है कि जैसे अभिनेता सड़क पर हुई किसी दुर्घटना को दर्शकों के सामने *नैरेट* या *डिमांसट्रेट* कर रहा है। वह स्वयं उस दुर्घटना में से नहीं गुज़रा है। इसीलिए उसके प्रस्तुतिकरण में एक-दूसरे पुरुष या 'आब्ज़र्वर' का अन्दाज़ है। घटना को सुनाते-सुनाते वह उसे दिखाने भी लगता है लेकिन कभी भी वह स्वयं उस अनुभव का भुक्तभोगी नहीं बनता। ऐसे में दर्शक भी उसे चरित्र के रूप में नहीं लेते और उसके *नैरेशन* के माध्यम से दुर्घटना को समझने की कोशिश करते हैं, उसका विश्लेषण करते हैं और इस प्रक्रिया में लगातार जागरूक और सचेतन रहते हैं। ब्रेश्ट की *ऐपिक थिएटर* की अवधारणा को हम प्रायः महाकाव्यात्मक शैली से जोड़ देते हैं जबकि ब्रेष्ट की सोच इससे अलग है। उनके यहाँ रंगमंच विज्ञान की तरह से लगातार गतिशील प्रक्रिया है, तत्कालीन राजनैतिक परिस्थितियों में से उपजी सामाजिक परिवर्तन की कोशिश उसके मूल में है जिसमें मार्क्स की विचारधारा का भी अपना योगदान है। लेकिन ब्रेष्ट की ख़ास बात यही है कि उन्होंने वामपन्थी विचारधारा को ज्यों-का-त्यों नहीं अपना लिया वरन उसके माध्यम से यथास्थिति के विरोध में सामाजिक परिवर्तन की नींव रखी। उनके नाटक दर्शकों से अपेक्षा रखते हैं कि वे उन्हें देखते समय उन दिखायी जा

रही स्थितियों, घटनाओं और कथा-सूत्रों को आलोचक की दृष्टि से तो विश्लेषित करें ही, इससे भी ज़्यादा ज़रूरी है कि वे अपनी ज़िन्दगी में भी उन परिवर्तनों को लेकर उतने ही सक्रिय हों।

इस प्रकार *ऐपिक थिएटर* एक ऐसी वर्णनात्मक शैली को प्रस्तुत करता है जिसमें चरित्रों द्वारा स्वयं कथानक के भीतर से गुज़रने की बजाय अभिनेताओं द्वारा उस अनुभव को *डिमांसट्रेट* किया जाता है कि वे चरित्र उपर्युक्त अनुभव से कैसे गुज़रे होंगे—स्पष्ट है कि चरित्र और अभिनेता की द्वन्द्वात्मकता यहीं से शुरू हो जाती है जिसमें ब्रेष्ट कुछ और आवश्यक तत्त्वों को भी शामिल कर लेते हैं जिससे चरित्र और अभिनेता का यह आपसी रिश्ता, ये दूरी और ये अलगाव दर्शकों को भी साफ़-साफ़ दिखायी पड़े। इसी प्रक्रिया को ब्रेष्ट ने *एलिएनेशन इफेक्ट* की संज्ञा दी है। जर्मन भाषा में प्रयुक्त *वरफ्रेमडंग* का शाब्दिक अर्थ है *अजनबी हो जाना*। इसी के दूसरे अर्थ अलगाव से जुड़े हैं। इससे कई बार यह भ्रम पैदा होने लगता है कि ब्रेष्ट ने *एलिएनेशन* के माध्यम से ऐसे रंगमंच की कल्पना की है जो ठण्डा, उदासीन और किसी भी तरह की इमोशन से दूर हो। ब्रेष्ट के रंगमंच को लेकर इससे बड़ी भ्रान्ति कोई दूसरी नहीं हो सकती। *एलिएनेशन इफेक्ट* अथवा संक्षेप में *ऐ-इफेक्ट* से बेष्ट का तात्पर्य यही था कि दर्शक नाटक की जानी-पहचानी स्थितियों को लेकर सवाल उठाएँ और उन्हें नयी सोच और नयी दृष्टि से देखने की शुरुआत करें। इसके लिए ब्रेष्ट ने आलेख में ही बहुत से प्रावधान किये हैं, जिनमें से कुछ मुख्य के बारे में चर्चा की जा सकती है। सबसे पहले उन्होंने ऐसे आलेखों की रचना की जिनके कथानक से दर्शक पहले से परिचित हों। ऐसी स्थिति में दर्शक कथा-सूत्रों से कभी भी तादात्म्य अनुभव नहीं करेंगे वरन वे बाहर से इसका अध्ययन करेंगे कि वे अभिनेता उस चिर-परिचित कथानक को किस नये दृष्टिकोण से प्रस्तुत कर रहे हैं। देखा जाये तो हमारे यहाँ की लोक-नाट्य-परम्परा, पूर्व और पश्चिम की शास्त्रीय नाट्य-परम्पराओं में भी दर्शकों के लिए कथानक पहले से जाने-पहचाने होते हैं। ब्रेष्ट ने अपने रंगमंच की अवधारणा में इन सभी परम्पराओं से मिली प्रेरणा और प्रभाव को स्वीकार भी किया है। लेकिन वह यहीं नहीं रुक जाते। नयी-नयी नाट्य युक्तियों से वह दर्शक के भीतर यह अहसास जगाते रहते हैं कि वह एक नाटक देख रहा है, नाटकीय दिखने वाले यथार्थवादी नाटक के आरम्भ में प्रस्तावना जैसा प्रसंग ले आते हैं जिसमें आगे आने वाले नाटक की पूरी कथा से दर्शक को परिचित करा देते हैं। नाटक की कथा कभी भी एक क्रमिक विकास में आगे नहीं बढ़ती वरन अलग-अलग खण्डों में विभाजित रहती है जिसे

ऐपीसोड कहा जा सकता है। फ़िल्म की भाषा में कहें तो वह *मोन्ताज़* शैली का प्रयोग करते हैं, जिसमें अलग-अलग चित्र अपने आप में स्वतन्त्र होते हुए भी आपस में मिलकर एक *कोलाज* की रचना करते हैं। हर खण्ड को वह एक शीर्षक देते हैं, जिसे प्रदर्शन के दौरान कभी *बैनर*, कभी स्लाइड और कभी उद्घोषणा द्वारा दर्शक को बता दिया जाता है ताकि उसे पहले से मालूम रहे कि वह क्या देखने वाला है। अब उसका ध्यान लगातार इस दिशा में रहेगा कि उस कथा खण्ड में प्रस्तुत स्थितियों का सामना वे चरित्र कैसे करते हैं? स्थूल रूप में कथा को लेकर उसके भीतर कोई रहस्य, कोई रोमांच अथवा कोई उत्सुकता शेष नहीं रहती जैसा कि प्रायः हर दूसरे नाटक में होता है। नाटक के प्रदर्शन के दौरान प्रेक्षागृह और मंच पर कभी अँधेरा नहीं होता, संगीत मण्डली और गायक-कोरस आरम्भ से लेकर अन्त तक मंच पर ही रहते हैं, सभी अभिनेताओं के चेहरों पर प्रायः सफ़ेद रंग पुता रहता है ताकि वे अभिनेता ही बने रहें, किसी प्रकार के चरित्र में न बदल जायें। कभी-कभी वह अभिनेताओं को मुखौटा पहना देते हैं। नाटक में बीच-बीच में गीत-संगीत रहते हैं जिसे कभी अभिनेता, कभी गायक और कभी कोरस गाता है। नाटक के आरम्भ में बेशक कोई गीत न रहे लेकिन उसका अन्त हमेशा अभिनेताओं के एक समूह गान से होता है, जिसे ब्रेष्ट *ग्रैन्ड फिनाले* का नाम देते हैं जो अभिनेताओं द्वारा दर्शकों को सम्बोधित होता है कि वे नाटक से बाहर की ज़िन्दगी और दुनिया में भी बदलाव लाने की पहल करें। कुल मिलाकर यों तैयार होता है ब्रेष्ट का *ऐपिक थिएटर* और उसका *ऐ-इफेक्ट*।

आगे बढ़ने से पहले हमें इस सत्य और तथ्य को सदा याद रखना होगा कि ब्रेष्ट ने अपनी रंगमंचीय अवधारणाओं की नींव ऐसे समय में रखी थी जब दुनिया में और विशेष रूप से उनके अपने देश जर्मनी में फासिज़्म अपने उत्कर्ष पर था। ब्रेष्ट स्वयं 1933 से 1947-48 तक आत्मनिर्वासित थे। इतने बरस दूसरे देशों में एक अजनबी की तरह से रहते हुए जो जीवन उन्होंने जिया, उसी के भीतर से *ऐपिक थिएटर* और *ऐ-इफेक्ट* की चेतना ने जन्म लिया क्योंकि जो दुनिया उनके सामने थी उसे उसी रूप में स्वीकार नहीं किया जा सकता था और उसे बदलने की ज़रूरत थी। यह काम उन्होंने पहले से प्रचलित नाट्य-परम्परा के विरुद्ध एक नये शास्त्र और एक नये व्याकरण की रचना के माध्यम से किया। इस थिएटर में गीत, संगीत, संवाद होते हुए भी शब्दों से ज़्यादा विशिष्ट शारीरिक भाषा महत्त्वपूर्ण है, जिसे ब्रेष्ट अपने रंगमंच में *जेस्ट्स* का नाम देते हैं। इसकी जड़ें भी ब्रेष्ट की उसी निर्वासित ज़िन्दगी में स्थित हैं जब शाब्दिक भाषा के अभाव में उन्हें संकेतों, मुद्राओं की भाषा से काम चलाना पड़ा होगा।

ब्रेष्ट ने अपने नाटकों में किस तरह का संगीत दिया जाये, इसके बारे में भी बहुत स्पष्ट हिदायतें दी हैं। उनके अनुसार संगीत में कोई मैलोडी न होकर वह एक कमेंट या टिप्पणी की तरह दर्शकों तक सम्प्रेषित किया जाना चाहिए। यदि वह धुन या लय में मैलोडियस होगा तो पुनः दर्शक उसमें रमकर साथ बह जाने की स्थिति में होंगे, जबकि एक सूचना, एक टिप्पणी या एक कमेंट के रूप में संगीत हमेशा दर्शकों को सोचने के लिए प्रश्न करने के लिए विवश करेगा।

ब्रेष्ट ने अपने लेखन में एक तालिका के द्वारा परम्परागत रंगमंच (जिसे वह ड्रॉमेटिक थिएटर कहते हैं) और ऐपिक थिएटर का एक तुलनात्मक अध्ययन प्रस्तुत किया है। आइए, देखें कि इस विषय में वह क्या लिखते हैं–

उनके अनुसार ड्रॉमेटिक थिएटर में कथानक होता है यानि कथा मंच पर घटित होती है जबकि *ऐपिक थिएटर* में यह वर्णित की जाती है। ड्रॉमेटिक थिएटर दर्शकों को मंच पर दिखायी जाने वाली घटना में उलझा देता है और उसकी कोई *एक्शन* लेने की क्षमता को भोथरा कर देता है जबकि ऐपिक थिएटर दर्शक को एक पर्यवेक्षक में बदल देता है और उसकी कोई *एक्शन* लेने की क्षमता को बढ़ा देता है। ड्रॉमेटिक थिएटर उसके सामने सनसनीखेज चीज़ें परोसता है लेकिन ऐपिक थिएटर उसे निर्णय लेने के लिए बाध्य करता है। दर्शक स्वयं मंच पर घटित स्थितियों का एक हिस्सा बन जाता है ड्रॉमेटिक थिएटर में किन्तु इसके विपरीत ऐपिक थिएटर में उसे उन स्थितियों का सामना करना पड़ता है। एक में निर्णय दिया जाता है तो दूसरे में बहस का रास्ता लिया जाता है। आन्तरिक भावनाएँ बची रह जाती हैं ड्रॉमेटिक थिएटर में जबकि ऐपिक थिएटर में दर्शक को स्वयं को पहचानने की सीमा तक लाया जाता है। पहले वाले रंगमंच में दर्शक मंच पर घटित होती कथा का हिस्सा है। और उस पूरे अनुभव को स्वयं भी झेलता है। इसके विपरीत ऐपिक थिएटर में दर्शक कथा से बाहर खड़े होकर इसका अध्ययन करता है। ड्रॉमेटिक थिएटर में मनुष्य को उसी रूप में स्वीकार कर लिया जाता है जबकि ऐपिक थिएटर में वह जाँच-पड़ताल का विषय होता है। एक में उसे बदला नहीं जाता जबकि दूसरे में वह स्वयं भी बदल सकता है। ड्रॉमेटिक थिएटर में अन्त महत्त्वपूर्ण होता है–ऐपिक थिएटर में पूरी यात्रा महत्त्वपूर्ण होती है। एक रंगमंच में एक दृश्य के बाद दूसरा दृश्य उसी क्रम में आगे बढ़ता है जबकि दूसरे रंगमंच में हर दृश्य अपने में पूरा है। एक में कथा का क्रमिक विकास होता है तो दूसरे में मोन्ताज़ शैली में कथा हमारे सामने आती है। मनुष्य एक निश्चित बिन्दु रहता है एक रंगमंच में तो दूसरे में उसे एक प्रक्रिया

के रूप में लिया जाता है। ड्रॉमेटिक थिएटर में विचार हमारे होने को निर्धारित करता है लेकिन *ऐपिक थिएटर* में सामाजिक प्राणी विचार को निर्धारित करता है। एक में संवेदना है तो दूसरे में कारण है।

संक्षेप में ब्रेष्ट ने इस तालिका के माध्यम से दोनों प्रकार के रंगमंच के अन्तर को स्पष्ट करने का प्रयत्न किया है। उनका मुख्य कथ्य यही है कि एक में दर्शक कथा में डूबकर उस अनुभव से गुज़रता है लेकिन वह चाहते हैं कि वे उससे बाहर रहकर उसकी समीक्षा करें कि ऐसा क्यों हो रहा है। यही अपेक्षा वह अपने अभिनेताओं से भी करते हैं। इन्हीं सबसे मिलकर बनती है उनके *ऐपिक थिएटर* और *एलिएनेशन इफेक्ट* की अवधारणा।

अब हम चाहें तो उपर्युक्त सभी धारणाओं, अवधारणाओं और स्थापनाओं की जाँच-पड़ताल उनके किसी एक नाट्यलेख को आधार बनाकर कर सकते हैं। इसके लिए हमने *कॉकेशियन चॉक सर्किल* अथवा *खड़िया का घेरा* का चयन किया है। ब्रेष्ट ने इसकी रचना बेशक 1944-48 में की थी, लेकिन इसकी प्रस्तुति उन्होंने 1954 में की—एक तरह से यह नाटक और उसकी प्रस्तुति उनके सभी विचारों, सिद्धान्तों और अवधारणाओं को पूरी तरह से स्थापित करती है। सबसे बड़ी बात यह है कि यह नाटक भारतीय जनमानस के सबसे ज़्यादा नज़दीक है। ब्रेष्ट को भले ही इसका कथानक एक चीनी लोककथा से मिला हो जिसमें बच्चे की असली माँ कौन है, न्यायाधीश को इसका पता लगाना है। लेकिन यही कथा हमारे यहाँ राजा विक्रमादित्य से जुड़ी श्रुतियों, किंवदन्तियों और लोक-कथाओं में भी मिलती है। अन्तर है तो मात्र इतना कि बच्चे की असली माँ का पता लगाने के लिए एक दूसरी युक्ति का प्रयोग किया जाता है। इतना ही नहीं छठे दशक में जब हमारे देश में ब्रेष्ट पर चर्चा और संवाद शुरू हुआ तो सबसे पहले खेले जाने वाले नाटकों में यही नाटक था जिसे *सफ़ेद कुण्डली* के नाम से हिन्दुस्तानी थिएटर नाम की नाट्य-मण्डली ने एम.एस. सथ्यू के निर्देशन में 1954-55 में मंचित किया था। 1968 में जब पहली बार राष्ट्रीय नाट्य विद्यालय में ब्रेष्ट के नाटकों को खेलने की शुरुआत हुई तो पहला नाटक *खड़िया का घेरा* ही था, जिसे अमेरिका से आये कार्ल बेवर ने निर्देशित किया था। वह ब्रेष्ट के साथ काम कर चुके थे। यह जानकारी आज के युवा रंगकर्मियों को काफ़ी दिलचस्प लगेगी कि उस प्रस्तुति में उत्तरा बावकर ग्रूशा की भूमिका में, एम.के. रैना ग्रूशा के भाई लवरेंती, मनोहर सिंह मोटा राजकुमार और अज़दक की भूमिका में शशिकान्त निकते थे। यहाँ से जाने के बाद वह महाराष्ट्र के व्यावसायिक रंगमंच में बहुत सक्रिय थे लेकिन वह जल्दी ही काल कवलित हो गये।

उसके बाद तो लगातार ब्रेष्ट के लगभग सभी नाटकों का मंचन छात्रों की प्रशिक्षण प्रक्रिया का अनिवार्य अंग रहा है। इसी से स्वतः प्रमाणित है कि ब्रेष्ट के रंगमंच की आज हमारे लिए कितनी सार्थकता है। यहाँ तक कि *थिएटर-इन-एजुकेशन* जैसी अवधारणा की पृष्ठभूमि में भी ब्रेष्ट के रंगमंच का बहुत योगदान है।

मैं समझता हूँ कि उपर्युक्त सम्पूर्ण परिप्रेक्ष्य में *खड़िया का घेरा* के आलेख पर जमकर बात की जा सकती है। नाटक का आरम्भ एक दृश्य से होता है जिसका शीर्षक दिया गया है, *घाटी के लिए कशमकश*। कॉकेशिया के किसी उजड़े गाँव में वहाँ की घाटी को लेकर दो समुदाय के लोगों में बहस चल रही है। एक समुदाय युद्ध के दिनों में घाटी छोड़कर नहीं गया और उसकी देखभाल करता रहा। उसे सींचता रहा। दूसरे समुदाय के लोग युद्ध में जान बचाकर भाग गये थे और अब लौट आये हैं। प्रश्न है कि घाटी किसकी है—घाटी में रहने वाले भूपतियों की, जो भाग गये थे अथवा उन किसानों की, जिन्होंने इतने दिनों तक उसे पल्लवित, पुष्पित रखा? दृश्य के अन्त में दोनों समुदायों के लोगों और बाहर से आये विशेषज्ञ के मनोरंजन के लिए एक गायक मण्डली चीनी लोककथा पर आधारित एक नाटक का मंचन करने पहुँचती है। इस प्रकार यह दृश्य आरम्भ में ही आने वाले नाटक की भूमिका तैयार कर देता है। यहीं से दर्शक की भी आलोचक अथवा पर्यवेक्षक वाली प्रक्रिया शुरू हो जाती है कि वह नाटक की कथा में डूबे बिना पूरी स्थिति का आकलन करता चले।

नाटक में कुल मिलाकर पाँच खण्ड या ऐपीसोड हैं, जिनके शीर्षक क्रमशः इस प्रकार हैं—कुलीन सन्तान, उत्तरी पहाड़ों में फ़रार होना, उत्तरी पहाड़ों में, जज की कहानी और खड़िया का घेरा। ज़ाहिर है कि ये पाँचों खण्ड एक के बाद एक किसी क्रमिक या रैखिक विकास में नहीं हैं। प्रत्येक खण्ड एक फ़िल्म मोन्ताज़ की तरह से अपने आप में स्वतन्त्र है जैसे आजकल हम किसी धारावाहिक में देखते हैं। हर खण्ड का शीर्षक बैनर, पोस्टर, स्लाइड या किसी भी युक्ति से दर्शक को सूचित कर दिया जाता है, उसे यह जताने के लिए और बार-बार यह याद दिलाने के लिए कि वह कथा का कौन-सा खण्ड देखने वाला है।

नाटक के पाँचों खण्ड सोच-समझकर नाटकीय युक्तियों को प्रयोग में लाते हैं, जिनके भीतर से ब्रेष्ट के *ऐपिक थिएटर* और *ऐ-इफेक्ट* की अवधारणा अत्यन्त मुखर होकर सामने आती है। उदाहरण के लिए हम ऐसे कुछ अंशों को प्रस्तुत करना चाहेंगे ताकि सिद्धान्त और व्यवहार अथवा प्रक्रिया के पारस्परिक सम्बन्ध पर टिप्पणी की जा सके।

पहले खण्ड का आरम्भ कुछ इस प्रकार होता है—

गायक : "एक समय की बात बताऊँ
बहुत पुराने दिन थे भीषण मारकाट के, रक्तपात के!
जब यह शहर
अभागों की बस्ती माना जाता था
इसमें एक गवर्नर भी था
...था ईस्टर का त्यौहार
वक़्त सुबह का, दिन इतवार
गया गवर्नर गिरजाघर को
लेकर अपना कुटुम्ब-क़बीला
बात पुरानी!"

जिस डिमांसट्रेशन पद्धति की बात ब्रेष्ट बार-बार करते हैं, उसकी नींव यहीं से पड़ जाती है अर्थात गायक के कथागायन के अनुसार अभिनेताओं की मण्डली दृश्यों की रचना करती चलती है। जब-जब बीच में संवाद आते हैं, उतनी देर के लिए वे चरित्र विशेष में बदल जाते हैं। लेकिन तब भी उन्होंने अपने आप को चरित्र के बँधे-बँधाये फ्रेम से बाहर रखा है—मात्र किसी शारीरिक भंगिमा, आवाज़ के विशेष उतार-चढ़ाव अथवा मुखौटे से चरित्र का आभास करा देते हैं और दृश्य समाप्त होते ही *न्यूट्रल* हो जाते हैं। यथार्थवादी रंगमंच, जिसे ब्रेष्ट ने *नाटकीय रंगमंच* का नाम दिया है और *ऐपिक थिएटर* में यही मुख्य अन्तर है। वहाँ अभिनेता आरम्भ से लेकर अन्त तक उसी चरित्र में रहता है, जबकि ब्रेष्ट के रंगमंच में ऐसा कुछ नहीं है। उपर्युक्त प्रक्रिया ही वह धुरी है जिससे ब्रेष्ट *ऐ-इफेक्ट* की रचना करते हैं।

इसी खण्ड से एक और छोटे से अंश को लेते हैं—

गायक : "फाटक से थोड़ी दूर अहाते के अन्दर
ग्रूशा के कानों में गूँजा
या समझो उसने महज़ कल्पना में सोचा
कोमल बोली में बच्चा उसे पुकार रहा..."

कोई दूसरा नाटक होता तो चरित्र स्वयं अपने एकालाप में गायक द्वारा वर्णित प्रसंग को शब्द देता। लेकिन यहाँ ग्रूशा निश्चल खड़ी है और गायक उसकी सोच को अभिव्यक्त कर रहा है।

दूसरे खण्ड *उत्तरी पहाड़ों में फ़रार* में ग्रूशा राजघराने के बच्चे को लिए-लिए भाग रही है तो गायकवृन्द का गायन है—

"कैसे बच पायेगी वह
नंगे पैरों भागती हुई लड़की
हथियारबन्दों से?
जान के प्यासे भला उन ख़ूनी भेड़ियों से?
रातों-दिन घूम रहे उसकी तलाश में।
पीछा करने वाले कभी नहीं थकते हैं
नींद कहाँ आती है जल्लादों को!"

कथा गायकों के सवालों के बाद दर्शक इस दृष्टि से और सचेत हो जाता है कि देखें, ग्रूशा अब आगे क्या करती है। वह बच्चे को एक किसान की झोंपड़ी के बाहर छोड़कर आगे बढ़ जाती है तो गायक और गायकवृन्द की प्रतिक्रिया देखिए–

गायक : "इतनी ख़ुश क्यों हो तुम?
इसलिए कि अब घर अपने जाओगी तुम!

गायकवृन्द : ख़ुश हूँ इसलिए
कि बच्चे की एक मुस्कान से
इसे नये माता-पिता मिल गये हैं
इसलिए ख़ुश हूँ मैं?

गायक : और तुम दुखी क्यों हो?

गायकवृन्द : क्योंकि मैं अकेली हो गयी हूँ अब..."

हमें नहीं लगता कि ब्रेष्ट के रंगमंच के सन्दर्भ में उपर्युक्त प्रसंग पर अलग से कोई टिप्पणी करने की ज़रूरत है।

इसी खण्ड के अन्त से कुछ पहले ही गायक का नैरेशन है–

गायक : "बाईस दिन बीत गये उसको
जंगाताऊ हिमनद के चरणों में यूँ ही चक्कर खाते,
हथियारबन्द उन सिपाहियों से बच निकले, चकमा देते
उसको बीती बाईस रातें!
उस क्षण ग्रूशा ने ठान लिया
बच्चे की माँ बनकर ही रहना है!"

जब-जब नाटक में किसी घटना, स्थिति या चरित्र के चरमोत्कर्ष के क्षण आते हैं, ब्रेष्ट कभी भी उन क्षणों में किसी पात्र के प्रत्यक्ष संवादों को नहीं लाते, सदैव गायक, गायकवृन्द या कथावाचक के माध्यम से सूचित करते हैं ताकि अभिनय में भावातिरेक की सम्भावनाओं के लिए कोई स्थान नहीं बचे। इससे भी दर्शकों में अपने सामने प्रस्तुत कथावृत्त को आलोचनात्मक दृष्टि से परखने और पहचानने की क्षमता पैदा होती है।

तीसरे खण्ड *उत्तरी पहाड़ों में* जब ग्रूशा का प्रेमी साइमन लड़ाई से वापस आता है और उन दोनों की भेंट होती है तो वह दृश्य अत्यन्त मार्मिक, भावुक और हृदयविदारक हो सकता था लेकिन ब्रेष्ट ने पुनः गायक के माध्यम से उन क्षणों को कितनी संवेदनशीलता के साथ प्रस्तुत किया है–

"कुछ ऐसा है जो शब्दों में कह डाला जाता है लेकिन,
कुछ ऐसा है जो सदा अनकहा रह जाता।
सैनिक आया है लेकिन नहीं बताता–आया कब, कैसे?
तो सुनो, कि जो उसने सोचा, लेकिन शब्दों में नहीं कहा..."

साइमन और ग्रूशा दोनों चुपचाप, निश्चल एक-दूसरे के सामने खड़े हैं। फिर भी हमें साइमन का संवाद सुनाई पड़ रहा है। ग्रूशा के उत्तर के लिए भी ठीक ऐसी ही युक्ति अपनाते हैं ब्रेष्ट। किसी प्रणय दृश्य को *ऐ-इफेक्ट* की दृष्टि से प्रस्तुत किये जाने का सबसे अच्छा उदाहरण है यह दृश्य।

चौथे खण्ड *जज की कहानी* में कथा फिर उसी ईस्टर के इतवार वाले दिन पर लौटती है, जब बड़े ड्यूक का तख्ता पलट गया था और उसके चाकर लाट-गवर्नर आबाशविली का सर कलम कर दिया गया था। इस खण्ड की शुरुआत गायक इस तरह करता है–

"सुन लो कहानी, तुम्हें सुनाता हूँ जज की
...था एक गाँव में लेखपाल अज़दक रहता
जंगल में उसे मिला था एक भगोड़ा–ले आया घर–
उसको उसने अपनी कुटिया में छिपा दिया था..."

पहले तीन खण्डों में ग्रूशा की बच्चे के साथ की यात्रा को हटाकर एकदम से नया प्रसंग ले आते हैं ताकि दर्शक यदि कुछ हद तक ग्रूशा के संघर्ष में इनवॉल्व होने लगे तो उसे वहीं रोक दिया जाये।

ब्रेष्ट ने अपनी प्रस्तुतियों में *जेस्ट्स* की भी बार-बार चर्चा की है अर्थात चरित्रों के सामाजिक पद, स्थिति और व्यवहार का संकेत देह भाषा के ख़ास अन्दाज़ से दर्शकों तक पहुँचाना। उदाहरण के लिए मोटे राजकुमार की तनी हुई गर्दन और भारी-भरकम आवाज़, गवर्नर की बीवी की चढ़ी हुई नाक, अज़दक का हमेशा नशे में धुत्त रहने का अन्दाज़ इत्यादि।

इस नाटक में हर पात्र के लिए ऐसे *जेस्ट्स* को तलाशने पर ज़ोर रहता है नाटककार का ताकि दर्शक तत्कालीन सामाजिक और राजनैतिक परिस्थितियों में उस चरित्र की क्या भूमिका होने वाली है, उसे तुरन्त सुनिश्चित कर ले। स्तानिस्लाव्स्की ने अपनी पद्धति में उसे *मास्टर जैस्चर* अथवा *साइकोलॉजिकल जैस्चर*

की संज्ञा दी है। लेकिन ब्रेष्ट उसे *सोशल जैस्ट्स* का नाम देते हैं। उनके लिए व्यक्तिगत मनोविज्ञान से ज़्यादा वे सामाजिक स्थितियाँ महत्त्वपूर्ण हैं क्योंकि उन्हें बदले जाने की ज़रूरत है। एक ऐसा सिस्टम जो भीतर से पूरी तरह से भ्रष्ट और खोखला हो चुका है, उसे ख़त्म करने के लिए एक वैज्ञानिक और सामाजिक दृष्टि और पहल की दरकार है।

नाटक के पाँचवें और अन्तिम खण्ड का शीर्षक है *खड़िया का घेरा*। नाटक का नाम भी *खड़िया का घेरा* ही रखा गया है लेकिन इससे पहले के पूरे नाटक में कहीं भी इसका उल्लेख नहीं आता। खण्ड के आरम्भ में गायक द्वारा ही इसकी सूचना दी जाती है–

"सुनाता हूँ कहानी
उस मुक़दमे की कि जिससे
यह लगाना था पता कि आख़िर कौन है असली माँ बच्चे माइकल की!
कि जिसमें गया खींचा–
खड़िया का एक गोल घेरा!
सुनाता हूँ कहानी उस मुक़दमे की।"

इसी मुक़दमे में जब अज़दक से सवाल-जवाब करते ग्रूशा को गुस्सा आ जाता है तो हम आशा करते हैं कि वह जमकर अज़दक पर बरस पड़ेगी लेकिन ऐसा कुछ नहीं होता। उसकी जगह गायक कहता है–

"अब सुनिये कि लड़की ग़ुस्से में भरकर क्या-क्या कहना चाहती थी पर बोली नहीं–

(गायक गाता है)

...भय नहीं भूख का उन्हें कि जो भूखे मरते
ग़र अन्धकार की काली रातें आनी हैं तो भय खाओ
जो सच्चे हैं वे नहीं रोशनी से डरते!"

नाटक के अन्त में अज़दक बच्चा ग्रूशा को सौंप देता है लेकिन यह नाटक का असली अन्त नहीं है। ब्रेष्ट के अनुसार वह तभी सम्पन्न होगा जैसा कि गायक के अन्तिम गीत में दर्शाया गया है–

"लेकिन तुम सब जिन-जिन ने सुनी कहानी यह
बस गाँठ बाँध लो, असली जो मतलब इसका :
उन्हीं को मिलेगा सब कुछ
जो कुछ जहाँ है, होगा उन्हीं का–
जो जीते-जीते और धारण करते हैं!..."

अर्थात नाटक का असली अन्त तभी माना जायेगा जब हम नाटक से बाहर की ज़िन्दगी में परिवर्तन के लिए कटिबद्ध होंगे। तो यह था ब्रेष्ट का *ऐपिक थिएटर* और *ऐ-इफेक्ट* की अवधारणा जिसने 20वीं शती के पूर्वार्द्ध में जन्म लिया और आज भी उतनी ही सार्थक और समकालीन है और सदा रहेगी।

पुनश्च : आलेख में गायक के गीतों के हिन्दी अनुवाद कमलेश्वर द्वारा अनूदित *खड़िया का घेरा* से लिए गये हैं। कमलेश्वर ने प्रस्तावना को मिलाकर क्रम से छः खण्डों में नाटक को विभाजित किया है। मैंने प्रस्तावना को कोई क्रम नहीं दिया है। इसलिए यहाँ उसके बाद क्रम से पाँच खण्डों में बाँटा गया है।

एब्सर्ड (विसंगति) का रंगमंच

दूसरे विश्व युद्ध के बाद पश्चिम में एक नयी तरह के नाट्य-लेखन और रंगमंच की धारा का जन्म होता है जिसे 1961 में सुप्रसिद्ध अमेरिकी नाट्य आलोचक मार्टिन एस्लीन ने थिएटर ऑफ़ द एब्सर्ड यानि विसंगति का रंगमंच की संज्ञा से अभिहित किया है। उन्होंने तब तक लिखे जा चुके और प्रायः मंचित हो चुके सेम्युल बैकेट, यूजीन आयनेस्को, ज्याँ जेने, एडवर्ड एल्बी सरीखे नाटककारों के नाटकों का अध्ययन करने के बाद एक पुस्तक लिखी जिसका नाम भी थिएटर ऑफ़ द एब्सर्ड ही था। इस पुस्तक में उन्होंने इस धारा के लगभग सभी नाटकों एवं नाटककारों के कथ्य एवं शिल्प का बहुत गहराई से अध्ययन किया है और इस निष्कर्ष पर पहुँचने की कोशिश की है कि इस दौर को एब्सर्ड रंगमंच का दौर

क्यों कहा जाता है? बाद में इस धारा के नाटकों के लिए यही नाम चल पड़ा। देखने की कोशिश करें कि वे कौन सी ऐसी बातें हैं जो इन नाटकों में अलग से दिखायी पड़ती हैं, जिनके लिए एब्सर्ड शीर्षक बिल्कुल सही जान पड़ता है।

सबसे पहले हमें दूसरे विश्व युद्ध के दौरान और उसके बाद की मानवीय स्थितियों को ध्यान में रखना होगा। हम सभी जानते हैं कि उस युद्ध में लाखों ऐसे लोगों को मरना पड़ा अथवा वे मार दिये गये जिनका उस युद्ध से दूर-दूर तक कोई भी सम्बन्ध नहीं था। ऐसी भीषण मानवीय त्रासदी को देखने के बाद पश्चिम के, विशेष रूप से उस समय फ्रांस में रहने वाले लेखकों, चिन्तकों और दार्शनिकों ने इस दिशा में सोचना शुरू किया कि आख़िर मनुष्य के जीने की क्या सार्थकता है, यदि उसे यूँही बिना कारण मर जाना है। ऐसे लेखकों, चिन्तकों में अल्बेयर कामू और ज्याँ पॉल सार्त्र का नाम सबसे पहले लिया जाता है। दोनों ने अपने चिन्तन और दर्शन को पुष्ट करने के लिए निबन्ध तो लिखे ही साथ-साथ कहानियाँ, उपन्यास और नाटक भी लिखे। यह उन्हीं के चिन्तन और लेखन का असर था कि पश्चिम में दूसरे विश्व युद्ध के बाद जिस नये दर्शन का जन्म हुआ उसे *एकज़िस्टैंशिलज़्म* अर्थात अस्तित्ववाद के नाम से जाना गया। इस दर्शन की मूल स्थापना यही थी कि बेशक मनुष्य बेहद संकट में घिर जाये, उसके जीने का कोई अर्थ न रह जाये, इसके बावजूद उसे जीना होगा। जीवन से पलायन कोई विकल्प नहीं है। निराशा के चरम क्षणों में भी उसके भीतर कहीं आशा की एक किरण बची रहनी चाहिए जो उसे आत्महत्या करने से रोकेगी। संक्षेप में अस्तित्ववाद मनुष्य की उसी जिजीविषा, उसी सकारात्मकता, उसी आशा का नाम है जो उसे जीवित रहने के लिए प्रेरित करता रहता है।

इस सोच की दिशा में सबसे पहला लेखन कामू के माध्यम से सामने आया। उसने 1942 में *मिथ ऑफ़ सिसीफस* शीर्षक से एक लम्बा निबन्ध लिखा जो चार खण्डों में विभाजित है। इसमें पहली बार मनुष्य की अर्थहीन ज़िन्दगी को परिभाषित करने की कोशिश की गयी है। इसके लिए उसने प्राचीन यूनानी-मिथकों में उपलब्ध सिसीफस की कथा को आधार बनाया है। कथा के अनुसार सिसीफस ने देवताओं की अवज्ञा की और मृत्यु को ज़ंजीरों में क़ैद कर दिया ताकि कभी भी कोई मनुष्य मर न सके। अन्ततः मृत्यु को बन्धन से छुड़ा लिया गया। जब सिसीफस के ख़ुद मरने का समय आया तो धोखा देकर वहाँ से भाग गया। जब वह पुनः देवताओं द्वारा पकड़ा गया तो उन्होंने उसके लिए ऐसे दण्ड का प्रावधान किया जो उसे अनन्त काल तक भुगतना पड़ेगा। उसको दिया गया दण्ड यह था कि उसे एक भारी-भरकम चट्टान को ठेलकर पहाड़ की चोटी

तक ले जाना होगा और जब चोटी पर पहुँचकर वह चट्टान नीचे लुढ़क पड़ेगी तो उसे फिर से चोटी पर पहुँचाना होगा। हर रोज़-हर क्षण एक ही जैसा काम और उसका भी कोई अन्त नहीं है। कामू ने इस मिथक को कारख़ानों, फैक्ट्रियों में काम करने के लिए नियुक्त मज़दूरों-कामगारों के समानान्तर प्रस्तुत किया है कि उन्हें भी रोज़-दर-रोज़ एक ही समय पर एक जैसा काम करना पड़ता है। इस काम का भी कोई अन्त नहीं है और ना ही इन मज़दूर-कामगारों की ज़िन्दगी में इससे अलग कुछ घटित होता है या हो सकता है। एक जैसी ज़िन्दगी, एक जैसा क्रम जीते हुए वे स्वयं एक मशीन बन चुके हैं—किसी भी तरह की ख़ुशी, उत्साह या संवेदना से विहीन। फिर भी उन्हें जीते जाना है। इस जीवन से पलायन का कोई अर्थ नहीं है। यदि वे इस एक ही तरह के ढर्रे पर जीते हुए अपने जीवन की इस अर्थहीनता के बारे में सचेत हो जायें तो वे सचमुच में ट्रेजिक चरित्र जैसे लगने लगते हैं। हम अपने अज्ञान में किसी भी अर्थहीन स्थिति को जीते रह सकते हैं लेकिन किसी भी क्षण यदि हमें स्वयं को उस अर्थहीनता का ज्ञान हो जाये तो इससे बढ़कर त्रासदी कुछ और नहीं हो सकती।

बेशक कामू ने पहली बार एब्सर्ड मनुष्य को परिभाषित करने की कोशिश की थी। एक ऐसा आदमी जो युद्ध के कारण पैदा हुई स्थितियों में अकेला हो गया है, अपने को सबके बीच अजनबी महसूस करता है। संवादहीनता की ज़िन्दगी जी रहा है और उसने स्वयं *आउटसाइडर* नाम से एक उपन्यास भी लिखा जो उसकी अवधारणाओं की पुष्टि करता था। इस सन्दर्भ में उसने दोस्ताएव्स्की और काफ़्का के लेखन की आलोचना भी की कि उनके यहाँ एब्सर्ड स्थितियों के होते हुए भी कहीं आशा बची रहती है, इसलिए वह शुद्ध रूप से एब्सर्ड लेखन करने वाले लेखक नहीं कहे जा सकते हैं।

कामू के विचारों और लेखन को आगे बढ़ाते हुए सार्त्र ने साहित्य की दुनिया में अस्तित्ववाद को जन्म दिया। उसके अनुसार कितनी भी नकारात्मक स्थितियाँ क्यों न हों, मनुष्य को अपने जीने की इच्छा, जीने की ज़िद से मुँह नहीं मोड़ना चाहिए अर्थात कहीं-न-कहीं अपने भीतर आशा या विश्वास बनाकर रखना चाहिए। पाँचवें और छठे दशक में दूसरे विश्व युद्ध के बाद आर्थिक, सामाजिक और राजनीतिक स्तर पर जो गिरावट, निराशा और शून्य की स्थिति पैदा हो गयी थी, उस परिप्रेक्ष्य में अस्तित्ववाद के दर्शन का उभरकर आना एक सहज और स्वाभाविक प्रक्रिया थी।

इसी उपर्युक्त पृष्ठभूमि के भीतर से जो नाट्य रचनाएँ और उनकी प्रस्तुतियाँ हमारे सामने आती हैं उनको सामूहिक रूप से *थिएटर ऑफ़ द एब्सर्ड*

कहा जाता है। कुछ विद्वानों के अनुसार एब्सर्ड थिएटर एक तरह से अस्तित्ववाद की एक शाखा के रूप में ही स्वीकार किया जाना चाहिए लेकिन हमारा मानना है कि एब्सर्ड थिएटर को प्रेरणा चाहे अस्तित्ववाद के विचारों से मिली हो लेकिन जिस तरह से उसका प्रतिफलन नाटकों के भीतर से हुआ वह अस्तित्ववाद की अवधारणा से बिल्कुल अलग जा पड़ता है। वह इस रूप में कि यहाँ कोई कहानी नहीं है, कोई संवाद नहीं है। यदि संवाद है भी तो उसका कोई अर्थ नहीं है, नाटक में कोई विकास नहीं है, कोई शिल्प नहीं है। बेशक दो अंक हैं लेकिन एक-एक विवरण उसी तरह से घटित होता है जैसा कि पहले अंक में हो चुका है। लगातार आशा बनी रहती है कि कोई आयेगा जो हमारी स्थिति में सुधार कर देगा लेकिन अन्त तक कोई नहीं आता और अवसाद की स्थिति बंनी रहती है।

अच्छा होगा कि इस दौर के किसी एक नाटक को आधार मानकर हम यह जानने-समझने का प्रयत्न करें कि यह नाटक या रंगमंच अपनी पूर्ववर्ती धारा से किस मायने में अलग है। जैसा कि हमने पहले भी उल्लेख किया था कि सेम्युल बैकेट, यूजीन आयनेस्को, ज्याँ जेने, एडवर्ड एल्बी और हैराल्ड पिंटर जैसे नाटककारों ने इस नाटक परम्परा में अपना योगदान दिया है।

आयनेस्को *का द लैसन*, ज्याँ जेने का *द मेड्स*, एडवर्ड एल्बी का *द ज़ू स्टोरी* और हैराल्ड पिंटर का *द डम्ब वेटर* बहुत ही चर्चित नाटक रहे हैं इस दौर के लेकिन हम अपने विमर्श के लिए सेम्युल बैकेट के नाटक *वेडिंग फॉर गोदो* का चयन करेंगे। सबसे पहला और महत्त्वपूर्ण तथ्य तो यही है कि यह पहला नाटक था जिसने अपने लेखन और मंचन से एक नयी धारणा के रंगमंच का आरम्भ किया जिसे आज हम एब्सर्ड थिएटर या विसंगति का रंगमंच के नाम से जानते हैं। जब पहली बार 1952-53 में इस नाटक का मंचन हुआ तो दर्शकों, आलोचकों में तीखी प्रतिक्रिया हुई। एक वर्ग ऐसा था जिसने इस नाटक की धज्जियाँ उड़ा दीं और उससे भी बड़ा दूसरा वर्ग ऐसा था जिसने इस नाटक, इसके लेखक और इसके मंचन को प्रशंसा और प्रसिद्धि के शिखर पर पहुँचा दिया। यहाँ तक कि बाद में बैकेट को नोबेल पुरस्कार से भी सम्मानित किया गया।

अपने शीर्षक में यह नाटक क्लिफ़ ओडेट्स के नाटक *वेटिंग फॉर लेफ्टी* से मिलता-जुलता है। हालाँकि शीर्षक के अलावा दोनों में कोई समानता नहीं है। यह नाटक मज़दूरों की हड़ताल के बारे में है जिसमें मज़दूर लोग लेफ्टी का इन्तज़ार कर रहे हैं। लेफ्टी आता है लेकिन मज़दूरों की हड़ताल ख़त्म करवा देता है अर्थात मज़दूरों के हित के विरुद्ध काम करता है।

वेटिंग फॉर गोदो के केन्द्र में ब्लादिमीर और एस्टेरोंगो नाम के जो पात्र हैं वे आपस में एक-दूसरे को डीडी और गोगो नाम से बुलाते हैं। दोनों बेरोज़गार, और फटेहाल हैं और लगभग जोकर या मसखरे के जैसी स्थिति में हैं। दोनों सड़क के किनारे एक ठूँठ हो चुके पेड़ के नीचे बैठे गोदो नाम के आदमी का इन्तज़ार कर रहे हैं। लगभग शाम का वक़्त है। गोदो ने कहा है कि वह शाम में इनसे मिलने आयेंगे। इसी बीच दो लोग वहाँ से गुज़रते हैं जिनके नाम है लक्की और पोज़ो। लक्की एक ग़ुलाम जैसा है जो अपने ऊपर बहुत-सा सामान लादे हुए है। पोज़ो के हाथ में एक हंटर या रस्सी है जिससे लक्की बँधा हुआ है। जब-जब पोज़ो रस्सी को खींचता, हिलाता या चिल्लाता है, उसी के हिसाब से लक्की कुछ-न-कुछ काम करता है। ये दोनों कुछ देर डीडी और गोगो के पास रुकते हैं और इन सबमें आपस में कुछ संवाद होते हैं। थोड़ी देर के बाद लक्की और पोज़ो चले जाते हैं और ये दोनों फिर अकेले रह जाते हैं। अंक के अन्त में एक लड़का आता है और इनसे पूछता है कि क्या आप लोग गोदो का इन्तज़ार कर रहे हैं, तब ये दोनों बहुत ख़ुश होकर कहते हैं—हाँ-हाँ क्या गोदो आ रहा है? लड़का जवाब देता है कि गोदो आज नहीं आयेगा वह कल आयेगा।

दूसरा अंक ठीक उसी जगह पर दूसरे दिन शाम में शुरू होता है। डीडी और गोगो गोदो के इन्तज़ार में फिर वहाँ मौजूद हैं। इस बार भी लक्की और पोज़ो वहाँ से गुज़रते हैं और कुछ देर पहले की तरह फिर इनके पास रुकते हैं। डीडी और गोगो पोज़ो को याद दिलाते हैं कि वे कल रात भी यहीं मिले थे लेकिन पोज़ो को कुछ याद नहीं है। इस बीच वह पूरी तरह से अन्धा हो चुका है। लक्की पहले अंक में तो एक लम्बा संवाद बोलता है जिसका कोई अर्थ नहीं निकलता लेकिन इस बार वह बिल्कुल ख़ामोश रहता है। पहले अंक की तरह ही कुछ देर बाद वे दोनों वहाँ से प्रस्थान कर जाते हैं।

डीडी और गोगो फिर पहले की तरह अकेले रह जाते हैं। पहले अंक की तरह फिर एक लड़का आता है और उनसे पूछता है कि क्या आप लोग हो जो गोदो का इन्तज़ार कर रहे हैं? ये दोनों तुरन्त कहते हैं—हाँ-हाँ क्या आज वह आ रहा है? लड़के का जवाब वही है—नहीं आज गोदो नहीं आयेगा, उसने कहा है कि वह कल आयेगा।

लड़का मंच से बाहर चला जाता है। ये दोनों वहीं खड़े रह जाते हैं। मंच पर अँधेरा हो जाता है।

कुल मिलाकर यही कुछ घटित होता है इन दोनों के साथ—दोनों अंकों में एक जैसे संवाद, एक जैसा कार्य-व्यापार और एक जैसी घटना (यदि उसे घटना

कहा जा सके) कि लक्की और पोज़ो का आना, कुछ देर रुकना और चले जाना। ये दोनों हर बार गोदो का इन्तज़ार करते रहते हैं लेकिन वह नहीं आता है। नाटक जहाँ से आरम्भ होता है, वहीं जाकर समाप्त हो जाता है। ज़ाहिर है कि जब इसका पहला मंचन हुआ तो लोग मंच पर इतनी मोनोटनी, इतना दोहराव, इतनी संवादहीनता देखकर सन्न रह गये। आलोचकों ने गोदो को गॉड से जोड़ दिया कि ये दोनों गॉड जैसे किसी आदमी का इन्तज़ार कर रहे हैं जो इनकी बेकारी को दूर कर सकेगा और इनकी ज़िन्दगी में कुछ खुशियाँ ला सकेगा। लेकिन ऐसा कुछ नहीं होता। इसीलिए नाटक एब्सर्ड थिएटर का कुछ ऐसा अच्छा उदाहरण है कि हम जिए चले जाते हैं कि इस स्थिति में कुछ परिवर्तन होगा लेकिन कुछ नहीं होता। इसके बावजूद हमें जीना तो होगा।

पहले मंचन के बाद निर्देशक को आलोचकों की इस प्रतिक्रिया का भी सामना करना पड़ा कि नाटक का कथ्य अत्यन्त दुरूह और बौद्धिक है। अधिकांश दर्शकों के पल्ले कुछ नहीं पड़ा। कहना होगा कि निर्देशक (जिसका नाम हर्बर्ट ब्लॉव था) ऐसी प्रतिक्रिया से बहुत हतोत्साहित हुआ लेकिन इस नाटक के एक दूसरे मंचन का अनुभव उसके लिए अद्‌भुत सिद्ध हुआ। हुआ यूँ कि उसे अपनी इस प्रस्तुति का एक प्रदर्शन किसी जेल में क़ैदियों के सामने करने का मौक़ा मिला। प्रदर्शन से पहले नाटक में काम करने वाले अभिनेता और स्वयं निर्देशक भी बहुत नर्वस और अन्दर से कुछ डरे हुए भी थे। डर इस बात का था कि जिस नाटक को पढ़े-लिखे बौद्धिक दर्शकों ने नकार दिया था उसे देखकर यहाँ के दर्शकों की क्या प्रतिक्रिया होगी। ऐसे दर्शक जो ख़ूनी हैं, हत्यारे हैं, अनपढ़ हैं, गँवार हैं, और आजीवन कारावास भोग रहे हैं, वे इस नाटक की गहराइयों तक कैसे पहुँचेंगे। बहरहाल नाटक शुरू हुआ और समाप्त हो गया। सभी दर्शक चुपचाप नाटक को देखते रहे। अन्त में निर्देशक मंच पर आया और उसने दर्शकों को सम्बोधित किया—हम बहुत ही क्षमा प्रार्थी हैं। पता नहीं कि नाटक आपको कुछ समझ आया भी कि नहीं? हम लोग एक प्रयोग करना चाहते थे। प्रयोग असफल रहा तो इसके लिए हम ज़िम्मेदार हैं। इस पर दर्शकों की तरफ़ से ज़बरदस्त प्रतिक्रिया आयी—सर आप निश्चिन्त रहें। हमें नाटक बहुत अच्छा लगा और पूरा समझ में भी आया। आख़िर हमारी ज़िन्दगी और इनकी ज़िन्दगी में क्या फ़र्क़ है? जैसे ये लोग रोज़ गोदो का इन्तज़ार करते हैं और वह कभी नहीं आता उसी तरह हम भी इस आशा से इन्तज़ार कर रहे हैं कि शायद हमें भी यहाँ से मुक्ति दिलाने के लिए कोई आ जाये लेकिन कोई नहीं आता।

दर्शकों का यह रिस्पॉन्स सुनकर और देखकर निर्देशक-अभिनेता एकदम से अभिभूत हो गये और उनको यह विश्वास हो गया कि यदि आपका प्रदर्शन जीवन्त और सशक्त है तो दर्शकों में बैठा आदमी उसे कहीं-न-कहीं अपनी ज़िन्दगी से रिलेट कर ही लेगा फिर वह चाहे एब्सर्ड नाटक ही क्यों न हो? अगले तीन दशकों तक पश्चिमी रंगमंच में इस धारा के नाटक छाये रहे और खूब खेले और सराहे गये। फिर धीरे-धीरे पश्चिम में भी विश्व युद्ध के बाद छायी निराशा का दौर छँटता चला गया और लोगों की ज़िन्दगी में खुशहाली आ गयी क्योंकि आर्थिक स्तर ऊँचा उठने लगा था। इस परिवर्तन का प्रभाव रंगमंच के स्तर पर भी पड़ना ही था। इसलिए एब्सर्ड नाटक पृष्ठभूमि में चला गया। हैराल्ड पिंटर जैसा नाटककार जो अपने लेखन के शुरुआती दौर में इसी धारा के साथ जुड़ा हुआ था, धीरे-धीरे इससे अलग होता गया। यह सही है कि एब्सर्ड रंगमंच की धारा बहुत कम समय के लिए सक्रिय रही लेकिन इसमें कोई सन्देह नहीं कि इतने कम समय में ही इसका प्रभाव दूसरे देशों के नाटक लेखन और रंगमंच पर भी पड़कर रहा। यदि हम अपने यहाँ की बात करें, विशेष रूप से हिन्दी रंगमंच की, तो वह प्रभाव कई रूपों से दिखायी पड़ता है।

सबसे पहला नाम इस सन्दर्भ में जो लिया जाता है वह है नाटककार भुवनेश्वर। कहा जाता है कि उनके नाटक पर एब्सर्ड नाट्य-परम्परा का प्रभाव दिखायी पड़ता है। यदि हम गहराई से उनके नाटकों का अध्ययन करें तो हमें ऐसा कुछ दिखायी नहीं पड़ता। तथ्य से भी इस बात की पुष्टि की जा सकती है। भुवनेश्वर का अधिकांश नाट्यलेखन 1930 से 1950 के बीच किया गया था। उन्होंने अपना अन्तिम नाटक *आज़ादी की नींद* 1948 में लिखा था। तब पश्चिम में भी एब्सर्ड नाटकों की कोई चर्चा शुरू नहीं हुई थी। बेशक विमर्श और चिन्तन के स्तर पर कामू का निबन्ध 1942 में फ्रांसीसी भाषा में प्रकाशित हो चुका था लेकिन अपने अंग्रेज़ी अनुवाद में यह 1955 में ही लोगों के सामने आया। हम पहले भी लिख चुके हैं कि *वेटिंग फॉर गोदो* 1952-53 में लिखा और खेला गया, जिसे पहला एब्सर्ड नाटक माना जाता है। अतः इन ऐतिहासिक तथ्यों के परिप्रेक्ष्य में भुवनेश्वर के नाटकों पर एब्सर्ड का प्रभाव एक ग़लत बयानी ही माना जायेगा। उनके लगभग सभी नाटक वास्तविक यथार्थवादी स्थितियों के भीतर स्थित हैं। यह अलग बात है कि उन नाटकों का यथार्थवाद जिस रूप में हमारे सामने आता है वह थोड़े अमूर्त रूप के आसपास ठहरता है, जिसे एब्सर्ड मान लिया जाता है।

लेकिन पिछली सदी के सातवें और आठवें दशक में अवश्य कई नाटककार हमारे सामने आते हैं जिन्हें निश्चित रूप से एब्सर्ड नाटक परम्परा से जोड़ा जा सकता है। इनमें सबसे ज़्यादा चर्चित हुए विपिन कुमार अग्रवाल। इन्होंने ज़्यादातर छोटे नाटक लिखे हैं। उनका एक पूर्णकालिक नाटक है *लोटन*। उनके *तीन अपाहिज, ऊँची-नीची टाँग का जाँघिया* और *एक कूड़े का पीपा* उस दौर में बहुत लोकप्रिय हुए और अलग-अलग शहरों की नाटक मण्डलियों द्वारा मंचित किये गये। इसी क्रम में बलराज पण्डित के *पाँचवाँ सवार* का भी नाम लिया जा सकता है। आज के युवक की परिवार, शिक्षा, प्रेमिका हर स्तर पर घटित असफल ज़िन्दगी का बहुत ही मार्मिक चित्रण किया है नाटककार ने। चाहें तो हम मणि मधुकर को भी इसी कड़ी में जोड़ सकते हैं जिनका *रसगन्धर्व* आठवें दशक में ख़ूब खेला गया। एक लोककथा के बहाने से प्रेम, व्यवस्था और समाज के दूसरे कई पक्षों का गीत-संगीत की चाशनी के साथ जमकर उपहास उड़ाया गया।

लेकिन हमारे यहाँ एब्सर्ड की धारा जितनी तेज़ी के साथ आयी थी, उससे भी ज़्यादा तेज़ी से समाप्त हो गयी। इसका सबसे बड़ा कारण यही था कि हमारे यहाँ के नाटककारों ने किसी अन्तःस्फूर्ति से प्रेरित होकर नहीं वरन महज़ प्रयोग के लिए प्रयोग की दृष्टि से ऐसे नाटकों की रचना की। कथ्य की बजाय उन्होंने मात्र शिल्प, फ़ार्म अथवा संरचना के माध्यम से एब्सर्डिटी लाने की कोशिश की। यदि यही कोशिश वे कथ्य के माध्यम से करते तो निश्चित रूप से उनके नाटक और ज़्यादा गहरे होते और अपना स्थायी प्रभाव छोड़ते। इसमें कोई दो राय नहीं है कि हम लोगों ने दूसरे विश्व युद्ध की विभीषिका को सीधे-सीधे उस रूप में नहीं झेला था, जैसा कि पश्चिम इसमें से गुज़रा था। अतः स्वाभाविक है कि उनके यहाँ एब्सर्ड एवं अस्तित्ववाद का जन्म हो सकता था। यही कारण है कि वहाँ के नाटकों में पहले कथ्य दिखायी पड़ता है। उसके बाद उसके शिल्प-संरचना पर ध्यान जाता है। जब भी रचनाकार कथ्य की अपेक्षा शिल्प पर केन्द्रित करेगा तो ऐसी संरचना बहुत ज़्यादा दिनों तक जीवित नहीं रहती। हम अपने यहाँ बादल सरकार के *तीसरा रंगमंच* की चर्चा कर सकते हैं। पिछली शती के अन्तिम तीन दशकों में भारतीय रंगमंच में जो पूरी तरह से छाया रहा है, आज उसका कहीं नाम भी नहीं लिया जाता। इसी क्रम में हम अज्ञेय के उपन्यास *अपने अपने अजनबी* का नाम भी ले सकते हैं। जहाँ अज्ञेय के दूसरे उपन्यास *शेखर : एक जीवनी* और *नदी के द्वीप* आज भी चर्चा में हैं वहीं *अपने अपने अजनबी* की तरफ़ हमारा ध्यान कम जाता है। अतः बिल्कुल साफ़ है *अपने अपने अजनबी* की रचना किसी आन्तरिक दबाव के तहत नहीं वरन अस्तित्ववाद की धारा से

जुड़ने की इच्छा के वशीभूत की गयी थी। हम बार-बार इसका उल्लेख कर चुके हैं कि एब्सर्ड के नाटकों में कथ्य के तौर पर बेरोज़गारी, बेकारी, अजनबीपन, संवादहीनता, घोर निराशा, कुण्ठा, सन्त्रास से जुड़ी स्थितियों को लिया जाता है वह चाहे *वेटिंग फॉर गोदो* हो, *द लैसन* हो, *द मेड्स* हो, *द ज़ू स्टोरी* हो और चाहे *द डम्ब वेटर* हो। ये पाँच नाटक मानो उसी धारा के प्रतिनिधि नाटक हैं। इससे पहले इस तरह के कथ्यों पर कभी नहीं लिखा गया, यद्यपि काफ़्का और दास्तोएव्स्की के यहाँ उनकी छाया अवश्य मिलती है। इस प्रकार कथ्य के स्तर पर तो एब्सर्ड नाटकों ने एक नयी पगडण्डी की तलाश की ही, उससे भी ज़्यादा उन्होंने इस कथ्य के लिए सर्वथा एक नयी भाषा, एक नये शिल्प को भी जन्म दिया जो इससे पहले पश्चिमी नाटकों में कभी दिखायी नहीं पड़ा था।

कैसी है वह भाषा और शिल्प जो नाटक के कथ्य के साथ मिलकर सचमुच में उसे एब्सर्ड बना देती है। हम फिर से सेम्युल बैकेट के नाटक *वेटिंग फॉर गोदो* की तरफ़ लौटना चाहेंगे...पहले ही संकेत किया जा चुका है कि इन नाटकों में कहानी का वह तत्त्व सिरे से नदारद है जो किसी भी रचना को भावना, संवेदना से ओतप्रोत करके नाटकीय बना देता हैं। इसकी बजाय पात्रों की रोज़मर्रा की ज़िन्दगी से जुड़ी क्रियाएँ-प्रतिक्रियाएँ है जिनके बीच से नाटक के दोनों पात्र गुज़रते हैं। उन्हें पूरी शाम गोदो के आने का इन्तज़ार करना है। इस इन्तज़ार के समय को उन्हें किसी तरह काटना ही है...वे आपस में संवाद करने की कोशिश करते हैं लेकिन यह कोशिश भी बहुत दूर तक साथ नहीं देती। कोई एक जूते के फीते बाँधने की कोशिश करता है लेकिन यह भी उससे नहीं हो पाता, दूसरा ज़मीन से उठने की कोशिश करता है तो उसमें भी असफल रहता है। एक दूसरे से कहता है—चलो...दूसरा उसके उत्तर में कहता है...चल। लेकिन दोनों में से कोई भी अपनी जगह से नहीं हिलता। ये सारे उदाहरण उस नयी रंगभाषा की तरफ़ संकेत कर रहे हैं जिसे प्रयोग में लाने का श्रेय इन नाटककारों को दिया जाता है। एक पंक्ति से बड़ा कोई संवाद नहीं, कहीं मात्र एक शब्द से ही काम ले लिया गया है। यों कहने को पहले अंक में लक्की का बहुत लम्बा संवाद है लेकिन वह पूरी तरह से निरर्थक है। विडम्बना यह भी है कि वह इस संवाद को तब बोलता है, जब पोज़ो उसे सोचने का आदेश देता है। निहितार्थ यह है कि हम यूँ तो सोचना-विचारना भूल ही चुके हैं, फिर भी यदि सोचने को कहा जाये तो हमारे दिमाग़ में ऊल-जुलूल विचार ही पैदा होते हैं। एक यन्त्र, एक मशीन या एक रोबोट जैसा जीवन जीते-जीते हम पूरी तरह से एक यन्त्र में ही तब्दील हो चुके हैं। ऐसे में एक यन्त्र से सोचने के स्तर पर क्या उम्मीद की जा सकती है।

बार-बार एक ही जैसे संवाद, एक ही जैसी क्रियाएँ, एक ही जैसी घटनाएँ, जीवन की अर्थहीनता को बहुत तीखे ढंग से रेखांकित कर देती हैं, कि हम रोज़-ब-रोज़ एक जैसा जीवन जीते चले जा रहे हैं। उसमें कुछ नया घटित नहीं होता और हर तरह की आशा और विश्वास ख़त्म हो चुके हैं...इस सबके बावजूद विसंगतियाँ यही हैं कि हमें फिर भी जीना है।

यूजीन आयनेस्को का *द लैसन* उपर्युक्त सारी स्थापनाओं को एक-दूसरे परिप्रेक्ष्य में हमारे सामने प्रस्तुत करता है। यहाँ भी मुख्य रूप से दो पात्र हैं, एक प्रोफ़ेसर और एक उसकी छात्रा। तीसरे पात्र के रूप में प्रोफ़ेसर की धाय वहाँ उपस्थित है। जैसा कि नाटक के शीर्षक से स्पष्ट है, प्रोफ़ेसर अपनी छात्रा को भाषा विशेष का एक पाठ सिखाने की कोशिश कर रहा है। छात्रा उसकी बातें समझ नहीं पाती है। वह अलग-अलग तरीक़े से उसे समझाने की कोशिश करता है लेकिन कोई नतीजा नहीं निकलता है। धीरे-धीरे प्रोफ़ेसर का धैर्य चुक जाता है। वह ग़ुस्से के आवेश में आकर चाक़ू से छात्रा की हत्या कर बैठता है जबकि वह होश में बिल्कुल नहीं होता है। धाय आकर उसे सँभालती है। मंच पर अँधेरा हो जाता है। पुनः घण्टी के साथ मंच पर प्रकाश आता है। धाय उस छात्रा को लेकर अन्दर आती है। नाटक में मात्र एक अंक है। इसमें भी वही नयी तरह की भाषा। नाटक भाषा सीखने के बारे में है लेकिन इतना दुरूह हो जाता है कि सीखने का कोई अर्थ ही नहीं रहता। परोक्ष अर्थ यही है कि हमारी शिक्षा पद्धति और शिक्षण एक ही ढर्रे, एक ही रुटीन पर चलते-चलते मृतप्राय हो चुका है। उसमें अपनी तरफ़ से कुछ भी नया सोचने और करने की सम्भावना ख़त्म हो चुकी है और उसमें से गुज़रते हुए छात्रों की स्थिति भी मरे हुए के समान है। उसी छात्रा का पुनः प्रवेश पुनः उसी दोहराव की याद दिलाता है जो हम *वेटिंग फॉर गोदो* में देख चुके हैं। वहाँ दोनों बार गोदो का ना आना और यहाँ दोनों बार उसी छात्रा का आना स्थिति को एब्सर्ड बना देता है। दोनों नाटकों में पात्रों के नाम अथवा पदनाम के अतिरिक्त कोई पृष्ठभूमि नहीं है। कहाँ किस शहर में घटित होते हैं उसका भी कोई संकेत नहीं मिलता। *द लैसन* में भी प्रोफ़ेसर के लम्बे-लम्बे संवाद और आत्मालाप हैं लेकिन उनका अपने आप में कोई अर्थ नहीं है।

एक तीसरे उदाहरण के रूप में हम ज्याँ जेने के नाटक *द मेड्स* को ले सकते हैं। मेड्स अर्थात नौकरानियों के जीवन में से कोई एक दिन जब उनकी मालकिन कहीं बाहर गयी हुई है। उसकी अनुपस्थिति में वे दोनों उसी का जीवन जीती हैं। मालकिन जैसी वेशभूषा, उसी के जैसा खानपान,

उसी के जैसा बोलना-चलना, हाव-भाव और व्यवहार अर्थात पूरी तरह से उनका कायान्तरण हो जाता है और इसी के साथ वर्षों से उनकी अपने अन्दर दबी पड़ी इच्छाएँ, वासनाएँ और सपने जग उठते हैं और अत्यन्त विकराल और हास्यास्पद स्थिति तक पहुँच जाते हैं। हम जानते हैं कि यह मात्र एक आभासी संसार है जो इतनी देर के लिए उनके लिए एक वास्तविक संसार में बदल गया है—इससे बढ़कर विद्रूपता की सच्चाई कोई दूसरी नहीं हो सकती।

संक्षेप में, एब्सर्ड अर्थात विसंगति का रंगमंच एक काल विशेष में मनुष्य की दयनीय, क्षुद्र और यान्त्रिक ज़िन्दगी की बहुत ही सच्ची, प्रामाणिक और मार्मिक तस्वीर प्रस्तुत करता है। जहाँ सभी मानवीय मूल्य, सम्बन्ध समाप्त हो चुके हैं, जहाँ जीने का कोई अर्थ नहीं रह गया है और जहाँ आशा की कोई किरण नहीं बची है। है तो केवल घोर नैराश्य और अन्धकार। लेकिन इसके बावजूद हमें चलते जाना है। इसी से मिलती-जुलती बात हमारे यहाँ बादल सरकार के नाटक *एवम् इन्द्रजित* का नायक इन्द्रजित भी दूसरे सन्दर्भ में कहता है—तीर्थ नहीं है केवल यात्रा। इष्ट यही, गन्तव्य यही। बस, मुझको चलते जाना है।

इसे एक संयोग ही कहा जा सकता है कि *एवम् इन्द्रजित* नाटक में भी एब्सर्ड रंगमंच की बहुत-सी छवियाँ दिख जाती हैं।

नेपथ्य का रंगमंच

अभिनय

प्रेक्षागृह

मंच अभिकल्पन

निर्देशन

अभिनय

इस सत्य और तथ्य को दोहराने की कोई ज़रूरत नहीं कि रंगमंच का सबसे प्रमुख और अपरिहार्य तत्त्व अभिनेता और उसकी कला अभिनय है। अतः यह स्वाभाविक ही था कि रंगमंच की सुदीर्घ परम्परा और इतिहास में सबसे ज़्यादा चिन्तन-मनन अभिनय की परिभाषा, पद्धति और रचना-प्रक्रिया पर हुआ है। यदि हमारे यहाँ नाट्यशास्त्र में अभिनय शब्द के अभि + नी + यच्च के सन्धिविच्छेद के माध्यम से उसे परिभाषित किया गया है अर्थात सामने बैठे प्रेक्षकों तक नाटककार के आलेख को सम्प्रेषित करने की कला का नाम अभिनय है तो पश्चिम में भी कितने ही रूपों में उसके अर्थ को अभिव्यक्त किया गया है। अरस्तू के चिरपरिचित वाक्य *आर्ट इज़ एन इमिटेशन ऑफ लाइफ* से आरम्भ करें तो *एक्टिंग इज़ ए ट्रुथ,*

एक्टिंग इज़ ए लाई, एक्टिंग इज़ मैजिक, एक्टिंग इज़ डूईंग, एक्टिंग इज़ परफार्मिंग, एक्टिंग इज़ हैपनिंग, एक्टिंग इज़ बीईंग, एक्टिंग इज़ बीकमिंग, एक्टिंग इज़ बीलिविंग, एक्टिंग इज़ कन्वीसिंग—ये कुछ परिभाषाएँ हैं जो समय-समय पर हमारे सामने आती रही हैं। यहाँ स्तानिस्लाव्स्की, मेयरहोल्ड, आर्तो, माइकेल चेखव, कॉपो, ग्रोटोव्स्की, ब्रेष्ट आदि को जानबूझकर छोड़ दिया है जिन्होंने रंगमंच और अभिनय को हर बार एक नये मुहावरे, सिद्धान्त और पद्धति से विवेचित और विश्लेषित किया।

लेकिन दूसरी तरफ़ अभिनय का जन्म कब और क्यों हुआ होगा—इस विषय में बहुत कम लिखा गया है। इतना ही नहीं, जब भी अभिनय का जन्म हुआ, तब से लेकर लगभग पाँच हज़ार पहले तक की समय सीमा में उसकी विकास यात्रा क्या रही, इस बारे में तो बिल्कुल चुप्पी है। आइए, एक बार फिर से अभिनय, उसके जन्म और उसकी आज तक की यात्रा को रचने-समझने और बूझने की कोशिश की जाये और अपनी कुछ जिज्ञासाओं का समाधान प्रस्तुत किया जाये।

इस विषय में कोई दो राय नहीं कि इतिहासकारों और समाजशास्त्रियों ने आदिम मानव की दिनचर्या में कुछ ऐसे सूत्र खोजे हैं, जिनका कहीं-न-कहीं अभिनय अथवा रंगमंच से कहीं दूर का सम्बन्ध जोड़ा जा सकता है। आगे बढ़ने से पहले देख लिया जाये कि आदिम युग के मानव की दिनचर्या क्या थी—जब भी मनुष्य नामक प्राणी अस्तित्व में आया और अपने दो पैरों पर खड़े होकर चलना सीख गया और इस हद तक विकसित हो गया कि क़बीले में रहना शुरू किया तभी इस विषय से सम्बन्ध बनने लगता है। उस आदि मानव की दो प्राथमिकताएँ थीं। पहली थी भूख, जिसे शान्त करने के लिए उसे अपने चारों तरफ़ उपलब्ध जंगली जानवरों का शिकार करना पड़ता था अथवा सहज उपलब्ध वनस्पति पर निर्भर रहना पड़ता था। दूसरी थी अपने सामने उपस्थित प्राकृतिक विपदाओं पर विजय या उनसे छुटकारा पाने की इच्छा। उसे लगता था कि ये ऐसी शक्तियाँ हैं जो उससे बड़ी हैं और शायद मन-ही-मन वह उनसे डरता भी होगा। उसके मन में इस विश्वास ने जन्म लिया कि इन शक्तियों की पूजा करके इन्हें अपने वश में किया जा सकता है। इस तरह से उसके जीवन में शिकार और कर्मकाण्ड जैसी गतिविधियों ने लगभग एक साथ जन्म लिया। क्या ऐसा एक संयोग माना जाये कि जिन दो कार्यकलापों ने आदिम मनुष्य के जीवन में सहज रूप से प्रवेश किया, अन्ततः वे दोनों ही अभिनय और रंगमंच के अस्तित्व में आने के मुख्य कारण बने।

हम सभी जानते हैं कि दिन भर शिकार करने के बाद जब एक क़बीले के लोग वापस लौटते थे तो सारे जानवरों को बीच में रखकर आग जलाकर, एक घेरे में बैठ जाते थे और अपने भोज्य पदार्थों के पकने का इन्तज़ार करते। इसी के साथ वे लोग अपने दिन भर के अनुभवों को एक-दूसरे के साथ शेयर करते। ज़ाहिर है कि अभी तक उसके पास हमारे जैसी शब्दों की भाषा नहीं थी, इसीलिए उसे मात्र ध्वनियों और मुद्राओं की भाषा से काम चलाना पड़ता था। प्रश्न यह उठता है कि क्या हम उनकी दिनचर्या के इस हिस्से को अभिनय मान लें? ऐसा मानने में थोड़ी कठिनाई है। एक तो अभी उनके घेरे में अभिनेता और दर्शक—इन दो अलग-अलग तत्त्वों का जन्म ही नहीं हुआ है। दूसरे, सब के अनुभव लगभग एक जैसे थे, इसलिए भी इस विभाजन की ज़रूरत नहीं पड़ी।

लेकिन एक दिन कुछ अद्‌भुत घटित हो गया। अचानक एक आदमी उस घेरे में से उठकर खड़ा हो गया और घेरे के बीच आकर अपने अनुभवों को अपने साथियों को सुनाने या दिखाने लगा। आख़िर उसे घेरे में से उठकर खड़े होने की ज़रूरत क्यों महसूस हुई? शायद एक जैसी दिनचर्या के बावजूद उसके साथ उस दिन कुछ अघटित घटा होगा। सम्भव है कि वह शिकार करते-करते किसी भयानक संकट में घिर गया हो और बड़ी जद्दोजहद के बाद अपने शिकार पर विजय पाने में सफल हुआ हो। स्वाभाविक है कि क्राइसिस के जीवन्त अनुभव का ही प्रभाव था कि वह अपने को रोक नहीं पाया और एक अन्तःप्रेरणा के फलस्वरूप उठकर खड़ा हो गया। चाहें तो हम इस घटना को अभिनय अथवा अभिनेता के जन्म का पहला क्षण मान सकते हैं। यह एक सच्चाई है कि जब भी अभिनय कला का आविर्भाव हुआ, वह एक अभिनेता के माध्यम से हुआ। बाद में दो या तीन अभिनेता आकर जुड़े। ग्रीक रंगमंच की शुरुआत भी थेस्पिस नाम के एक अभिनेता से हुई थी। हमारे यहाँ लव और कुश का नाम आता है जो बाद में कुशीलव की संज्ञा से एक नट या अभिनेता का ही पर्यायवाची हो गया। स्वयं आदिम रंगमंच में भी जल्दी ही दूसरे अभिनेता का प्रवेश हो गया जब शिकारी के सामने शिकार की भूमिका में एक दूसरा आदमी उठकर खड़ा हो गया।

यदि हम चाहें तो घेरे में से पहले एक और फिर दूसरे आदमी के उठकर खड़ा होने की घटना से अभिनय और रंगमंच की कई मूल बातों की तरफ़ संकेत कर सकते हैं। सबसे पहले दो अलग-अलग तत्त्वों का जन्म—अभिनेता और दर्शक। बेशक सभी अभी भी घेरे में बैठे हुए हैं लेकिन एक क्षण विशेष में दो लोग सुना और दिखा रहे हैं और बाक़ी लोग सब देख रहे हैं। अभिनय अन्ततः किसी पहले से जिए और भोगे हुए अनुभव को पुनः जीने का नाम है।

जिस क्षण हम अपने वास्तविक जीवन में किसी अनुभव से गुज़र रहे होते हैं, उसे अभिनय नहीं कहा जा सकता। इसीलिए अरस्तू का कथन कि *आर्ट इज़ एन इमिटेशन ऑफ़ लाइफ* इस दृष्टि से बहुत सार्थक है अर्थात कला स्वयं जीवन नहीं हो सकती, वह जीवन का प्रस्तुतीकरण है। इसी घटना में अभिनय की उन दो शैलियों का भी सूक्ष्म आभास मिल जाता है जिन्हें भारतीय परम्परा में लोकधर्मी और नाट्यधर्मी के नाम से और पश्चिम में चरित्रपरक (रिप्रेज़ेंटेशनल) और प्रस्तुतिपरक (प्रेज़ेंटेशनल) के नाम से जाना जाता है। उदाहरण के लिए जो आदमी शिकारी की भूमिका में है, वह अपने अनुभव को दिखाने की प्रक्रिया में अपने दिन-प्रतिदिन के हावभाव का ही सहारा ले रहा है जबकि शिकार की भूमिका में जो आदमी उपस्थित है, उसे अपने से अलग एक जानवर को प्रस्तुत करना है। क्या आज से लाखों वर्ष पूर्व आदिम मानव के जीवन में घटित इस अनुभव प्रक्रिया में यथार्थवादी और शैलीबद्ध अभिनय के बीज दिखायी नहीं देते?

लेकिन अभी भी हम जिस कला को सचमुच में अभिनय का नाम दे सकें, वह इस घटना में अपनी सम्पूर्णता में उपस्थित नहीं है। यह सही है कि यहाँ भी दो अभिनेता हैं और उन्हें देखने वाले लोग अलग हैं। अभिनेता उनके सामने अपने साथ घटित अनुभवों को प्रस्तुत कर रहे हैं। ज़ाहिर है कि यदि वे अनुभव नितान्त उनके अपने हैं तो उनको सुनाना और दिखाना उनके लिए एक सहज प्रक्रिया रही होगी। उन्हें इसके लिए अलग से कोई तैयारी नहीं करनी पड़ी होगी। हम पहले जिस घटना का उल्लेख कर आये हैं उससे भी यही पता चलता है कि घेरे से बाहर आने की क्रिया अचानक ही घटित हुई थी। चाहे वह पहले आदमी के साथ हुई अथवा दूसरे आदमी के साथ।

बहरहाल, आदिम समाज में उस क्षण को भी अन्ततः आना ही था, जब अभिनय की कला का उस रूप में जन्म हुआ जिस रूप में हम उसे आज तक जानते रहे हैं। हुआ यूँ कि बहुत दिनों तक एक घेरे में बैठकर बारी-बारी से कभी अभिनेता, कभी दर्शक बनते सारी-सारी रात बीत जाती और सुबह उठकर फिर शिकार पर निकलना होता। स्वाभाविक था कि प्रायः सुबह काम पर जाते समय उनमें वह ताज़गी और ऊर्जा न बची रहती जिसकी उन्हें शिकार जैसी श्रमसाध्य दिनचर्या के लिए अपेक्षा थी। अतः यह निर्णय लिया गया कि शिकार से जुड़ी घटनाओं की प्रस्तुति करने का काम स्थायी रूप से कुछ विशेष लोगों को सौंप दिया जाये और बाक़ी लोग मात्र दर्शक की तरह बैठकर देखें।

यह अनुमान सहज ही लगाया जा सकता है कि अभिनेता के रूप में उन लोगों को चुना गया होगा जिनके पास शिकार करने का गहरा अनुभव हो,

जो कहानी को ज़्यादा-से-ज़्यादा रोचक और प्रभावशाली ढंग से सुनाने और साथ-साथ दिखाने में माहिर हों और वे अपनी कला से अपने दर्शकों में दूसरे दिन सुबह शिकार पर जाने के लिए ज़बरदस्त स्फूर्ति, प्रेरणा और आत्मविश्वास का संचार कर सकें ताकि वे अपने अभियान से शाम को विजयी होकर लौटें। अभिनय की उस भूमिका को समाजशास्त्रियों ने सिम्पेथैटिक मैजिक का नाम दिया है अर्थात एक ऐसा जादू-टोना जो उनके पक्ष में अपना प्रभाव सिद्ध कर सके। आदिम रंगमंच को छोड़ भी दें, क्या आज तक किसी भी काल में अभिनय का यही उद्देश्य नहीं रहा है कि वह दर्शकों के लिए एक उत्प्रेरक का काम करे चाहे वह यथार्थ का भ्रम उत्पन्न करना हो, कैथारसिस के माध्यम से दर्शकों के अन्तरमन में पैठी दीनता और भय की क्षुद्र भावनाओं को बाहर निकाल फेंकना हो, दर्शक की सोच को इस हद तक सक्रिय कर देना कि वह यथास्थिति में परिवर्तन के लिए सन्नद्ध हो जाये—हम किसी भी दृष्टि या सिद्धान्त को ध्यान में रखकर विचार करें लेकिन अभिनय का अन्तिम उद्देश्य वही रहता है जो आदिम रंगमंच ने बहुत पहले तलाश कर लिया था। यह अलग बात है कि हम समय-समय पर उसे एक-दूसरे से भिन्न शब्दों में बाँधते रहे हैं। इतना ही आदिम रंगमंच के इस चरण में दो और महत्त्वपूर्ण बातों की तरफ़ ध्यान दिया जाना ज़रूरी है। पहली तो यह कि अभिनेता कभी भी अपने जीवन को मंच पर प्रस्तुत नहीं करता। वह हमेशा दूसरे पात्रों, चरित्रों और लोगों के अनुभवों एवं जीवन को अपनी कला के माध्यम से प्रस्तुत करता है। यह सही है कि आवाज़ उसकी अपनी है, शरीर उसका है और सोच उसकी है, इसलिए हमें सब कुछ उसका-सा लगने लगता है लेकिन ऐसा कभी होता नहीं। हाँ, इतना अवश्य है कि कई बार उनसे मिलते-जुलते स्वयं के अनुभवों से वह प्रेरणा ले सकता है। स्तानिस्लाव्स्की ने इस प्रक्रिया को इमोशनल मैमोरी की संज्ञा से परिभाषित किया है। उनके अनुसार यदि कभी चरित्र का अनुभव जगत अभिनेता के लिए अपरिचित है तो वह उससे मिलती-जुलती अपनी अनुभूतियों के माध्यम से नाटकीय स्थिति को जीवन्त बना सकता है।

उस समाज की दूसरी तात्कालिक ज़रूरत यह थी कि नयी पैदा होने वाली पीढ़ी को शिकार से जुड़ी बारीकियाँ कैसे सिखाई-समझाई जायें? यह तो हो नहीं सकता था कि उन्हें अपने साथ शिकार पर ले जायें। ऐसे में अभिनय ही एक ऐसा माध्यम हो सकता था जो उन्हें इस दिशा में शिक्षित कर सके। क्या इसे दोहराना पड़ेगा कि जितनी आसानी से देखकर सीखा जा सकता है, उसकी कोई बराबरी नहीं। हमारे सामने इतिहास में विष्णु शर्मा का उदाहरण मौजूद है जिसने पंचतन्त्र की कथाओं के द्वारा राजकुमारों को राजनीति की

शिक्षा दे डाली। यहाँ तो शिकार की कहानियों के बहाने से शिकार के दाँव-पेंच ही सिखलाये जाने थे।

आदिम युग में अभिनय के इस क्रमिक विकास से एक और मिथ भी टूटता नज़र आता है कि अभिनय की प्रतिभा जन्मजात होती है। बेशक अभिनय अथवा रंगमंच की शुरुआत किसी एक क्षण में इंट्यूशन अथवा अन्तःप्रेरणा से हुई लेकिन उसके बाद का विकास और पूरी यात्रा एक लम्बी तैयारी और प्रशिक्षण की साक्षी है। ज़रा सोच कर देखिए, यदि उन आदिम अभिनेताओं ने उन प्रस्तुतियों को यों ही निपटा दिया होता तो उनका उतना प्रभाव पड़ सकता था? आज के अभिनेता से कम-से-कम जिन तीन गुणों की अपेक्षा की जाती है वे उस अभिनेता में भी भरपूर मात्रा में मौजूद थे अर्थात आब्ज़र्वेशन, इमेजिनेशन और एग्ज़ीक्यूशन।

यह देखकर आश्चर्य होता है कि आदिम युग में अभिनय की जिस कला का जन्म हुआ और वह अपनी ऊँचाइयों तक पहुँची, शिकार युग के बाद कृषि युग तक उसकी कोई परम्परा दिखायी नहीं देती और कुल जमा तीन हज़ार या ज़्यादा-से-ज़्यादा पाँच हज़ार साल पहले ही उसके पूरी तरह से विकसित, यहाँ तक कि लिखित आलेख पर आधारित एक निश्चित अथवा शास्त्रीय रूप के दर्शन होते हैं। शिकार युग के बाद उस अभिनय परम्परा का क्या हुआ।

वह नष्ट हो गयी अथवा पाषाण युग में अन्तःसलिला सरस्वती की तरह से लुप्त हो गयी? इस विषय में इतिहास मौन है लेकिन हम एक निष्कर्ष पर तो पहुँच ही सकते हैं कि जब पाषाण युग में लोगों की जीवन पद्धति में बदलाव आया तो शिकार युग की कथाओं और उनके मंचन की कोई सार्थकता नहीं बची। वे जैसे उनकी स्मृतियों में बस कर रह गयीं। अपनी नयी जीवन पद्धति से तालमेल बिठाते अपनी स्मृतियों में सुरक्षित उन कथाओं और अनुभवों को जीवित रखने का सबसे सरल और सहज माध्यम कथा गायन ही हो सकता था और वही हुआ। पहले इसका जन्म मौखिक रूप से हुआ और बाद में लिखित साहित्य पर आधारित होता चला गया। कथा गायन के साथ सुविधा यह भी थी कि मात्र एक या दो गायकों से काम चल सकता था। ये लोग किसी एक जगह पर लम्बे प्रवास की बजाय घूम-घूमकर कथा गायन करते रहते थे। इसमें कोई सन्देह नहीं कि एक या दो गायकों द्वारा कथा वाचन की परम्परा को महाकाव्यों के रचे जाने के बाद और बल मिला और वह अनवरत रूप से आगे बढ़ती रही। लेकिन ये गायक उस रूप में अभिनेता नहीं थे जिस रूप में हम आदिम रंगमंच के अभिनेता से परिचित हैं। कालान्तर में इन गायकों को अपने

साथ अभिनेताओं के समूह को जोड़ना पड़ा ताकि वे गायन के समानान्तर उन कथाओं को दृश्य रूप में अभिनीत कर सकें। इस प्रकार अभिनय का एक नया रूप उभर कर आया जिसमें गायन और मंचन का संगम था। बाद में इसी रूप ने हमारे यहाँ की नाट्य-परम्परा को भी प्रभावित किया जिसमें गद्य और पद्य का एक साथ प्रयोग हुआ।

क्या इसे एक संयोग कहा जाय कि जब भी अभिनय अथवा रंगमंच की किसी नयी धारा की शुरुआत हुई तो वह एक या दो अभिनेताओं से हुई और बाद में उसमें एक पूरा समूह जुड़ा? क्या आज तक अभिनय की जितनी भी पद्धतियाँ विकसित हुई हैं, वे एक-दूसरे से बिल्कुल अलग हैं? यदि आदिम युग में अभिनय का जन्म हुआ तो बाद में उसमें कब और क्या परिवर्तन होते चले गये? क्या ये नये-नये सिद्धान्त, पद्धतियाँ और परिवर्तन मात्र अभिनय और अभिनेता के प्रस्तुति रूप अर्थात बाह्य उपकरणों से ताल्लुक रखते हैं या उनका कहीं अभिनेता की आन्तरिक बनावट से भी कोई रिश्ता है? उदाहरण के लिए एक यथार्थवादी प्रस्तुति और एक शैलीबद्ध प्रस्तुति में अभिनय के दौरान फ़ार्म के स्वर पर तैयारी और प्रस्तुति में तो अन्तर दिखायी पड़ता है लेकिन अभिनेता की आन्तरिक प्रक्रिया में कहाँ अन्तर आ जाता है। थोड़ी देर के लिए अभिनेता की तैयारी और उसकी आन्तरिक प्रक्रिया में अन्तर को भी स्वीकार कर लें लेकिन जब प्रदर्शन के समय दर्शक भी उसमें शामिल हो जाते हैं, तब उस अन्तर का क्या महत्त्व रह जाता है? यह पहले से तय है कि अभिनेता को प्रस्तुत करना है और दर्शक उसे देखने के लिए आया है। नाटक का कथ्य और उसकी प्रस्तुति शैली अलग-अलग हो सकती है लेकिन इससे अभिनेता और दर्शक के आपसी तादात्म्य में क्या अन्तर आ जायेगा? किसी भी प्रस्तुति को सामने रख कर बात करें, सिर्फ़ दो ही तरह के अनुभवों से गुज़रना होता है—तादात्म्य बनता है अथवा नहीं बनता। ज़ाहिर है कि यदि अभिनय सशक्त है, जीवन्त है और ताज़गी से भरपूर है तो हम स्वयं ही तादात्म्य की स्थिति में पहुँच जाते हैं। इसके विपरीत यदि अभिनय बासी, यान्त्रिक और संवेदनाहीन है तो हम लाख कोशिश कर लें तो भी इसके साथ कोई जुड़ाव नहीं हो पायेगा। यदि उपर्युक्त दृष्टि से *अभिज्ञानशाकुन्तल* हो अथवा *वेटिंग फॉर गोदो*—दोनों को देखने का अनुभव एक जैसा ही तीव्र, गहरा और मार्मिक हो सकता है। बेशक उनके कथ्य अलग हैं, आलेख की फ़ार्म अलग है और यहाँ तक कि अभिनय शैली भी अलग है, इसके बावजूद अभिनेता विशेष के अभिनय के कारण उसे देखने का अनुभव हमें बरसों तक याद रहता है।

लेकिन ऐसा क्यों होता है कि रंगमंच जैसी क्षणभंगुर विधा और उससे भी ज़्यादा क्षणभंगुर उसका एक तत्त्व अभिनय इतने दिनों तक हमारी स्मृति में सुरक्षित रहता है। शायद इसका एकमात्र कारण यही है कि अभिनेता की आन्तरिक प्रक्रिया जो भी हो, अन्ततः उसका सारा ज़ोर इस बात पर रहता है कि वह जो कुछ प्रस्तुत कर रहा है, पहले तो स्वयं उसे विश्वसनीय लगे और बाद में दर्शकों में भी उतना ही विश्वास जगाये। सम्भवतः यह विश्वसनीयता ही सच्चे और सूक्ष्म अभिनय की कुंजी है, फिर चाहे वह किसी भी शैली में क्यों न प्रस्तुत किया गया हो।

प्रेक्षागृह

भारतीय रंगमंच और सम्भवतः विश्व रंगमंच में भी इस दिशा में बहुत कम विचार-विमर्श हुआ है कि नाट्य रचना और प्रेक्षागृह के स्थापत्य में क्या सम्बन्ध होता है, हो सकता है अथवा होना भी चाहिए कि नहीं? एक युग विशेष में यदि स्थापत्य के स्तर पर एक ही आकार-प्रकार के प्रेक्षागृह मिलते हैं तो नाट्य रचना की शैली भी लगभग एक जैसी ही मिलती है। इसी के साथ हमेशा यह बहस भी चलती रहती है कि नाट्य रचना प्रेक्षागृहों की बनावट को प्रभावित करती है अथवा प्रेक्षागृहों का निर्माण पहले होता है और उनके अनुसार नाटकों की संरचना का जन्म होता है। हमारे यहाँ जयशंकर प्रसाद जैसे नाटककार ने तो इसकी ज़बरदस्त ढंग से स्थापना की है कि *नाटक के लिए रंगमंच* होना चाहिए

न कि *रंगमंच के लिए नाटक*। इसमें कोई सन्देह नहीं कि उनकी इस स्थापना में काफ़ी दम है क्योंकि पहले रचना का ही जन्म होगा, तभी उसके अनुसार बाद में प्रदर्शन-स्थल का निर्माण होगा। यह ठीक ऐसा ही है कि पहले किसी परम्परा की शुरुआत होती है और कालान्तर में, समय के एक दीर्घ अन्तराल के बाद, वह परम्परा शास्त्र के रूप में प्रतिष्ठित हो पाती है। दूसरी ओर, हमारे यहाँ भरत जैसे प्रयोक्ता और नाट्यशास्त्र के दूसरे अध्याय में ही सबसे पहले प्रेक्षागृह की बनावट और स्थापत्य का पूरा विवरण प्रस्तुत करते हैं और नाट्य रचना, अभिनय और दूसरे रंग तत्त्वों को बहुत बाद में जाकर विवेचित करते हैं। इसमें कोई सन्देह नहीं कि एक स्थायी बन्द प्रेक्षागृह के निर्माण के पीछे खुले मंच पर प्रस्तुत और बुरी तरह से असफल उनकी अपनी एक-दो नाट्य प्रस्तुतियों का भी हाथ था। यहाँ इस तथ्य से भी इनकार नहीं किया जा सकता कि पूर्व हो या पश्चिम—इतिहास में जब-जब स्थायी प्रेक्षागृह नदारद थे, तब-तब नाटकों के आलेख भी पूरी तरह से मौखिक हुआ करते थे, चाहे वह रंगमंच के जन्म से जुड़ा आरम्भिक आदिम दौर हो, हमारे अपने देश में महाकाव्यों को गा-गा कर सुनाने की परम्परा का प्रचलन हो, मध्यकाल में लोक नाटकों की लम्बी शृंखला हो, पश्चिम में चर्च से सम्बद्ध धार्मिक नाटक हों अथवा इटली की प्रस्तुति शैली कामेदिया देल आर्ते हो—सभी अपने मूल रूप में आशु एवं मौखिक रचनाएँ रही हैं और वे अपने अनुसार अस्थायी प्रदर्शन-स्थलों की खोज-बीन कर अपने प्रदर्शन करती रहती थीं। यहाँ अपवाद स्वरूप पारसी नाटकों का उदाहरण दिया जा सकता है कि वे भी तो अस्थायी रूप से निर्मित प्रेक्षागृहों में खेले जाते थे, फिर उनके लिखित आलेख क्यों मिलते हैं? इसका सीधा-सा उत्तर यही है कि बेशक पारसी नाटक अस्थायी रूप से बनाये गये प्रेक्षागृहों में खेले जाते थे लेकिन वे इतने अस्थायी भी नहीं होते थे। पारसी कम्पनियाँ जब किसी मेले, नगर या क़स्बे में ऐसे अस्थायी प्रदर्शन-स्थल का निर्माण किया करती थीं तो वह मात्र एक रात के लिए नहीं, वरन काफ़ी लम्बे अरसे के लिए हुआ करता था। ठीक यही तर्क संस्कृत नाटकों के लिखित आलेखों के विषय में दिया जा सकता है। भरत द्वारा विवेचित और प्रतिपादित विकृष्ट नाट्य-मण्डप का एक भी अवशेष आज तक प्राप्त नहीं हुआ है, लेकिन फिर भी अश्वघोष से लेकर भवभूति तक सभी नाटककारों के लिखित आलेख आज भी उपलब्ध हैं। क्या हम यह मान लें कि ये आलेख मात्र साहित्यिक रचनाएँ हैं और इनका कभी मंचन नहीं हुआ? यदि हुआ भी होगा तो खुले मंच पर ही हुआ होगा? लेकिन इन निष्कर्षों पर पहुँचना उस सच्चाई को झुठलाना होगा, जो इन सभी नाटकों के मंचन की

सुदीर्घ परम्परा से जुड़ी है। किसी स्थायी प्रेक्षागृह के अवशेष की अनुपस्थिति मात्र यही सूचना देती है कि जब-जब वार्षिक त्यौहारों, समारोहों और ऐसे ही दूसरे अवसरों पर इन नाटकों का मंचन किया जाता था तो काफ़ी लम्बे समय के लिए, अस्थायी तौर पर ही सही, प्रेक्षागृहों का निर्माण कर लिया जाता था और बाद में उन्हें तोड़-फोड़ दिया जाता होगा।

बहरहाल, हम संस्कृत नाटकों की शिल्प-संरचना और उनके प्रदर्शन-स्थल विकृष्ट नाट्य-मण्डप से ही अपने अध्ययन की शुरुआत कर सकते हैं कि अन्ततः ये दोनों तत्त्व एक-दूसरे को किस सीमा तक प्रभावित करते हैं। यों तो भरत ने विकृष्ट, चतुरस्र और त्रयस्र-तीन आकारों के प्रेक्षागृहों का प्रावधान किया है और इनके भी ज्येष्ठ, मध्यम और कनिष्ठ-माप के अनुसार तीन-तीन भेद किये हैं लेकिन अन्त में वह स्वयं विकृष्ट मध्यम नाट्य-मण्डप को ही एक आदर्श प्रेक्षागृह के रूप में स्वीकार करते हैं। अतः अच्छा यही होगा कि हम उसी के स्थापत्य को ध्यान में रखते हुए नाट्य रचना के साथ उसके सम्बन्ध का विवेचन करें। अपने आकार में विकृष्ट नाट्य-मण्डप आयताकार है जिसके एक तरफ़ मंच और उसके ठीक सामने दर्शक बैठते थे—ठीक आज के *प्रोसीनियम* प्रेक्षागृह में दर्शकों के बैठने की व्यवस्था के अनुरूप। दर्शकों के सामने प्रदर्शन-स्थल के रूप में जो मंच उपलब्ध है उस पर तीन धरातल हैं—पहला रंगपीठ, उसके ऊपर दूसरा रंगशीर्ष और रंगशीर्ष के बीचों-बीच एक तीसरा धरातल कुतप या वेदिका, जिस पर नाट्य प्रयोग के दौरान शुरू से लेकर आख़िर तक गायक-संगीतकारों की मण्डली बैठी रहती थी। रंगशीर्ष के पिछले किनारे पर नेपथ्य और मंच को जोड़ती हुई एक दीवार, जिसमें पात्रों के मंच पर प्रवेश-प्रस्थान के लिए दायें-बायें दो द्वार बने हुए हैं, जिन पर रंगपटी पड़ी रहती थी। आज के व्याकरण के अनुसार मंच के अगले हिस्से से इस पिछली दीवार तक मात्र चौबीस फ़ीट की चौड़ाई। रंगपीठ के दोनों छोरों पर चार-चार स्तम्भों से घिरे मत्तवारिणि के इस विवाद को हम छोड़ दें तो विकृष्ट नाट्य-मण्डप का प्रम्तुत स्थापत्य नाट्य रचना के साथ अपनी एकरूपता को स्वयमेव ही स्थापित कर लेता है।

प्रदर्शन-स्थल जितना सहज और सरल है, उसी के अनुसार नाटकों के शिल्प पर टिप्पणी की जा सकती है। मंच पर मात्र दो रंगद्वार हैं और कुल अभिनय क्षेत्र अड़तालीस फ़ीट लम्बा और चौबीस फ़ीट चौड़ा है—उसमें भी रंगशीर्ष पर कम-से-कम बारह फ़ीट संगीतकारों की मण्डली के लिए और रंगपीठ के दोनों कोनों पर बारह फ़ीट मत्तवारिणि के लिए सुरक्षित है। अतः किसी भी प्रकार की अतिरिक्त और भारी-भरकम मंच-सज्जा के लिए स्थान एवं सम्भावना ही शेष नहीं रहती।

अतः नाट्य रचना में भी हर बार वाचिक अर्थात संवाद के माध्यम से ही दृश्य और परिवेश को भी स्थापित कर दिया जाता है। मंच के अगले हिस्से में ऐसा कोई परदा नहीं है, जिसे अंक की समाप्ति पर गिराया या लाया जा सके, अतः नाटककारों ने एक नाटकीय युक्ति को ढूँढ़ निकाला और वह यह कि मंच पर उपस्थित सभी पात्र प्रस्थान कर लेते हैं और अगले अंक के लिए जिनको आना होगा, वे पुनः प्रवेश करेंगे। नाटक के अन्त की सूचना के लिए भरत वाक्य जैसा गीत है, जिसे इस शताब्दी के जर्मन नाटककार और निर्देशक ब्रेष्ट ने *ग्रैंड फिनाले* के रूप में परिकल्पित किया। चूँकि मंच के इस छोटे से अभिनय क्षेत्र पर व्यावहारिक और यथार्थवादी रूप से बहुत कुछ दिखाना सम्भव नहीं है, अतः नाटककार ने रचना के स्तर पर अर्थोपक्षेपकों की उद्‌भावना की। ये एक प्रकार के सूच्य दृश्य हैं जो दो अंकों के बीच घटित समय के अन्तराल के साथ-साथ उन घटनाओं की भी सूचना देते हैं, जिन्हें मंच पर दिखाया नहीं जा सकता अथवा जिनका दिखाया जाना संस्कृत नाटकों की नाट्यधर्मी प्रस्तुति शैली को खण्डित करेगा और दर्शकों के सौन्दर्यबोध एवं रसास्वादन में भी अवरोध उत्पन्न करेगा। जितनी मंच-सज्जा अथवा रंग-स्थली अपने स्वरूप में सांकेतिक है, उतनी ही नाट्य रचना भी दर्शक या पाठक की कल्पना को उन्मुक्त विस्तार देती है। दूसरी ओर नाट्य रचना में समय, स्थान और कार्य-व्यापार की अन्विति के अभाव ने रचना के स्तर पर सूच्य दृश्यों की परिकल्पना को जन्म दिया, वहीं मंच पर उपलब्ध एक खाली, निसंग और शून्य *स्पेस* ने भी अपना योगदान दिया क्योंकि नाटककार के लिए मंच पर उपस्थित पात्र की मात्र एक मुद्रा, एक गति, एक प्रवेश, एक प्रस्थान और अन्ततः एक संवाद से ही वह मंच किसी भी इच्छित स्थान, समय और कार्य-व्यापार में परिणित हो सकता था। इसी प्रकार यदि मंच की बनावट ने अभिनेता द्वारा दर्शक के सामने खड़े होकर उसे सम्बोधित करने की अभिनय शैली को जन्म दिया तो वहीं नाटकों में उपलब्ध इस तरह के मंच-निर्देशों, जैसे कि *शकुन्तला एक शिलाखण्ड पर बैठी हुई दिखायी देती है,* अथवा *दुर्योधन घिसटते हुए मंच पर प्रवेश करता है* इत्यादि ने मंच पर किसी मुख्य यवनिका के अभाव में ऐसे चलायमान चित्रपट के प्रयोग की आवश्यकता को महसूस कराया, जो बाद में रंगपटी के नाम से भारतीय रंग स्थापत्य एवं प्रस्तुति शैली का अविभाज्य अंग ही बन गयी। यहीं हम चाहें तो मत्तवारिणि की दो विशेष अन्तरंग अभिनय क्षेत्रों के रूप में व्याख्यायित सम्भावना पर विचार कर सकते हैं क्योंकि संस्कृत नाटकों में निश्चित रूप से ऐसे दृश्य मिलते हैं, जो एक ख़ास क़िस्म की अन्तरंगता अथवा ऐकान्तिकता की माँग करते हैं

जो चार-चार स्तम्भों से घिरे होने के कारण वहाँ सहज रूप से उपलब्ध थी। यह अकारण नहीं है कि रंगस्थली के इस लघु आकार को बहुआयामी स्तर पर प्रयोगशील बनाने के लिए ही भरत ने लोकधर्मी की अपेक्षा नाट्यधर्मी प्रस्तुति शैली को प्रमुखता दी और नाटककारों ने अपने नाटकों के तकनीकी स्वरूप में भी इस बात का हमेशा ध्यान रखा। उदाहरण ज़रूरी ही हों तो स्वगत, जनान्तिक, अपवारित और आकाशभाषित जैसी सीधे दर्शकों से संवाद स्थापित करने वाली नाटकीय युक्तियों और नाटकों के एक साथ गद्य-पद्य के प्रयोग का भी उल्लेख किया जा सकता है।

संस्कृत रंगमंच के समानान्तर यदि हम पश्चिम की यूनानी रंग-परम्परा का अध्ययन करें तो नाटक और प्रदर्शन का रिश्ता और गहरा होकर सामने आता है। यूनानी रंग-परम्परा में शुरू से कोरस की उपस्थिति ने ग्रीक प्रेक्षागृह के स्थापत्य को अनायास ही प्रभावित किया और वह इस रूप में कि आरम्भ में कोरस द्वारा अपने देवता डायनोसिस की वेदी के चारों ओर नाचने-गाने की परम्परा से जब विधिवत प्रेक्षागृह निर्माण और नाट्य रचना का जन्म हुआ तो जहाँ नाटकों में पात्रों से अलग कोरस की उपस्थिति एक आवश्यक नाटकीय तत्त्व के रूप में जुड़ी रही, वहीं प्रेक्षागृह के स्थापत्य में भी कोरस के लिए एक बड़ा घेरा सुरक्षित रहा। इतना ही नहीं, इस घेरे ने ही प्रेक्षागृह की बनावट को भी निश्चित कर दिया--पहाड़ों की घाटी में बीचों-बीच एक बड़ा घेरा, उसके एक तरफ़ काफ़ी ऊँचाई पर बना अभिनय क्षेत्र, जिसके दोनों सिरों पर ढालुवाँ धरातल और घेरे के तीन तरफ़ पहाड़ को काट-काट कर बनायी गयी गोलाकार ऊपर को जाती सीढ़ियाँ, जिन पर दर्शक बैठते थे। चूँकि घेरे का व्यास बहुत बड़ा रहता था, अतः अभिनय क्षेत्र भी बहुत लम्बा और उसी अनुपात में दर्शक दीर्घा भी उतनी ही बृहदाकार, जिसमें कम-से-कम पन्द्रह से पच्चीस हज़ार दर्शक बैठ सकते थे। अभिनय क्षेत्र के दोनों कोनों पर बने ढालुवाँ धरातल के निचली तरफ़ दो बड़े-बड़े द्वार जिनमें एक दर्शकों के लिए और दूसरा पात्रों के प्रवेश-प्रस्थान के काम आता था। अभिनय क्षेत्र पर एक छत और पिछली दीवार में तीन द्वार—बीच वाला द्वार सबसे बड़ा और दायें-बायें वाले छोटे आकार के, जो पात्रों द्वारा नेपथ्य से मंच पर आने के लिए प्रयोग में लाये जाते थे।

स्पष्ट है कि प्रेक्षागृह का आकार-प्रकार एक बहुत बड़े जन समुदाय को ध्यान में रखकर निश्चित किया गया था, जहाँ सुबह से शाम तक कम-से-कम चार नाटकों का प्रदर्शन होता था। अतः स्वाभाविक है कि नाटकों का कलेवर प्रदर्शन अवधि के अनुसार बहुत बड़ा नहीं हो सकता था। इसीलिए यूनानी नाटक

प्रायः एक अंक के ही होते हैं। उनमें उपलब्ध स्थान, समय और कार्य-व्यापार की अन्विति का सम्बन्ध भी प्रेक्षागृह में बैठे विशाल जन समुदाय की उपस्थिति में तलाश किया जा सकता है और वह इस तरह कि इतने बड़े समूह के ध्यान को प्रदर्शन पर एकाग्र करने के लिए उपर्युक्त अन्विति वांछनीय ही नहीं, अनिवार्य भी थी। प्रेक्षागृह के दो द्वार और अभिनय धरातल पर बने तीन द्वार पात्रों के प्रयोग के लिए कुल मिलाकर पाँच विकल्प मौजूद थे लेकिन यूनानी रंगमंच में कोरस के अलावा कभी भी तीन अभिनेताओं से ज़्यादा लोगों ने भाग नहीं लिया। आरम्भ में तो मात्र एक अभिनेता ही हुआ करता था और वही सभी भूमिकाएँ निभाया करता था, फिर कभी दो अभिनेता हुए और अन्त में संख्या तीन पर आकर रुक गयी। हर नाटक को मात्र तीन अभिनेताओं द्वारा ही क्यों मंचित किया जाता था, विद्वानों ने इसका कोई उत्तर खोजने का प्रयत्न नहीं किया है लेकिन मेरे विचार में यदि हम इस परम्परा की गहराई में जायें तो हमें इस सीमा के कारण मिल जायेंगे। जैसा कि हम सभी जानते हैं कि यूनानी रंग-परम्परा एक नाट्य प्रतियोगिता की तरह से हर साल सम्पन्न हुआ करती थी जिसके लिए तीन नाटककार अपने चार-चार नाटक एक दिन में प्रस्तुत किया करते थे। इस प्रकार कुल मिलाकर छत्तीस अभिनेताओं की अपेक्षा रहती थी। ये अभिनेता प्रशासन द्वारा नाट्य-मण्डलियों को उपलब्ध कराये जाते थे। अब यदि नाटक में पात्रों की संख्या की दृष्टि से अभिनेताओं की अपेक्षा हो तो वह संख्या काफ़ी बड़ी हो जायेगी। इसके अतिरिक्त कम-से-कम बारह, पन्द्रह और कई बार तो पचास लोगों का कोरस अलग से चाहिए। अनुमान लगाया जा सकता है कि ऐसे में मात्र तीन अभिनेताओं द्वारा नाटक के सभी पात्रों को अभिनीत करना ज़्यादा बड़ी रचनात्मक चुनौती हो सकती है। यों भी प्रतीकात्मक स्तर पर तीन अभिनेता मैं, तुम और वह के रूप में सभी व्याकरणीय पुरुषों का प्रतिनिधित्व कर लेते थे। इसी दृष्टि से नाटक के आलेख के आरम्भ, मध्य और अन्त—इन तीन विकास बिन्दुओं का सम्बन्ध भी तीन अभिनेताओं के जन्म में खोजा जा सकता है।

इसमें कोई सन्देह नहीं कि मात्र तीन अभिनेताओं की उपलब्धता ने नाट्य रचना को अवश्य प्रभावित किया। नाटक का एक अंक अलग-अलग दृश्य खण्डों में बँटा हुआ है और किसी भी दृश्य में अधिक-से-अधिक दो पात्र होंगे और तीन से ज़्यादा तो कभी नहीं होंगे। कोई अभिनेता एक दृश्य समाप्त करके जब नेपथ्य में जाता है तो उसे किसी नये पात्र की भूमिका में पुनः प्रवेश करना होता था—उसके नेपथ्य में जाने और पुनः प्रवेश के बीच निश्चित रूप से कोरस के आपसी संवादों को पिरोया जाता था ताकि बीच के अन्तराल को भरा जा सके।

ये तीनों अभिनेता पुरुष हुआ करते थे, इसलिए मुखौटों की ज़रूरत होती थी। एक और कारण से भी मुखौटों की अपेक्षा उत्पन्न हुई और वह यह कि अभिनेता को अपनी आवाज़ बहुत दूर तक पहुँचानी पड़ती थी। कहा जाता है कि इन मुखौटों में ऐसे ध्वनि विस्तारक यन्त्र लगे रहते थे जिनकी सहायता से आवाज़ दर्शक-दीर्घा की आख़िरी पंक्ति तक बड़ी आसानी से पहुँच जाती थी। मुखौटे पूरे चेहरे को ढँके हुए बहुत बड़े-बड़े होते थे, इसलिए मंच पर खड़ा अभिनेता भी अपने निजी व्यक्तिगत से बहुत बड़ा दिखायी देता था। उसी के अनुसार उसकी वेशभूषा और पैरों में पहने जाने वाले ऊँचे-ऊँचे जूते भी उसके आकार को विशालता प्रदान करने में मदद करते थे। नाट्य रचना और उसकी प्रस्तुति के पीछे प्रेक्षागृह की अपनी बनावट महत्त्वपूर्ण निर्धारक तत्त्व थी।

अभिनय स्थल की पिछली दीवार में बने तीन द्वार वे पात्र इस्तेमाल करेंगे जो कार्य-व्यापार क्षेत्र के अन्तरंग से सम्बन्ध रखते हैं। दोनों कोनों पर बने दो उन पात्रों के प्रवेश-प्रस्थान के लिए, जो कहीं बाहर से आते हैं। उनमें भी एक द्वार उसी नगर के किसी बाहरी क्षेत्र से आने वाले के लिए और दूसरा द्वार किसी दूसरे नगर या क़स्बे से आने वाले के लिए सुरक्षित था। अभिनय क्षेत्र की सपाट और विशाल लम्बाई नाट्य रचना में सहज ही ऐसे संवादों की अनिवार्यता को जन्म दे देती थी, जैसे कि वह देखिए, दूर से क्रियान इसी ओर चले आ रहे हैं। मंच संस्कृत रंगमंच की तरह ही यहाँ भी लगभग खाली ही होता था, अतः संवादों के माध्यम से ही स्थान और परिवेश को स्थापित कर लिया जाता था। मंच पर बने तीन द्वारों में बीच का बड़ा द्वार नाटक के मुख्य पात्र के प्रवेश-प्रस्थान और बाक़ी दोनों द्वार अन्य पात्रों के काम आयेंगे। मंच पर चूँकि एक छत थी और नेपथ्य से किसी क्रेन जैसी यान्त्रिक विधि से किसी पात्र को आकाश मार्ग से जाते हुए स्थापित किया जा सकता था, अथवा कोई देवी, देवता या ऐसे ही आधिदैविक चरित्र उस छत पर उतारे जा सकते थे और वे वहीं से मंच पर खड़े पात्र से संवाद कर सकते थे। प्रेक्षागृह के विशाल आकार और अभिनेता द्वारा मुखौटों के प्रयोग ने इस सम्भावना को तो बिल्कुल ही समाप्त कर दिया था कि दर्शक पात्रों के चेहरे के हाव-भाव देख सकें। ऐसे में मात्र एक ही विकल्प शेष रहता था और वह था अधिक-से-अधिक वाचिक का इस्तेमाल। नाटकों की रचना में मात्र पद्य की उपस्थिति इसी ओर इंगित करती है। काव्य को गाकर बोलने, ऊँचे स्वर में लयात्मक अन्दाज़ में, अतिरंजित भाव-प्रवणता के समावेश से इतने बड़े जन-समुदाय को बड़ी आसानी से आकर्षित किया जा सकता था। कई बार मंच पर एक ही पात्र की उपस्थिति अथवा प्रवेश होता था, नाटककार ऐसे क्षणों के

लिए पात्रों को लम्बे-लम्बे एकालाप दिया करते थे। इससे एक तो उन घटनाओं को सूचित करने की सहायता मिलती थी, जो नेपथ्य में घटित हो चुकी हैं, दूसरे दर्शकों के अपने शोर-शराबे में यदि कुछ अनसुना रह भी गया तो उसकी भरपाई भी हो पायेगी, तीसरे उस लम्बे सम्भाषण से एक ऐसा परिवेश और वातावरण निर्मित करने में मदद मिलती थी जो किसी आने वाले महत्त्वपूर्ण क्षण की सूचना देगा और अन्ततः किसी पात्र विशेष को अपनी सम्पूर्ण प्रतिभा के विस्फोट का पूरा-पूरा अवसर मिलेगा। इसलिए यह अकारण नहीं है कि यूनानी नाटकों में मुख्य पात्रों के अलावा ख़ादिम और क़ासिद जैसे पात्र भी अपनी निजी पहचान बना लेते थे। नाटक में कोरस की संख्या इतनी ज़्यादा क्यों होती थी—इसका कारण भी प्रेक्षागृह की बनावट में ही खोजा जा सकता है। कोरस की गतियों और समूहन को दर्शक काफ़ी ऊपर से देखते थे, जैसे कि किसी कुएँ में झाँक रहे हों, ऐसी स्थिति में उनकी संख्या यदि काफ़ी नहीं होगी तो दर्शकों के लिए किसी प्रभावशाली समूहन दृश्य का निर्माण नहीं हो पायेगा। संस्कृत नाटकों की तरह ही यूनानी नाटकों की शुरुआत और अन्त भी गीत से हुआ करती थी, जिसे प्रोलॉग और एपीलॉग अर्थात प्रस्तावना और उपसंहार कहा जाता था।

रंगमंच के आज तक के इतिहास में शेक्सपियर जैसा नाटककार बिल्कुल अलग से दिखायी पड़ता है जिसने अपने नाटकों की रचना करते समय उस प्रेक्षागृह के अभिकल्पन को उसकी सम्पूर्णता में अपने सामने रखा। यह इसलिए भी सम्भव था कि वह आरम्भ से ही उस नाट्य-मण्डली के साथ एक अभिनेता के तौर पर सम्बद्ध था जो दि थिएटर नाम के प्रेक्षागृह में 1576 से 1599 के बीच नाटकों के प्रदर्शन कर रही थी। बाद में दि थिएटर के जल जाने के बाद जब पुनः उसी स्थान पर द ग्लोब नाम के प्रेक्षागृह का निर्माण हुआ तो उसे बनाने वाली कम्पनी में भी शेक्सपियर एक हिस्सेदार था। इस प्रकार रचनाकार और प्रेक्षागृह के बीच एक अन्तरंग सम्बन्ध स्वयमेव स्थापित हो गया था।

शेक्सपियर के नाटकों और ग्लोब के आपसी रिश्ते पर बात करने से पहले हम ग्लोब के स्थापत्य पर एक नज़र डाल लें। वास्तव में ग्लोब अपने से पहले और बाद के जितने भी प्रेक्षागृह बनकर सामने आये उनके बीच की एक अद्भुत कड़ी है। अपने आकार में बाहर से देखने पर वह एक अष्टकोणीय वृत्त जैसा है, जिसके तीन कोण मंच और शेष पाँच दर्शकों के बैठने के काम आते थे। एक तरफ़ यूनानी रंगमंच की तरह वृत्त के बीचों-बीच दर्शक खुले में ज़मीन पर बैठकर या खड़े होकर नाटक देखते थे, दूसरी तरफ़ आज के प्रेक्षागृहों की तरह छत के नीचे बैठकर भी नाटक का आनन्द उठा सकते थे। यदि दर्शक दीर्घा में

तीन धरातल थे तो उसी तरह से मंच पर भी तीन धरातल थे। हरेक धरातल पर दो दरवाज़े बाहर से आने के लिए, खिड़कीनुमा विशेष अभिनय क्षेत्र, सबसे पहले मुख्य धरातल पर दो ऊँचे-ऊँचे स्तम्भ मंच के सामने दायें और बायें, उनके ऊपर मंच की अपनी छत टिकी हुई और उस छत के भी ऊपर तीन झोंपड़ीनुमा कक्ष, जहाँ से तरह-तरह के ध्वनि प्रभाव उत्पन्न किये जा सकते थे। देखने के लिए ग्लोब का मंच भी किसी अतिरिक्त दृश्य सज्जा की अपेक्षा नहीं रखता था और उतना ही खाली, निस्संग और तटस्थ था, जितने कि संस्कृत और ग्रीक रंग-स्थल। लेकिन अपनी बनावट में अब तक का सबसे ज़्यादा जटिल मंच था। एक साथ बहुत से प्रवेश-प्रस्थान सम्भव थे, एक साथ बहुत से धरातलों पर कार्य-व्यापार सम्भव था, पात्र भाग-दौड़, उछल-कूद किसी भी तरह की नाटकीय हरकत बहुत आसानी से कर सकते थे। दूसरी ओर बहुत ही अन्तरंग, गम्भीर, यहाँ तक कि लम्बे-लम्बे स्वगत संवादों जैसे वैयक्तिक दृश्यों को भी उतनी ही एकाग्रता से प्रस्तुत कर सकते थे।

उपर्युक्त लचीले, व्यावहारिक किन्तु उतने ही वैविध्यपूर्ण स्थापत्य के परिप्रेक्ष्य में शेक्सपियर के नाटकों की दृश्य रचना का अध्ययन करना अपने आप में बेहद रोचक विषय है। संस्कृत नाटकों के बाद पुनः बहुसंख्य अंकों और उनमें भी कितने-कितने दृश्यों वाला विधान अपने लिए मंच के अनुरूप ही एक नयी नाट्य रचना करता है। नाटक का एक दृश्य यदि बहुत कम चरित्रों के साथ घटित होता है तो उसके तुरन्त बाद कोई ऐसा दृश्य होगा जिसमें एक साथ बहुत से पात्रों का प्रवेश-प्रस्थान होता रहता है। इसी के साथ इस रूढ़ि अथवा युक्ति का भी उल्लेख किया जा सकता है कि यदि एक दृश्य का परिवेश बाह्य प्रान्त है, तो दूसरा निश्चित रूप से किसी अन्तरंग कक्ष में सम्पन्न होगा। इस तथ्य को अलग से रेखांकित करने की ज़रूरत नहीं कि एक दृश्य की समाप्ति पर जो पात्र मंच से प्रस्थान करते हैं वे अगले दृश्य में प्रायः प्रवेश नहीं करते हैं क्योंकि मंच के भूगोल को ध्यान में रखा जाये तो उन्हें किसी नये अभिनय क्षेत्र में पहुँचने में थोड़ा वक़्त लगता है। मंच की इस बहुआयामिता का ही प्रभाव है कि शेक्सपियर के नाटकों का प्रत्येक दृश्य बिना किसी मंच-निर्देश अथवा परिचयात्मक टिप्पणी के, सीधे कार्य-व्यापार से आरम्भ होता है। मंच के दूसरे तल्ले पर खिड़कीनुमा अभिनय क्षेत्र उपलब्ध है तो नाटकों में भी प्रायः ऐसे दृश्य मिल जायेंगे, जहाँ निश्चित रूप से उनके प्रयोग की सम्भावना दिखायी देती है। उदाहरण के लिए ऑथेलो के पहले ही दृश्य में यागो और रोदरिगो से बराबांसियों का ऊपर खिड़की से झाँकते हुए इन दोनों से संवाद करना अथवा रोमियो और

जूलियट में रोमियो द्वारा कूदकर जूलियट की खिड़की तक पहुँचना। इसी प्रकार मुख्य धरातल पर बने चोर दरवाज़ों में से हैमलेट के पिता के प्रेत का मंच पर प्रवेश या श्मशान में क़ब्र खोदने वालों के साथ हैमलेट का दृश्य। मंच के दोनों कोनों पर स्थित दो स्तम्भ तो नाट्य रचना में बुने गये लम्बे स्वगत सम्भाषणों की दृष्टि से बहुत ही कारगर साबित हुए। प्रायः पात्र इन स्तम्भों के सहारे पीठ टिकाकर, दर्शकों से बात करने के अन्दाज़ में इन एकालापों के माध्यम से अपने अन्तरंग के उद्‌गार उद्‌घाटित करते थे। जब भी कोई चरित्र मंच पर अकेला रह जाता था और उसे अपने मन के भीतर के किसी विचार को सामने रखना है तो वह अनायास ही उन स्तम्भों वाले क्षेत्र में पहुँच जाता था और दर्शक तुरन्त उसका मन्तव्य समझ जाते थे। मंच पर दृश्य सज्जा के नाम पर कुछ भी उपलब्ध न होने की स्थिति में स्थान, परिवेश और वातावरण का आवश्यक परिचय संस्कृत और ग्रीक नाटकों की भाँति संवादों के माध्यम से ही दे दिया जाता था। दूसरी ओर मंच पर परिकल्पित इतने सारे अभिनय क्षेत्रों ने जहाँ स्थान, समय और कार्य-व्यापार की अन्विति की आवश्यकता को ही समाप्त कर दिया, वहीं तरह-तरह के चमत्कारपूर्ण दृश्यों को रचने में भी सहयोग प्रदान किया। देखा जाय तो नाटकों में प्राप्य चरित्रों की भरमार का सम्बन्ध भी मंच पर उपलब्ध अभिनय क्षेत्र की व्यावहारिकता से जोड़ा जा सकता है। यों इसके लिए स्वयं मण्डली के सदस्यों की संख्या भी उतनी ही ज़िम्मेदार रही होगी। क्या नाटकों में आये भूत-प्रेत, चुड़ैलें, जादूगर और ऐसे ही अनेक दूसरे चरित्र यदि तत्कालीन समय और समाज में व्याप्त अन्ध विश्वासों को चित्रित करते हैं, तो शायद इस ओर भी एक झीना-सा संकेत करते हैं कि उस मंच पर इन सबकी परिकल्पना कितनी मनमोहक, आकर्षक और प्रभावशाली रहती होगी।

अब तक के विवेचन से यह तथ्य काफ़ी हद तक उजागर हुआ होगा कि संस्कृत, ग्रीक और शेक्सपियर के समय में निर्मित प्रेक्षागृहों ने अपने मूल स्वरूप में सदैव के लिए एक स्थिर, निश्चित, निस्संग और किसी भी प्रकार की अतिरिक्त दृश्य सज्जा से रहित होकर भी तत्कालीन नाट्य रचना में मात्र शब्दों के माध्यम से उसकी कल्पना-परिकल्पना के लिए प्रेरित किया। यदि हम चाहें तो इसी कड़ी में जापान के नोह रंगमंच को भी सम्मिलित कर सकते हैं। लेकिन पिछले डेढ़ सौ वर्षों में विकसित यथार्थवादी नाट्य रचना ने प्रेक्षागृह के स्थापत्य से भी ज़्यादा मंच पर अपनी कथा के अनुसार हर बार एक नये दृश्य-बन्ध के निर्माण की प्रक्रिया को जन्म दिया। यह सच है कि प्रोसोनियम मंच के निर्माण के पीछे औद्योगिक क्रान्ति के फलस्वरूप अस्तित्व में आयी तकनीकी क्रान्ति का

भी उतना ही हाथ है, लेकिन उससे भी ज़्यादा नाटक के वे कथानक उत्तरदायी हैं जो पहली बार देवताओं, राजाओं और ऐसे ही चरित्रों को छोड़कर आम आदमी की ज़िन्दगी से आकर जुड़े, जिसकी जीवन गाथा दर्शकों को पहले से मालूम नहीं थी। अतः यह निहायत ज़रूरी हो गया कि मंच पर मात्र शब्द ही नहीं, उस दृश्य या परिवेश का भी वास्तविक-सा दिखने वाला वातावरण तैयार किया जाये। इसीलिए नाटकों में पहली बार मंच-निर्देशों को महत्त्व मिला क्योंकि अब शब्दों या संवादों के भीतर से उसे सूचित करने के बजाय दिखाकर स्थापित किया जा सकता था। नाटक का सम्पूर्ण कार्य-व्यापार प्रायः एक ही दृश्य-बन्ध पर घटित होता है, कम-से-कम किसी एक ही अंक और दृश्य में तो वह नहीं ही बदलता क्योंकि उसके वहाँ ठोस रूप में स्थापित होने के कारण उसे बार-बार उतनी शीघ्रता से हटा पाना सम्भव नहीं होता। यदि फिर भी दृश्य परिवर्तन बहुत ज़रूरी हो तो प्रस्तुति के बीच दिये गये मध्यान्तर अथवा दृश्य के बीच मामूली हेर-फेर से सम्पन्न किया जा सकता है। नाटकों के बीच कथानकों ने प्रोसीनियम मंच की बनावट को एक और दृष्टि से भी प्रभावित किया। प्रायः कथानक घर के भीतर घटित होते हैं, अतः एक चार दीवारों वाले घर की ज़रूरत महसूस हुई जिसके भीतर नाटकों के चरित्र मानो दर्शकों की उपस्थिति से बेख़बर आपस में वार्तालाप करते चलते हैं। दर्शक नाटक देख सकें—मात्र इस सुविधा के लिए अभिनेता और दर्शक के बीच की चौथी दीवार को तोड़ दिया गया है। इसलिए बेशक यहाँ भी विकृष्ट मंच की तरह दर्शक और अभिनेता आमने-सामने होते हैं, लेकिन वे दर्शकों से वैसा सीधा संवाद कभी नहीं करते, जैसा कि आज तक होता आया था। इसका असर नाटक की भाषा और संवादों पर साफ़-साफ़ दिखायी पड़ता है। अब संवाद बाहरी नाटकीयता और अलंकरण से मुक्त होकर चरित्रों के अन्तर्मन में चलने वाले संघर्ष, तनाव और सूक्ष्म से सूक्ष्म संवेदनाओं के वाहक हैं—वे जो कहा जा रहा है, उससे भी ज़्यादा जो अनकहा रह जाता है, उसे संकेतित करते हैं। आधुनिक प्रेक्षागृहों में उपलब्ध तकनीकी सुविधाओं से यदि यह सम्भव है कि मंच पर, जब चाहें जो चाहें दिखा सकते हैं तो नाट्य रचना भी इस सुविधा के उपयोग से अछूती नहीं रही है। नाटकों में दिन, रात, वर्षा, आँधी किसी भी तरह के समय, स्थान और वातावरणों से जुड़े मंच-निर्देशों को आनन-फानन में मंच पर साकार किया जा सकता है। यह अलग अध्ययन का विषय हो सकता है कि इससे पहले की नाट्य रचना में मात्र शब्दों के माध्यम से दृश्य निर्मिति के कारण पाठक या दर्शक की कल्पना को जो विस्तार मिला करता था, उससे हम कहीं वंचित तो नहीं हो गये हैं? इसी अध्ययन का एक दूसरा पक्ष यह भी

हो सकता है कि स्थायी प्रेक्षागृह का अभाव अपने अनुरूप मौखिक नाट्य रचना को भी क्या उसी अनुपात में प्रभावित नहीं करता? लोक नाटकों, नुक्कड़ नाटकों अथवा कामेदिया देल आर्ते की आशु रचना प्रकृति का इस सन्दर्भ में विवेचन और विश्लेषण किया जा सकता है।

संक्षेप में, स्थायी प्रेक्षागृहों के स्थापत्य और निर्माण का जो इतिहास भारत, यूनान, रोम, जापान, इंग्लैंड, फ्रांस आदि देशों में लगभग तीन हज़ार वर्षों से चला आ रहा है, वह इस तथ्य की पुष्टि करता है कि जिस प्रकार युग विशेष की राजनैतिक, सामाजिक और आर्थिक परिस्थितियाँ मनुष्य के रहन-सहन को प्रभावित करती हैं, उसी प्रकार कला और साहित्य की सभी विधाओं को भी। यह मात्र एक मिथ ही है कि रचनाकार की अपनी दुनिया हुआ करती है, और उसे अपने चारों ओर के बाहरी यथार्थ से कुछ लेना-देना नहीं होता। कलाओं की दूसरी विधाओं में भले ही ऐसा जादू फिर भी सम्भव हो जाये, नाट्य कला में तो इसकी कल्पना भी नहीं की जा सकती क्योंकि सबसे पहले और सबसे ऊपर नाटक और रंगमंच एक सामूहिक और सामाजिक विधा है और इसलिए वे एक-दूसरे को प्रभावित करेंगे ही। नाट्य रचना और प्रेक्षागृह स्थापत्य के माध्यम से इसी अन्योन्याश्रित सम्बन्ध को चार प्रतिनिधि धाराओं के भीतर से रेखांकित करने का प्रयत्न किया गया है।

इसी विषय का एक दूसरा पहलू यह भी हो सकता है कि प्रस्तुति शैली और प्रदर्शन-स्थल के बीच भी कोई ऐसा ही रिश्ता बनता है क्या? इसमें कोई सन्देह नहीं कि जहाँ तक नाट्य रचना और प्रेक्षागृह के स्थापत्य का प्रश्न है, वे दोनों एक-दूसरे को प्रभावित करते हैं—कभी नाट्य रचना की लम्बी परम्परा के बाद उस पर आधारित प्रेक्षागृहों का निर्माण होता है और कभी प्रेक्षागृहों में उपलब्ध अभिकल्पन के आधार पर नये नाटकों की रचना की जाती है। यहाँ तक कि जब तक रंगमंच के इतिहास में स्थायी प्रेक्षागृह नहीं थे, तब तक औपचारिक, लिखित नाट्य रचना के भी प्रमाण नहीं मिलते। लेकिन यही बात प्रस्तुति शैली और प्रदर्शन-स्थल के विषय में इतने अधिकारपूर्वक नहीं कही जा सकती। ऐसा इसलिए क्योंकि पहले नाट्य रचना होती है, उसे किस प्रस्तुति शैली में किया जाना है, यह निर्णय बाद में किया जाता है। यों तो यह कहा ही जाता है कि नाट्य रचना स्वयं में ही अपनी प्रस्तुति शैली भी समाहित किये होती है और इस तरह से उसका सम्बन्ध पहले से ही प्रदर्शन-स्थल अथवा प्रेक्षागृह के स्थापत्य से निश्चित हो चुका होता है। लेकिन यदि कोई नाट्य-मण्डली नाटक में निहित प्रस्तुति शैली से अलग अपनी कोई स्वतन्त्र प्रस्तुति शैली विकसित करना चाहती है

तो उस स्थिति में इस पारस्परिक सम्बन्ध की जाँच-पड़ताल कितनी तरह से की जा सकती है? नाट्य-मण्डली अपनी विकसित शैली के अनुसार प्रदर्शन-स्थल का चुनाव करे? यदि वैसा प्रदर्शन-स्थल उपलब्ध नहीं है तो पहले से निश्चित स्थापत्य को ही परिवर्तित करने का प्रयत्न करे? यदि ये दोनों विकल्प भी सम्भव नहीं हैं तो अपने लिए बिल्कुल एक नया प्रदर्शन-स्थल तैयार करे?

उपर्युक्त विकल्पों में से किसी का चुनाव किया जाये, कम-से-कम तीन तत्त्व इस पूरी प्रक्रिया में अन्तर्निहित हैं—प्रस्तुति शैली, प्रदर्शन-स्थल का अभिकल्पन अथवा परिकल्पना और उसके अनुसार दर्शकों के नाटक देखने की निर्धारित दृष्टि। पहले दोनों तत्त्वों पर तो इस अध्ययन में विचार होगा ही, सबसे पहले यह देख लिया जाये कि नाट्य प्रस्तुति और दर्शकों के बीच देखने के स्तर पर कितनी तरह के समीकरण बनते हैं। इस दृष्टि से यदि आदिकाल से आज तक के रंग इतिहास को जाँचा-परखा जाये तो अनेक तरह के विकल्प और सम्भावनाएँ बनती, बदलती और सँवरती रही हैं। उदाहरण के लिए दर्शक एक घेरे में अथवा चौकोर स्थिति में बैठे या खड़े हुए और उनके बीच घटित होता नाटक। दर्शक मंच को तीन तरफ़ से घेरे हुए, दो तरफ़ से घेरे हुए अथवा बिल्कुल मंच के सामने बैठे हुए। दर्शक बीच में बैठे हुए और नाटक उनके चारों तरफ़ घटित होता हुआ। नाटक के अलग-अलग दृश्य एक विशाल क्षेत्र और परिवेश में फैले हुए और दर्शक उन्हें देखने के लिए एक क्षेत्र से दूसरे क्षेत्र तक जाते हुए। दर्शक एक ही स्थान पर स्थित हों—बैठे या खड़े हुए और नाटक के दृश्य किसी चलायमान पद्धति से उनके सामने से गुज़र जायें। सम्भावना इसकी भी हो सकती है कि पहले से उपर्युक्त विकल्पों में से भी कुछ निश्चित न किया जाये और अन्ततः प्रस्तुति शैली अपने लिए जो भी प्रदर्शन की विधि विकसित कर ले। क्या हम कई बार नाट्यालेख के साथ भी ऐसा ही व्यवहार नहीं करते, जब हम पहले से ही कोई प्रस्तुति शैली निश्चित न करके स्वयं अभिनेताओं के भीतर से ही पैदा होने देते हैं? कहने का तात्पर्य यही है कि हम जिस भी मार्ग से यात्रा करें, आख़िर में उस यात्रा को दर्शकों तक आकर ही सम्पूर्ण होना है और ऐसे में प्रस्तुति शैली, प्रदर्शन-स्थल और दर्शकों के बीच अपने आप एक निश्चित सम्बन्ध स्थापित हो जायेगा।

इस सारी पृष्ठभूमि के बाद अब हम अपने विषय पर सीधे-सीधे विचार-विमर्श कर सकते हैं अर्थात हर तरह के प्रदर्शन-स्थल को सामने रखते हुए, उसके अनुसार निर्धारित होती हुई सम्भावित प्रस्तुति शैली की खोजबीन की जाये। इस दृष्टि से सबसे पहले हम एक घेरे या वर्तुलाकार मंच को लेते हैं।

इस मंच को सबसे पहले लेने का एकमात्र कारण यही है कि रंगमंच के आदिकाल में मंच का जो पहला आकार उभरकर आया, वह एक वर्तुल ही था और उसी ने आगे आने वाले तरह-तरह के आकारों के लिए एक आधार भूमि तैयार की। इसे एक संयोग मात्र ही कहा जा सकता है कि घेरे के जन्म का कारण उस आदिम मनुष्य की अपनी दिनचर्चा के एक महत्त्वपूर्ण कार्यकलाप से जुड़ा हुआ था और वह था शिकार करके लाये गये जानवरों को बीच में रखकर भूनना और उसके बाद मिल बाँटकर खाना। इसे यूँ भी कहा जा सकता है कि मनुष्य के भीतर छिपी बालसुलभ प्रवृत्ति की अभिव्यक्ति आकार के रूप में सबसे पहले शायद एक घेरे के रूप में ही जन्म लेती है।

बहरहाल, घेरा या वर्तुल अपने मूल आकार में प्रस्तुति शैली को लेकर कुछ चीज़ें स्वयं ही निश्चित कर देता है–घेरे का न कोई आदि और न कोई अन्त। इसीलिए यहाँ न कोई प्रवेश है और न कोई प्रस्थान। जो भी प्रवेश प्रस्थान होना है, वह दर्शकों के बीच से ही होना है। इसीलिए कहा भी जाता है कि इस व्यवस्था में अभिनेता और दर्शकों में कोई भी भेद नहीं होता। दोनों तत्त्व समान धरातल पर होते हैं। दर्शक चारों तरफ़ बैठे हैं या खड़े भी हो सकते हैं, ऐसी स्थिति में अभिनेता को जो दिखाना होगा, वह हर दर्शक के लिए देखने और सुनने की दृष्टि से सम्भव होना चाहिए। यह तभी हो सकता है कि अभिनेता स्वयं चारों तरफ़ घूम-घूमकर दर्शकों के साथ सम्प्रेषण स्थापित करे अथवा एक अभिनेता के स्थान पर दो, तीन या चार। अब कई अभिनेताओं का समूह ही उस दायरे में अपनी गतियों, मुद्राओं और कार्य-व्यापार से मंच सज्जा के अभिकल्पन का काम भी करेगा क्योंकि जैसे ही हम किसी भी प्रकार की पक्की और ठोस साज-सज्जा का प्रयोग करेंगे, वह किसी न किसी तरफ़ के दर्शकों के देखने की प्रक्रिया में अवरोध पैदा करेगी। इसीलिए यह अकारण या संयोग मात्र नहीं है कि जब-जब नाटक का मंचन एक दायरे में किया जाता है तो वहाँ मात्र एक खाली स्पेस ही हुआ करता है। यदि किसी दृश्यबन्ध को होना भी है तो उसे भी लगातार अभिनेताओं की गतियों के साथ चलायमान होना पड़ेगा। दायरे में स्थिर और निश्चित दृश्यबन्ध की परिकल्पना तो की ही नहीं जा सकती। यदि की भी जाये तो एक ही तरह के कम-से-कम चार दृश्यबन्ध तो आने ही होंगे। हाँ, ऐसे मंच उपकरण और सामग्री अवश्य इस्तेमाल किये जा सकते हैं, जिन्हें अभिनेता स्वयं ला और ले जा सके।

पात्रों की गतियाँ गोलाकार हैं तो कहीं-न-कहीं वे एक लय, ताल और क्रम से जुड़ने लगती हैं और इस तरह अपने साथ अनायास ही गीत, संगीत और

नृत्य को जन्म दे बैठती हैं। इसका अर्थ यह नहीं है कि किसी और तरह के प्रदर्शन-स्थल में प्रस्तुत किये जा रहे नाटक में गीत, संगीत और नृत्य नहीं हो सकता। यहाँ हम मात्र इस तथ्य को रेखांकित करना चाहते हैं कि वर्तुलाकार बनावट अपने आप में ऐसी बनावट है, जैसे हमारी अपनी परम्परा में होने वाले आनुष्ठानिक कार्यकलाप।

अभिनेताओं को अपनी गतियों, मुद्राओं, संवादों, गीत, संगीत और नृत्य से एक परिवेश रचना है, एक वातावरण का निर्माण करना है, और वह सब कुछ भी एक खाली मंच पर, तो किसी भी तरह के यथार्थ अथवा वास्तविकता के भ्रम की ज़रूरत ही नहीं रहती। यहीं से जन्म होता है शैलीबद्धता का, रीतिबद्धता का, और यदि शास्त्रीय भाषा में कहा जाये तो एक नाट्यधर्मिता का। कालान्तर में यह नाट्यधर्मिता भले ही हर तरह की नाट्य रचना और प्रस्तुति से जुड़ गयी हो, इसमें कोई सन्देह नहीं कि मूलतः इसका जन्म वर्तुलाकार मंच पर ही हुआ था।

मंच या प्रदर्शन-स्थल के इस आकार में अभिनेता से कई अपेक्षाएँ और होने लगती हैं। ज़्यादा-से-ज़्यादा शब्दाश्रित होने के कारण उसे उस शब्द को ही पहले श्रव्य और फिर दृश्य में परिवर्तित करना होता है। यहाँ शब्द का मात्र वाचन नहीं किया जा सकता, उसे अनिवार्य रूप से दृश्य के रूप में सामने आना चाहिए। इसीलिए हम देखते हैं कि रूपसज्जा, वेशभूषा और कई बार प्रकाश सज्जा भी इस तरह की प्रस्तुतियों में बहुत ज़्यादा मुखर होकर उभरती है और यह स्वाभाविक भी है। किसी भी प्रकार की दृश्य सज्जा के अभाव में आहार्य अभिनय के यही तत्त्व उस खाली स्पेस को अपने रंगों, रेखाओं और बिम्बों से भरते हैं।

क्या यह अपने-आप में बेहद रोचक जानकारी नहीं कि आदिम रंगमंच से लेकर आज तक के नुक्कड़ रंगमंच का जो इतिहास लाखों वर्षों में फैला हुआ है, उसमें उपर्युक्त तत्त्व ही प्रधान रहे हैं। आज सुविधा के लिए कभी-कभी इसी दायरे में चार अनौपचारिक प्रवेश प्रस्थान बना लिए जाते हैं, जिन्हें अभिनेता नाटक के कार्य-व्यापार के दौरान प्रयोग में लाते रहते हैं। वर्तुलाकार मंच का लाभ यह भी है कि इसमें अतिरिक्त रूप से कोई तामझाम नहीं करना पड़ता—मात्र कुछ प्रकाश उपकरणों को चार कोनों से बाँधना ज़रूरी है। वह भी तभी जब प्रदर्शन रात में हो रहा हो, अन्यथा सूरज की रोशनी में उसकी भी कोई दरकार नहीं रहती। वर्तुलाकार प्रदर्शन-स्थल की इसी अनौपचारिकता का परिणाम है कि रंग इतिहास में दर्शकों और अभिनेताओं के बीच यह पद्धति सबसे ज़्यादा लोकप्रिय रही है। इतना ही नहीं, दर्शकों और अभिनेताओं के बीच अन्तरंगता की दृष्टि से भी इस मंचीय स्थिति का सबसे ज़्यादा महत्त्व है।

यहाँ तक कि आधुनिक भारतीय रंगमंच में बंगाल के सुप्रसिद्ध नाटककार निर्देशक बादल सरकार ने अपने तीसरे रंगमंच की परिकल्पना को साकार रूप प्रदान करने के लिए मंचन की इसी पद्धति का चुनाव किया और पिछले लगभग चालीस वर्षों से इसी शैली में काम करते आ रहे थे। नुक्कड़ नाटकों की प्रस्तुति के सन्दर्भ में इस प्रकार के स्थल की हम पहले ही ऊपर चर्चा कर आये हैं। आदिम रंगमंच के बाद पश्चिम में जब मध्यकाल में नाटक चर्च के बाहर निकलकर आया और बाज़ार के चौराहों पर पहुँचा तो नाटकों का मंचन इसी पद्धति में होता था। हमारे यहाँ कुछ प्रदेशों में रामलीला जैसी लोक शैली का मंचन भी एक दायरेनुमा पद्धति में ही होता है। यहाँ यह उल्लेख करना भी अप्रासंगिक नहीं होगा कि वे सब प्रकार के खेल, तमाशे, सर्कस का पंडाल हों, मदारी को घेरकर बैठे या खड़े लोग हों, उत्सव हों, अनुष्ठान हो—अर्थात कोई भी ऐसी गतिविधि जिसमें एक बड़े समूह की भागीदारी हो अथवा एक छोटे समूह की, सबसे अहम बात यह है कि दायरे में स्थित दर्शकों द्वारा अभिनेताओं तक पहुँचने वाली ऊर्जा और अभिनेताओं द्वारा दर्शकों तक पहुँचनेवाली ऊर्जा एक दायरे के केन्द्रीय बिन्दु के बिल्कुल मध्य में होने के कारण आपस में बराबर-बराबर वितरित होती रहती है।

प्रस्तुति शैली और प्रदर्शन-स्थल के बीच लगभग यही रिश्ता तब भी बनता है जब दर्शक मंच को तीन तरफ़ से घेरकर बैठते हैं। दर्शकों और अभिनेताओं के मध्य वही अन्तरंगता बरकरार रहती है, जो एक दायरे वाली स्थिति में थी क्योंकि यहाँ अभिनेता दर्शक पर छा जाने की स्थिति में होते हैं। ऐसा इसलिए होता है क्योंकि अब दायरा पूरी तरह से एक दायरा न रहकर एक तरफ़ से तोड़ दिया गया है और वहाँ एक ऐसा स्पेस आ गया है जिसे प्रदर्शन के लिए इस्तेमाल किया जा रहा है, जिसे अभिनेताओं की रंगभूमि भी कहा जाता है। मंच के तीन तरफ़ से घिरे होने में सुविधा यह हो जाती है कि अभिनेताओं के अनायास ही मंच के तीन कोनों पर प्रवेश और प्रस्थान के लिए अनेक द्वार मिलने लगते हैं। इतना ही नहीं, दर्शकों के ठीक सामने मंच के पिछले हिस्से में एक दीवार अथवा पर्दे की परिकल्पना की जा सकती है। इस प्रकार के दृश्यबन्ध के नाम पर कम-से-कम पिछली दीवार के सामने प्रावधान किया जा सकता है। अभी भी क्योंकि दर्शक मंच को तीन तरफ़ से घेरे हुए रहते हैं इसलिए कोई भी दृश्यबन्ध ऐसा नहीं हो सकता जो मंच पर उपलब्ध पूरे अभिनय क्षेत्र में फैला हुआ हो। ऐसी स्थिति में प्रस्तुति शैली को पुनः उसी शैलीबद्धता अथवा रीतिबद्धता का आश्रय लेना पड़ता है जो कि इससे पूर्व एक वर्तुलाकार प्रदर्शन-स्थल के रूप में विश्लेषित की जा चुकी है। कभी घेरे के बड़े होने और विशाल दर्शक समूह की उपस्थिति के

कारण भी प्रस्तुति शैली में कई दूसरे तत्त्व जुड़ने लगते हैं। उदाहरण के लिए, चेहरे पर बड़े-बड़े मुखौटों के प्रयोग, शरीर की बनावट को उसकी स्वाभाविक नाप से ज़्यादा बढ़ा-चढ़ाकर दिखाने के लिए ऊँची-ऊँची एड़ियों वाले जूतों का प्रयोग, प्रत्येक हावभाव, गति और मुद्रा को अतिरंजित रूप में दर्शकों के सामने प्रस्तुत करना, पश्चिम में यूनानी नाट्य-परम्परा और भारत में पारसी नाटकों के प्रदर्शन में उपर्युक्त तत्त्वों को सहज ही पहचाना जा सकता है।

प्रस्तुति शैली का लगभग यही स्वरूप तब भी बनता है जब दर्शक मंच को दो तरफ़ से घेरकर बैठते हैं। यूँ तो इतिहास में परम्परा के रूप में इस तरह का प्रावधान मात्र जापान की नोह और काबुकी नाट्य शैली में ही दिखायी पड़ता है लेकिन आज कोई निर्देशक प्रयोग के स्तर पर किसी भी नाटक की प्रस्तुति में एक ख़ास स्पेस में इस तरह की पद्धति का प्रयोग कर सकता है अर्थात दर्शक मंच को दो तरफ़ से घेरकर बैठें और नाटक उनके बीच में मंचित हो रहा हो। इसमें कोई सन्देह नहीं कि ऐसे मंचन में मंच के दो कोने, दृश्यबन्ध, नेपथ्य अथवा प्रवेश और प्रस्थान के काम में आते हैं लेकिन प्रस्तुति शैली कमोबेश उसी नाट्यधर्मिता से काम चलाती है जिसका ज़िक्र ऊपर बार-बार किया गया है। इस प्रकार से देखा जाये तो अभी तक के विवेचित तीन तरह के प्रदर्शन-स्थल अपनी बनावट से ही प्रस्तुति शैली को लगभग निश्चित कर देते हैं। इन पद्धतियों में किसी भी नाटक को यथार्थवादी शैली के माध्यम से मंचित करना सम्भव ही नहीं है। यह अलग बात है कि वह नाट्यधर्मिता अपनी प्रस्तुति शैली में विविधवर्णी होती है और उसका कोई एक निश्चित स्वरूप नहीं बनाया जा सकता। हाँ, कुछ तत्त्व ज़रूर सामान्य हो सकते हैं, जैसे कि गीत, संगीत और नृत्यवत गतियाँ और मुद्राएँ। इसीलिए हम देखते हैं कि अलग-अलग देशों में अथवा हमारे अपने ही देश के अलग-अलग प्रान्तों में इस तरह के प्रदर्शन-स्थलों में जितनी भी तरह की प्रस्तुति शैलियों और पद्धतियों से हमारा साक्षात्कार होता है उन सब में ये सामान्य तत्त्व अवश्य पाये जाते हैं।

अब हम किसी भी नाटक को मंच के मात्र एक तरफ़ बैठकर देखने वाले प्रदर्शन-स्थल में से उभरती हुई शैली पर विचार कर सकते हैं। सबसे पहले तो इस तथ्य पर ध्यान दिया जाना ज़रूरी है कि किसी भी चित्र, पुस्तक अथवा वस्तु को हम किसी एक विशेष क्षण में जब आमने-सामने वाली स्थिति में देखते हैं तो वह देखने की वैज्ञानिक पद्धति के कारण एक स्वाभाविक स्थिति होती है। हम बायें से दायें देखते हैं और एक बार में हमारी दृष्टि जितनी दूर तक देख सकती है, उससे इस तरह के प्रदर्शन-स्थल में प्रस्तुतियों को देखने की सीमारेखा अपने

आप निश्चित होने लगती है, अर्थात हमारी आँखों के ठीक सामने लगभग एक सीधी रेखा में पीछे गहराई में जाता हुआ एक खुला मंच। हम दर्शक दीर्घा में कहीं भी बैठें, मंच का हर वह भाग हमें सुविधापूर्वक दिखायी देता रहे, इसका प्रावधान इस प्रकार के प्रदर्शन-स्थल की सबसे आवश्यक प्राथमिकता है। दूसरे, क्योंकि अब दर्शक ठीक मंच के सामने बैठे हैं, अतः किसी भी तरह का दृश्यबन्ध अभिनेताओं और दर्शकों के बीच व्यवधान उत्पन्न नहीं करेगा। इसीलिए यह स्वाभाविक ही था कि इतिहास में पहली बार मंच-अभिकल्पन एवं दृश्यबन्ध की परिकल्पना ने इसी प्रदर्शन-स्थल की अवधारणा के साथ जन्म लिया।

एक और दृष्टि से भी आमने-सामने बैठकर देखने की पद्धति का अपना महत्त्व है। जब साहित्य और नाट्य रचना में स्वाभाविकतावाद अथवा यथार्थवाद ने जन्म लिया तो उस समय प्रदर्शन-स्थल के रूप में भी नाटकों के मंचन के लिए रंगद्वारी मंच की आवश्यकता अनुभव की गयी क्योंकि अब नाटक सीधे-सीधे दर्शकों को सम्बोधित न होकर पात्रों और चरित्रों के बीच ही घटित होता दिखाया जाता था। इसके पीछे मूल कारण यही था कि जो नाटक अब तक खुले में एक विशाल मंच पर मंचित होते थे और ईश्वर, राजा अथवा दूसरे अलौकिक तत्त्वों से भरपूर होते थे, वे विज्ञान और औद्योगिक क्रान्ति के फलस्वरूप सामान्य आदमी की कहानी को केन्द्र में लेकर आये और नाटक का परिवेश भी उसी के अनुसार घर के भीतर सिमट गया। इसीलिए इस तरह के प्रदर्शन-स्थल के पीछे मूल सोच यही है कि सारा नाटक मानो एक चारदीवारी के भीतर घटित होता है जिसकी एक दीवार को दर्शकों की सुविधा के लिए तोड़ दिया गया है, अभिनेता दर्शकों की उपस्थिति से बिल्कुल भी सजग और सचेत न हो और नाटक के संवाद, क्रियाएँ, प्रतिक्रियाएँ और सारा कार्य-व्यापार उनके अपने बीच चलता रहे। इस प्रकार जहाँ नाट्य रचना में एक यथार्थवादी शैली का सूत्रपात हुआ उसी के अनुसार प्रस्तुति शैली भी यथार्थवाद पर ही आश्रित रहती है। इसका परिणाम यह हुआ कि अब तक जो अभिनय परम्परा अतिरंजित, मैलोड्रामेटिक और नाट्यधर्मिता से आबद्ध थी, वह सूक्ष्म, आन्तरिक, सहज और स्वाभाविक अभिनय में रूपान्तरित हो गयी।

यहीं पर एक प्रश्न यह भी उठाया जा सकता है कि मंच के सामने एकतरफ़ा बैठकर नाटक देखने की पद्धति तो हमारी अपनी प्राचीन परम्परा में भी विद्यमान थी तो फिर उसके साथ यथार्थवादी प्रस्तुति शैली ने जन्म क्यों नहीं लिया। इसका कारण यही है कि बेशक हमारे यहाँ भी प्रदर्शन-स्थल का यह स्वरूप आरम्भ से ही मिलता है और एक अर्थ में सबसे पहले हमारे ही देश

में एकतरफ़ा बैठकर नाटक देखने की पद्धति का जन्म हुआ था लेकिन नाटकों की कहानियाँ राजाओं, लोककथाओं, पुराणों, मिथकों इत्यादि से जुड़ी होने के कारण अभिनय अथवा प्रस्तुति शैली के स्तर पर उस यथार्थवादिता का आविर्भाव नहीं हो पाया। इसीलिए दर्शकों के एक तरफ़ बैठने के बावजूद प्रस्तुति शैली का आग्रह नाट्यधर्मी पर ही ज़्यादा रहा। यह अलग बात है कि हमारे यहाँ भी लोकधर्मी नाम से उस शैली के संकेत मिलते हैं जिसे आज के यथार्थवाद की पूर्वपीठिका कहा जा सकता है।

बहरहाल, रंगद्वारी मंच पर बना हुआ चौखटेनुमा ढाँचा प्रस्तुति शैली से सम्बन्धित कुछ चीज़ें स्वयं ही निर्धारित कर देता है, मसलन—एक ठीक सामनेवाले परदे की ज़रूरत जिसकी सहायता से दर्शकों को भीतर का हिस्सा तभी दिखायी पड़े जब हम चाहें। यदि सामने का परदा नहीं भी है तो भी सारा मंच अन्धकार में और प्रदर्शन के समय ठीक इसके उलट अर्थात दर्शकों पर अन्धकार और मंच पर प्रकाश। एक प्रकार से प्रस्तुति शैली और प्रदर्शन-स्थल आपस में मिलकर यथार्थ का भ्रम उत्पन्न करते हैं। इसमें कोई सन्देह नहीं कि मंच पर यथार्थवादी प्रस्तुति शैली में अभिनेता अपने सही क़द और व्यक्तित्व के साथ ही दर्शकों के सामने उपस्थित होता है। यों कहने को यही यथार्थवादी अभिनय शैली फ़िल्म और दूरदर्शन में भी इस्तेमाल की जाती है लेकिन सच्चाई यह है कि दूरदर्शन में आदमी अपने क़द से बहुत छोटा और फ़िल्म में बहुत बड़ा दिखायी देता है। इसीलिए कहा जाता है कि वस्तुतः यथार्थवादी प्रस्तुति और अभिनय शैली की पहचान रंगमंच पर ही होती है।

उपर्युक्त सभी विकल्पों और पद्धतियों के बाद मुख्य रूप से प्रदर्शन-स्थलों के दो और स्वरूप इतिहास में दिखायी पड़ते हैं जिनका उल्लेख किया जाना चाहिए। एक तो, खुले मैदान में एक नाटक के अलग-अलग दृश्यों को मंचित करना और दर्शक उन्हें वहाँ जा-जाकर देखें। दूसरे, दर्शक गलियों, चौराहों, नुक्कड़ों पर खड़े रहें और नाटक का एक-एक दृश्य किसी वाहन के माध्यम से स्वयं उनके सामने चलकर आये। दोनों ही स्थितियों में प्रदर्शन-स्थल के स्वरूप के वैचित्र्य और विविधता के बावजूद प्रस्तुति शैली पर अलग से कोई ख़ास असर नहीं पड़ता। वह नाट्यधर्मी भी हो सकती है और यथार्थवादी भी। लेकिन अहम बात यही है कि उसमें कम-से-कम मंच उपकरण और तामझाम से काम चलाना होगा। अभिनेताओं की संख्या भी बहुत ज़्यादा नहीं होती। इसीलिए इस तरह के नाटकों की प्रस्तुति में प्रायः रूपसज्जा, वेशभूषा और एकाध छोटे-मोटे मंच उपकरण ही ज़्यादा काम आते हैं।

इस प्रकार हम देखते हैं कि जिस प्रकार प्रेक्षागृह का स्थापत्य अपने समय में लिखे जानेवाले नाटकों की संरचना और शिल्प को प्रभावित करता है, उसी प्रकार मंचन किस प्रदर्शन-स्थल पर किया जा रहा है, यह तथ्य भी नाटक की प्रस्तुति शैली को निर्धारित कर देता है। लेकिन इसका अर्थ यह नहीं है कि ऐसे निष्कर्ष अपने आप में अन्तिम कहे जा सकें। सम्भावना इसकी फिर भी बनी रहती है कि कोई कल्पनाशील निर्देशक अथवा नाट्य-मण्डली प्रदर्शन-स्थल के अपने स्वरूप के बिल्कुल विपरीत प्रस्तुति शैली की भी खोज कर ले अथवा स्वयं प्रस्तुति शैली स्थल के निश्चित आकार-प्रकार को अपने हिसाब से रूपान्तरित कर ले।

मंच-अभिकल्पन एवं दृश्यांकन

सम्पूर्ण विश्व रंगमंच में ही मंच-अभिकल्पन एवं दृश्यांकन की एक स्वतन्त्र कला के रूप में अवधारणा मध्यकाल के आसपास जन्म लेती और विकसित होती है। लेकिन एक दूसरे रूप में वह रंगमंच की शुरुआत से ही अपने अस्तित्व का संकेत देना शुरू कर देती है—रात्रि का समय, एक घेरे में बैठे लोग, बीच में आग और उस पर पकते हुए मांस के भोज के साथ उसी से जुड़ी घटनाओं का पहले वर्णन और फिर अभिनटन। आदिम रंगमंच के इस चित्र में मंच-अभिकल्पन एवं दृश्यांकन भले ही उस रूप में उपस्थित न हो, जिस रूप में आज हम उससे परिचित हैं, लेकिन फिर भी उससे जुड़े कुछ आवश्यक तत्त्वों की उपस्थिति यहाँ भी अपने क्षीण एवं धुँधले आकार में ही सही, दिखायी ज़रूर पड़ती है।

एक बेहद अनौपचारिक प्रदर्शन-स्थल, एक प्राकृतिक वातावरण की सृष्टि, जिसमें चाँद की रौशनी, आग एवं दूसरे पेड़-पौधे, पहाड़ आदि सम्मिलित हैं। वेशभूषा के नाम पर सम्भवतः पेड़ों की छालें और जानवरों की खालें, मंच-उपकरणों के रूप में लाठियाँ, डण्डे और भाले, रूपसज्जा के लिए मिट्टी, पत्ते या मुखौटों से मिलते-जुलते हुए कुछ शिरस्त्राण—क्या ये सब मिलकर अपने आप में एक मंच-अभिकल्पन एवं दृश्यांकन के मायावी संसार की सृष्टि नहीं कर देते, जिसे जाने-अनजाने आदिम मनुष्य ने खेल-खेल में अपने साथ जोड़ लिया था।

मंच-अभिकल्पन एवं दृश्यांकन का एक और रूप पहली बार बहुत बाद में विकसित शास्त्रीय रंगमंच में देखा जा सकता है जो भारत, यूनान, रोम, जापान और मध्यकाल में शेक्सपियर-रंगमंच में विद्यमान है। जहाँ प्रदर्शन-स्थल एकदम निश्चित, रूढ़, स्थिर एवं निस्संग रूप में उपस्थित है अर्थात वह नाटक के अनुसार बदलने वाला मंच-अभिकल्पन एवं दृश्यांकन नहीं है, वरन उस पर कोई भी नाटक खेला जा सकता था, लेकिन उसके अपने स्वरूप में कोई परिवर्तन नहीं होगा। इसीलिए इस प्रदर्शन-स्थल को भी प्रेक्षागृह की अवधारणा के रूप में स्वीकार किया गया, न कि नाटक के लिए की जाने वाली स्वतन्त्र मंच-अभिकल्पना एवं दृश्यांकन के रूप में। यह तो सच है कि प्रदर्शन-स्थल के ऐसे निश्चित रूप का बाकायदा एक लम्बा इतिहास है, जो पाँचवीं शती ई. पू. से पाँचवीं शती तक अर्थात कम-से-कम एक हज़ार वर्ष तक तो अनवरत और बाद में पुनः जापान और शेक्सपियर के माध्यम से चौदहवीं शती से सोलहवीं शती के बीच अपने ठोस अस्तित्व की सूचना देता है।

यहाँ एक सवाल उठाया जा सकता है कि यदि प्रदर्शन-स्थल के रूप में इतने विकसित रंगमंच का जन्म सम्भव था, वेशभूषा, प्रकाश, मुखौटों के रूप में अभिकल्पन से जुड़े दूसरे तत्त्वों का विकास भी हुआ तो मंच-अभिकल्पन एवं दृश्यांकन की अवधारणा एवं कला का जन्म एवं विकास क्यों नहीं हो पाया? मेरे विचार में इसका मूल कारण वह स्रोत-सामग्री है, जिस पर पूर्व और पश्चिम में मध्यकाल तक नाटकों के कथानक आधारित रहते आये। हमारे यहाँ रामायण, महाभारत, पुराण, लोककथा, इतिहास व पश्चिम में यूनानी कवि होमर का *इलिएड* और *ओडेसी*, जापान के नोह नाटकों के बौद्ध धर्म से जुड़े सूत्र व शेक्सपियर के नाटकों के होलिनशेड के इतिहास में उपलब्ध ऐतिहासिक चरित्र एवं कहानियाँ—ये सब कुछ दर्शकों के लिए पहले से पढ़ा-सुना और जाना-पहचाना था। इसलिए नाटक-दर-नाटक कभी अलग से उस परिवेश को तैयार करने की ज़रूरत नहीं पड़ी, यद्यपि वह वहाँ उपस्थित तो रहता ही था—

पात्रों के संवादों के माध्यम से, गतियों के माध्यम से और अन्ततः दूसरे रंगतत्त्वों के माध्यम से। यूनानी नाटकों में यदि समय, स्थान और कार्य-व्यापार की अन्विति ने भी मंच-अभिकल्पन एवं दृश्यांकन की आवश्यकता को गौण बना दिया तो भारतीय, जापान एवं शेक्सपियर के रंगमंच में उपलब्ध समय, स्थान एवं कार्य-व्यापार की बहुलता एवं स्वतन्त्रता के कारण उसकी कोई कमी अनुभव नहीं की गयी।

सतही तौर पर देखा जाये तो भारतीय रंगमंच का इतिहास भी उपर्युक्त पृष्ठभूमि एवं विवेचन का अपवाद नहीं है, लेकिन यदि गहराई से अध्ययन किया जाये तो मंच-अभिकल्पन एवं दृश्यांकन के तत्त्व भारतीय रंगमंच में पहले मिलने शुरू हो जाते हैं। मैं अपनी स्थापना के लिए मात्र दो-तीन तथ्यों की ओर रंग-अध्येताओं एवं विद्वानों का ध्यान आकर्षित करना चाहूँगा—बेशक हमारे यहाँ भी नाट्यशास्त्र में मंच एवं प्रेक्षागृह की वैसी ही रूढ़, स्थिर एवं निश्चित परिकल्पना की गयी है जैसा कि दूसरे देशों के शास्त्रीय रंगमंच के साथ हुआ, लेकिन किसी भी स्थायी प्रेक्षागृह की अनुपस्थिति क्या इस ओर संकेत नहीं देती कि जब-जब नाटकों का मंचन किया जाता होगा, तभी अस्थायी मंच-निर्माण किया जाता होगा अर्थात कहीं-न-कहीं नाटक के अनुसार मंच-निर्माण की आवश्यकता के बीज विद्यमान होने की सूचना मिलती है। यही क्यों, मंच एवं प्रेक्षागृह के तीन अलग-अलग प्रकार एवं आकार और फिर उनके भी तीन-तीन नाप के हिसाब से भेद यानि कुल मिलाकर नौ प्रकार के प्रदर्शन-स्थल एवं प्रेक्षागृह—*दशरूपक* में चर्चित अलग-अलग रूपकों के लक्षणों के अनुसार कौन-सा रूपक किस प्रकार के मंच पर खेला जायेगा—क्या प्रकारान्तर से कहीं मंच-अभिकल्पन एवं दृश्यांकन की ओर ही संकेत नहीं करते? चाहें तो मत्तवारिणि की मंच के अगले भाग में बायें-दायें दो विशेष अभिनय स्थलों के रूप में परिकल्पना, षड-दारूक की एक व्याख्या कि मंच के पिछले हिस्से में छः लकड़ी के टुकड़ों से बना एक ऐसा चित्रपट, जो संगीत-मण्डली की पृष्ठभूमि के रूप में नाटक के अनुसार बदलता रहता था, रंगपटी अथवा चित्र-यवनिका का मंच पर होने वाले कार्य-व्यापार में प्रयोग और सबसे महत्त्वपूर्ण एवं अपरिहार्य तथ्य यह कि आहार्य को भी अभिनय के अन्तर्गत स्वीकृति दी गयी, न कि अलग से एक स्वतन्त्र रंग-तत्त्व के रूप में। कहने का तात्पर्य यही है कि चाहे कितने भी झीने रूप में ही सही, मंच-अभिकल्पना एवं दृश्यांकन के जन्म की सूचना पश्चिम की बजाय भारतीय रंगमंच में अपना अहसास बहुत पहले से कराना शुरू कर देती है।

यदि रंगमंच के समानान्तर भारतीय चित्रकला एवं मूर्तिकला के इतिहास पर भी ग़ौर किया जाये तो उपर्युक्त धारणाओं को और बल मिलता है। उदाहरण के लिए अजन्ता व एलोरा की गुफाओं में ईसा से भी कितनी शताब्दियों पूर्व चित्रित बौद्धकालीन जीवन शैली से जुड़े भित्ति-चित्र यदि *स्वप्नवासवदत्ता* और *अभिज्ञानशाकुन्तल* और *मृच्छकटिक* जैसे नाटकों में चित्रकला के माध्यम से दृश्यांकन के छद्म संकेत उपलब्ध हैं तो क्या इस बात की परिकल्पना सहज सम्भाव्य नहीं कि इन भित्ति-चित्रों का कुछ-न-कुछ सम्बन्ध तत्कालीन नाटकों में वर्णित जीवन शैली के दृश्यांकन से भी रहा होगा। चाहें तो ग्रीक रंगमंच में संकेतित *पेरियाकतोइ* और रोमन रंगमंच में सम्भावित मुख्य परदे को भी हम इसी प्रकार के दृश्यांकन तत्त्वों में सम्मिलित कर सकते हैं, जो विश्व की सभी प्राचीन रंग-परम्पराओं में मौजूद रहे होंगे।

लगभग एक हज़ार ईस्वी से लेकर सत्रहवीं शताब्दी तक—सात सौ वर्ष के लम्बे इतिहास में—पहली बार एक लचीले, व्यावहारिक एवं यायावर मंच-अभिकल्पन एवं दृश्यांकन का आविर्भाव भारतीय रंगमंच में देश के अलग-अलग भागों में क्षेत्रीय अथवा लोक रंगमंच के माध्यम से होता है, जब संस्कृत रंगमंच का अवसान होने लगता है। ऐसा नहीं है कि यह लोक रंगमंच, संस्कृत रंगमंच के जाने के बाद रातों-रात उदित हो गया। इतिहास साक्षी है कि शायद यह धारा संस्कृत रंगमंच के समानान्तर आरम्भ से ही रही होगी, लेकिन भरत के *नाट्यशास्त्र*, भास, कालिदास, विशाखदत्त, भवभूति एवं श्रीहर्ष जैसे नाटककारों के सामने वह अपनी उपस्थिति को उतनी गहराई से महसूस नहीं करा पायी होगी। शायद भरत ने लोकधर्मी नाट्य शैली के अन्तर्गत उसी ओर एक हल्का-सा संकेत देने की कोशिश की है, जो मध्यकाल में पल्लवित लोक रंगर्मच की शैली से पूरा मेल खाती है। यदि इसी समय के आसपास हम पश्चिम के रंगमंच पर दृष्टिपात करें तो वहाँ भी पहली बार ऐसी ही मंच-सज्जा एवं दृश्यांकन का जन्म होता है, जब नाटक चर्च के अन्दर आरम्भ होकर बाहर आता है—और शहरों-नगरों के चौराहों पर अलग-अलग देशों में अलग-अलग रूप ग्रहण करता है—कहीं एक लम्बे धरातल पर एक सीधी रेखा में नाटक की कहानी से जुड़े दृश्यबन्ध, कहीं एक घेरे में अलग-अलग दृश्यों के लिए अलग-अलग दृश्यबन्ध और कहीं घोड़ा-गाड़ी को ही मंच के रूप में प्रयोग करते हुए एक-एक गाड़ी पर नाटक के एक-एक दृश्य का मंचन। जहाँ पश्चिम में इस धार्मिक रंग-परम्परा ने मंचन के तो नये-नये ढंग ज़रूर विकसित किये, लेकिन अभिनय अथवा नाटकों के क्षेत्र में कोई उल्लेखनीय योगदान नहीं दिया,

वहाँ भारतीय रंगमंच का यह दौर अभिनय, नाट्य एवं मंचन—तीनों दृष्टियों से बहुत उर्वर है।

आख़िर मंच-सज्जा एवं दृश्यांकन की दृष्टि से भारतीय लोक रंगमंच का क्या महत्त्व है? इस पर विचार करना आरम्भ करें तो बहुत से तत्त्व हाथ लगते हैं। भारतीय रंगमंच पहली बार एक सीमित दर्शक-वर्ग को छोड़कर, बन्द प्रेक्षागृह से बाहर खुले आकाश के नीचे आता है। इसी के साथ बड़े-बड़े नगरों की नागर सभ्यता और संस्कृति से अलग छोटे-छोटे गाँवों-क़स्बों से अपना खोया हुआ रिश्ता फिर से स्थापित करता है। हर प्रदेश की अपनी निजी भाषा एवं बोली के साथ-साथ तात्कालिक ज़रूरतों के हिसाब से अपने स्वरूप में भी परिवर्तन करता है। यों कुछ बुनियादी तत्त्व सभी लोक शैलियों में एक समान हैं, जैसे—गीत, संगीत, उन्मुक्त गति-विधान, दर्शकों के बैठने की अनौपचारिक व्यवस्था और प्रदर्शनों का रात-रात भर होते रहना लेकिन इन समानताओं के बावजूद उनके दृश्य-पक्ष में बेहद अन्तर है। कहीं उनमें रूपसज्जा, वेशभूषा के नाम पर भारी-भरकम सजावट, मुखौटों, गहरे रंगों की भरमार है तो कहीं ये सारे तत्त्व बिल्कुल नहीं के बराबर हैं। कहीं गोबर से लिपे-पुते, थोड़े ऊँचे धरातल से ही काम चल जाता है तो कहीं बाकायदा सरकण्डों एवं खपच्चियों से एक पृष्ठभूमि बनाने पर ज़ोर है और सबसे बड़ी बात यह कि पश्चिम के विरोध में नाटक के प्रदर्शन को समय के लिहाज से मात्र रात्रि के साथ जोड़ना अर्थात रात्रि के अन्धकार में आग, मशालों और बाद में गैस-बत्तियों के माध्यम से एक ऐसे वातावरण की सृष्टि करना, जो स्वयं में ही एक दृश्यबन्ध बना दे—एक बार फिर से आदिम रंगमंच के खुलेपन का अहसास, यद्यपि वह रंगमंच लोक रंगमंच की तरह घुमन्तू नहीं था।

इसी समय के आसपास हम भारतीय चित्रकला में भी मंच पर दृश्य से जुड़े चाक्षुष तत्त्व पाते हैं। उदाहरण के लिए तत्कालीन मुग़ल चित्रकला शैली के अन्तर्गत लघुचित्रों में अंकित किये गये राजाओं और बादशाहों के राज-दरबारों, शिकारों, क्रीड़ाओं एवं यात्राओं के चित्र। लगता है कि चित्रकला में भी एक ऐसी शैली उभर कर सामने आ रही थी, जो अपनी मूल प्रकृति में नाट्यधर्मिता को छोड़कर लोकधर्मी की तरफ़ झुक रही थी। क्या स्वयं भारतीय रंगमंच में भी ठीक वैसा ही नहीं हुआ? यदि संस्कृत रंग-परम्परा एक औपचारिक शास्त्रीय नाट्यधर्मी शैली पर ज़्यादा आश्रित थी तो मध्यकाल की यह लोकधारा अपने स्वरूप में निहायत ही लोकधर्मी थी।

लेकिन भारतीय रंगमंच की सबसे बड़ी विडम्बना यही है कि जब मंच-अभिकल्पन एवं दृश्यांकन का एक स्वतन्त्र कला के रूप में विकास हुआ तो वह पश्चिम से आयातित होकर ही भारत में आयी। पश्चिम में पहली बार पन्द्रहवीं-सोलहवीं शती में *रिनेसाँ* के दौर में रंगमंच के इस तत्त्व का स्वतन्त्र विकास इटली में लियोनार्दो द विंची और माइकल एंजेलो जैसे चित्रकारों एवं मूर्तिकारों और सरलियो, सबातिनी जैसे स्थापत्यकारों के प्रयत्नों से हुआ। यद्यपि पश्चिम में इसके विकास के लिए ठोस ऐतिहासिक कारण एवं पृष्ठभूमि भी तैयार थी—चित्रकला में पर्स्पेक्टिव की खोज के कारण दो-आयामी माध्यम में तीसरा आयाम जुड़ना, गैस, प्रकाश एवं अन्य तकनीकी तत्त्वों से जुड़ी औद्योगिक क्रान्ति, प्रेक्षागृह के स्वरूप में आमूल परिवर्तन, नये नाट्य-लेखन का जन्म, जो जानी-पहचानी कहानी पर आधारित नहीं था और इसीलिए अपने लिए हर बार एक नये दृश्यबन्ध की माँग करता था—इतने सारे लगातार घटित होते परिवर्तनों के कारण ये अवधारणाएँ इटली से होती हुई इंग्लैंड, फ्रांस और दूसरे देशों में पहुँचीं और अन्ततः दो सौ वर्ष पूर्व अंग्रेज़ों के भारत आने एवं यहाँ शासन करने के साथ-साथ कला एवं संस्कृति के उपर्युक्त तत्त्व भारत में भी पहुँचे।

उन्नीसवीं शती के उत्तरार्द्ध में जब भारत में अंग्रेज़ी शासन की स्थापना हुई, उस समय इंग्लैंड और पूरे पश्चिम में यथार्थवादी नाट्य-लेखन का दौर चल रहा था। यूरोप में इब्सन, चेखव और स्ट्रिंडबर्ग जैसे नाटककारों की रचनाओं का मंचन हो रहा था और उन्हीं के अनुरूप प्रकृतवादी अथवा यथार्थवादी मंच-अभिकल्पन एवं दृश्यांकन का प्रचलन ज़ोरों पर था। इसी प्रकार के नाट्य-लेखन एवं दृश्यांकन ने वहाँ प्रोसीनियम मंच की आवश्यकता को भी जन्म दिया ताकि एक चारदीवारी वाले घर की परिकल्पना को मंच पर साकार किया जा सके, जिसकी एक दीवार दर्शकों के देखने के लिए तोड़ दी गयी और बाक़ी की तीन दीवारें कपड़े और लकड़ी की सहायता से बने पार्श्वों को रंगकर तैयार की गयीं अर्थात पहली बार मंच पर एक परिवेश के निर्माण की प्रक्रिया आरम्भ हुई। भारतीय रंगमंच में भी सबसे पहले यही रंगे हुए परदे एवं पार्श्व दृश्य-सज्जा के नाम पर प्रयोग में आने लगे। यद्यपि इससे पूर्व भी कुछ कोशिशें स्वयं भारतेन्दु जैसे रचनाकार एवं रंगकर्मी ने नाटकों के मंचन के दौरान की थीं, जब उन्होंने चादरों, परदों एवं चारपाइयों इत्यादि से मंच पर चौखटा तैयार किया था। लेकिन पश्चिम का यथार्थवाद भारतीय रंग-परम्परा में अपना तालमेल नहीं बिठा पाया। ऐसा नहीं है कि भारतीय रंगमंच के लिए यह

यथार्थवाद कोई नयी वस्तु था, वरन मैंने तो बार-बांर इस बात पर ज़ोर दिया है कि लोकधर्मी नाट्य शैली के रूप में वह नाट्यशास्त्र के समय से ही हमारे यहाँ पर उपस्थित था, परन्तु वह नाट्य-लेखन के साथ नहीं, अभिनय के साथ जुड़ा था। दूसरे, भारतीय रंगमंच ने कभी भी पश्चिम वाले बाहरी यथार्थवाद को प्रश्रय नहीं दिया। यही कारण है कि भारत में यथार्थवादी दृश्यांकन तो ज़रूर आया, लेकिन उसके लिए जिस प्रकार के नाटकों की ज़रूरत थी, वे हमारे यहाँ उस समय लिखे ही नहीं गये। भारतेन्दु, प्रसाद और टैगोर—तत्कालीन तीन बड़े नाटककारों के किसी भी नाटक के लिए इस प्रकार के दृश्यबन्ध की कोई विवशता ही नहीं थी। हिन्दी में बहुत बाद में यदि लक्ष्मीनारायण मिश्र, उपेन्द्रनाथ अश्क ने उस प्रकार के नाट्य-लेखन की दिशा में प्रयास किये भी तो उनके नाटक मात्र पाठ्य नाटकों की कोटि से आगे नहीं बढ़े। कमोबेश दूसरी भाषाओं के नाट्य-लेखन के साथ भी ऐसा ही हुआ। कुछ सार्थक लेखन हिन्दी रंगमंच में भुवनेश्वर के माध्यम से हुआ ज़रूर, लेकिन उनके नाटकों का मुख्य तेवर भी यथार्थवादी की अपेक्षा *एब्सर्ड* ही था। कितना बड़ा विरोधाभास है कि जब भारत में मोहन राकेश, विजय तेंडुलकर, गिरीश करनाड, सुरेन्द्र वर्मा इत्यादि नाटककारों के माध्यम से यथार्थवादी नाट्य रचना अपने सही एवं सशक्त रूप में सामने आयी, तब तक पश्चिम में यथार्थवादी मंच-अभिकल्पन एवं दृश्यांकन का दौर कब का समाप्त हो चुका था और भरतीय रंगमंच भी उसे पीछे छोड़कर आगे बढ़ चुका था।

हमारे यहाँ लगभग सौ वर्षों तक एक दूसरी रंग-परम्परा में अवश्य इन रंगे हुए परदों एवं पार्श्वों का खुलकर प्रयोग हुआ और वह थी पारसी नाट्य-परम्परा। यद्यपि यहाँ भी लेखन के स्तर पर उस पश्चिमी यथार्थवादी शैली का कोई प्रभाव नहीं था और न ही नाटकों की अभिनय शैली में वह यथार्थवाद उपस्थित था, फिर भी इस नाट्य-परम्परा ने अपनी मंच-सज्जा एवं दृश्यांकन के लिए उन्हीं रंगे हुए परदों एवं पार्श्वों को अपनाया, जो उस समय के विक्टोरियन युग के रोमाण्टिक नाटकों में प्रयोग में आ रहे थे। पारसी रंगमंच ने भी उन्हें यथार्थ का भ्रम उत्पन्न करने के लिए नहीं, वरन उस यथार्थ को अधिक-से-अधिक नाटकीय बनाने के लिए ही प्रयोग किया। उदाहरण के लिए ये रंगे परदे और पार्श्व यहाँ किसी ठोस परिवेश का निर्माण नहीं करते, एक सपाट पृष्ठभूमि का काम देते हैं। दूसरे, वहाँ उनके माध्यम से मंच पर बाहरी और आन्तरिक दृश्यों का निर्माण सम्भव हो पाया अर्थात जब तक भीतर का कोई हैरतअंगेज़ दृश्य तैयार हो रहा हो, तब तक एक दृश्य बिल्कुल आगे के परदे के सामने हो सकता था।

तीसरे, परदों का अपने-आप में लिपटवाँ होना और दर्शकों की आँखों के सामने ही बदलते जाना पश्चिम के उस यथार्थवाद का कोई आभास शेष नहीं रहने देता। यदि कोई थोड़ा-बहुत शुद्ध यथार्थवाद अभिनय के क्षेत्र में सम्भव हो सकता था तो उसे पारसी नाटकों के खुले एवं बड़े-बड़े जन-समुदाय के सामने मंचित होने की आवश्यकता ने पहले ही नकार दिया था अर्थात हर बात को बढ़ा-चढ़ाकर अतिरंजित अभिनय के माध्यम से अपने भावों को अभिव्यक्ति देना, जिसमें मेलो-ड्रामा के साथ-साथ गीत-संगीत भी शामिल था।

मंच-सज्जा एवं दृश्यांकन के क्षेत्र में पहली बार सही मायनों में आज़ादी के बाद ही भारतीय रंगकर्मियों का ध्यान गया। यों इससे पहले कुछ प्रयास इप्टा के दिनों में बिजन भट्टाचार्य के नाटक *नवान्न* के साथ आरम्भ हो चुके थे, किन्तु इस दिशा में ठोस कार्य उसके बाद ही सम्भव हो पाया। सबसे महत्त्वपूर्ण तथ्य यह भी है कि रंगकर्म के दूसरे पक्षों की तरह यहाँ भी पहल निर्देशकों के माध्यम से ही हुई—बंगाल में यदि शम्भु मित्र ने टैगोर के नाटकों के मंचन के लिए सर्वथा एक नयी प्रस्तुति शैली की खोज की तो उसी के अनुसार वहाँ खालेद चौधरी ने भी एक नये, सांकेतिक एवं अमूर्त दृश्यबन्ध का विकास किया जो कहीं से भी पश्चिम के यथार्थवाद से प्रभावित नहीं था। इधर इब्राहिम अल्काज़ी का इस क्षेत्र में किया गया रंगकर्म और भी ज़्यादा कल्पनाशील था। नाटकों के मंचन के लिए बम्बई में *टैरेस थिएटर* का निर्माण, दिल्ली में पहले *आषाढ़ का एक दिन* का खुले में मंचन, फिर *अन्धा युग* जैसे नाटक का फिरोज़शाह कोटला के ऐतिहासिक खँडहरों में मंचन और पुनः *तुग़लक, सुल्तान रज़िया* एवं *अन्धा युग* का दिल्ली के पुराने क़िले में प्रदर्शन—ये घटनाएँ भारतीय रंगमंच में मंच-अभिकल्पन के ऐसे प्रतिमान हैं जो विश्व रंगमंच के किसी भी प्रयोगवादी रंगमंच के समकक्ष रखे जा सकते हैं। इसी तरह से एम.एस. सथ्यू का रंगकर्म भी इस सन्दर्भ में उल्लेखनीय है, जिन्होंने इस कला को पूरी तरह से स्थापित करने में अपनी ठोस भूमिका अदा की।

आज़ादी के बाद वाली पीढ़ी में क्रमशः बंसी कौल, प्रसन्ना, निसार अल्लाना, रॉबिन दास ने अत्यन्त महत्त्वपूर्ण प्रयोग किये और तीसरी पीढ़ी में सत्यब्रत राउत का नाम लिया जा सकता है।

इसमें कोई सन्देह नहीं कि उपर्युक्त सभी निर्देशकों एवं अभिकल्पकों ने पहली प्रेरणा पश्चिम से ही ग्रहण की लेकिन कभी भी उसे हू-ब-हू अपने काम में उतारने की कोशिश नहीं की। चाहे उन्होंने पश्चिमी नाटकों के लिए भी अभिकल्पन किया, उनकी अवधारणा सदैव निजी एवं भारतीय ही रही।

यही कारण है कि जब कभी उन्होंने पश्चिमी अथवा भारतीय यथार्थवादी नाटकों के लिए भी अभिकल्पन किया तो वह निहायत ही सूक्ष्म, आन्तरिक एवं सांकेतिक अभिकल्पन था। उदाहरण के लिए प्रसन्ना का चेखव के *थ्री सिस्टर्स*, सिट्रंडबग के *द फादर*, रॉबिन दास का *जनमेजय का नागयज्ञ*, बादल सरकार के *बाक़ी इतिहास*, आर्थर मिलर के *डेथ ऑफ़ ए सेल्समैन*, निसार अल्लाना का *आधे-अधूरे* एवं *महाभोज*, बंसी कौल का *आला अफ़सर* के लिए किये गये अभिकल्पन निश्चित रूप से भारतीय रंगमंच के सर्वथा नये, मौलिक एवं साहसिक प्रयोगों के मानदण्ड हैं और जब इन्होंने भारतीय परम्परा में उपलब्ध संस्कृत नाटकों, लोक नाटकों अथवा समकालीन नाटकों को उठाया तो ये प्रयोग और कल्पनाशील हो उठे—इब्राहिम अल्काज़ी द्वारा परिकल्पित *मिट्टी की गाड़ी*, बंसी कौल द्वारा *शर्विलक*, प्रसन्ना का *उत्तररामचरित* या *अग्नि और बरखा*, एम.एस. सथ्यू का *पंछी ऐसे आते हैं* तथा रॉबिन दास का *जनमेजय का नागयज्ञ* का दृश्यबन्ध आदि कुछ ऐसे अभिकल्पन हैं जो अपने मूल स्वरूप एवं प्रेरणा में पूरी तरह से भारतीय हैं। इसी के साथ-साथ भारतीय रंगमंच में एक और दिशा में भी महत्त्वपूर्ण प्रयोग हुए, जब प्रमुख चित्रकार और निर्देशक साथ-साथ आकर जुड़े। कुछ काम इप्टा के दिनों में ही सामने आ चुका था, परन्तु सत्तर के दशक में ये लेन-देन और बढ़ा। सूरज घई जैसे चित्रकार ने निर्देशक टी.पी. जैन के लिए बादल सरकार के नाटक *पगला घोड़ा* का बहुत ही सांकेतिक एवं कल्पनाशील दृश्यबन्ध तैयार किया। उसी समय के आसपास कावलम् नारायण पणिक्कर और जी. अरविन्दन का आपसी सहयोग और *मध्यमव्यायोग* की प्रस्तुति का ऐतिहासिक महत्त्व है। उत्पल दत्त की अधिकांश प्रस्तुतियों में दृश्यबन्ध और तापस सेन का आलोक—एक साथ दोनों रंग-तत्त्वों को रंगमंच में प्रतिष्ठा मिलने के संयोग बने। बिल्कुल इधर के रंगमंच में अनुराधा कपूर और नीलिमा शेख तथा अर्पिता सिंह का पारस्परिक सहयोग—निर्देशक और चित्रकार के उसी सम्बन्ध की याद दिलाता है, जिसने *उमराव जान*, *रोमियो जूलियट* और *सुन्दरी* जैसी प्रस्तुतियों को जन्म, दिया। ये सारे उदाहरण इस धारणा की पुष्टि के लिए पर्याप्त हैं कि किस प्रकार चित्रकला, मूर्तिकला, फोटोग्राफ़ी इत्यादि अभिकल्पन-कलाओं में सारे पश्चिमी प्रभावों के होते हुए भी भारतीय रचनाकारों ने अपनी एक निजी छाप हमेशा अलग से स्थापित की है, उसी प्रकार मंच-अभिकल्पन एवं दृश्यांकन के क्षेत्र में भी भारतीय रंगकर्मी अलग से उभरकर सामने आये।

भारतीय मंच-अभिकल्पन एवं दृश्यांकन की परम्परा में अभी तक एक ऐसे तथ्य की ओर कोई संकेत नहीं किया गया है, जिसने पश्चिम में बिल्कुल ही एक नये प्रकार के परिवेशगत रंगमंच के आविर्भाव के लिए आधारभूमि की ठोस भूमिका अदा की और वह है उत्तर प्रदेश के बनारस नगर में गंगा नदी के किनारे पर स्थित रामनगर में पिछले सौ-डेढ़ सौ सालों में मंचित होने वाली *रामलीला*—पूरा क़स्बा रामकथा से जुड़े सम्पूर्ण कार्य-व्यापार के लिए अलग-अलग प्रदर्शन-स्थलों में स्थायी रूप में बँटा हुआ है। एक दृश्य से दूसरे दृश्य के कार्यक्षेत्र के लिए यदि पात्रों को यात्रा करनी पड़ती है तो दर्शक भी इस यात्रा के सहभागी रहते हैं। रिचर्ड शेखनर अमेरिका से आकर इस प्रदर्शन शैली का ख़ूब गहरे से अध्ययन करते हैं और लौटकर *परिवेशगत रंगमंच* के माध्यम से एक नये प्रकार के मंच-अभिकल्पन एवं दृश्यांकन के सिद्धान्त को जन्म देने का श्रेय लेते हैं। ब्रेष्ट अपने महाकाव्यात्मक रंगमंच एवं अलगाव के रचना-विधान के लिए प्रेरित होते हैं। ग्रोतोव्स्की चुपचाप, बिना किसी शोर-शराबे और हंगामे के भारत में रह कर कथकली का अध्ययन करते हैं और अपने देश लौटकर *पूअर थिएटर* की अवधारणा को जन्म देते हैं—लेकिन यदि कोई भारतीय रंगकर्मी भारत में रहकर ही अपने क्षेत्र में किसी नयी खोज, किसी नये सिद्धान्त या किसी नयी शैली को जन्म देता है तो हम कभी भी उसे उस काम का श्रेय देने की ईमानदारी नहीं बतरेंगे और उसके उत्स के लिए पश्चिम का ही मुँह जोहेंगे।

लेकिन उपर्युक्त सारी उपलब्धियों के बाद भी भारतीय रंगकर्म में मंच-अभिकल्पन को उतनी महत्ता कभी नहीं मिली, जितनी कि पश्चिम में, जहाँ एक स्वतन्त्र कला के रूप में पिछले सौ-डेढ़ सौ वर्षों में उसका अभूतपूर्व विकास हुआ है। आख़िर ऐसा क्यों हुआ? मेरे विचार में इसका मुख्य कारण तो यही है कि हमारे यहाँ निर्देशक ही मुख्यतः अभिकल्पक भी रहा है। खालेद चौधरी या निसार अल्लाना जैसे एक दो मंच-अभिकल्पकों को अपवाद के रूप में छोड़ दिया जाये तो और कोई भी ऐसा रंगकर्मी नहीं है, जिसने मात्र उसी क्षेत्र को अपने कार्य का एकमात्र विकल्प बनाया हो। सच्चाई तो यहाँ तक है कि यदि उनसे पूछा जाये कि निर्देशन और अभिकल्पन में से वे किस एक विकल्प का चुनाव करेंगे तो निश्चित रूप से वे निर्देशन को ही चुनेंगे। क्या मंच-अभिकल्पन निर्देशन की तुलना में दोयम दर्जे का रंगकर्म है, जिसकी वजंह से भारतीय रंगकर्मी उसकी ओर जल्दी-जल्दी आकर्षित नहीं होता? क्या मंच-अभिकल्पक को एक निर्देशक के सहयोगी के रूप में अथवा उसके नीचे रहकर काम करना पड़ता है और

उसे निर्देशक का यह वर्चस्व स्वीकार्य नहीं है? क्या इसलिए कि रंगमंच अपने आविर्भाव से ही या तो पूर्णतः अभिनेता का माध्यम रहा या निर्देशक का और इनके होते हुए किसी तीसरे स्वतन्त्र तत्त्व की आवश्यकता ही अनुभव नहीं हुई? यदि हम पश्चिम में पिछले सौ-डेढ़ सौ वर्षों के इतिहास पर नज़र डालें तो स्थिति बिल्कुल उलटी जान पड़ती है। पन्द्रहवीं-सोलहवीं शताब्दी में यदि लियोनार्दो द विंची और माइकल एंजेलो जैसे महान चित्रकार एवं मूर्तिकार मंच से जुड़े तो बीसवीं शताब्दी में अडोल्फ आपिया, गार्डन क्रेग और पिकासो के नाम के उल्लेख के बिना यह अध्याय अधूरा रह जायेगा। आपिया एवं क्रेग का काम तो इतना चर्चित हुआ कि उसने अपने समकालीन निर्देशकों के काम के क़द को भी बौना कर दिया। बाद में यही प्रतिष्ठा अमेरिका में नार्मन बैलगेड्स और ज़ो माइल्ज़नर ने भी अर्जित की। फ़िल्म जैसे माध्यम में भी, जो कहने को पूरी तरह से निर्देशक का माध्यम है, कला-निर्देशक ने पश्चिम और भारत में भी आरम्भ से ही अपनी स्वतन्त्र सत्ता एवं पहचान बनाये रखी है। वेशभूषाकार एवं संगीतकार तक का फ़िल्म में अलग महत्त्व है।

यदि हम रंगमंच की मूल प्रकृति को समझ लें तो मेरे विचार में भारतीय रंगमंच में इस महत्त्वपूर्ण तत्त्व की अनुपस्थिति को रेखांकित किया जा सकता है और वह है नाटक का अन्ततः वाचिक पर सबसे ज़्यादा निर्भर रहना। बेशक, रंगमंच में न जाने कितने प्रयोग हो चुके हैं, लेकिन उनके मूल में ध्वनि और शब्द सदैव आवश्यक उपादान रहे हैं और इनका सीधे-सीधे सम्बन्ध अभिनेता से है, न कि रंगमंच के अन्य तत्त्वों से। इसीलिए भारतीय रंगमंच में गीत, संगीत, मुद्रा, रूपसज्जा, वेशभूषा और यहाँ तक कि प्रकाश सज्जा ने भी अपनी सत्ता को बरकरार रखा, क्योंकि उपर्युक्त सभी तत्त्वों से अभिनेता को उस परिवेश को ठोस रूप में रचने की ज़रूरत ही नहीं पड़ी। मुझे तो यहाँ तक लगता है कि कभी-कभी अभिनेता को अभिकल्पन के बोझ तले अपना दम घुटता महसूस होता है और वह उससे मुक्त होने के लिए छटपटाने लगता है—क्या पीटर ब्रुक ने *द एम्पटी स्पेस* और ग्रोतोव्स्की ने *पूअर थिएटर* द्वारा अभिनेता की इसी मुक्ति की आकांक्षा को साकार नहीं किया था?

भारतीय रंगमंच अपने मूल स्वरूप में चरित्रपरक की अपेक्षा प्रस्तुतिपरक है, इसीलिए यहाँ अभिनय में बेशक लोकधर्मी अर्थात यथार्थवादी शैली का प्रयोग हुआ, लेकिन मंच सज्जा में तो उसे बिल्कुल स्वीकार नहीं किया गया। इसीलिए हमारे यहाँ जितने भी मंच-अभिकल्पन एवं दृश्यांकन का विकास हुआ और आज भी हो रहा है, वह अपनी अभिव्यक्ति में नितान्त सांकेतिक, संक्षिप्त एवं अमूर्त है

और इस प्रकार अभिनेता के वाचिक के लिए मात्र एक पृष्ठभूमि तैयार करता है और अभिनेता की अपनी कला को ज़्यादा-से-ज़्यादा स्थापित होने में मदद करता है। क्या इसे भी मात्र संयोग मान लिया जाये कि जिन धरातलों, सीढ़ियों एवं स्तम्भों जैसे निस्संग रंग-तत्त्वों को आज का भारतीय अभिकल्पक अपने दृश्यबन्ध का हिस्सा बनाता है, वे भरत द्वारा प्रतिपादित मंच एवं प्रेक्षागृह की परिकल्पना में ही पहली बार साकार हुए थे?

निर्देशन

रंगमंच में निर्देशक की अपनी उपस्थिति और पहचान रही हो या न रही हो, यह निश्चित है कि निर्देशन के बिना रंगमंच की अन्तिम परिणति सम्भव ही नहीं है। दूसरे शब्दों में यह भी कहा जा सकता है कि रंगकर्म की अपनी पूरी प्रक्रिया ही ऐसी है कि उसमें निर्देशन के बिना काम चल ही नहीं सकता। इसका कारण यह है कि रंगमंच एक दोहरी प्रक्रिया के तहत सम्पन्न होता है अर्थात, पहले नाटक एक आलेख के रूप में लिखा जाता है और फिर उसका मंच पर प्रदर्शन किया जाता है। इस प्रक्रिया से यह साफ़ ज़ाहिर है कि नाटक के आलेख और उसकी प्रस्तुति के बीच एक लम्बी तैयारी और अन्तराल रहता है जिसे रंगमंच के सभी सहयोगी तत्त्व यथा निर्देशक, अभिनेता मण्डल और नेपथ्य के दूसरे अभिकल्पक मिलकर पूरा करते हैं।

इस पूरी प्रक्रिया में ज़रूरी नहीं कि कोई व्यक्ति निर्देशक के तौर पर अलग से उपस्थित हो। प्रस्तुति से जुड़ी पूरी प्रक्रिया उपर्युक्त सभी लोगों के संयुक्त प्रयास से सम्पन्न होती है। कहने का अर्थ यही है कि निर्देशक नाम का व्यक्ति इतिहास में अलग से मौजूद रहा हो या नहीं, नाटक की अपनी तैयारी इस तथ्य की साक्षी है कि बिना किसी अतिरिक्त देख-रेख के उसकी प्रस्तुति सम्भव ही नहीं हो सकती। यह अलग से देख-रेख की ज़िम्मेदारी कभी नाटककार निभाया करता था, कभी मुख्य अभिनेता, कभी कोई अभिकल्पक और अन्ततः एक ऐसा व्यक्ति जिसे निर्देशक के नाम से जाना जाने लगा। बहरहाल, स्थिति और सच्चाई जो भी रही हो इस बात से इनकार नहीं किया जा सकता कि किसी-न-किसी प्रकार की निर्देशन-प्रक्रिया नाटक जैसी कला के जन्म और विकास के साथ ही जुड़ी हुई है।

इस अध्ययन का सबसे ज़्यादा रोचक पहलू यह है कि निर्देशन-प्रक्रिया की मूल प्रकृति क्या है? यदि प्रश्न को थोड़ा और स्पष्टता और विस्तार से रखा जाये तो पूछा जा सकता है कि आख़िर एक निर्देशक नाटक के लिखे हुए आलेख के साथ ऐसा क्या सुलूक करता है कि वह प्रस्तुति-आलेख के रूप में परिवर्तित हो जाता है। यहीं पर थोड़ा रुककर इस बात पर भी विचार कर लिया जाये, कि निर्देशक को ही किस रूप में परिभाषित किया जाये। क्या वह प्रस्तुति का व्यवस्थापक है? क्या वह आलेख का व्याख्याकार है? क्या वह आलेख की व्याख्या के बहाने से एक नये आलेख की रचना करता है? यदि वह प्रस्तुति का मात्र व्यवस्थापक ही है तो यह काम तो निर्देशक के बजाय एक मंच या प्रस्तुति-व्यवस्थापक ज़्यादा अच्छी तरह से निभा सकता है। यदि उसे नाटक के आलेख का व्याख्याकार माना जाये तो फिर उसमें और आलोचक में क्या भेद है? और अन्त में यदि वह नाटक की व्याख्या के बहाने से अपना एक नया प्रस्तुति-आलेख रचता है तो वह दिखायी कहाँ पड़ता है? नाटक के शब्द वही रहते हैं, नाटक की कहानी वही रहती है और नाटक के चरित्र भी वही रहते हैं। यदि वह अपनी ओर से इनमें कोई हेर-फेर करता है, तब तो निश्चय ही उसकी एक नयी रचना को रेखांकित किया जा सकता है। लेकिन अगर ऐसा नहीं है तब उसे किस नयी रचना के सृजन का श्रेय दिया जाये।

मैं समझता हूँ कि उपर्युक्त सभी प्रश्नों और जिज्ञासाओं के उत्तर नाटक के आलेख से लेकर उसकी प्रस्तुति तक की पूरी प्रक्रिया में खोजे जा सकते हैं। सबसे पहले एक लिखे हुए और प्रस्तुत हो रहे नाटक में क्या अन्तर है? उत्तर बहुत साफ़ है। जिस आलेख को नाटककार ने मात्र शब्दों के माध्यम से रचा है

वह प्रस्तुति में जीवन्त अभिनेताओं के माध्यम से उजागर होता है। इतना ही नहीं, वे जीवन्त पात्र एक सचमुच के जीते-जागते परिवेश के साथ होते हैं। चरित्रों के आपसी सम्बन्धों और तनाव के साथ। अर्थात जो कहानी नाटक में शब्दों के रूप में वर्णित होती है और पाठक द्वारा मात्र शब्दों के रूप में ही अनुभूत की जा सकती है, उसे नाटक की प्रस्तुति के दौरान वही पाठक घटित होते हुए देखता है। कहा तो यह भी जाता है कि अपने नाटक का पहला दर्शक नाटककार स्वयं हुआ करता है। लेकिन यह मात्र अर्धसत्य है क्योंकि नाटककार ने कितने भी प्रामाणिक रूप में अपने मन-मस्तिष्क में किसी नाटक की दृश्य-प्रस्तुति को क्यों न रच लिया हो, इस बात की क्या गारंटी है कि जब नाटक का मंचन होगा तो उसे कौन निर्देशक और कौन से अभिनेता प्रस्तुत करेंगे, यह पहले से कैसे निश्चित किया जा सकता है। अतः यह स्वाभाविक ही है कि नाटककार के चाक्षुष बिम्ब और चित्र अलग-अलग हों। इतना ही नहीं यदि नाटककार को यह मालूम भी हो कि उसके नाटक को कौन निर्देशक और कौन से अभिनेता मंचित कर रहे हैं तब भी नाटक के लिखित आदेश के निहितार्थ और प्रस्तुति के निहितार्थ में ज़मीन-आसमान का फ़र्क़ हो सकता है।

दरअसल, निर्देशन-प्रक्रिया का सबसे महत्त्वपूर्ण पक्ष यही होता है, जिसकी ओर दर्शक का ध्यान नहीं जाता। वह प्रायः प्रस्तुति के बाह्य उपकरणों जैसे कि मंच सज्जा, वेशभूषा-प्रकाश, संगीत और दूसरी इसी तरह की बाह्य चीज़ों में उलझकर रह जाता है, इसीलिए एक निर्देशक की रचनात्मक यात्रा से वह अपरिचित रह जाता है। यूँ भी यह रचनात्मक यात्रा पहले स्वयं निर्देशक के भीतर इतने अमूर्त और सूक्ष्म रूप में घटित होती है कि यदि दर्शक उसे अलग से नहीं देख पाता तो उसका कोई दोष नहीं। प्रस्तुति के दूसरे पक्ष, जो सीधे-सीधे उसे दिखायी दे जाते हैं वह उन्हें ही निर्देशन की रचना-प्रक्रिया के अंग मानकर इतिश्री कर लेता है।

स्थूल रूप से निर्देशन-प्रक्रिया को कई चरणों में बाँटा जा सकता है। सबसे पहले आलेख का चुनाव। वह आलेख किसी नाटक का हो, कहानी का हो, उपन्यास का हो, कविता का हो अथवा स्वयं निर्देशक द्वारा लिखा गया हो, उसे एक ज़रूरी सवाल का सामना करना पड़ता है और वह यह कि वह उसी आलेख विशेष को क्यों मंचित करना चाहता है। उस आलेख विशेष की उसके अपने लिए क्या सार्थकता है और उसके बहाने से दर्शकों के लिए क्या सार्थकता है? जैसा कि बार-बार कहा और दोहराया जा चुका है कि नाटक सदैव अपने समकालीन वर्तमान में घटित होता है। अतः दर्शकों के लिए सार्थकता का प्रश्न

भी उस क्षण प्रेक्षागृह में उपस्थित दर्शकों से जुड़ा है। इस प्रश्न का एक दूसरा पक्ष यह है कि किसी आलेख विशेष के भीतर से निर्देशक कौन-सी अर्थ-ध्वनियों को ध्वनित करना चाहता है। एक ही नाटक की अलग-अलग निर्देशक के लिए अलग-अलग अर्थ-ध्वनियाँ हो सकती हैं। इस दृष्टि से शायद हर कला और विधा अपने आप में मुक्त और स्वतन्त्र है कि वह अपने पाठक, श्रोता या दर्शक को स्वयं अपना अर्थ निश्चित करने की प्रेरणा दे।

प्रक्रिया का दूसरा चरण नाटक की उस तैयारी से सम्बद्ध है जिसमें अभिनेता मण्डली और मंचन से जुड़े दूसरे अभिकल्पक आपस में मिल-जुलकर नाट्य-प्रस्तुति का एक सम्भावित ढाँचा तैयार करते हैं। यह अलग बात है कि उस सम्भावित ढाँचे तक पहुँचने की प्रक्रिया एक-दूसरे से अलग हो सकती है। इस विषय में कम-से-कम दो विकल्प तो हमेशा मौजूद रहते हैं। एक वह जिसमें निर्देशक स्वयं पहले से सब कुछ निश्चित कर ले और दूसरा वह जिसमें वह अभिनेताओं को स्वयं खोजने, रचने के अवसर प्रदान करे और उनके काम में से प्रस्तुति के लिए अन्तिम चुनाव करता चले। एक सीधा-सा तीसरा विकल्प उपर्युक्त दोनों रास्तों के बीच का अथवा उनका मिश्रण भी हो सकता है। हम निर्देशन-प्रक्रिया के लिए कोई भी रास्ता क्यों न अपनाएँ, नाटक के मौन, मृतप्राय उपस्थित शब्दों को गति देना, जीवन देना और अन्ततः शब्द से परे अर्थ की तरफ़ भी संकेत करना ही निर्देशन-प्रक्रिया का सबसे अहम पहलू है। इसी अर्थ में निर्देशक व्यवस्थापक और व्याख्याकार की सीमाओं को लाँघ कर सचमुच के सर्जक कलाकार की भूमिका में उतरता है। इस भूमिका में उसके साधन भी दूसरी कलाओं एवं विधाओं से भिन्न हैं। जहाँ दूसरी कलाएँ या विधाएँ मात्र निर्जीव सामग्री और शब्दों पर आधारित होती है, वहाँ निर्देशक का माध्यम एक जीवन्त तत्त्व है और वह है अभिनेता। इसलिए निर्देशन-प्रक्रिया की सबसे मार्मिक कड़ी है निर्देशक और अभिनेता के पारस्परिक सम्बन्ध। ये जितने ही समझ, सूझबूझ और परिपक्वता से भरपूर होंगे उतना ही प्रस्तुति में निखार आयेगा। प्रायः निर्देशक इस तथ्य को अनदेखा कर जाते हैं कि वे अपनी परिकल्पना को जिन औज़ारों के माध्यम से दृश्य रूप में मंच पर प्रस्तुत करते हैं, वह औज़ार भी जीते-जागते हाड़-मांस के पुतले हैं और कितना भी क्यों न चाहें उन्हें कठपुतली बनाकर नहीं रख सकते। निर्देशक किसी भी नाटक का कथ्य किसी भी हद तक निश्चित क्यों न कर ले, स्वयं अभिनेता की अपनी सोच, संवेदना और व्यक्तित्व का कुछ-न-कुछ अंश तो रहेगा ही। इसीलिए निर्देशन-प्रक्रिया का यह दूसरा चरण उसका सबसे जटिल पड़ाव है।

नाटक का एक विशेष क्षण में दर्शकों के सामने प्रस्तुत किया जाना निर्देशन प्रक्रिया का तीसरा और अन्तिम चरण है। इस प्रक्रिया का सबसे बड़ा अन्तर्विरोध यही है कि जो निर्देशक पहले दोनों चरणों में मुख्य भूमिका निभाता है, प्रस्तुति के समय उसकी उपस्थिति का कोई अर्थ और महत्त्व नहीं रह जाता। बेशक प्रस्तुति के प्रत्येक अंग में और प्रत्येक अंश में वह अदृश्य रूप से विद्यमान है लेकिन जब नाटक मंच पर हो रहा होता है तो उसकी पूरी ज़िम्मेदारी अभिनेता-मण्डल और दूसरे पार्श्व कर्मियों पर टिकी रहती है। निर्देशक चाहे भी तो उस समय कोई हस्तक्षेप नहीं कर सकता। इतना ही नहीं जैसे अभिनेता-मण्डली प्रदर्शन-प्रक्रिया के दौरान एक ढाँचे में बँधी होकर भी मुक्त एवं स्वतन्त्र है, उसी तरह दर्शक मण्डली भी नाटक की प्रस्तुति में से अपने साथ क्या अर्थ लेकर जाती है, इसे निश्चित करने के लिए वह भी पूरी तरह से स्वतन्त्र है। इस अर्थ में नाट्य-प्रस्तुति में निर्देशक और दर्शक का रिश्ता लगभग एक लेखक और पाठक जैसा होता है। जैसे रचना के समाप्त और प्रकाशित रूप में पाठक के सामने आने के बाद लेखक उससे मुक्त हो जाता है। यद्यपि रंगमंच जैसे गतिशील माध्यम में यह सुविधा फिर भी उपलब्ध है कि हर प्रदर्शन के बाद निर्देशक चाहे तो उसमें रद्दोबदल कर सकता है। लेकिन यह सुविधा मंच पर घटित होने के क्षण में उसे उपलब्ध नहीं हो सकती। वास्तव में नाट्य-कला का यही सबसे बड़ा मर्म और रहस्य भी है कि जो निर्देशक आरम्भ से लेकर अन्त तक हर चीज़ का नियामक होता है वह भी प्रस्तुति के क्षण में एक भोले-भाले शिशु की तरह से अपनी रचना को देख रहा होगा। यह भी नितान्त सम्भव है कि अपनी तैयार की गयी रचना को देखते हुए उसे उसमें फिर से नये-नये अर्थ दिखायी देने लगें।

प्रायः हर प्रस्तुति के बाद कुछ ऐसे दर्शकों से सामना होता है, जिनके मन में हमेशा यह जिज्ञासा बनी रहती है कि नाटक की प्रस्तुति अपने दृश्य-रूप में मंच पर कैसे सम्भव होती है। यों, कहने को यह एक बहुत ही साधारण-सा प्रश्न है, लेकिन यदि इस प्रश्न पर सोच-विचार किया जाये तो सचमुच में नाटक के आलेख से प्रस्तुति तक की यात्रा उतनी सीधी और सपाट नहीं होती, जैसी कि वह दर्शकों को दिखायी पड़ती है। यह अकारण नहीं है कि हमारे यहाँ और पश्चिम में भी इस सम्बन्ध में दो शब्दों का प्रचलन होता रहा है। नाटक का पाठ्य-लेख और नाटक का प्रस्तुति-आलेख। पाठ्य-लेख से नाटक के उस आलेख से अभिप्राय है, जो लिखित रूप में हमें नाटककार से प्राप्त होता है और प्रस्तुति-आलेख नांटक के उस आलेख से ताल्लुक रखता है, जो नाटक की प्रस्तुति-प्रक्रिया के दौरान और अन्ततः नाटक की प्रस्तुति के बाद अपना अन्तिम

स्वरूप ग्रहण करता है। अंग्रेज़ी में इन दोनों आलेखों को ड्रामेटिक टैक्स्ट और परफार्मेंस टैक्स्ट के नाम से जाना जाता है। यह भी सम्भव है कि कई प्रस्तुतियों का पहले से कोई आलेख न हो और प्रस्तुति के बाद ही उसका निश्चित आलेख तैयार किया जाये। इसी के साथ जुड़ा एक अन्य मत यह भी है कि नाटक के लिखित आलेख और प्रस्तुति-आलेख में भेद करना और उन्हें दो अलग-अलग आलेखों के रूप में देखना निहायत ही एकांगी दृष्टिकोण का परिचायक है, क्योंकि जब हम यह मानते हैं कि नाटक अपने-आप में एक प्रदर्शनकारी विधा है तो फिर उसके लिखित आलेख की अलग से कोई सार्थकता नहीं रह जाती और अन्ततः यही आलेख प्रदर्शन के माध्यम से प्रस्तुति-आलेख में परिवर्तित हो जाता है। बहरहाल, हम चाहे दोनों आलेखों को एक मानें अथवा अलग-अलग, इस बात से इनकार नहीं किया जा सकता कि नाटक के लिखित आलेख को जिस रूप में हम मंच पर घटित होते हुए देखते हैं, उसके पीछे बहुत से लोगों की सोच, समझ और सहयोग का हाथ रहता है, जिससे हमारा दर्शक प्रायः अनभिज्ञ रह जाता है। यही कारण है कि कई बार वह किसी प्रस्तुति को उसकी समग्रता में अनुभूत नहीं कर पाता। अतः यह निहायत ही ज़रूरी हो जाता है कि हम नाट्यलेख से प्रस्तुति तक की यात्रा को हू-ब-हू दर्शक के लिए शब्दबद्ध करने का प्रयास करें।

इस यात्रा का पहला चरण है आलेख का चुनाव। आमतौर पर यह चुनाव निर्देशक का होता है, क्योंकि कहा जाता है कि अपनी प्रस्तुति का पहला पाठक, दर्शक और यहाँ तक कि समीक्षक भी निर्देशक ही होता है। कई बार ऐसा भी होता है कि निर्देशक स्वयं अकेले किसी आलेख का चुनाव न करे। वह अभिनेताओं की मण्डली के साथ एक साथ कई नाटकों का पाठ करे और फिर आपस में विचार-विमर्श करके किसी एक आलेख का प्रस्तुति के लिए चयन किया जाये। हम नाटक के चुनाव के लिए कोई भी प्रक्रिया क्यों न अपनाएँ, हमें सबसे पहले एक ज़रूरी सवाल का सामना करना पड़ता है—आख़िर हम किसी भी नाटक अथवा रचना का मंचन के लिए क्यों चयन करते हैं? कहने का तात्पर्य यह है कि आख़िर उस नाटक में क्या है, जो हमें उसके मंचन के लिए प्रेरित करता है? ज़ाहिर है कि हर नाटक में एक कहानी होती है और वह कहानी हमारी ज़िन्दगी से जुड़े किसी भी पक्ष को जितने गहरे जाकर उद्घाटित करती है, वह नाटक उतना ही आकर्षित करता है। बेशक यह कथ्य अकेले व्यक्ति से जुड़ा हो, व्यक्ति और परिवार से जुड़ा हो, व्यक्ति और समाज के आपसी सम्बन्धों से जुड़ा हो अथवा व्यक्ति, समाज और राजनीतिक व्यवस्था के भीतर से बुना गया हो, सवाल यह है कि यह हमारे लिए कितना सार्थक है?

इस बात को भी रेखांकित किया जाना बेहद ज़रूरी है कि नाटक की कहानी चाहे किसी भी काल, युग, मिथक, पुराण, लोककथा अथवा इतिहास से सम्बद्ध हो सकती है, लेकिन उसे सार्थक हमेशा वर्तमान में ही होना होता है। इसीलिए ज़्यादा अच्छे नाटक वही माने जाते हैं, जो अपने समय की सीमाओं को लाँघकर कालजयी और सार्वजनीन हो जाते हैं। इसमें कोई सन्देह नहीं कि तात्कालिक विषयों और समस्याओं पर भी अच्छे नाटक लिखे जा सकते हैं, लेकिन देखा यही गया है कि एक समय के बाद वे नाटक उतने सार्थक नहीं रह जाते। दरअसल हर समय और हर युग के लिए सार्थक एवं अर्थपूर्ण होने की क्षमता सिर्फ़ नाटक से ही नहीं, वरन कला एवं साहित्य की हर विधा से अपेक्षित है। यदि ऐसा न होता तो आज भी हम बार-बार संस्कृत, ग्रीक और शेक्सपियर के नाटकों की ओर क्यों लौटते हैं? मात्र एक रात में रचित भारतेन्दु का नाटक *अन्धेर नगरी* लिखे जाने के एक सौ चालीस बरस बाद भी क्यों इतना ताज़ा लगता है? इसका एकमात्र उत्तर यही है कि हम हर बार इन नाटकों में से अपने लिए, अपने दर्शकों के लिए और अपने समय के लिए भी कुछ-न-कुछ नया खोज लेते हैं।

पूर्व हो या पश्चिम, जहाँ तक रंगमंच का सम्बन्ध है, नाटककार और निर्देशक का आपसी रिश्ता हमेशा से किसी-न-किसी रूप में चर्चा का केन्द्र रहा है। इस रिश्ते अथवा समीकरण की पहली कड़ी तो यही है कि अन्ततः रचना को लेकर किसका प्रभुत्व स्वीकार किया जाये—नाटककार का अथवा निर्देशक का? नाटककार का मानना है कि नाटक की मूल परिकल्पना, क्योंकि उसकी अपनी खोज है, इसलिए रचना पर मुख्य स्वामित्व उसी का है। इसके विपरीत निर्देशक की मान्यता यह है कि अब नाटक जिस रूप में दर्शकों के सामने प्रस्तुत किया जा रहा है, उसका पूरा उत्तरदायित्व उसका है। इसी प्रसंग का दूसरा विवादास्पद पक्ष यह है कि नाटक के लिखित आलेख में मंचन की दृष्टि से परिवर्तन करने का अधिकार किसका है? और तीसरा और अन्तिम मुद्दा प्रायः यह भी उठता है कि इन दोनों में से वस्तुतः सृजनात्मक स्तर पर रचयिता किसे माना जाये? नाटककार को, जिसने रचनात्मक कृति के रूप में एक नाटक का सृजन किया है अथवा निर्देशक को, जिसने पहले से लिखित एक आलेख को दृश्य-रूप में मंच पर प्रस्तुत किया है?

देखा जाये तो उपर्युक्त सारे विवाद मुख्य रूप से प्रदर्शनकारी कलाओं से जुड़े हैं, जिनमें कुछ हद तक रंगमंच के साथ-साथ संगीत, नृत्य और फ़िल्म को भी रखा जा सकता है। सुप्रसिद्ध रंग-निर्देशक शम्भु मित्र ने *किसे कहते हैं अभिनय कला* शीर्षक एक लघु-प्रबन्ध में गीत-रचना के बहाने से इसी दिलचस्प रिश्ते

की ओर संकेत किया है जब वह कहते हैं कि गीत के शब्द एक व्यक्ति लिखता है, उसकी धुन दूसरा व्यक्ति तैयार करता है और उसे स्वर कोई तीसरा व्यक्ति देता है—इस प्रकार गीतकार, संगीतकार और गायक से जुड़कर गीत को अन्ततः किसकी सम्पत्ति माना जाये? यदि ये तीनों ज़िम्मेदारियाँ एक ही व्यक्ति निभा रहा है, तब तो बहस की कोई गुंजाइश ही नहीं रह जाती, लेकिन प्रायः ऐसा बहुत कम होता है। फ़िल्म जैसे माध्यम में इस विवाद को काफ़ी हद तक सुलझा लिया गया है, क्योंकि वहाँ फ़िल्म की कथा-पटकथा प्रायः निर्देशक स्वयं ही लिखता है अथवा अपनी परिकल्पनानुसार किसी से लिखवाता है। फिर भी कभी-कभी वहाँ भी ऐसे विवाद उठ खड़े होते हैं, जब कोई फ़िल्म-निर्देशक किसी साहित्यिक कृति को लेकर फ़िल्म बनाने का निर्णय करता है। वहाँ यदि विवाद की स्थिति बनती है तो भी समझ में आता है, लेकिन साहित्य, चित्रकला, मूर्तिकला, फ़ोटोग्राफ़ी आदि विधाओं में ऐसे विवाद का प्रश्न ही उत्पन्न नहीं होता क्योंकि ये सारी कलाएँ या विधाएँ मूल स्वरूप में एकमात्र सर्जक की कलाएँ हैं। यहाँ रचना के स्तर पर किसी दूसरे व्यक्ति का हस्तक्षेप सम्भव ही नहीं है। संगीत और नृत्य भी अपनी मूल प्रकृति में चूँकि एकान्तिक कलाएँ हैं, अतः वहाँ भी प्रायः इस प्रकार की स्थितियाँ कभी जन्म नहीं लेतीं। कम-से-कम वाद्य-संगीत रचना और नृत्य में तो नहीं ही।

क्या अपने-आप में यह सबसे ज़्यादा रोचक स्थिति नहीं है कि रचनाकार और निर्देशक के बीच सबसे ज़्यादा विवाद, बहस-मुबाहिसे, सहमति-असहमति उसी विधा में हुए हैं जिसमें दोनों कारक तत्त्व एक-दूसरे के पूरक हैं?

वास्तव में, निर्देशक नाम के व्यक्तित्व का उदय फ़िल्म कला के जन्म के साथ हुआ है अर्थात कुल मिलाकर एक सौ पाँच बरस पहले ही निर्देशक का आगमन हुआ और वह भी पहले एक कैमरामैन के रूप में, फिर एक सम्पादक के रूप में और अन्ततः एक निर्देशक के रूप में उसने अपनी स्वतन्त्र सत्ता ग्रहण की। उन्नीसवीं शताब्दी के उत्तरार्द्ध में रंगमंच में भी निर्देशक की आवश्यकता एवं अपरिहार्यता महसूस की गयी और अधिकृत रूप से जर्मनी के ड्यूक ऑफ़ सैक्समाइनिंजन को आधुनिक रंगमंच का पहला निर्देशक माना जाता है, जिसने अपनी संस्था *सैक्समाइनिंजन प्लेयर्स* के साथ अभिनेताओं के बहुत बड़े समूह को लेकर 1874-1916 के बीच कई नाटकों का मंचन किया। इससे पूर्व रंगमंच में पूर्वाभ्यास की ज़िम्मेदारी नाटककार, मुख्य अभिनेता, नाट्य-संस्था के प्रबन्धक और यहाँ तक कि प्रॉम्प्टर की हुआ करती थी। लेकिन निर्देशक के आगमन के बाद नाटककार बनाम निर्देशक का प्रश्न बड़े उग्र रूप में उठा।

और, इन विवादों का इतना असर पड़ा है कि निर्देशक स्वयं ही नाटककार बन बैठे अथवा नाटककार अपने नाटकों का निर्देशन भी करने लगे। यह अलग बात है कि पश्चिम में ब्रेष्ट को छोड़कर कोई दूसरा ऐसा व्यक्तित्व नहीं हुआ, जो रचनाकार भी उतना बड़ा हो और उनकी प्रस्तुतियों के लिए भी उतना ही चर्चित हुआ हो। जार्ज बर्नार्ड शॉ भले ही एक नाटककार के रूप में जाने जायें, लेकिन अपने नाटकों को स्वयं प्रस्तुत करने के चक्कर में वह सब कुछ चौपट कर बैठते थे। हमारे यहाँ बादल सरकार, अरुण मुखर्जी, मोहित चटर्जी जैसे नाटककारों ने निर्देशक बनने की भी कोशिशें कीं लेकिन उनकी पहचान मुख्यतः एक नाटककार के रूप में अथवा निर्देशक—एक ही स्तर पर की जाती है। प्रसन्ना और मोहन महर्षि निर्देशन और नाट्य रचना भी करते रहे हैं, लेकिन वे स्वतन्त्र रूप से नाटककार के रूप में कभी भी स्थापित नहीं हो पाये। यहाँ तक कि उनके लिखे और प्रकाशित नाटकों को दूसरे निर्देशकों ने भी कभी हाथ नहीं लगाया। कमोबेश यही स्थिति हबीब तनवीर की भी है, जो दूसरे नाटककारों की रचनाओं की बेहतरीन प्रस्तुतियों के लिए ज़्यादा जाने जाते हैं।

यदि हम रंगमंच के कम-से-कम पिछले ढाई-तीन हज़ार वर्षों के इतिहास को उठाकर देखें तो सच्चाई कुछ और ही दिखायी पड़ती है। भारत हो या पश्चिम—रंगमंच के आरम्भिक, किन्तु पूरी तरह से विकसित दौर में मात्र नाटककार ही रंगमंच के सारे क्रिया-कलाप के केन्द्र में था। यूनान में नाटककार रचना का सर्जक भी होता था और प्रायः वही मुख्य अभिनेता की भूमिका भी निभाता था और प्रस्तुति का नियन्ता भी वही होता था (यदि उसे आज के निर्देशक का पर्याय मान लिया जाये तो)। हाँ, प्रस्तुति के व्यवस्था पक्ष के प्रबन्धन के लिए उसके साथ नगर के धनी-मानी लोगों का समूह जुड़ा रहता था, जिन्हें *कोरिगीज़* कहा जाता था। लगभग यही स्थिति भारत में भी थी। रंगमंच में सम्पूर्ण रूप से नाटककार का वर्चस्व छाया हुआ था। यह तो जानकारी नहीं प्राप्त होती कि वह स्वयं भी नाटक में अभिनय किया करता था लेकिन आज जिस रूप में उसके नाटकों के आलेख हमें प्राप्त होते हैं, वे निश्चित रूप से प्रस्तुति के बाद के आलेख हैं और प्रस्तुति की तैयारी में उसका अच्छा-ख़ासा दखल रहता होगा। यूँ, यहाँ भी सूत्रधार के रूप में किसी ऐसे व्यक्ति की उपस्थिति की सूचना मिलती है जो प्रस्तुति का निर्देशक हो अथवा प्रबन्धक और कोई आश्चर्य नहीं कि वह स्वयं नाटककार हो, ताकि नाटक की तैयारी में शुरू से आख़िर तक जुड़े रहकर वह प्रस्तुति के अन्तिम स्वरूप-निर्धारण में अपनी अहम भूमिका अदा कर सके। इस प्रकार लिखित आलेख से उसकी प्रस्तुति तक की सारी प्रक्रिया में नाटककार

ही केन्द्र में था, अतः नाटककार बनाम निर्देशक जैसे विवाद का कोई नामोनिशान भी नहीं मिलता। नाटककार और निर्देशक-विवाद की तो बात ही जाने दीजिए, कहीं ऐसे भी किसी प्रसंग का उल्लेख नहीं मिलता कि नाटककार और अभिनेता के बीच ही कोई ऐसा विवाद हुआ हो। यदि भरत और अरस्तू जैसे सिद्धान्तकारों के नामों को अपवाद स्वरूप छोड़ दिया जाये तो रंगमंच के इस आरम्भिक दौर में हमें नाटककार की महत्त्वपूर्ण स्थिति और उपस्थिति के अतिरिक्त और किसी के उतना महत्त्वपूर्ण होने की कोई सूचना नहीं मिलती।

यदि इसी परिप्रेक्ष्य में पूरी दुनिया के मध्यकालीन रंगमंच पर दृष्टिपात करें तो भी स्थिति में कोई ख़ास अन्तर उत्पन्न हुआ नहीं जान पड़ता—सिवाय इसके कि अब नाटककार की बजाय अभिनेता केन्द्र में आ गया। पश्चिम में ईसाई धर्म के प्रचार हेतु आरम्भ हुई रंग-परम्परा में न तो नाटककार महत्त्वपूर्ण था और न ही अभिनेता। बाद में पन्द्रहवीं-सोलहवीं शती में यूरोप में आये *रिनेसाँ* के दौर में इटली में विकसित *कामेदिया देल आर्ते* जैसी आशु हास्य नाट्य-परम्परा ने अवश्य अभिनेता को प्रतिष्ठित किया। नाटककार तो वहाँ भी नहीं था क्योंकि कोई लिखित आलेख हुआ ही नहीं करता था। बहुत बाद में इटली में ही इस शैली से प्रेरित गोज़ी और गोल्डिनी जैसे नाटककारों का जन्म हुआ। इन्हीं के आसपास पहले इंग्लैंड में शेक्सपियर और बाद में फ्रांस में मोलियर, रासीन जैसे नाटककारों का दौर आया जिन्होंने पुनः नाटककार को रंगमंच के सर्वोच्च शिखर पर ला खड़ा किया। लेकिन निर्देशक का तब तक भी कहीं कोई अस्तित्व नहीं था। शेक्सपियर और मोलियर के स्वयं अभिनेता होने की जानकारी अवश्य मिली है लेकिन वे स्वयं कभी मुख्य भूमिकाओं में उतरे हों, ऐसा पता नहीं चलता। हाँ, एक दूसरे पक्ष से उन्होंने अभिनेता को केन्द्र में लाने में अपनी अहम भूमिका अवश्य निभाई और वह यूँ कि दोनों नाटककार रंग-मण्डलियों से जुड़े हुए थे, अतः मण्डली के किस अभिनेता को सामने रखकर कौन-सा नाटक और कौन-से चरित्र की रचना करनी है यह उनके सामने पहले से स्पष्ट रहता था। अतः अभिनेता और नाटककार के बीच किसी प्रकार के विवाद की सम्भावना ही नहीं रहती थी। इतना ही नहीं, मुख्य अभिनेता, मण्डली-प्रमुख अथवा स्वयं नाटककार भी निर्देशक की-सी स्थिति में हो सकता था, अतः अलग से किसी व्यक्ति की आवश्यकता नहीं होती थी।

भारत में मध्यकालीन लोकधारा के रंगमंच में सूत्रधार का महत्त्वपूर्ण स्थान अवश्य रहता था और उसे निर्देशक का पर्याय भी माना जा सकता है। लेकिन नाटक का आलेख यहाँ भी मौखिक हुआ करता था और सूत्रधार से ज़्यादा तो

अभिनेता का उसमें हस्तक्षेप रहता था। यहाँ तक कि कई बार अभिनेता मंच पर आशु रचना करते-करते मुख्य कथा से इतनी दूर भटक जाते थे कि सूत्रधार को किसी टिप्पणी, सूचना से वापस लाना पड़ता था। इस प्रकार नाटककार के एक लिखित आलेख की अनुपस्थिति ने नाटककार बनाम अभिनेता अथवा निर्देशक जैसे किसी भी प्रकार के अनचाहे तर्क-वितर्क को बीच में आने ही नहीं दिया। यही नहीं, रंगमंच के आरम्भ से ही नाटकों के चिर-परिचित कथानक भी इसके लिए ज़िम्मेदार थे—नाटक लिखित हो अथवा मौखिक, मध्यकाल तक चले आये उनके कथानकों की स्थिति यह थी कि दर्शक पहले से ही पूरी कहानी से परिचित होते थे, अतः वे केवल अभिनेता की अभिनय कला को देखने, सराहने और उससे आनन्दित होने के लिए ही नाटक देखने आते थे।

उन्नीसवीं शताब्दी के उत्तरार्द्ध से पहले तक रंगमंच में जितना भी नाट्य-लेखन हुआ, वह नाट्यधर्मी था और उसकी प्रस्तुति भी उसी शैलीबद्धता के साथ की जाती थी। अभिनेता सीधे-सीधे दर्शकों के साथ संवाद करते थे। नाटकों के कथानक जाने-पहचाने हुआ करते थे और वे ईश्वर, राजा, अलौकिक तत्त्वों से जुड़ी नाटकीयता से भरपूर होते थे। नाटकों की कहानी चूँकि दर्शकों के लिए कोई रहस्य नहीं हुआ करती थी, अतः वे वास्तव में कहानी से ज़्यादा अभिनेता की कला का आस्वाद लेने आया करते थे। इसीलिए नाटकों की प्रस्तुति शैली भी 'चरित्रपरक' (रिप्रेज़ेंटेशनल) न होकर प्रदर्शन अथवा प्रस्तुतिपरक (प्रेज़ेंटेशनल) हुआ करती थी। बाद में इसी प्रस्तुति शैली से प्रेरित होकर ब्रेष्ट ने अपने महाकाव्यात्मक रंगमंच और अलगाव के सिद्धान्त की अवधारणा को विश्व रंगमंच में प्रतिष्ठित किया।

इतिहास के क्रम में क्रमशः राजनैतिक व्यवस्था, विज्ञान और फलस्वरूप मिले नये-नये आविष्कार और अठारहवीं शती की औद्योगिक क्रान्ति—इन सबने आदमी की सोच और जीवन दर्शन को बिल्कुल बदलकर रख दिया। उसने अब तक प्रचलित संस्कारों, विश्वासों, कर्मकाण्डों और यहाँ तक कि अन्ध विश्वासों पर प्रश्नचिह्न लगाना आरम्भ कर दिया। उसे पहली बार यह अहसास हुआ कि वस्तुतः उसकी ज़िन्दगी का नियामक ईश्वर अथवा ईश्वर का प्रतिनिधि राजा नहीं है वरन वह स्वयं है। ये जितने भी वैज्ञानिक आविष्कार हुए हैं, वे किसी आधिदैविक शक्ति ने नहीं बल्कि उसने स्वयं किये हैं। इसी के साथ नाटकों के कथानकों में भी भारी परिवर्तन हुआ और वे पहली बार आम आदमी की ज़िन्दगी से जुड़ी घटनाओं और कहानियों को लेकर सामने आये। यही वह दौर है जब साहित्य, चित्रकला और रंगमंच की दुनिया में यथार्थवाद का आविर्भाव हुआ।

पश्चिम में रंगमंच के क्षेत्र में इब्सन, चेखव और स्ट्रिंडबर्ग जैसे नाटककार इसी युग की देन हैं। इस यथार्थवादी नाट्य-लेखन ने अभिनय और प्रस्तुति की एक नयी शैली को भी जन्म दिया क्योंकि अब उस नाट्यधर्मी शैली से काम चलनेवाला नहीं था जिसमें गीत, संगीत, कोरस, गतियों, मुद्राओं आदि के माध्यम से कथ्य को अतिरंजित शैली में प्रस्तुत किया जाता था। इन नाटकों के कथानक आम आदमी की ज़िन्दगी की रोज़मर्रा की घटनाओं-दुर्घटनाओं से जुड़े थे, वे दर्शकों के लिए पहले से जाने-पहचाने नहीं थे, अतः सीधे-सीधे दर्शकों को सम्बोधित भी नहीं थे। दूसरे शब्दों में कहें तो नाटक के कथानक बाहरी दुनिया से परे, घर के भीतर और उससे भी आगे आदमी के अन्तरंग से जुड़ने लगे थे। अतः अब अभिनय में भी एक सूक्ष्म, प्रतिदिन के हाव-भाव और व्यवहार पर आश्रित शैली का प्रादुर्भाव हुआ, जिसमें अभिनेता दर्शकों से सम्बोधित न होकर आपस में एक-दूसरे से सम्बोधित होते हैं। यही कारण है कि प्रेक्षागृह की बनावट में भी अन्तर आया और प्रोसीनियम थिएटर अथवा रंगद्वारी मंच का जन्म हुआ। इसके आविर्भाव के पीछे अवधारणा यह थी कि अब मंच पर चारदीवारों वाले एक ऐसे घर का परिवेश चाहिए, जिसकी सामने की दीवार को दर्शकों की सुविधा के लिए तोड़ दिया गया है। अभिनेता के लिए अब दर्शकों की उपस्थिति का कोई अर्थ नहीं, क्योंकि नाटक की कहानी उनके आपसी सम्बन्धों से सम्बद्ध है और उन्हीं के बीच घटित होती है। इसीलिए दर्शक अँधेरे में बैठते हैं और वे नाटक को इस तरह देखते हैं मानो किसी के घर में बाहर से झाँककर देख रहे हों।

वस्तुतः यथार्थवादी नाटकों के कथानक, अभिनय और प्रस्तुति शैली की नयी अवधारणाओं ने ही एक ऐसे व्यक्ति की ज़रूरत का अहसास दिलाया, जो बाहर अलग से बैठकर नाटक की प्रस्तुति को एक दृश्यता प्रदान कर सके। इस अर्थ में निर्देशक अपने नाटक का पहला दर्शक होता है। इसी के साथ दर्शकों और अभिनेताओं के बीच सम्प्रेषण प्रक्रिया ने भी एक नया मोड़ लिया। जैसा कि पहले ही संकेत किया जा चुका है कि नाटक की कहानी से परिचय होने के कारण दर्शक अभिनेता के कला-कौशल को देखने आते थे, अतः उस पर अलग से किसी टिप्पणी, स्पष्टीकरण अथवा व्याख्या की दरकार नहीं होती थी। लेकिन नयी कहानी के आविर्भाव ने अपनी प्रस्तुति में उसकी व्याख्या के लिए भी उत्प्रेरित किया और यह काम उस नये तत्त्व-निर्देशक के ज़िम्मे आया। नाटक के इसी व्याख्या-पक्ष ने उसकी पूरी दृश्यता को भी प्रभावित करना आरम्भ किया—मंच पर क्या दृश्यबन्ध होगा, उसमें अभिनेताओं की क्या गतियाँ होंगी, उनकी क्या वेशभूषा होगी, उसके लिए क्या प्रकाश-व्यवस्था होगी—

इन सभी तत्त्वों की पहले से निश्चित, रूढ़िबद्ध और टाइप अवधारणाओं से मुक्त होकर नाटक की आवश्यकता के अनुसार नयी परिकल्पना ने जन्म लिया। इस तथ्य को अनदेखा नहीं किया जा सकता कि नाटक और रंगमंच में इस नये भावबोध, नयी संवेदना और नयी दृष्टि के लिए यदि किसी को पूरा श्रेय दिया जा सकता है तो वह निर्देशक है।

अभी तक निर्देशक के आविर्भाव को लेकर जितनी भी चर्चा ऊपर की गयी है, वह पश्चिम का सन्दर्भ लिए है। इससे यह भ्रान्ति होना स्वाभाविक है कि रंगमंच के दूसरे तत्त्वों के समान निर्देशक भी पश्चिम की देन है और भ्रान्ति क्यों, इस बात का बड़े ज़ोर-शोर से प्रचार किया जाता है कि निर्देशक का उदय पहले पश्चिम में ही हुआ और उसी के अनुकरण में भारत और पूर्व के दूसरे देशों में उसका चलन शुरू हुआ। मैं इस धारणा से सहमत नहीं हूँ, बल्कि मेरा मानना तो यह है कि पश्चिम में भले ही निर्देशक डेढ़ सौ साल पहले आया हो, हमारे यहाँ के रंगमंच में उसकी उपस्थिति का अहसास प्राचीन काल से ही होता रहा है। यह अलग बात है कि हम उसे निर्देशक की संज्ञा से अभिहित न करना चाहें। अपने मत की पुष्टि के लिए मैं दो-तीन तथ्यात्मक उदाहरण देना चाहूँगा। नाट्यशास्त्र जैसे ग्रन्थ के रचयिता भरत एक आलोचक न होकर वास्तव में एक रंग-प्रयोक्ता जान पड़ते हैं, जिन्होंने अपने सिद्धान्तों का मात्र विवेचन ही नहीं किया वरन व्यावहारिक स्तर पर परीक्षण भी किया—यह प्रक्रिया शुद्ध रूप में निर्देशक जैसे व्यक्तित्व की रचना प्रक्रिया से जुड़ती है। भरत के ही लगभग समकालीन अरस्तू ने भी पश्चिमी रंगमंच का पहला सैद्धान्तिक ग्रन्थ लिखा था लेकिन उससे यह कहीं भी सिद्ध नहीं होता कि वह स्वयं प्रयोक्ता भी थे। सच तो यह है कि जब अरस्तू ने अपनी पुस्तक लिखी, तो यूनानी नाट्य-परम्परा लगभग समाप्त प्राय हो चुकी थी। यूँ भी अरस्तू का विवेचन नाटक के शास्त्र से उतना सम्बद्ध नहीं है जितना कि उसके काव्यशास्त्र से। इतना ही नहीं, *प्रोसीनियम* अथवा *रंगद्वारी प्रेक्षागृह* से मिलते-जुलते बन्द प्रेक्षागृह का जन्म भी रंगमंच के आदिकाल में ही भारत में विकृष्ट मध्यम नाट्य-मण्डप के रूप में हो चुका था, भले ही हमारे यहाँ यथार्थवादी नाट्य-लेखन एवं प्रस्तुति की परम्परा उस रूप में कभी नहीं रही, जिस रूप में उसे पश्चिम में जाना जाता है।

यदि हम चाहें तो नाटकों में उपलब्ध सूत्रधार की अनिवार्य उपस्थिति से भी निर्देशक के अस्तित्व को जोड़ सकते हैं। संस्कृत नाटकों के आरम्भ में प्रस्तावना के माध्यम से नटी और विदूषक या पारिपार्श्विक के साथ वह नाटक से सम्बद्ध सारी सूचनाएँ दर्शकों को देता है—यह सूचना एक प्रकार से नाटक की अपरोक्ष

व्याख्या ही है। प्रस्तावना के पश्चात यद्यपि सूत्रधार पुनः मंच पर कभी नहीं आता लेकिन फिर भी वह नाटक के आरम्भ से अन्त तक संगीत मण्डली के साथ मंच के ऊपर वाले भाग में सदैव मौजूद रहता है और वहीं से पूरे नाटक के मंचन का निरीक्षण-पर्यवेक्षण करता रहता है। उसका नाम सूत्रधार भी उसके इस गहन उत्तरदायित्व की पुष्टि करता है, क्योंकि *सूत्र को धारण करने वाला*—यह अर्थ ही इस बात का द्योतक है कि यह व्यक्ति मात्र प्रस्तुति प्रबन्धक ही नहीं वरन प्रस्तुति के सभी सूत्रों का नियामक और सर्जक भी होता था।

संस्कृत रंग-परम्परा के पश्चात लोक-रंगमंच में तो सूत्रधार की भूमिका और ज़्यादा महत्त्वपूर्ण हो उठती है। अब वह नाटक के आरम्भ में आकर चुपचाप संगीत-मण्डली के साथ बैठा रहने वाला व्यक्ति नहीं है बल्कि नाटक की बागडोर शुरू से लेकर आख़िर तक थामे रहता है—वह कथा-गायन करता है, घटनाओं पर टिप्पणी करता है, यदि मंच पर आशु संवाद रचना करते-करते अभिनेता मूल कथा से भटक जाये तो उन्हें लौटाकर कथा पर केन्द्रित करने का सजग कार्य भी करता है। ये सारे कार्य-कलाप आज के सर्जक-निर्देशक की रचना-प्रक्रिया से कहाँ अलग पड़ते हैं? इस प्रकार यह तथ्य अपने आप में स्वयं सिद्ध है कि आज निर्देशक को हम जिस रूप में जानते हैं, वह भले ही पश्चिम की उपज हो, लेकिन उससे मिलते-जुलते रंग-सर्जक की परम्परा हमारे रंग-इतिहास में बहुत पहले से चली आ रही है।

बहरहाल, पश्चिम हो या पूर्व—आज निर्देशक की भूमिका पर पुनर्विचार हो रहा है। इस पुनर्विचार के क्या कारण हैं और यह किन पहलुओं पर केन्द्रित है, इस पर चर्चा करने से पहले निर्देशक की रचना-प्रक्रिया पर संवाद कर लिया जाये तो सुविधा होगी। कहा जाता है कि निर्देशक अपनी प्रस्तुति के माध्यम से नाटककार की रचना की एक पुनर्व्याख्या करता है। यह सही है कि मात्र अपने लिखित या मौलिक रूप में नाटक जैसी विधा अपनी सम्पूर्णता को प्राप्त नहीं करती, उसे मंचन के माध्यम से ही अपनी अन्तिम परिणति तक पहुँचना होता है। निर्देशक वस्तुतः नाटककार के आलेख से प्रस्तुति-आलेख तक की यात्रा का मुख्य वाहक है। सबसे पहले वही उस आलेख को पढ़ता है, यदि उसे कथ्य के स्तर पर अच्छा लगता है तो वह उसे मंच पर प्रस्तुत करने की दृष्टि से अभिनेताओं की मण्डली के साथ पढ़ता है। इस चरण तक तो सभी निर्देशकों की प्रक्रिया एक समान है लेकिन इसके बाद ज्यों ही मंच पर आलेख का पूर्वाभ्यास आरम्भ होता है तो कम-से-कम दो विकल्प तो अलग-अलग निर्देशकों की रचना-प्रक्रिया के रूप में दिखायी देते ही हैं—एक विकल्प निर्देशक द्वारा पहले से निश्चित

करके अभिनेताओं से उसी के अनुसार पूर्वाभ्यास करवाना और दूसरा विकल्प वह, जिसमें निर्देशक अभिनेताओं को आशु रचना के लिए मंच पर खुला छोड़ दे और उनके द्वारा तैयार सामग्री में से अपने अनुसार चुनाव करता चले। अलग से दोहराने की ज़रूरत नहीं कि निर्देशक की कार्य-पद्धति जिस भी विकल्प को लेकर चले, मंच-प्रस्तुति से जुड़े दूसरे पक्ष यथा मंच-सज्जा, मंच-उपकरण, वेशभूषा संगीत और प्रकाश-सज्जा की यात्रा भी समानान्तर रूप से गतिशील रहती है। कभी उपर्युक्त सभी पक्षों की अभिकल्पना का काम भी निर्देशक को स्वयं करना पड़ता है और कभी हर पक्ष के लिए अलग-अलग अभिकल्पक भी हो सकते हैं।

लेकिन निर्देशक की रचना-प्रक्रिया वह केन्द्रीय बिन्दु नहीं है, जिसे लेकर रंगमंच में निर्देशक की भूमिका को लेकर पुनर्विचार हो रहा है। कहा जाता है कि रंगमंच में निर्देशक अभिनेता एवं अन्य पार्श्व-रंगकर्मियों के माध्यम से नाटककार के आलेख की एक पुनर्व्याख्या अथवा सही शब्दों का इस्तेमाल करें तो एक प्रस्तुति-आलेख तैयार करता है। यही वह पहलू है जिस पर निर्देशन के सन्दर्भ में प्रश्नचिह्न लगाया जा रहा है। सबसे पहली जिज्ञासा यही होती है कि क्या सचमुच में रंगमंच में कोई निश्चित व्याख्या सम्भव है? फिर रंगमंच ही क्यों, साहित्य अथवा दूसरी किसी कला में भी कोई एक पक्षीय व्याख्या क्या कभी सम्भव है? साहित्य और दूसरी कलाओं में तो फिर भी व्याख्या मात्र दो चरणों से गुज़रती है—रचनाकार का अपना कथ्य, विचार, सन्देश या मन्तव्य और उसे पढ़ने वाले, देखने वाले और सुनने वाले की अपनी ग्राह्यता। लेकिन रंगमंच में यह प्रक्रिया बहुआयामी है—नाटककार का कथ्य, निर्देशक का कथ्य, अभिनेताओं का कथ्य, पार्श्वकर्मियों का कथ्य और अन्ततः दर्शक का कथ्य। इन सारी स्थितियों से नाट्य रचना को अनिवार्य रूप से गुज़रना पड़ता है, तो ऐसे में हम निर्देशक की किस व्याख्या की बात कर रहे हैं? थोड़ी देर के लिए यह मान भी लिया जाये कि नाटककार से लेकर पार्श्वकर्मी के माध्यम से नाट्य-प्रस्तुति मंच पर अपना जो आकार ग्रहण करती है, उसके पीछे एक ही सोच है, तब भी इस बात की क्या गारंटी है कि दर्शक उस सोच को हू-ब-हू वैसे ही ग्रहण करेगा, जैसे हम उससे अपेक्षा करते हैं? साहित्य, ललित कलाओं और फ़िल्म में तो एक सीमा तक ऐसा सम्भव होना माना भी जा सकता है (यद्यपि वहाँ भी इसे लेकर मतभेद की गुंजाइश है और होती है) क्योंकि ये सभी विधाएँ, एक सीमा के बाद अपने निश्चित अन्तिम स्वरूप पर स्थिर हो जाती हैं, लेकिन रंगमंच में यह कभी सम्भव ही नहीं है क्योंकि वह निरन्तर लचीला, गतिशील और कभी भी अन्तिम परिणति तक पहुँचने वाला माध्यम नहीं है। इतना ही नहीं, रंगमंच को देखने की

वैज्ञानिक पद्धति भी काफ़ी हद तक इसके लिए उत्तरदायी है—प्रेक्षागृह में बैठे अलग-अलग दर्शकों के लिए मंच पर बनने वाले दृश्य और बिम्ब अलग-अलग दिखायी पड़ते हैं। वे फ़िल्म की तरह से निश्चित नहीं किये जा सकते। अतः रंगमंच की अपनी मूल प्रकृति में ही यह निहित है कि प्रस्तुति के कथ्य को हर दर्शक अपनी समझ, संवेदना और देखने की दृष्टि के अनुसार ग्रहण करता है। ऐसे में निर्देशक द्वारा पहले से निश्चित और निर्धारित व्याख्या के क्या अर्थ रह जाते हैं? निर्देशक को तो छोड़िए, क्या स्वयं रचनाकार के आलेख का भी मात्र एक ही कथ्य हुआ करता है? यदि ऐसा होता, तब तो हरेक नाट्य-प्रस्तुति का स्वरूप एक ही जैसा होता। चलिए, बाह्य स्वरूप भले ही देखने में एक जैसा हो सकता है लेकिन आन्तरिक स्तर पर कोई भी दो प्रस्तुतियाँ दर्शकों को एक ही तरह से अनुभव नहीं दे सकतीं। दो प्रस्तुतियों की बात भी छोड़ दी जाये, एक ही प्रस्तुति दो अलग-अलग दिनों में उसी दर्शक वर्ग द्वारा देखी जाये, तब भी दोनों दिनों का प्रस्तुति-अनुभव एक-दूसरे से बिल्कुल अलग होगा।

ऐसा क्यों होता है? इसका एकमात्र कारण यही है कि रंगमंच दूसरी कलाओं की तुलना में सम्पूर्ण रूप से एक जीवन्त माध्यम है और मंच पर अभिनेता की जीवन्त उपस्थिति के बिना उसका आस्वाद लिया ही नहीं जा सकता। प्रश्न उठाया जा सकता है कि संगीत और नृत्य में भी तो यही अपरिहार्यता है। इसमें कोई दो राय नहीं हैं लेकिन आज यान्त्रिक साधनों ने यह सम्भव कर दिया है कि आप गायक और नर्तक की जीवन्त उपस्थिति के बिना भी इन दोनों विधाओं का उसी अनुपात में आनन्द उठा सकते हैं, लेकिन रंगमंच में ऐसा कभी नहीं हो सकता। कहने को हम नाटक को भी वीडियो अथवा फ़िल्म पर देख सकते हैं लेकिन उस रूप में अपने वास्तविक अर्थों में उसे एक मंच-प्रस्तुति नहीं कहा जा सकता। वह नाटक का वीडियोकरण या फ़िल्मीकरण ही कहलायेगी यानि वह नाटक का मूल स्वरूप न होकर दूसरी विधा में उसका रूपान्तरण होगा।

तब क्या आदर्श स्थिति यह नहीं होगी कि नाटक के आलेख का कोई भी पाठ निश्चित न किया जाये, उसे बिल्कुल खुला छोड़ दिया जाये और यह विकल्प दर्शकों के लिए छोड़ दिया जाये कि नाटक देखने के बाद वे अपना कौन-सा पाठ अपने साथ लेकर लौटते हैं। सुनने या पढ़ने में यह विचार नितान्त सतही लग सकता है लेकिन क्या सचमुच में ही ऐसा नहीं होता? जब-जब अभिनेताओं ने किसी आलेख का पाठ बिल्कुल निस्संग, भावशून्य और किसी पूर्वग्रह के बिना किया है, दर्शकों के लिए उसकी अर्थवत्ता और भी बढ़ गयी है। उदाहरण के लिए असंगत, संवादहीनता और जीवन की अर्थहीनता के बारे में जितने भी नाटक

लिखे गये हैं, सबसे ज़्यादा जीने का अर्थ उन्हीं नाटकों के मंचन को देखकर समझ में आता है।

रंगमंच में निर्देशक की भूमिका पर एक और पहलू से भी विचार किया जाना चाहिए—यह सच है कि वह पूरी नाट्य-मण्डली का सर्वेसर्वा है, लेकिन जब नाटक सचमुच में घटित हो रहा होता है तो उसका उस प्रदर्शन पर कोई नियन्त्रण नहीं होता और उस क्षण उसकी शारीरिक उपस्थिति का भी कोई महत्त्व नहीं होता। उस समय प्रस्तुति पूरी तरह से अभिनेताओं के नियन्त्रण में होती है और उन्हीं के विवेक पर कार्य करती है। नाटक और रंगमंच अभिनेता का माध्यम है—मंच पर उसकी उपस्थिति के अतिरिक्त और विशेष महत्त्व को भी इसी परिप्रेक्ष्य में देखा जाना चाहिए।

रंगमंच का स्वयं में एक शुद्ध माध्यम न होना भी एक ऐसा तथ्य है, जिसे प्रतिपादित विषय के सन्दर्भ में अनदेखा नहीं किया जा सकता। साहित्य, चित्रकला, स्थापत्य, संगीत—तात्पर्य यह है कि कोई भी ऐसी कला और विधा नहीं है जिसका रंगमंच ऋणी न हो। ये कलाएँ और विधाएँ फ़िल्म जैसे माध्यम में भी संक्रमण करती हैं, किन्तु वहाँ अन्ततः निर्देशक ही फ़िल्म-कृति को एक अन्तिम रूप प्रदान करता है, जबकि रंगमंच में निर्देशक किसी सीमा तक जाकर भी अपना वर्चस्व कायम कर ले, उसकी कृति सदैव अपूर्ण ही रहती है। हमारे शास्त्रों में भी जहाँ दूसरी कलाओं को शुद्ध कलाओं का दर्जा दिया गया है, वहाँ रंगमंच को एक संकीर्ण अथवा मिश्रित कला का नाम दिया गया है। रंगमंच के सन्दर्भ में यह बार-बार कहा जाता है कि इस माध्यम का अपना तत्त्व कौन-सा है? आलेख उसने साहित्य से लिया, दृश्य सज्जा चित्रकला और स्थापत्य से ली, संगीत तो संगीत से आया ही, मुद्राएँ और गतियाँ नृत्य से ली गयीं। ले-देकर अभिनय ही अकेला ऐसा तत्त्व बचा रहता है, जो रंगमंच को एक स्वतन्त्र कला का स्थान दिला सकता है और इसकी रचना-प्रक्रिया में निर्देशक का कोई दखल नहीं है।

इस सारी पृष्ठभूमि और विवेचन के पश्चात यह सवाल उठाया जाना स्वाभाविक है कि फिर रंगकर्म में निर्देशक की कोई भूमिका हो सकती है? यदि हाँ, तो उसे किस रूप में पुनःपरिभाषित किया जाये? जैसा कि हम इस लेख की पूर्व पीठिका में ही विचार कर आये हैं, रंगमंच के लगभग पाँच हज़ार बरस के उपलब्ध इतिहास में निर्देशक भले ही अपने आज के नाम से न जाना जाता रहा हो, लेकिन वह वहाँ पर उपस्थित था अवश्य। यदि ऐसा नहीं था तो रंगमंच के इतिहास में आज तक जितने भी नये सिद्धान्तों एवं अवधारणाओं का जन्म हुआ,

उनके जन्मदाता नाटककार, आलोचक एवं निर्देशक न होकर अभिनेता स्वयं होते। इस दृष्टि से भरत, अरस्तू, ज़ियामी, आर्तो, स्तानिस्लाव्स्की, मेयरहोल्ड, भारतेन्दु, टैगोर, प्रसाद, ब्रेष्ट, ग्रोतोव्स्की—न जाने कितने लोगों के नाम सहज ही याद आते हैं और यह सच है कि इनमें एक मात्र अभिनेता तो कोई भी नहीं है। इस तथ्य से यह निष्कर्ष सहज ही निकाला जा सकता है और अभिनेता भले ही रंगकर्म की सबसे ज़रूरी और सर्व-प्रमुख इकाई है, उसे लगातार सक्रिय बनाये रखने के लिए एक ऐसा व्यक्तित्व चाहिए जो मंच के बाहर बैठकर उसे देख सके, निखार सके और नये-नये बिन्दुओं को खोजने की दिशा में उत्प्रेरित कर सके। इस रूप में निर्देशक की रंगमंच में अनिवार्यता से कभी इनकार नहीं किया जा सकता। इतना ही नहीं, निर्देशक पूरी रचना-प्रक्रिया के दौरान अभिनेता पर एक दबाव और अनुशासन भी बनाये रखता है क्योंकि प्रायः अभिनेता अभिनय करते हुए स्वयं को नहीं देख पाता और उसके अपने आप में खो या डूब जाने और अन्ततः उच्छृंखल बने रहने का ख़तरा हमेशा बना रहता है। इससे यह अनुमान न लगा लिया जाये कि निर्देशक एक सर्जक कलाकार की अपेक्षा मात्र एक समन्वयक अथवा प्रबन्धक है, जो प्रस्तुति के सभी पक्षों को नियन्त्रण में रखने की ज़िम्मेदारी निभाता है। यह ज़िम्मेदारी उसकी रचना-प्रक्रिया में शामिल है लेकिन यही सब कुछ नहीं है। यदि चित्रकार की सामग्री कैनवस, रंग-ब्रश हैं, संगीतकार को वाद्य-वृन्द एवं आवाज़ चाहिए, लेखक को काग़ज़ और क़लम की दरकार है तो निर्देशक को भी एक आलेख, अभिनेता और दूसरे मंच-कर्मियों की नितान्त आवश्यकता है, जो उसकी सामग्री भी हैं, साधन भी हैं, उपकरण भी हैं और सबसे बड़ी बात यह है कि ये सारे तत्त्व साध्य भी हैं। यही रंगमंच की अपनी विशिष्टता है जो उसे संगीत और नृत्य के अलावा शेष दूसरे माध्यमों से बिल्कुल अलग कर देती है और वह है स्रोत-सामग्री के रूप में जीवन्त तत्त्वों का प्रयोग और इसी कारण निर्देशक की भूमिका दूसरी कलाओं एवं माध्यमों के सर्जक से ज़्यादा सघन, जटिल एवं महत्त्वपूर्ण हो जाती है क्योंकि जहाँ दूसरे सभी कला रूप एकान्त कला रूप हैं, वहाँ रंगमंच एक सामूहिक प्रक्रिया है।

अतः यह सहज ही स्वीकार किया जाना चाहिए कि हम निर्देशक को एक सर्जक मानें, एक समन्वयक मानें, एक व्याख्याकार मानें अथवा एक उत्प्रेरक के रूप में स्वीकार करें—रंगमंच में उसकी भूमिका असन्दिग्ध है।